譯註 周禮注疏 3

주례주소

전통문화연구회

飜譯委員

企劃編輯 東洋古典飜譯編輯委員會
飜譯硏究管理 南賢熙
譯　　註 金容天 朴禮慶
懸　　吐 吳圭根
潤　　文 朴勝珠
校　　訂 李孝宰
出　　版 白俊哲 李承俊
裝　　幀 김진디자인

東洋古典現代化와 十三經注疏 譯註

본회가 東洋古典의 飜譯과 教育, 情報化 등 古典現代化 사업을 시작한 지 어느덧 25년이 되었다. 그간 우리나라의 고전국역 상황을 보면, 東洋古典에 대한 번역문제는 1960년 중반에 한국고전번역을 정부에서 추진하면서 우선 四書五經 등 기본고전을 모범 번역하자는 논의가 있었지만 우리 고전이 아니라고 무산되었다.

1980년대에 韓國學 연구와 한국고전번역의 先決課題는 물론, 國際政治 관계나 經濟상의 이유로도 필요하다는 논의가 제기되었다. 그 후 1988년 본회가 발족하면서 東洋古典 번역을 착수하여, 1990년대 말경 본회에서 소위 '新注'의 四書三經을 註까지 懸吐完譯함으로써 東洋學과 韓國學徒들의 袖珍本이 되고 教育界와 文化界까지 파급되었다.

그 후 본회 창립 20주년이 되면서 다시 동양고전현대화의 과제와 목표를 논의하면서, 단순한 韓國學의 선결과제를 넘어 東洋文化에 대한 源泉的이며 體系的인 檢討의 필요성이 대두되었으니, 이제 우리는 東洋文化의 先導的 역할을 담당할 준비를 갖추고 21세기에 先進文化强國 건설로 새 歷史를 이루자는 것이었다.

일반적으로 十三經은 核心的 儒家經典의 總稱이지만, 이는 東洋文化의 뿌리라 하겠다. 우리 역사상으로 十三經은 저 멀리 삼국시대에 이미 高句麗의 太學에서 기본 교과로 채택하였고, 百濟에서는 五經博士 制度를 두었고, 新羅 薛聰은 九經을 方言으로 읽었고, 高麗에서는 國子監이나 九齋學堂에서 교육하였으며, 朝鮮朝 成均館과 鄕校, 書堂과 書院에서는 四書五經 등을 교육하여 人材 등용과 국가정책에 절대적 영향을 끼쳤다.

이 十三經의 代表的 註釋書는 漢·唐時期의 '古注'라 일컬어지는 十三經注疏와, 그 후 宋代의 朱子的 世界觀이 반영된 '集註'와 '集傳' 등의 '新注'가 두 개의 軸이라 할 수 있다.

그런데 우리는 조선조에서부터 朱子學 일변도의 學風으로 경도되어, 그 偏向性이 오늘에까지 이르렀음은 심히 不幸이라 하겠다. 中國에서는 明·淸 시기에 訓詁學, 考證學이라는 學風이 일어 十三經注疏가 經學硏究의 標準이 되었고, 日本에서는 反朱子的 見解와 陽明學의 영향을 받아 明治維新 때 이미 漢文大系 등의 古典整理 사업으로 '古注' 연구가 一般

化된 사실을 간과해서는 안 되겠다.

이에 東洋文化의 核心이라 할 수 있는 十三經注疏를 譯註하고, 이를 통해 우리 文化의 傳統에 대해 體系的으로 이해하고 復元함으로써, 그간 편협했던 학술 風土를 넘어 多樣性과 客觀性을 모색하고, 아울러 古典現代化의 水準을 높이고 融合的이고 自生的인 韓國學을 진작시켜야 할 것이다.

오늘날 중국과 일본에서 번역하지 못한 십삼경주소를 본회에서 130여 책으로 10년 안에 完譯하고, 이와 아울러 韓中日 三國의 東洋古典語彙 情報網을 구축함으로써, 우리의 東洋學과 韓國學 연구에 礎石과 架橋가 되어 우리나라가 先進文化强國으로 昇華되고 世界文化 발전에까지 기여하기를 기대한다.

이 十三經注疏의 번역은 三經과 三禮와 春秋三傳과 ≪論語≫, ≪孟子≫, ≪孝經≫, ≪爾雅≫ 등의 十三經을 經은 물론이요 注와 疏까지 譯註하는 것으로, 原典의 傳統性과 번역의 現代性을 기본으로 하여 漢學元老와 新進學者의 協同硏究飜譯으로 추진하고자 한다.

또한 註釋은 宋代의 소위 '新注'와 비교하고, 明淸代의 注와 韓國 先賢의 注와 見解, 그리고 日本의 注를 가급적 반영하며, 深度 있는 硏究解題를 하기로 하였다. 한편 古典의 우리식 讀解文法인 懸吐를 經과 注에 달고 방대한 疏에는 편의상 構文을 이해할 수 있는 標點을 달며, 經·注·疏 전체에 대한 內容索引을 할 계획이다.

끝으로 오랫동안 飜譯과 校閱에 종사하여 오신 元老漢學者와 10여 년 이상 漢學을 연수한 新進學者로서, 이 십삼경주소의 연구번역에 참여하여 難解한 注疏의 譯註에 헌신하시는 모든 분들께 무한한 감사를 드린다.

또한 고전현대화에 대한 政府의 지대한 關心과 支援에 감사를 드리며, 그간 직간접으로 지도편달하여 주신 학계와 교육계 및 문화계 인사 여러분께 심심한 謝意를 표하며, 앞으로도 따뜻한 관심과 엄정한 叱正을 부탁드리며 내내 평강과 행복을 기원한다.

社團法人 傳統文化硏究會 理事長 李啓晃

凡 例

1. 본서는 十三經注疏 중 ≪譯註 周禮注疏≫의 제3책이다.
2. 본서의 底本은 阮元 校刻本 ≪周禮注疏≫(清 嘉慶 21년(1816) 阮元 校刻 十三經注疏, 中華書局, 2009, 이하 '阮刻本'으로 약칭)로 하되, 北京大 整理本 ≪周禮注疏≫(十三經注疏整理委員會 整理, 北京大學出版社, 2000)와 上海古籍 整理本 ≪周禮注疏≫(十三經注疏整理本 編纂委員會, 上海古籍出版社, 2010)를 참고하였다. 저본의 阮元 〈校勘序〉와 校勘記는 본서의 校勘에만 활용하였다.
3. 본서는 원전의 傳統性과 번역의 現代性을 구현하기 위해 노력하였다.
4. 原文의 經과 鄭玄의 注는 우리나라 전통 방식으로 懸吐하고, 疏는 經에 대한 字句 해석이 중심이므로, 본서에서도 간략하게 標點만 하였다.
5. 原文은 저본의 체제에 따라 經, 注, 疏를 구분하되, 經은 大字로 표기하고, 注와 疏는 【注】, 【疏】로 표시하여 구분하였다.
6. 原文의 分節은, 經과 注는 저본의 분절을 따르고 疏는 단락이 길 경우에 의미의 단락에 따라 역자 재량으로 분절하였다.
7. 底本에는 목차, 각 권의 제목, 관직별 소제목이 없으나, 독자의 편의성을 위해 넣었다.
8. 經文의 단락마다 일련번호를 넣었는데, '六官(天官·地官·春官·夏官·秋官·冬官) 중 某官 - 몇 번째 屬官 - 몇 번째 經文'의 형식으로 표기하였다. 六官은 天·地·春·夏·秋·冬으로 약칭하여 표기하였다. 속관을 표기한 숫자는 序官은 '0'으로 하고, 그 외는 해당 차례에 따라 1, 2, 3 등으로 하였다.

   예 天-0-2 : ≪周禮注疏≫ 天官 序官의 두 번째 經文

   天-4-2 : ≪周禮注疏≫ 天官 네 번째 屬官인 宮正의 두 번째 經文

   地-3-2 : ≪周禮注疏≫ 地官 세 번째 屬官인 鄕師의 두 번째 經文
9. 글자의 음에 대한 저본의 反切 注는 생략하되, 문맥의 이해를 위해 필요한 경우는 譯註

에서 설명하였다. 讀音이 특수하거나 僻字인 경우에는 원문의 해당 글자 뒤의 ( ) 속에 한글로 音을 달았다.

10. 疏에서 설명 대상으로 인용한 經, 注의 구절은 번역하지 않고 번역문에서 원문 그대로 〔 〕 속에 넣어주었다.

   예〔春多酸〕東方 木의 맛은 신맛이니, 봄에 속한다.

11. 飜譯은 原義에 충실하게 하되, 이해가 어려운 부분은 意譯 또는 補充譯을 하였다.
12. 經文의 번역은 鄭玄의 注를 위주로 하되 소략한 경우는 賈公彦의 疏를 따랐다.
13. 飜譯文은 한글과 漢字를 혼용하였으며, 맞춤법과 띄어쓰기는 한글 맞춤법과 표준어규정을 따르는 것을 원칙으로 하였다.
14. 譯註는 校勘, 異說, 인용문의 出典, 故事, 역사적 사건, 전문용어, 難解語, 人物, 制度, 官職 등에 관한 사항을 밝혔다.
15. 원문의 誤字, 脫字, 衍字, 倒文은 저본의 교감기를 반영하여 번역하고, "교감기에 따라 '○○(바로잡은 글자)'로 번역하였다."로 간략히 譯註하였다. 그 외에도 北京大 整理本 및 上海古籍 整理本을 비롯한 여러 原典 자료를 참고하였으며 이를 譯註에 밝혔다.
16. 본서의 校勘에 사용된 符號는 다음과 같다.

   ( )〔 〕: (저본의 誤字)〔교감한 正字〕
   〔 〕: 저본의 脫字 보충
   ( ): 저본의 衍字 표시

17. 본서에 사용된 주요 부호는 다음과 같다.

   " ": 對話, 각종 引用
   ' ': " " 안의 再引用, 强調
   〈 〉: ' ' 안의 再引用, 强調
   ( ): 原文에서의 讀音이 특수한 글자나 벽자의 音
   번역문에서의 간단한 역주
   〔 〕: 번역문과 뜻은 같으나 音이 다른 漢字나 句節
   疏에서 설명 대상으로 제시한 經이나 注의 단어나 구절
   역주에서 인용한 原文
   ≪ ≫: 書名, 典據
   〈 〉: 篇章名, 作品名 표기, 補充譯

【 】: 注, 疏의 표시

○ : 저본에 사용된 단락 구분 표시 準用

18. 본서에서 사용된 標點符號는 다음과 같다.

. : 문장의 종결

, : 한 문장 안에서 句나 節의 구분이 필요한 곳

· : 대등한 명사나 구절의 병렬

" ": 인용

' ': " " 안의 재인용, 疏에서 설명 대상으로 제시한 經과 注의 단어나 구절

「 」: ' ' 안의 재인용

: :【疏】의 '釋曰' 뒤에서 사용

目 次

≪周禮注疏 3≫ 解 說

≪周禮注疏≫는 周나라 왕실과 戰國時代 각국의 관직 제도를 토대로 제작한 ≪周禮≫에, 後漢 鄭玄이 注를 단 ≪周禮注≫와 唐나라 賈公彦 이 疏를 낸 ≪周禮義疏≫를 합쳐서 南宋 紹興 연간(1131~1161)부터 經・注・疏 合刻本 형태로 제작된 것이다. 작자 미상의 ≪주례≫는 제작 시기에 관해서도 西周에서 漢나라 초기까지 추정이 분분하다. ≪주례≫가 발견된 前漢 당시의 원래 명칭은 ≪周官≫ 또는 ≪周官經≫인데, 周公의 태평성대의 자취가 담긴 책으로 추숭되면서 '周禮'라는 명칭을 얻게 되었고, 정현에 의해 '禮經'으로 불리며 ≪禮記≫・≪儀禮≫와 함께 三禮로 일컬어지게 되었다. 唐代 이후 유교의 十三經 중 하나로 포함되었다.

≪주례≫의 체재는 天・地・春・夏・秋・冬의 자연현상을 따라 직제를 六官으로 나누고 그 아래에 관직과 직무를 서술한 것으로, 〈天官 冢宰〉, 〈地官 司徒〉, 〈春官 司馬〉, 〈夏官 司馬〉, 〈秋官 司寇〉, 〈冬官 考工記〉의 6편으로 구성되었다. 이 가운데 〈동관 고공기〉는 망실된 〈冬官 司空〉을 대신하여 前漢 시기에 〈考工記〉라는 별도의 자료를 보충해 넣은 것이다. 〈동관 고공기〉를 제외한 각 편 서두의 '序官'에서는 해당 官長의 주요 직무와 屬官의 조직 및 인원수를 기록하고, 이어 '職文'에서는 해당 속관의 구체적인 직무들을 차례대로 서술하였다. 鄭玄은 六官 아래 각 60개씩 총 360개의 관직을 둔 것은 天地四時와 日月星辰의 度數를 본뜬 것이라고 하였지만, 실제로 현존 ≪주례≫의 직관은 총 377개이다. 구체적으로 天官은 大宰 이하 63개의 관직, 地官은 大司徒 이하 78개의 관직, 春官은 大宗伯 이하 70개의 관직, 夏官은 大司馬 이하 70개의 관직, 秋官은 大司寇 이하 66개의 관직, 冬官은 輪人 이하 30개의 관직으로 구성되었다.

≪周禮注疏 3≫은 이 가운데에서 〈天官 大宰〉 휘하의 醢人, 醯人, 鹽人, 冪人, 宮人, 掌舍, 幕人, 掌次, 大府, 玉府, 內府, 外府, 司會, 司書, 職內, 職歲, 職幣, 司裘, 掌皮, 內宰, 內小臣, 閽人, 寺人, 內豎, 九嬪의 25개 관직의 주요 직무에 관해 서술한 것이다. 이 가운데 醢人·醯人·鹽人은 종묘 제사를 거행하거나 빈객을 접대할 때 필요한 음식물이나 소금 등을 관장한다. 冪人은 기물을 덮는 데 필요한 수건의 공급을 관장하며, 宮人은 王의 六寢을 청소하고 정리하는 일을 관장한다. 掌舍·幕人·掌次는 왕이 출행했을 때 관사나 휘장의 설치 등을 관장한다. 大府·玉府·內府·外府는 문서나 재물의 보관 및 왕국 화폐의 수입과 지출 등을 관장한다. 또 司會는 회계를 담당하는 관직의 우두머리이며, 司書는 재물의 출납 장부와 호적·지도 등을 관장한다. 職內은 왕국의 부세 수입을 관장하고, 職歲는 부세 지출을 관장한다. 職幣는 관부에서 사용하고 남은 재물을 거두어들이는 일을 주관한다. 司裘는 大裘나 皮侯를 제작하여 공급하는 일을 관장하고, 掌皮는 피혁을 징수하여 공급하는 일을 관장한다. 內宰는 왕궁 안의 사무를 처리하는 관직의 우두머리이다. 內小臣은 王后의 심부름을 관장하고, 閽人은 王宮의 中門을 관장한다. 寺人은 王의 內人 및 女宮과 관련한 戒令을 관장하고, 內豎는 왕의 사소한 명령을 전달하는 일을 관장한다. 九嬪은 王后를 도와 婦學의 法을 관장한다.

≪주례≫의 六官 체제와 五禮 제도는 유교 국가의 강력한 王權과 질서 정연한 禮法 체계를 유지하는 근간으로서, 중국과 조선에서 역대 국가 조직과 관직 제도를 구성하고 정비하는 데에 큰 영향을 미쳤으며, 국가 法典과 禮典 편찬의 기본 체제가 되었다. 중국에서는 隋唐 이후로는 중앙정부와 지방정부가 모두 六府 내지 六曹 형태로 구성되었고, ≪唐六典≫과 ≪大唐開元禮≫ 등을 편찬하는데 전거로 활용되었다. 우리나라에서도 백제의 六佐平 제도를 비롯하여 고려의 三省六部制, 조선의 ≪經濟六典≫과 ≪國朝五禮儀≫ 편찬 등에 영향을 받았다.

周禮注疏 제6권

鄭氏 注　賈公彦 疏

天官

26. 醢人(해인)

天-26-1*

醢人은 **掌四豆之實**[1)]하니 **朝事**[2)]**之豆**는 **其實**이 **韭菹**(구저)·**醓**(탐)**醢**·**昌本**·**麋臡**(니)·**菁菹**(정저)[3)]·**鹿臡**·**茆**(묘)**菹**·**麇**(균)**臡**니라

1) 四豆之實 : '四豆之實'은 종묘 제사를 지낼 때 의식의 순서에 따라 4차례로 나누어 豆에 담아 올리는 음식을 가리킨다. 朝事의 豆, 饋食(궤사)의 豆, 加豆, 羞豆의 순서로 올린다. '豆'는 나무로 만든 제기로서 용량은 4升이며, 젖은 음식을 담는다.

2) 朝事 : 천자나 제후의 종묘 제사에서 맨 처음에 희생의 피와 날고기를 올리는 일을 말한다. '朝踐'이라고도 한다. 〈春官 司尊彝(春-7-02)〉 鄭玄의 注에서 "조천은 피와 날고기를 올리고 醴酒를 따라 올려서 비로소 제사를 거행하는 것을 말한다.〔朝踐 謂薦血腥酌醴始行祭祀〕"고 하였다. 周나라의 제사는 신을 형상하는 시동〔尸〕을 모셔놓고 제사를 지냈는데, 제사가 정식으로 시작되기 전에 室 안에서 먼저 시동에게 울창주를 따라서 올리는 '祼'의 예를 거행한다. '祼'은 시동에게 울창주를 따라 올리면 시동이 울창주를 받아서 땅에 조금 뿌린 후 술잔을 지면에 내려놓고 마시지 않는 것으로, 신이 흠향하여 降神하도록 하는 의식이다. 이때 왕이 먼저 시동에게 獻의 예를 행하고, 이어서 왕후가 亞獻을 한다. 이 '祼'의 예가 끝나면, 왕은 室에서 나와 종묘의 뜰로 가서 희생을 맞이한다. 왕후도 아헌을 한 후 室에서 나온다. 이어서 祝이 시동을 인도하여 室에서 나와 堂의 정중앙에서 남쪽을 향해 자리하도록 한다. 이때 왕후는 시동의 자리 앞에 8개의 籩과 8개의 豆를 올린다. 왕은 희생을 끌고 뜰로 들어와서 희생을 죽인 후 시동에게 희생의 피와 날고기를 올린다. 이어서 왕과 왕후는 醴齊를 따라서 시동에게 獻의 술잔을 올린다. 여기까

* 일련번호의 '天'은 天官을 의미하며, 가운데 번호 '26'은 천관의 스물 여섯 번째 屬官인 醢人을 의미하고, 마지막 번호 '1'은 醢人의 첫 번째 經文을 의미한다.

지를 '朝事의 예'라고 한다. 이 朝事의 예를 행함으로써 제사가 정식으로 시작된다.

3) 菁菹(정저) : 陸德明에 의하면 '菁'의 음은 作과 寧의 反切이며, 또 음은 '精'이다.(≪經典釋文≫ 권8 〈周禮音義 上 天官冢宰〉 '醢人')

醢人은 〈종묘 제사를 지낼 때〉 네 차례 豆(나무제기)에 담아 올리는 음식〔四豆之實〕을 관장한다. 朝事의 禮를 행할 때 올리는 豆는, 그 豆에 담는 음식이 부추절임〔韭菹〕·고기젓갈〔醓醢〕·창포뿌리절임〔昌本〕·뼈 붙은 큰사슴고기젓갈〔麋臡〕·순무절임〔菁菹〕·사슴고기젓갈〔鹿臡〕·순채절임〔茆菹〕·노루고기젓갈〔麇臡〕이다.

【注】醓은 肉汁也라 昌本은 昌蒲根이니 切之四寸爲菹라 三臡(니)는 亦醢也니 作醢及臡者는 必先膊乾(간)其肉하고 乃後莝之하여 雜以(梁)〔粱〕[1]麴及鹽하고 漬以美酒하여 塗置(甁)〔甀〕[2]中百日則成矣라 鄭司農云 麋臡는 麋骭髓醢라 或曰 麋臡는 醬也니 有骨爲臡요 無骨爲醢라 菁菹는 韭菹라 鄭大夫讀茆(묘)爲茅하니 茅菹는 茅初生이라 或曰 茆는 水草라 杜子春讀茆爲卯[3]라 玄謂 菁은 蔓菁也요 茆는 鳧(부)葵[4]也라 凡菹醢皆以氣味相成이요 其狀未聞이라

1) (梁)〔粱〕: 저본에는 '梁'으로 되어 있으나, 嘉靖本에 의거하여 '粱'으로 바로잡았다.(阮元의 〈校勘記〉 참조)

2) (甁)〔甀〕: 저본에는 '甁'으로 되어 있으나, 宋本·岳本·嘉靖本 등에 의거하여 甀으로 바로잡았다.(阮元의 〈校勘記〉 참조)

3) 茆爲卯 : ≪管子≫ 〈五行〉의 '卯菱'에 대한 尹知章의 注에 "卯는 鳧(鳧葵, 순채)이고, 菱은 芡(가시연)이니, 모두 이른 봄에 자란다.〔卯鳧菱芡也 皆早春而生也〕"라고 하였다.

4) 鳧葵 : 蓴菜(순채)를 말한다. ≪詩經≫ 〈魯頌 泮水〉에 "思樂泮水 薄采其茆(즐거운 泮宮의 물가에서 잠시 순채를 뜯노라.)"라고 하였는데, 毛傳에서는 "茆는 鳧葵이다.〔茆 鳧葵也〕"라고 하였다. 孔穎達의 疏에는 "茆는 鳧葵이니, 잎은 크기가 손바닥만 하고, 붉고 둥글며 미끄러우니, 강남 사람들이 이를 蓴菜라 한다.〔茆 鳧葵 葉大如手 赤圓而滑 江南人謂之蓴菜者也〕"고 하였다.

醓은 肉汁이다. 昌本은 昌蒲의 뿌리이니, 4촌(한 줌) 크기로 잘라서 절임으로 만든다. 세 가지 臡(麋臡·鹿臡·麇臡) 또한 고기젓갈〔醢〕이다. 醢(고기젓갈) 및 臡(뼈 붙은 고기젓갈)를 만들 때는 반드시 먼저 그 고기를 포로 떠서 말리고, 그런 후에 얇게 썰어서 수수누룩 및 소금으로 섞어서 버무리고, 맛난 술에 담가서 항아리 안에 넣고 흙을 발라두어 100일이 지나면 숙성된다. 鄭衆은 "麋臡는 큰사슴〔麋〕의 정강이뼈가 붙어 있는 젓갈이다. 어떤 사람은 '麋臡는 젓갈이니, 뼈가 붙어 있는 것을 臡라 하고, 뼈가 없는 것을 醢라 한

다.'고 하였다. 菁菹는 부추절임〔韭菹〕이다."라고 하였다. 鄭興은 '茆'를 茅의 뜻으로 읽었으니, 茅菹는 띠풀이 처음 자라난 것으로 만든 절임이다. 어떤 사람은 茆는 水草라고 하였다. 杜子春은 茆를 卯(순채)의 뜻으로 읽었다. 나(鄭玄)는 생각건대, 菁은 蔓菁(순무)이고, 茆는 鳧葵(순채)이다. 무릇 〈이곳의〉 절임〔菹〕과 고기젓갈〔醢〕은 모두 향기와 맛으로 서로 이루어준 것이나, 그 형상은 들어보지 못했다.

【疏】 '醢人'至'麇臡' ○釋曰：言'四豆之實'者, 豆與籩竝設, 節數與四籩同時, 亦謂朝事・饋食・加豆・羞豆之實, 是也. 言'朝事之豆'者, 亦謂朝踐節. 云'其實, 韭菹・醓醢'者, 於豆內虀(자)・菹(저)[1]之類, 菜・肉通, 全物若牒爲菹, 細切爲虀. 又不言'菹'者, 皆是虀, 則昌本之類, 是也. 言'昌本', 本, 根也, 昌蒲根爲虀. 言'麋臡'者, 以麋肉爲醢, 以其幷骨爲之則曰臡. 菁菹・鹿臡・茆菹・麇臡爲八豆, 竝后設之.

1) 虀(자)菹(저)：'虀'와 '菹'는 모두 초장으로 조미하여 만든 절임인데, 얇게 썰어서 절인 것이 '虀'이고, 납작하게 조각을 내어서 절인 것이 '菹'이다. 昌本(창포뿌리)・脾析(소의 위)・蜃(대합)・豚拍(돼지갈비)・深蒲(어린 부들 잎)를 초장으로 조미하여 얇게 썰어서 만든 7가지의 절임을 '五虀'라고 하고, 韭(부추)・菁(순무)・茆(순채)・葵(아욱)・芹(미나리)・箈(연한 죽순)・筍(죽순)을 초장으로 조미하여 납작하게 조각을 내어 만든 7가지의 채소 절임을 '七菹'라고 한다.

經의 〔醢人〕에서 〔麇臡〕까지

○ 釋曰：〔四豆之實〕 豆는 籩과 함께 진설하여 節次와 禮數가 四籩과 동시에 이루어지니, 또한 朝事의 豆・饋食의 豆・加豆・羞豆에 담아 올리는 음식이 그것임을 말한다.

〔朝事之豆〕 또한 朝踐의 의절을 말한다.

〔其實 韭菹 醓醢〕 豆 안에 담는 虀와 菹의 종류에 대해서 〈虀와 菹의 명칭은〉 채소〔菜〕와 육류〔肉〕에 통용되는데, 전체를 저민 고기처럼 납작하게 조각을 내어서 절이면 '菹'가 되고, 얇게 썰어서 절이면 虀가 된다. 또 '菹'라고 말하지 않은 것은 모두 虀를 가리키니, 昌本 등이 그것이다.

〔昌本〕 本은 뿌리〔根〕를 뜻하니, 昌蒲의 뿌리로 虀를 만든 것이다.

〔麋臡〕 큰사슴고기〔麋肉〕로 젓갈을 만든 것이니, 뼈가 붙어 있는 것으로 젓갈을 만들면 '臡'라고 한다.

순무절임〔菁菹〕・사슴고기젓갈〔鹿臡〕・순채절임〔茆菹〕・노루고기젓갈〔麇臡〕을 8개의 豆에 담는데, 모두 왕후가 진설한다.

○注'醓肉'至'未聞' ○釋曰：言'醓, 肉汁'者, 醓者, 以肉爲之, 醓汁卽是肉汁. 云'昌本, 昌蒲根'者, 本訓根. 云'切之四寸爲菹'者, 但菹四寸無正文, 蓋以一握爲限, 一握則四寸也, 卽是全物若牒. 云'作醓及臡'已下者, 鄭以當時之法解之. 案王制云 "一爲乾(간)豆[1)]", 鄭注云 "謂腊之以爲祭祀豆實也." 脯非豆實, 亦謂作醓, 始得在豆, 與此'先膊乾其肉'義合. 鄭司農云 '麋臡, 麋骭髓醢', 此義後鄭不從. 云'或曰 麋臡, 醬也. 有骨爲臡, 無骨爲醢', 後鄭從之. 又'菁菹, 韭菹'者, 以菁爲韭菁, 於義不可, 後鄭不從. 若爲非字, 非則蔓菁, 於義爲是. 後鄭不應破之, 明本作韭, 不作非也. '鄭大夫讀茆爲茅. 茅菹, 茅初生'者, 茅草非人可食之物, 不堪爲菹. '或曰 茆, 水草', 後鄭從之. '杜子春讀茆爲卯', 於義亦是. '玄謂 菁, 蔓菁'者, 破司農爲韭菁. 云'茆, 鳧葵也'者, 增成子春等義. 云'凡菹醢皆以氣味相成, 其狀未聞'者, 經云'韭菹・醓醢'已下, 兩兩相配者, 皆是氣味相成之, 狀不可知, 故云'其狀未聞.'

1) 一爲乾(간)豆：≪禮記≫ 〈王制〉에 "천자와 제후는 일이 없으면, 해마다 세 가지를 위해 사냥을 한다. 첫 번째는 제수를 위한 것이고, 두 번째는 빈객을 위한 것이고, 세 번째는 군주의 주방을 충당하기 위한 것이다.〔天子諸侯無事 則歲三田 一爲乾豆 二爲賓客 三爲充君之庖〕"라고 하였다.

○注의 '醓肉'에서 '未聞'까지

○釋曰：〔醓 肉汁〕 '醓(즙이 많은 고기젓갈)'은 고기로 만드니, 醓汁은 곧 肉汁이다.

〔昌本 昌蒲根〕 '本'은 뿌리〔根〕라는 뜻이다.

〔切之四寸爲菹〕 다만 절임을 4촌으로 만든다는 것은 正文(經文)이 없다. 대체로 한 줌을 한도로 삼는데 한 줌은 4촌이니, 이것이 곧 전체를 저민 고기처럼 납작하게 조각을 내어서 절인다는 것이다.

'作醓及臡' 이하는 鄭玄이 당시의 법으로 풀이한 것이다. 살펴보건대 ≪禮記≫ 〈王制〉에 "첫 번째는 제수를 위한 것이다.〔一爲乾豆〕"라고 하였는데, 鄭玄의 注에서는 "〈사냥한 짐승의 고기를〉 말려서 제사의 豆實(豆에 담아 올리는 음식)로 삼는 것을 말한다."고 하였다. 脯(말린 고기)는 豆에 담아 올리는 음식〔豆實〕이 아니니, 또한 젓갈로 만들어야 비로소 豆에 담을 수 있음을 말한 것이니, 이곳 鄭玄의 注에 "먼저 그 고기를 포로 떠서 말린다."고 한 것과 의미가 부합한다.

鄭衆은 "麋臡는 큰 사슴〔麋〕의 정강이뼈가 붙어 있는 젓갈이다.〔麋臡 麋骭髓醢〕"라고 하였는데, 이 해석에 대해 정현은 따르지 않았다.

〈정중은〉 "어떤 사람은 "麋臡는 젓갈이니, 뼈가 붙어 있는 것을 臡라 하고, 뼈가 없는 것을 醢라 한다.'고 하였다."고 하였는데, 정현은 이 해석에 따랐다.

또 〈정중이〉 "菁菹는 부추 절임〔韭菹〕이다."라고 하였는데, 菁을 韭菁(부추 꽃)이라고 하는 것은 의미상 불가하므로 정현은 따르지 않았다. 만약 '菲'의 글자라면 菲는 蔓菁(순무)이니, 의미상 옳다. 정현이 이를 부정하지 않은 것은 본래 '韭'로 되어 있고 '菲'로 되어 있지 않음을 밝힌 것이다.

"鄭興은 '茆'를 茅의 뜻으로 읽었으니, 茅菹는 띠풀이 처음 자라난 것으로 만든 절임이다."라고 한 것은 띠풀은 사람이 먹을 수 있는 물건이 아니므로 菹(절임)로 만들 수 없다는 뜻이다.

"어떤 사람이 '茆는 水草이다.'라고 하였다."고 하였는데, 정현은 이를 따랐다.

"杜子春이 茆를 卯(순채)의 뜻으로 읽었다."라고 하였는데, 의미상 또한 옳다.

"나(鄭玄)는 생각건대, 菁은 蔓菁(순무)이다."라고 한 것은 정중이 韭菁으로 해석한 것을 부정한 것이다.

〈정현이〉 "茆는 鳧葵(순채)이다."라고 한 것은 두자춘 등의 해석을 더욱 완성시킨 것이다.

〈정현이〉 "무릇 〈이곳의〉 절임〔菹〕과 고기젓갈〔醢〕은 모두 향과 맛으로 서로 이루어준 것이나, 그 형상은 들어보지 못했다."라고 한 것은, 경문의 '韭菹・醓醢' 이하에서 〈절임과 젓갈을〉 둘씩 서로 짝지은 것은 모두 향기와 맛으로 서로 이루어주는 것인데, 그 형상은 알 수 없으므로 "그 형상은 들어보지 못했다."라고 한 것이다.

天-26-2

饋食(사)[1]之豆는 其實葵菹[2]・蠃(라)醢・脾(비)析・蠯(비)醢・蜃蚳醢・豚拍・魚醢이니라

1) 饋食(사) : 천자와 제후의 종묘 제사에서는 降神의 의식을 행하고〔祼〕, 희생의 피와 날고기를 올리고〔獻〕, 희생의 익힌 고기를 올리는〔肆〕 동시에 찰기장 밥・메기장 밥을 올리는〔饋食〕 순서로 진행된다. 그러나 제후의 大夫와 士의 제례인 ≪儀禮≫의 〈特牲饋食禮〉와 〈少牢饋食禮〉(〈有司徹〉 포함)에서는 祼・獻의 절차를 생략하고 곧바로 희생의 익힌 고기를 올리는 '薦熟(肆)'으로부터 시작된다. 다만 희생의 익힌 고기를 올리는 '薦熟'과 찰기장 밥・메기장밥을 올리는 '饋食'의 의절은 동시에 진행되기 때문에 희생의 익힌 고기를 올리는 것으로부터 시작하는 제사를 '饋食'라고 한다.(〈天官 籩人(天-25-3)〉 역주 1) 참조)

2) 葵菹 : 金鶚에 의하면 葵采에는 여러 종류가 있는데, 이곳 경문에서는 秋葵를 가리킨다. 그 잎은 오리 발바닥처럼 생겼고, 어릴 때 먹으면 더욱 맛이 난다.(≪周禮譯注≫ 111쪽 참조)

饋食의 禮를 행할 때 올리는 豆는, 그 두에 담는 음식이 아욱절임〔葵菹〕·달팽이젓갈〔蠃醢〕·소의 위〔脾析〕·긴맛 젓갈〔蜃醢〕·대합조개젓갈〔蚳〕·개미알젓갈〔蚳醢〕·돼지갈비〔豚拍〕·생선젓갈〔魚醢〕이다.

【注】蠃는 螔蝓(이유)요 蜃은 大蛤이요 蚳는 蛾子라 鄭司農云 脾析은 牛百葉[1]也요 蜃은 蛤也라 鄭大夫와 杜子春 皆以拍爲膊하니 謂脅也요 或曰 豚拍은 肩也라 今河間名豚脅이라하니 聲如鍛鎛[2]이라

1) 牛百葉 : 소의 百葉이라는 뜻이다. 百葉은 胃를 말하는데, 胃는 잎처럼 얇게 갈라져 있기 때문에 百葉이라 한 것이다.

2) 今河間名豚脅 聲如鍛鎛 : 段玉裁에 의하면, 이는 鄭玄이 方言을 원용하여 脅(갈비)으로 해석하는 것이 옳음을 증명한 것이다. 河間에서는 돼지의 갈비〔豚脅〕를 '鎛'이라 하므로 拍을 膊으로 바꾸어 쓰고 脅으로 풀이하는 것이 옳다. 河間의 言語에 의하면, 글자는 '膊'으로 쓰고 脅의 뜻으로 풀이하는 것이 가능하다. '拍'의 古音은 '膊'·'鎛'과 같으며, '鍛鎛'은 段氏가 만든 鎛器이다. 옛날에는 段과 鍛은 통용되었다.(≪周禮正義≫ 권10, 402쪽 참조)

'蠃'는 달팽이〔螔蝓〕이다. '蜃'은 대합조개〔大蛤〕이다. '蚳'는 개미알〔蛾子〕이다. 鄭衆은 "脾析은 소의 위〔牛百葉〕이다. 蜃은 긴맛〔蛤〕이다."라고 하였다. 鄭興과 杜子春은 모두 拍을 膊의 뜻으로 읽었으니, 갈비〔脅〕를 가리킨다. 어떤 사람은 "豚拍은 어깨〔肩〕이다."라고 하였다. 오늘날 河間에서는 豚脅이라고 칭하니, 聲音이 鍛鎛과 같다.

【疏】'饋食'至'魚醢' ○釋曰 : 言'饋食之豆'者, 亦與饋食之籩同時而薦. '其實葵菹·蠃醢'者, 此八豆之內, 脾析·蜃·豚拍三者不言菹, 皆齏也.

經의 〔饋食〕에서 〔魚醢〕까지

○釋曰 : 〔饋食之豆〕 또한 饋食의 禮를 행할 때 올리는 변〔饋食之籩〕과 동시에 올리는 것이다.

〔其實葵菹蠃醢〕 이 8개의 豆 가운데 脾析(소의 위)·蜃(대합조개)·豚拍(돼지갈비) 3가지에 대해서는 '菹(납작하게 조각을 내어서 절인 음식)'라고 말하지 않았으니, 모두 齏(얇게 썰어서 절인 음식)이다.

○注'嬴蠯'至'鍛鎛' ○釋曰：言'嬴，蠯蝓．蜃，大蛤．蚳，蛾子'，皆爾雅文．'鄭司農云，脾析，牛百葉也．'者，無正文可破，故後鄭從之．云'蠯，蛤也．'者，謂小蛤，亦於鼈人釋訖．'鄭大夫・杜子春，皆以拍爲膊，謂脅也'者，此釋經'豚拍'，謂豚脅也．云'或曰，豚拍，肩也'者，謂豚肩也．云'今河間名豚脅，聲如鍛鎛'者，此子春等二人雖復爲豚肩解之，仍從前豚脅爲義，故云'聲如(豚拍)〔鍛鎛〕[1]．'

1) (豚拍)〔鍛鎛〕：저본에는 '豚拍'으로 되어 있으나，浦鏜의 설에 의거하여 '鍛鎛'으로 바로잡았다.(北京大 整理本의 〈校勘記〉 참조)

○注의 〔嬴蠯〕에서 〔鍛鎛〕까지

○釋曰：〔嬴 蠯蝓 蜃 大蛤 蚳 蛾子〕 모두 ≪爾雅≫의 문장이다.

〔鄭司農云 脾析 牛百葉也〕 부정할 수 있는 正文(經文)이 없기 때문에 鄭玄은 鄭衆의 해석에 따랐다.

〔蠯 蛤也〕 小蛤을 가리키니, 또한 〈天官 鼈人(天-14-4)〉에서 이미 풀이하였다.

〔鄭大夫 杜子春 皆以拍爲膊 謂脅也〕 이는 경문의 '豚拍'을 풀이한 것이니, 돼지의 갈비〔豚脅〕를 가리킨다.

〔或曰 豚拍 肩也〕 돼지 앞다리 뼈의 위쪽 부위를 가리킨다.

〔今河間名豚脅 聲如鍛鎛〕 이는 杜子春 등 2인이 비록 다시 돼지 앞다리 뼈의 위쪽 부위〔豚肩〕로 풀이하였지만, 여전히 앞의 돼지갈비〔豚脅〕의 의미를 따랐으므로 "聲音이 鍛鎛과 같다.〔聲如豚拍〕"라고 한 것이다.

天-26-3

加豆[1]之實은 芹菹・兎醢・深蒲・醓醢・箈(태)菹・鴈醢・筍菹・魚醢니라

1) 加豆：시동에게 加爵을 올릴 때 진헌하는 豆(나무제기)를 말한다. 종묘 제사에서 正祭는 모두 시동에게 차례로 아홉 번 술잔을 올리는 九獻의 예를 거행한다. 鄭玄은 이 가운데 왕이 올리는 七獻 이외에 왕후가 올리는 八獻과 제후(諸臣)가 賓으로서 올리는 九獻을 加爵으로 해석하였다. 자세한 것은 〈天官 籩人(天-25-4)〉 鄭玄 注의 역주 1) 참조.

加豆에 담는 음식은 미나리절임〔芹菹〕・토끼고기젓갈〔兎醢〕・어린 부들잎절임〔深蒲〕・고기젓갈〔醓醢〕・연한 죽순절임〔箈菹〕・기러기고기젓갈〔鴈醢〕・죽순절임〔筍菹〕・생선젓갈〔魚醢〕이다.

【注】芹은 楚葵[1]也라 鄭司農云 深蒲[2]는 蒲蒻入水深이라 故曰深蒲라 或曰 深蒲는 桑耳라 醓醢는 肉醬也라 箈는 水中魚衣[3]라 故書鴈或爲鶉이라 杜子春云 當爲鴈이라 玄謂深蒲는 蒲始生水中子요 箈[4]는 箭萌이요 筍은 竹萌이라

1) 楚葵 : 미나리를 말한다. ≪爾雅≫ 〈釋草〉 郭璞의 注에 "〈楚葵는〉 오늘날 물속의 근채이다.〔今水中芹菜〕"라고 하였는데, 邢昺의 疏에서는 "곽박은 '오늘날 물속의 근채이다.'라고 하였다. 살펴보건대, ≪本草≫에 '물미나리는 일명 水英이다.'라고 하였는데, 陶弘景의 注에서는 '물미나리는 2·3월에 꽃이 필 때 김치를 만들거나 데쳐서 먹을 수 있다. 또 渣芹이 있는데 生菜를 만들거나 또 날로 먹을 수 있다.'고 하였다. ≪別本注≫에는 '미나리는 두 종류가 있다. 荻芹은 뿌리를 취하는데 백색이며, 赤芹은 줄기·잎을 취한다. 모두 김치나 생채를 만들 수 있다.'고 하였다.〔郭云 今水中芹菜 案本草云 水芹 一名水英 陶注云 二月三月作英時 可作葅及瀹食之 又有渣芹 可爲生菜 亦可生啖 別本注云 芹有兩種 荻芹取根白色 赤芹 取莖葉 竝堪作葅及生菜〕"라고 하였다.
2) 深蒲 : 물속에서 자라는 부들로, 물 위로 나오지 않은 어린잎으로 절임을 만들 수 있다.
3) 魚衣 : 민물에 사는 藻類의 일종으로, 해캄을 말한다. 水苔, 石髮, 石衣, 水衣, 藫으로도 칭하는데, 먹을 수 있다. ≪爾雅≫ 〈釋草〉에 "藫은 石衣(물이끼)이다.〔藫 石衣〕"라고 하였는데, 郭璞의 注에는 "水苔(물이끼)이니, 일명 石髮이다. 강동에서는 그것을 먹는다.〔水苔也 一名石髮 江東食之〕"고 하였다.
4) 箈 : 조릿대의 죽순을 말한다. 조릿대를 '箭'이라 하고, 초목이 처음 자라나는 것을 '萌'이라 한다. 따라서 '箈'는 조릿대의 싹(죽순)이다. ≪爾雅≫ 〈釋草〉에는 '箈'가 '簢'로 되어 있는데, "簢는 죽순이다.〔簢 箭萌〕"라고 하였다.

芹은 미나리〔楚葵〕이다. 鄭衆은 "深蒲는 부들의 싹(밑동)이 물속 깊이 들어가 있으므로 '深蒲'라고 하는 것이다. 어떤 사람은 '深蒲는 桑耳(뽕나무버섯)이다.'라고 하였다. 醓醢는 肉醬(고기젓갈)이다. 箈는 물속의 魚衣(물이끼)이다."라고 하였다. 故書에 '鴈'은 '鶉(메추라기)'으로 되어 있기도 하다. 杜子春은 "마땅히 鴈이 되어야 한다."고 하였다. 나(鄭玄)는 생각건대, '深蒲'는 부들이 물속에서 처음 자랄 때의 싹이다. '箈'는 조릿대의 싹이다. '筍'은 죽순이다.

【疏】'加豆'至'魚醢' ○釋曰 : 此加豆之實, 亦與加籩之實[1]同時設之. '深蒲醓醢'者, 深蒲謂蒲入水深以爲齏, 醓醢與朝事之豆同. '箈菹'者, 謂以箈箭萌爲菹也. 云'筍菹'者, 謂竹萌爲菹也.

1) 加籩之實 : 〈天官 籩人(天-25-4)〉에 보인다.

經의 〔加豆〕에서 〔魚醢〕까지

○釋曰 : 이곳 경문의 加豆에 담은 음식은 또한 加籩에 담은 음식과 동시에 진설한다.

〔深蒲醓醢〕 '深蒲'는 물속 깊이 들어가 있는 부들로 만든 齏(얇게 썰어서 절인 음식)를 말한다. '醓醢'는 朝事의 禮를 행할 때 올리는 豆에 담는 醓醢(고기젓갈)와 동일하다.

〔箈菹〕 조릿대의 싹(죽순)으로 만든 절임〔菹〕을 말한다.

〔筍菹〕 대나무의 싹(죽순)으로 만든 절임〔菹〕을 말한다.

○注'芹楚'至'竹萌' ○釋曰 : '芹, 楚葵', 出爾雅. '鄭司農云 深蒲, 蒲蒻入水深, 故曰深蒲'者, 史游急就章[1]云"蒲蒻藺席[2]." 蒲蒻只堪爲席, 不可爲菹, 故後鄭不從. 云'或曰深蒲, 桑耳'者, 旣名爲蒲, 何得更爲桑耳. 故後鄭亦不從. 云'箈, 水中魚衣'者, 此箈字旣〔竹〕[3]下爲之, 非是水物, 不得爲魚衣, 故後鄭不從. '玄謂深蒲, 蒲始生水中子'者, 此後鄭以時事而知, 破先鄭也. 云'箈, 箭萌'者, 一名篠(소)[4]者也. '筍, 竹萌'者, 一名簜者也. 萌皆謂新生者也, 見今皆爲菹.

1) 急就章 : 西漢 元帝 때 黃門郎 史游가 편찬한 字書로서, 4권 34장으로 이루어졌다. 唐나라 顔師古의 注, 宋나라 王應麟의 補注 및 淸나라 孫星衍의 考異가 있다.
2) 蒲蒻藺席 : '蒲蒻'은 부들로서, 어린 것을 '蒻'이라고 한다. '藺席'은 藺草(골풀)로 엮은 자리를 말한다. ≪急就章≫ 제13에 "부들자리와 인초자리를 깔고, 휘장을 펼친다.〔蒲蒻藺席 帳帷幢〕"고 하였다.
3) 〔竹〕 : 저본에는 '竹'이 없으나, 浦鏜은 '旣' 다음에 '竹'의 글자가 탈오된 것으로 보았으며, 上海古籍 整理本에도 '旣' 다음에 '竹'이 있다. 이에 의거하여 보충하였다.(上海古籍 整理本의 〈校勘記〉 및 北京大 整理本의 〈校勘記〉 참조)
4) 篠(소) : ≪爾雅≫ 〈釋草〉에 "篠는 箭(조릿대)이다.〔篠 箭〕"라고 하였고, 邢昺의 疏에서는 "'箈'는 일명 箭萌이니, 곧 죽순이다. '篠'는 일명 箭이다.〔箈 一名箭萌 卽筍也 篠 一名箭〕"라고 하였다.

○注의 〔芹楚〕에서 〔竹萌〕까지

○釋曰 : 〔芹 楚葵〕 ≪爾雅≫ 〈釋草〉에 나온다.

〔鄭司農云 深蒲 蒲蒻入水深 故曰深蒲〕 史游의 ≪急就章≫에 "蒲蒻과 藺席을 깐다."라고 하였다. 蒲蒻(어린 부들)은 단지 자리〔席〕를 만들 수 있을 뿐, 절임으로 만들 수는 없다. 그러므로 鄭玄이 따르지 않았다.

〔或曰深蒲 桑耳〕 이미 蒲(부들)라고 명명했는데, 어떻게 다시 桑耳(뽕나무버섯)가 될 수

있겠는가? 그러므로 정현은 또한 따르지 않았다.

〔箈 水中魚衣〕 이 '箈'의 글자는 이미 竹籩 아래 만들어졌으니, 물속에 자라는 생물이 아니므로 魚衣(물이끼)가 될 수 없다. 그러므로 정현은 따르지 않았다.

〔玄謂深蒲 蒲始生水中子〕 이는 정현이 당시의 일을 가지고 알아서 鄭衆의 해석을 부정한 것이다.

〔箈 箭萌〕 〈箈는〉 일명 篠(조릿대)라는 것이다.

〔筍 竹萌〕 〈筍은〉 일명 簜(왕대나무)이라는 것이다. '萌'은 모두 새로 자라나는 것을 말하니, 오늘날 〈그것으로〉 모두 절임〔菹〕을 만든다는 뜻을 보인 것이다.

天-26-4

羞豆[1)]之實은 酏食(이사)・糝食(삼사)[2)]니라

1) 羞豆 : '羞豆'는 제사나 宴饗을 할 때 진헌하는 맛난 음식을 담는 나무제기로서, 四豆의 하나이다. 羞籩과 동시에 진헌하는데, 그 안에 酏(飦)食와 糝食를 담는다.
2) 酏食(이사)糝食(삼사) : ≪禮記≫ 〈內則〉 鄭玄의 注에 의하면, '酏食'에서의 '酏'는 '飦'의 잘못이다. 따라서 '飦食'는 볍쌀과 이리의 가슴비계를 반죽하여 죽으로 만든 것이다.〔此酏當爲飦 以稻米與狼臅膏爲飦 是也〕 '糝'은 ≪禮記≫ 〈內則〉에 "소・양・돼지의 고기를 잡는데, 세 가지 고기의 분량은 동일하다. 고기를 얇게 썰고 거기에 쌀가루를 뿌린다. 쌀가루 2/3, 고기 1/3의 비율로 배합하여 완자를 만들고 그것을 달인다.〔取牛羊豕之肉 三如一 小切之 與稻米 稻米二 肉一 合以爲餌 煎之〕"고 하였다. 이렇게 본다면, '酏食'와 '糝食'는 모두 죽의 종류임을 알 수 있다.

羞豆에 담는 음식은 고기죽〔酏食〕과 나물죽〔糝食〕이다.

【注】 鄭司農云 酏食는 以酒酏爲餠이요 糝食는 菜餗(속)蒸이라 玄謂 酏는 餰(전)也니 內則曰 取稻米擧糔溲之[1)]하고 小切狼臅(촉)膏하여 以與稻米爲餰[2)]이라 又曰 糝은 取牛羊豕之肉三如一을 小切之하여 與稻米니 稻米二肉一을 合以爲餌煎之라

1) 取稻米擧糔溲之 : ≪禮記≫ 〈內則〉의 문장이다. 陳澔는 "이것은 대체로 볍쌀 가루를 뜨물로 반죽해서 비계로 그것을 달이는 것이다.〔此蓋以瀡溲稻米之粉 而煎之以膏〕"라고 하였다.(≪禮記集說≫ 〈內則〉)
2) 餰 : ≪禮記≫ 〈內則〉에는 '餰'이 '酏'로 되어 있는데, 阮元에 의하면 이곳 鄭玄의 주에 의거하여 '餰'으로 訂正해야 한다.(阮元의 〈校勘記〉 및 北京大 整理本의 〈校勘記〉 참조)

鄭衆은 "'酏食'는 단술로 떡을 만든 것이다. '糝食'는 나물을 쪄서 죽을 만든 것이다."라고 하였다. 나(정현)는 생각건대, '酏'는 죽〔餈〕이다. ≪禮記≫ 〈內則〉에 "볍쌀 가루를 취하여 모두 뜨물로 반죽하고 이리 가슴뼈 속의 비계를 작게 잘라 볍쌀 가루 〈반죽과〉 섞어서 죽을 만든다."고 하였다. 또 "糝은 소·양·돼지의 고기 세 가지를 동일한 분량으로 준비하여 얇게 썰고 거기에 쌀가루를 뿌리는데 쌀가루 2/3, 고기 1/3의 비율로 배합하여 완자를 만들고 달인 것이다."고 하였다.

【疏】'羞豆'至'糝食' ○釋曰：此羞豆之實, 亦與羞籩之實同(特)〔時〕[1]設之. 言'酏食'者, 謂餈與糝食爲二豆.

1) (特)〔時〕: 저본에는 '特'으로 되어 있으나, 孫詒讓의 ≪周禮正義≫에 의거하여 '時'로 바로잡았다.(≪周禮正義≫ 권10, 404쪽 및 北京大 整理本의 〈校勘記〉 참조)

經의 〔羞豆〕에서 〔糝食〕까지

○釋曰 : 이곳 羞豆에 담은 음식은 또한 羞籩에 담은 음식과 동시에 진설한다.

〔酏食〕 餈食(고기죽)와 糝食(나물죽)를 2개의 豆에 담아서 올리는 것을 말한다.

○注'鄭司'至'煎之' ○釋曰：'司農云 酏食 以酒酏爲餠'者, 酏, 粥也. 以酒酏爲餠, 若今起膠餠[1]. 文無所出, 故後鄭不從. 云'糝食, 菜餗蒸'者, 若今煮菜謂之蒸菜也. 亦文無所出, 後鄭亦不從. '玄謂酏, 餈也'者, 案雜問志云"內則餈次糝, 周禮酏次糝." 又酏在六飮中, 不合在豆[2]. 且內則有餈無酏, 周禮有酏無餈, 明酏·餈是一也, 故破酏從餈也. 又引內則曰"取稻米擧糔溲之"者, 案彼上注, 擧猶皆也. 糔·溲, 博異語, 謂取稻米皆糗之. 云'小切狼臅膏'者, 鄭彼注"狼臅膏, 臆中膏也." 云'以與稻米爲餈'者, 彼鄭云"若今膏䉽(찬)[3]." 云'又曰 糝, 取牛羊豕之肉三如一'者, 三肉等分. 云'小切之'者, 謂細切之. 云'與稻米, 稻米二肉一'者, 謂米二分肉一分, 合以爲餌煎之也. 餈·糝二者皆有(肉)[4]內則文, 故不從先鄭. 然則上有糗餌[5], 彼餌無肉則入籩. 此餌米肉俱有, 名之爲糝, 卽入豆. 案易鼎卦九四, "鼎折足, 覆公餗, 其刑渥, 凶." 鄭注云"糝謂之餗. 震爲竹. 竹萌曰筍. 筍者, 餗之爲菜也, 是八珍之食. 臣下曠官, 失君之美道, 當刑之於屋中." 案上膳夫注, 八珍取肝膋, 不取糝, 鄭注易, 糝又入八珍中者, 以其糝若有菜, 則入八珍, 不須肝膋, 若糝無菜, 則入羞豆, 此文所引, 是也. 八珍則數肝膋, 故注不同.

1) 起膠餠 : 起麵餠이라고도 하는데, 밀가루를 발효시켜서 만든 떡을 말한다.

2) 酏在六飮中 不合在豆 : '六飮'은 水(물) · 漿(신 음료) · 醴(맑은 단술) · 涼(찬 죽) · 醫(탁한 단술) · 酏(미음)의 여섯 가지 음료를 말한다. 豆는 마른 음식을 담는 나무제기이므로, 음료인 酏를 담을 수는 없다.
3) 彼鄭云 若今膏餍(찬) : ≪禮記≫ 〈內則〉 鄭玄의 注에 "'狼臅膏'는 〈이리의〉 가슴 속의 비계이다. 그것으로 볍쌀을 달이면 오늘날의 膏餐과 유사하다. 이는 ≪周禮≫에서 말한 '酏食'이다. 이곳의 '酏'는 '餰'이 되어야 한다.〔狼臅膏 臆中膏也 以煎稻米 則似今膏餐矣 此周禮酏食也 此酏當從餰〕"고 하였다.
4) (肉) : 저본에는 '肉'이 있으나, 孫詒讓의 설에 의거하여 衍文으로 처리하였다.(≪周禮正義≫ 권10, 406쪽 및 北京大 整理本의 〈校勘記〉 참조)
5) 然則上有糗餌 : ≪禮記≫ 〈內則〉에 "羞 糗餌粉酏(籩豆에 담는 음식은 분말 완자와 콩가루를 뿌린 인절미이다.)"라고 하였다.

○注의 〔鄭司〕에서 〔煎之〕까지

○釋曰 : 〔司農云 酏食 以酒酏爲餠〕 酏는 粥이다. 단술과 죽으로 떡을 만드는 것이니, 오늘날의 起膠餠과 같은 것이다. 문장에 출처가 없다. 그러므로 鄭玄은 따르지 않았다.

〔糝食 菜餗蒸〕 오늘날 나물을 끓이는 것을 '蒸菜'라고 하는 것과 같다. 또한 문장에 출처가 없으니, 정현이 또한 따르지 않았다.

〔玄謂酏 餐也〕 살펴보건대, ≪雜問志≫에 "≪禮記≫ 〈內則〉에서는 '餐'을 말하고 이어서 '糝'을 말했으며, ≪주례≫에서는 '酏'를 말하고 이어서 '糝'을 말했다."라고 하였다. 또 '酏(미음)'는 六飮 가운데에 포함되므로 豆에 올려놓는 음식이 아니다. 또 ≪예기≫ 〈내칙〉에는 '餐'은 있지만 '酏'는 없으며, ≪주례≫에는 '酏'는 있지만 '餐'이 없으니, '酏'와 '餐'은 같은 종류의 음식임이 분명하다. 그러므로 〈정현은〉 '酏'를 부정하고 '餐'을 따랐다.

또 〈內則〉의 '取稻米擧糔溲之'를 인용한 것은 살펴보건대, ≪예기≫ 〈내칙〉의 注에서 '擧'는 皆(모두)와 같다고 하였다. '糔' · '溲'는 같은 뜻을 나타내는 다른 말을 널리 쓴 것이니, 볍쌀 가루를 가져다 모두 뜨물로 반죽하는 것을 말한다.

〔小切狼臅膏〕 정현은 ≪예기≫ 〈내칙〉의 注에서 "'狼臅膏'는 〈이리의〉 가슴 속의 비계이다."라고 하였다.

〔以與稻米爲餐〕 ≪예기≫ 〈내칙〉 정현의 注에서 "오늘날의 膏餍(餐)과 같다."고 하였다.

〔又曰 糝 取牛羊豕之肉三如一〕 세 가지(소 · 양 · 돼지)의 고기는 분량이 동일하다.

〔小切之〕 얇게 써는 것을 말한다.

〔與稻米 稻米二肉一〕 쌀가루 2/3, 고기 1/3의 비율로 배합하여 완자를 만들고 그것을 달인 것을 말한다.

'餈'과 '糝' 두 가지는 모두 ≪예기≫ 〈내칙〉의 글에 있다. 그러므로 〈정현은〉 鄭衆의 해석에 따르지 않았다. 그렇다면 〈≪예기≫ 〈내칙〉의 '糝取牛羊豕之肉……合以爲餌煎之也'〉 앞 문장에 '糗餌'가 있는데, 그곳의 '餌(완자)'에는 고기가 들어가지 않으므로 籩에 담는 것이다. 이곳의 '餌'에는 쌀과 고기가 모두 들어가는데 이를 '糝'이라고 하니, 곧 豆에 담는 것이다. 살펴보건대 ≪周易≫ 鼎卦 九四에, "솥의 발이 부러져서 公에게 바칠 음식을 엎어버리니, 그 모습이 젖어 있어 흉하다."라고 하였다. 정현의 注에서는 "糝(나물죽)을 '餗'이라 한다. 震은 대나무〔竹〕이다. 대나무의 싹을 '筍(죽순)'이라 한다. '筍'이란 나물죽을 만드는데 채소로 하는 것이니, 이는 八珍의 음식이다. 신하가 직무를 태만하게 하면 군주의 아름다운 도를 잃게 되니, 마땅히 집 안에서 형벌을 받아야 한다."고 하였다. 살펴보건대, 앞의 〈天官 膳夫(天-6-2)〉 정현의 注에서는 八珍(여덟 가지 진미) 가운데 肝膋(개의 간 구이)를 취하고 糝(나물죽)을 취하지 않았는데, 정현이 ≪周易≫ 鼎卦 九四의 注에서 '糝'을 또 八珍 가운데에 포함시킨 것은 그 糝에 만약 채소가 들어간다면 八珍에 넣어서 肝膋를 포함시킬 필요가 없기 때문이다. 만약 糝에 채소가 없다면 羞豆에 담게 되는 것이므로 이 문장에서 인용한 것은 옳다. 八珍이라면 肝膋를 헤아려 포함시킨다. 그러므로 정현의 注가 같지 않은 것이다.

天-26-5

凡祭祀에 **共薦羞之豆實**하고 **賓客喪紀**에 **亦如之**요 **爲王及后世子共其內羞**[1)]하고 **王擧則共醢六十罋**이니 **以五齊・七醢・七菹・三臡實之**니라

1) 內羞 : 房中之羞, 즉 방 안에 진설하는 음식을 말한다. 女宮이 방에서 꺼내오는데, 모두 곡물의 종류로서, 豆實과 籩實을 포괄한다. 豆實은 酏食와 糝食이고, 籩實은 糗餌와 粉餈이다. 〈天官 世婦(天-51-2)〉 鄭玄의 注에 "內羞는 방 안에 진설하는 음식을 말한다.〔內羞謂房中之羞〕"고 하였다.

〈醢人은〉 무릇 제사를 지낼 때 豆에 담아서 올릴 음식을 공급한다. 賓客을 접대하거나 喪紀(喪事)를 당했을 경우에도 이와 마찬가지로 한다. 王 및 王后・世子를 위해 방 안에 진설할 음식〔內羞〕를 공급한다. 王이 희생을 잡아 성찬을 할 경우에는 고기젓갈을 담은 60개의 독을 공급하는데, 5가지 齏(얇게 썰어서 절인 음식)의 음식・7가지 醢(고기젓갈)의 음식・7가지 菹(납작하게 조각을 내어서 절인 음식)의 음식・3가지 臡(뼈가 붙은 고기젓갈)의 음식을 담는다.

【注】齊當爲齏니 五齏는 昌本・脾析・蜃・豚拍・深蒲也라 七醢는 醓・蠃・螷・蚳・魚・兎・鴈醢요 七菹는 韭・菁・茆・葵・芹・箈・筍菹요 三臡는 麋・鹿・麇臡也라 凡醯醬所和는 細切爲齏요 全物若牒爲菹라 少儀曰 麋鹿爲菹요 野豕爲軒이니 皆牒而不切이요 麇爲辟雞요 兎爲宛脾[1]니 皆牒而切之라 切葱若薤實之하고 醯以柔之라하니 由此言之면 則齏菹之稱은 菜肉通이라

1) 野豕爲軒……兎爲宛脾 : ≪禮記≫ 〈內則〉 鄭玄의 注에 "膾를 뜰 때는 반드시 먼저 軒으로 만드니, 이른바 '납작하게 조각을 내어서 저미고 자른다.'는 것이다. 이 軒・辟雞・宛脾는 모두 절임〔菹〕 종류이다. 채소를 섞어서 조미하고 그것을 식초로 부드럽게 하여 날고기의 비린내 및 그 기운을 죽이는 것이다.……'菹'와 '軒'은 크게 납작한 조각으로 만들어 저미고 썰지는 않으며, '辟雞'와 '宛脾'는 크게 납작한 조각으로 만든 후 얇게 저미어 썬다.〔膾者必先軒之 所謂聶而切之也 此軒辟雞宛脾 皆菹類也 釀菜而柔之以醯 殺腥肉及其氣……菹軒 聶而不切 辟雞宛脾 聶而切之〕"고 하였다.

'齊'는 마땅히 '齏'가 되어야 한다. '五齏'는 창포뿌리〔昌本〕・소의 위〔脾析〕・대합조개〔蜃〕・돼지갈비〔豚拍〕・어린 부들잎〔深蒲〕을 초장으로 조미하여 얇게 썰어서 만든 5가지의 절임을 말한다. '七醢'는 즙이 많은 고기젓갈〔醓〕・달팽이〔蠃〕・대합〔螷〕・개미알〔蚳〕・생선〔魚〕・토끼〔兎〕・기러기〔鴈〕로 만든 7가지의 고기젓갈을 말한다. '七菹'는 부추〔韭〕・순무〔菁〕・순채〔茆〕・아욱〔葵〕・미나리〔芹〕・연한 죽순〔箈〕・죽순〔筍〕을 초장으로 조미하여 전체를 저민 고기처럼 납작하게 조각을 내어 만든 7가지의 절임을 말한다. '三臡'는 뼈 붙은 큰사슴고기〔麋〕・뼈 붙은 사슴고기〔鹿〕・뼈 붙은 노루고기〔麇〕로 만든 3가지 고기젓갈을 말한다. 무릇 초장으로 조미한 것 가운데 얇게 썬 것이 '齏'이고, 전체를 저민 고기처럼 만든 것이 '菹'이다. ≪禮記≫ 〈少儀〉에 "큰사슴・사슴의 고기로 菹를 만들고, 멧돼지로 軒을 만들 때, 모두 납작하게 조각을 내어서 저미고 썰지 않는다. 노루로 辟雞를 만들고, 토끼로 宛脾를 만들 때, 모두 납작하게 조각을 내어서 저미고 다시 가늘게 썬다. 파와 염교를 잘라서 채우고 식초로 부드럽게 한다."고 하였다. 이를 통해서 말한다면, '齏'와 '菹'의 명칭은 채소와 육류에 통용된다.

【疏】'凡祭'至'(食)〔實〕[1]之' ○釋曰 : '凡祭'至'內羞', 一與籩人同, 上已釋訖. '王擧則共醢六十罋', 此已下與籩人異, 以其王擧, 不共籩實, 唯有豆實. 王擧謂王日一擧, 鼎十有二, 則醢人共醢六十罋, 以醢爲主, 其實有五齏七菹等.

1) (食)〔實〕 : 저본에는 '食'으로 되어 있으나, 經文과 上海古籍 整理本 등에 의거하여 '實'로 바로잡았다.

經의 〔凡祭〕에서 〔實之〕까지

○ 釋曰 : '凡祭'에서 '內羞'까지는 모두 〈天官 籩人〉과 내용이 동일하니, 앞에서 이미 풀이하였다.

〔王擧則共醢六十甕〕 이 이하는 〈天官 籩人〉과 내용이 다르니, 왕의 성찬〔王擧〕에는 籩實(籩에 담는 음식)을 공급하지 않고 오직 豆實(豆에 담는 음식)만 있기 때문이다. '왕의 성찬〔王擧〕'이란 왕이 매일 한 차례 희생을 잡아 성찬을 하는데 12개의 鼎(세발솥)을 진설하는 것을 말하니, 醢人은 고기젓갈을 담은 60개의 독을 공급한다. 고기젓갈을 위주로 하지만, 그 음식물 가운데에는 5가지 齏(납작하게 조각을 내어서 절인 음식)와 7가지 菹(얇게 썰어서 절인 음식) 등이 있다.

○注'齊當'至'肉通' ○釋曰 : '五齏', 昌本至深蒲, 此據豆內. 不言菹者皆是齏, 以次數之, 有此五而已. '七醢', 從醓醢至鴈醢, 加豆朝事, 醓醢有二, 唯取一, 則合此七也. '七菹'者, 亦從朝事至加豆, 已上有七. '三臡'者, 唯朝事之豆, 有此三[1). 云'凡醯醬所和'者, 據此五齏・七菹, 皆須醯醬所和, 據醯人所掌, 五齏・七菹, 是也. 云'細切爲齏, 全物若牒爲菹'者, 據上朝事饋食加豆之內, 有齏菹不同, 鄭君欲引少儀爲證, 故先言此. 云'少儀曰, 麋鹿爲菹, 野豕爲軒, 皆牒而不切'者, 旣言'牒而不切', 則野豕爲軒, 亦菹類. 云'麇爲辟雞, 兎爲宛脾, 皆牒而切之'者, 此謂報切, (節)〔卽〕[2)]皆齏類. 云'切葱若薤實之, 醯以柔之'者, 謂殺其氣. 云'由此言之, 則齏菹之稱, 菜肉通'者, 鄭案三豆之內, 七菹皆菜無肉, 五齏之內, 菜肉相兼. 若據少儀, 齏菹之稱, 菜肉通也.

1) 五齏……有此三 : 朝事之豆에 담는 음식은 韭菹・醓醢・昌本・麋臡・菁菹・鹿臡・茆菹・麇臡이고, 饋食之豆에는 葵菹・蠃醢・脾析・蠯醢・蜃蚳醢・豚拍・魚醢이고, 加豆에는 芹菹・兎醢・深蒲・醓醢・箈菹・鴈醢・筍菹・魚醢이다. 이 중 七醢에 해당하는 것은 朝事之豆의 醓醢와 饋食之豆의 蠃醢, 蠯醢, 蚳醢, 魚醢와 加豆의 兎醢, 醓醢, 鴈醢, 魚醢이다. 이를 합치면 전체 9개인데, 이 중에 醓醢와 魚醢가 중복되므로 중복된 것을 빼고 보면 7개이다. 여기 疏에서는 朝事之豆와 加豆에 중복된 醓醢만을 언급한 것이다. 七菹에 해당하는 것은 朝事之豆의 韭菹, 菁菹, 茆菹와 饋食之豆의 葵菹와 加豆의 芹菹, 箈菹, 筍菹로 7개이다. 三臡에 해당하는 것은 朝事之豆의 麋臡, 鹿臡, 麇臡로 3개이다.

2) (節)〔卽〕 : 저본에는 '節'로 되어 있으나, '卽'의 잘못이라는 浦鏜의 설에 의거하여 바로잡았다.(北京大 整理本의 〈校勘記〉 참조)

○ 注의 〔齊當〕에서 〔肉通〕까지

○ 釋曰 : 〔五齏〕 창포뿌리〔昌本〕에서 어린 부들잎〔深蒲〕까지이니, 이는 豆 안에 담는

것에 의거한 것이다. '菹'를 말하지 않은 것은 모두 齏이기 때문이니, 차례대로 헤아리면 이 5가지가 있을 뿐이다.

〔七醢〕 즙이 많은 고기젓갈〔醓醢〕에서 기러기 고기젓갈〔鴈醢〕까지이니, 加豆와 朝事의 豆에 담는 음식이다. 醓醢에는 2가지가 있는데 오직 한 가지만 취하였으니, 이를 합하여 7가지가 되는 것이다.

〔七菹〕 또한 朝事의 豆에서 加豆에까지 이상으로 7가지가 있다.

〔三臡〕 오직 朝事의 豆에, 이 3가지가 있는 것이다.

〔凡醯醬所和〕 여기의 五齏·七菹가 모두 초장으로 조미를 해야 하는 것임을 거론한 것이니, 醯人이 관장하는 五齏·七菹가 이것임을 증명한 것이다.

〔細切爲齏 全物若牒爲菹〕 앞의 朝事의 豆·饋食의 豆·加豆에 담는 음식에 齏와 菹가 같지 않음을 거론한 것이니, 鄭玄이 ≪禮記≫ 〈少儀〉를 인용하여 증명하고자 하였기 때문에 먼저 이것을 말한 것이다.

〔少儀曰 麋鹿爲菹 野豕爲軒 皆牒而不切〕 이미 '납작하게 조각을 내어서 저미고, 썰지 않는다.〔牒而不切〕'라고 말하였으므로 멧돼지로 軒을 만든다〔野豕爲軒〕는 것은 또한 菹의 종류이다.

〔麇爲辟雞 兎爲宛脾 皆牒而切之〕 이는 다시 잘게 써는 것을 말하니, 곧 모두 齏의 종류이다.

〔切葱若薤實之 醯以柔之〕 그 기운을 죽이는 것을 말한다.

〔由此言之 則齏菹之稱 菜肉通〕 정현이 생각건대 3가지 豆(朝事의 豆·饋食의 豆·加豆)에서 7가지 菹는 모두 채소로서 고기가 없으며, 5가지 齏 가운데에는 채소와 고기가 모두 있으니, 만약 ≪예기≫ 〈소의〉에 의거하면 齏와 菹의 명칭은 채소와 고기에 통용된다고 여긴 것이다.

天-26-6

賓客之禮에 共醢五十罋하고

賓客을 접대하는 禮를 행할 때, 〈醯人은〉 고기젓갈을 담은 50개의 독을 공급한다.

【注】 致饔餼[1]時라

1) 致饔餼 : ≪儀禮≫ 〈聘禮〉에서 賓이 主國의 군주와 부인에게 예물을 올리는 聘·享의 예를 마치면, 주국의 군주가 賓에게 죽은 희생〔饔〕(익힌 고기와 날고기)과 살아 있는 희생〔餼〕 및 곡물〔米〕·볏짚〔禾〕·섶〔薪〕·꼴〔芻〕 등을 보내주는 의절을 말한다. 이곳에서는 왕이 사람을 빈객의 館舍에 파견하여 죽은 희생과 살아 있는 희생 및 醬類와 다양한 음

식물을 보내주는 의례를 말한다.

饔餼를 보낼 때를 말한다.

天-26-7

凡事에 **共醢**니라

무릇 일이 있으면 〈醢人은〉 고기젓갈〔醢〕을 공급한다.

【疏】'賓客'至'共醢' ○釋曰 : '賓客'謂五等諸侯來朝也. 天子致(饗)〔饔〕[1]餼, 與之醢, 故鄭云'致饔餼時'也. 案掌客, 上公之禮, 醯醢[2]百有二十甕, 侯伯百甕, 子男八十甕, 此共醢五十甕, 幷醯人所共醯五十甕, 共爲百甕. 此據侯伯饔餼之禮, 擧中言之, 明兼有上公與子男. 若然, 上公百二十甕, 與王數同者[3], 據二王之後, 王所尊敬者而言. 其同姓諸侯, 唯魯得與二王後同, 其餘同姓, 雖車服如上公, 從侯伯百甕而已. 又案掌客, 上公已下, 竝是諸侯自相待法, 天子待諸侯, 亦與之同. 又案聘禮, 待聘臣亦云"醯醢百甕", 得與諸侯同者, 彼別爲臣禮, 禮有損之而益, 故子男之卿百甕, 其數多於君.

1) (饗)〔饔〕: 저본에는 '饗'으로 되어 있으나, 경문과 北京大 整理本에 의거하여 '饔'으로 바로잡았다.
2) 醯醢 : 醯醬(초장, 발효되어 신맛이 나는 장)과 醢醬(고기젓갈장)을 말한다. ≪儀禮注疏≫ 〈聘禮〉에 "초장과 고기젓갈장을 담은 100개의 독을 碑(뜰을 3등분 하여 북쪽에 세운 碑)를 끼고서 진설한다. 10개의 독을 한 줄로 늘어놓는데, 초장을 담은 50개의 독을 碑의 동쪽에 놓는다.〔醯醢百甕 夾碑 十以爲列 醯在東〕"고 하였다. 鄭玄의 注에서는 "초장을 담은 독을 동쪽에 놓는 것은, 초장은 곡물로 만드니 陽이기 때문이다. 고기젓갈장은 고기로 만드니, 陰이다.〔醯在東 醯穀 陽也 醢肉 陰也〕"라고 하였다. 賈公彦의 疏에서는 "醯는 곡물을 발효시켜 만든 것이니, 술의 일종이다.……醢는 고기를 발효시켜 만든 것이다.〔醯是釀穀爲之 酒之類……醢是釀肉爲之〕"라고 하였다.
3) 上公百二十甕 與王數同者 : 〈天官 膳夫(天-6-2)〉에 왕에게 진상하는 성찬에 초장과 고기젓갈장 120개의 독을 사용한다고 하였다.

經의 〔賓客〕에서 〔共醢〕까지

○釋曰 : '賓客'은 五等의 제후들이 와서 조회하는 것을 말한다. 천자가 饔餼를 〈빈객의 관사로〉 보내줄 때 고기젓갈〔醢〕도 준다. 그러므로 鄭玄은 "饔餼를 보낼 줄 때를 말한다." 라고 한 것이다.

살펴보건대, 〈秋官 掌客(秋-58-4)〉에 의하면 上公을 접대하는 禮에서는 초장〔醯〕·고기젓갈장〔醢〕을 담은 120개의 독을 진설하고, 侯·伯의 경우에는 100개의 독을, 子·男의 경우에는 80개의 독을 진설한다고 하였으니, 이곳의 〈醢人이〉 공급하는 고기젓갈〔醢〕 50개의 독은 醯人이 공급하는 초장〔醯〕 50개의 독과 합하여 모두 100개의 독이 된다. 이곳 경문에서는 侯·伯에게 饔餼를 보내주는 예에 의거하여 중간치를 들어서 말한 것이니, 겸하여 上公과 子男에게 〈饔餼를〉 보내주는 예도 있음을 밝힌 것이다. 만약 그렇다면 上公에게 보내주는 120개의 독은 왕의 수와 동일한 것이니, 두 왕조(夏·商)의 후손은 왕이 존경하는 자임에 의거하여 말한 것이다. 同姓의 제후의 경우에는 오직 魯나라만이 두 왕조의 후손과 동일하게 할 수 있으며, 그 밖의 동성의 제후는 비록 車服은 上公과 같게 하지만 侯伯에게 보내주는 100개의 독에 따를 뿐이다. 또 살펴보건대 〈추관 장객〉은 上公 이하 모두 제후들끼리 서로 접대하는 법이니, 천자가 제후를 접대할 경우에도 그와 동일하게 한다. 또 살펴보건대, ≪儀禮≫ 〈聘禮〉에서 聘臣을 접대하는 경우에도 또한 "초장〔醯〕과 고기젓갈장〔醢〕을 담은 100개의 독을 진설한다."고 하여 제후와 동일하게 할 수 있는 것은, 그곳에서는 별도로 臣禮가 되어 禮에 덜거나 더하는 것이 있기 때문이다. 그러므로 子·男의 卿에게 100개의 독을 보내주니, 그 수가 군주보다 많은 것이다.

27. 醯人(혜인)

天-27-1

醯人은 **掌共五齊**[1)]**七菹凡醯物**하여 **以共祭祀之齊菹**하고 **凡醯醬之物**[2)]이라 **賓客亦如之**니라

1) 齊 : 〈天官 醢人(天-26-5)〉 鄭玄의 注에 齊는 齏가 되어야 한다고 한 것에 의거하여 번역하였다. 아래도 같다.
2) 凡醯醬之物 : 楊天宇에 의하면 '醯'는 초장으로 조미한 齏·菹를 가리키고, '醬'은 아직 초장으로 조미하지 않은 젓갈을 가리킨다.(≪周禮譯注≫ 114쪽 참조)

醯人은 五齏와 七菹 등 초장〔醯〕으로 조미한 모든 음식물을 관장하여 제사에 필요한 齏·菹를 공급하니, 무릇 초장으로 조미한 齏·菹와 초장으로 조미하지 않은 醬(고기젓갈)의 음식물을 공급하는 것이다. 빈객을 접대할 때도 또한 이와 마찬가지로 한다.

【注】齊菹醬屬醯人者는 皆須醯成味라

醯人이 齏・菹・醬을 관장하는 것은 〈이들 음식은〉 모두 초장〔醯〕으로 조미를 해야 맛을 완성하기 때문이다.

天-27-2

王擧 則共齊菹醯物六十罋하고 **其(其)〔共〕[1]后及世子之醬齊菹**요 **賓客之禮**에 **共醯五十罋**이니 **凡事共醯**니라

1) (其)〔共〕: 저본에는 '其'로 되어 있으나, 경문과 北京大 整理本에 의거하여 '共'으로 바로잡았다.

〈醯人은〉 王이 희생을 잡아 성찬을 하면, 초장으로 조미한 齏・菹 60개의 독을 공급한다. 王后 및 世子에게는 醬 및 〈초장으로 조미한〉 齏・菹를 공급한다. 빈객을 접대하여 〈饔餼를 보내주는〉 禮를 행할 때는 초장으로 조미한 음식물 50개의 독을 공급한다. 무릇 일이 있으면, 초장으로 조미한 음식물을 공급한다.

【疏】'醯人'至'共醯' ○釋曰：云'掌共五齊七菹凡醯物'者, 此乃是醢人所掌豆實. 今在此者, 鄭云"齊菹醬皆須醯成味", 故與醢人共掌. 云'以共祭祀之齊菹, 凡醯醬之物'者, 醯人連言'醬'者, 并豆醬亦掌. 言'賓客亦如之'者, (下)〔上〕[1]經云'賓客之禮', 據饔餼, 此云'賓客', 據饗食致之. 云'王擧, 則共齊菹醯物六十罋'者, (并醢人六十罋者)[2], 并醢人六十罋, 卽膳夫醬用百有二十罋, 是也. 云'共后及世子之醬齊菹'者, 案醢人共其內羞, 不言齊菹, 此云齏菹, 以其與醢人共掌齏菹, 須醯, 故就醯人爲言. 云'賓客之禮, 共醯五十罋'者, 與醢人五十罋, 揔共爲百罋, 亦據侯伯, 擧中言之.

1) (下)〔上〕: 저본에는 '下'로 되어 있으나, 浦鏜의 설에 의거하여 '下'로 바로잡았다.(北京大 整理本의 〈校勘記〉 및 ≪周禮正義≫ 권11, 410쪽 참조)
2) (并醢人六十罋者) : 저본에는 이 7글자가 있으나, 孫詒讓의 교감에 의거하여 衍文으로 처리하였다.(北京大 整理本의 〈校勘記〉 및 ≪十三經注疏校記≫, 107쪽 참조)

經의 〔醯人〕에서 〔共醯〕까지

○釋曰：〔掌共五齊七菹凡醯物〕 이는 곧 醢人이 관장하는 豆實(豆에 담는 음식물)인데 이제 이곳에 기술한 것은, 鄭玄이 "齏・菹・醬을 관장하는 것은 〈이들 음식은〉 모두 초장

으로 조미를 해야 맛을 완성하기 때문이다."라고 하였으므로 醢人과 함께 관장하는 것이기 때문이다.

〔以共祭祀之齊菹 凡醯醬之物〕 醯人에 대해서 '醬'을 연이어서 말한 것은 〈醯人은〉 豆에 담는 醬까지도 또한 관장하기 때문이다.

〔賓客亦如之〕 위의 경문(天-26-6)에서 '賓客之禮'라고 말한 것은 饔餼에 의거한 것이고, 이곳 경문(天-27-1)에서 '賓客'이라고 한 것은 饗食를 보내주는 것에 의거한 것이다.

〔王擧 則共齊菹醯物六十罋〕 〈天官 醢人(天-26-5)〉의 60개의 독과 합하면, 곧 〈天官 膳夫(天-6-2)〉에서 "醬에는 120개의 독을 사용한다."고 한 것이 이것이다.

〔共后及世子之醬齊菹〕 살펴보건대, 醢人은 內羞를 공급한다고 하고 '齊菹'를 말하지 않았는데, 이곳에서 '韲菹'라고 말한 것은 〈醯人은〉 醢人과 더불어 함께 韲菹를 관장하여 醯를 필요로 하기 때문이다. 그러므로 醯人의 입장에서 말한 것이다.

〔賓客之禮 共醯五十罋〕 醢人의 50개의 독과 합쳐서 총 100개의 독이 되니, 또한 侯·伯에 의거한 것으로 중간을 들어서 말한 것이다.

28. 鹽人(염인)

天-28-1

鹽人은 掌鹽之政令하여 以共百事之鹽[1)]이라

1) 百事之鹽 : 祭祀·賓客·膳羞 등에 소금을 사용하여 음식을 조화시키는데 그 일이 매우 많기 때문에 '百'이라 하여 포괄한 것이다.(≪周禮正義≫ 권11, 411쪽 참조)

鹽人은 소금과 관련한 政令을 관장하여 각종 의례에 필요한 소금을 공급한다.

【注】 政令은 謂受入教所處置[1)]하고 求者所當得[2)]이라

1) 受入教所處置 : 바닷가의 소금을 생산하는 곳에서 소금을 가지고 들어오면, 鹽人이 이를 모두 수납하고, 또 그 종류를 구별하여 적절한 곳에 처치해두는데 이를 명령하는 것이다.(≪周禮正義≫ 권11, 411쪽 참조)
2) 求者所當得 : 소금을 구하여 함께 사용하는데 각각 마땅히 취해야 할 바에 맞게 나누어준다. 예를 들자면, 제사를 지낼 때는 苦鹽·散鹽을 취해야 하고, 빈객을 접대할 때는 形鹽·散鹽을 취해야 하고, 맛난 음식을 만들 때는 飴鹽을 취해야 하는 경우가 그것이다.(≪周禮正義≫ 권11, 411쪽 참조)

政令은 〈각지에서〉 들어온 소금을 수납하여 처치할 곳을 명하고 〈소금이〉 필요할 경우에는 마땅히 취하도록 하는 것을 가리킨다.

【疏】注'政令'至'當得' ○釋曰 : '政令謂受入教所處置'者, 謂四方鹽來, 鹽有數種, 處置不同, 故云"受入教所處置"也.

○注의 〔政令〕에서 〔當得〕까지

○釋曰 : 〔政令謂受入教所處置〕 사방에서 소금을 가지고 오는데, 소금에는 수량과 종류가 있어 안치하는 것이 같지 않다. 그러므로 "들어온 소금을 수납하여 안치할 곳을 명한다."고 한 것이다.

天-28-2

祭祀에 共其苦鹽·散鹽[1)]하고

1) 苦鹽散鹽 : '苦鹽'은 鹽池에서 산출한 소금으로, 아직 바닷물을 끓여서 정제하지 않은 굵은 소금을 말한다. 그 맛이 특히 짜고 쓰기 때문에 '苦鹽'이라 하는데, 소금 가운데 가장 귀한 것이다. '散鹽'은 바닷물을 끓여서 정제하여 만든 소금으로, 鹹度는 苦鹽 다음이다. 孫詒讓은 "苦鹽은 맛이 매우 짜니, 소금 가운데 가장 귀한 것이다. 散鹽은 맛이 약간 싱거운데, 용도는 많지만 품질은 조금 떨어지니, 제사를 지낼 때는 苦鹽에 다음가는 소금이고, 빈객을 접대할 때는 形鹽에 다음가는 소금이다. 그러므로 '散'이라 한 것이니, '散'이라는 글자는 襍(섞다)의 뜻이다.……무릇 경문에서 '散'이라고 말한 것은 모두 거칠고 잡박하며, 최상에 버금간다는 뜻이다.〔苦鹽味大鹹 爲鹽之最貴者 散鹽則味微淡 用多而品略賤 祭祀則次於苦鹽 賓客則次於形鹽 故謂之散 散之爲言襍也……此經凡言散者 皆麤沽猥襍亞次於上之義〕"라고 하였다.(≪周禮正義≫ 권11, 412쪽)

제사를 지낼 때는 苦鹽과 散鹽을 공급하고,

【注】杜子春讀苦爲盬[1)]니 謂出鹽直用하고 不(湅)〔湅〕[2)]治라 鄭司農云 散鹽은 (湅)〔湅〕治者라 玄謂 散鹽은 鬻(자)[3)]水爲鹽이라

1) 杜子春讀苦爲盬 : 杜子春은 '苦'와 '盬'는 聲類가 같기 때문에 동일한 뜻으로 읽은 것이다. '盬'는 본래 鹽池를 뜻한다. ≪說文解字≫ 鹽部에 "盬는 河東의 鹽池이다. 길이 51리이고, 너비 7리이며, 둘레 116리이다.〔盬 河東鹽池 袤五十一里 廣七里 周百十六里〕"라고 하였다. 그러나 '盬'는 여기에서 뜻이 확대되어 아직 바닷물을 끓여서 정제하지 않은 소금을 지칭하여 바닷물을 끓여 정제시킨 散鹽과 대비된다. ≪史記索隱≫ 〈貨殖列傳〉에

서는 일설을 인용하여 "盬鹽은 河東의 굵은 소금〔大鹽〕이다. 散鹽은 동해에서 바닷물을 끓여 소금으로 만든 것이다.〔盬鹽 河東大鹽 散鹽 東海煮水爲鹽也〕"라고 하였다.

2) (湅)〔涑〕: 저본에는 '湅'으로 되어 있으나, 北京大 整理本과 上海古籍 整理本에 의거하여 '涑'으로 바로잡았다. 아래도 같다.

3) 鬻(자): 陸德明은 아래 〈天官 鹽人(天-28-5)〉의 '鬻盬'에 대해 '鬻'의 음은 煮라고 하였다.(≪經典釋文≫ 권8 〈周禮音義 上 天官冢宰〉 '鹽人') 孫詒讓에 의하면, 아마도 이곳 鄭玄注의 '鬻'의 글자는 본래 '煮'로 되어 있었을 것이라고 하였다.(≪周禮正義≫ 권11, 412쪽)

杜子春은 苦를 盬(굵은 소금)의 뜻으로 읽었으니, 소금을 생산하여 곧바로 사용하고 달여서 정제하지 않은 것을 가리킨다. 鄭衆은 "散鹽은 〈소금을〉 달여서 정제한 것이다."라고 하였다. 나(鄭玄)는 생각건대, 散鹽은 바닷물을 끓여서 소금으로 만드는 것이다.

【疏】'祭祀'至'散鹽' ○釋曰: 苦當爲盬, 盬謂出於鹽池, 今之顆鹽[1], 是也. 散鹽, 煮水爲之, 出於東海.

1) 顆鹽: 정제하지 않은 굵은 소금을 말한다. 孫詒讓은 "맛으로 말하면 苦鹽이라 하고, 형태로 말하면 顆鹽이라고 한다.〔以味言則曰苦鹽 以形言則曰顆鹽也〕"고 하였다.(≪周禮正義≫ 권11, 412쪽)

經의 〔祭祀〕에서 〔散鹽〕까지

○釋曰: '苦'는 마땅히 盬의 뜻으로 읽어야 하니, 盬는 鹽池(소금이 나오는 못)에서 산출한 것을 말하니, 오늘날의 顆鹽이 이것이다. '散鹽'은 바닷물을 끓여서 만드는 것으로 東海에서 나온다.

○注'杜子'至'爲鹽' ○釋曰: 杜子春讀苦爲盬者, 鹽鹹非苦, 故破苦爲盬. 見今海傍出鹽之處謂之盬. 云'直用不(湅)〔涑〕治'者, 對下經鬻(자)盬是(湅)〔涑〕治者也. '鄭司農云, 散鹽(湅)〔涑〕治者', 下經自有鬻鹽是(湅)〔涑〕治, 故後鄭不從.

○注의 〔杜子〕에서 〔爲鹽〕까지

○釋曰: 杜子春이 '苦'를 盬(굵은 소금)의 뜻으로 읽은 것은 소금은 짜고 쓰지 않기 때문이다. 그러므로 '苦'를 부정하고 '盬'의 뜻으로 읽은 것이다. 살펴보건대, 오늘날 바닷가에서 소금을 생산하는 곳을 '盬(염지)'라고 한다.

〔直用不(湅)〔涑〕治〕 아래 경문(天-28-5)의 鬻盬가 달여서 정제한 것임과 대비한 것이다.

〔鄭司農云 散鹽(湅)〔涑〕治者〕 아래 경문(天-28-5)에 별도로 鬻鹽이 달여서 정제한 것이라 한 부분이 있으므로 鄭玄은 이에 따르지 않았다.

天-28-3

賓客에 共其形鹽·散鹽하고

빈객을 접대할 때는 形鹽과 散鹽을 공급하고,

【注】形鹽은 鹽之似虎形이라

'形鹽'은 소금이 호랑이 형상과 유사한 것이다.

【疏】注'形鹽'至'虎形' ○釋曰：此形鹽, 卽左氏傳 "鹽虎形", 是也. 籩人已釋訖.

1) 鹽虎形：호랑이 모양으로 깎은 소금으로, 그것으로 武功을 상징한다. ≪春秋左氏傳≫ 文公 30년 참조.

○注의 〔形鹽〕에서 〔虎形〕까지

○釋曰：이 形鹽은 ≪春秋左氏傳≫ 文公 30년 條에서 "鹽虎形"이라고 한 것이 그것이니, 〈天官 籩人(天-25-2)〉에서 이미 풀이하였다.

天-28-4

王之膳羞에 共飴鹽하고 后及世子에 亦如之라

왕을 위해 맛난 음식〔膳羞〕을 만들 때는 飴鹽을 공급하고, 王后 및 世子를 위해 맛난 음식을 만들 때도 이와 마찬가지로 한다.

【注】飴鹽[1)]은 鹽之恬者니 今戎鹽[2)]有焉이라

1) 飴鹽：孫詒讓은 "소금 가운데 맛이 단것을 또한 飴鹽이라 한다.……恬은 곧 甛(달다)의 글자이다.〔鹽味甘者 亦謂之飴鹽……恬卽甛字〕"라고 하였다.(≪周禮正義≫ 권11, 413쪽)

2) 戎鹽：巖鹽으로서, 오랑캐 땅에서 생산되기 때문에 '戎鹽'이라는 명칭을 얻었다. 唐愼微(宋)에 의하면, '戎鹽'은 맛이 짠 소금으로 '胡鹽'이라고도 하며, 胡鹽山 및 西羌의 북쪽 酒泉 福祿城 동남쪽에서 생산된다.(≪證類本草≫ 권5, 玉石部)

'飴鹽'은 소금 가운데 단맛을 띠는 것이니, 오늘날 戎鹽이 그러하다.

【疏】〔注〕[1)]'(鹽)[2)]飴鹽'至'有焉' ○釋曰：言'飴鹽', 故云"鹽之恬者". 云'今戎鹽有焉'者, 卽石鹽[3)], 是也.

1) 〔注〕 : 저본에는 '注'가 없으나, 이전 【疏】 형식에 따라 보충하였다.
2) (鹽) : 저본에는 '鹽'이 있으나, 北京大 整理本의 〈校勘記〉에 의거하여 衍文으로 처리하였다.
3) 石鹽 : 巖鹽을 말하니, 礦鹽이라고도 한다. 北魏 酈道元의 ≪水經注≫ 〈河水1〉에 "甘水이니, 서역의 동쪽에 있다. 新陶水라고 하는데, 산이 天竺國의 서쪽에 있으며, 물이 달다. 그러므로 甘水라고 한다. 石鹽이 있으니, 빛나는 것이 마치 수정과 같다. 알갱이가 크므로 쪼개서 사용한다.〔甘水也 在西域之東 名曰新陶水 山在天竺國西 水甘 故曰甘水 有石鹽 白如水精 大段則破而用之〕"고 하였다.

○ 注의 〔飴鹽〕에서 〔有焉〕까지

○ 釋曰 : '飴鹽'이라고 하였다. 그러므로 "소금 가운데 단맛을 띠는 것이다."라고 한 것이다.

〔今戎鹽有焉〕 곧 石鹽이 그것이다.

天-28-5

凡齊事에 鬻盬[1)]以待戒令이니라

1) 盬 : '盬'는 소금을 산출하는 지역을 말하는데, 다시 뜻이 확대되어 아직 바닷물을 끓여서 정제하지 않은 소금을 지칭한다. 呂飛鵬은 "소금을 산출하는 곳은 모두 '盬'라고 칭할 수 있다. 그러므로 아직 바닷물을 끓여서 정제하지 않은 소금을 또한 '盬'이라 칭한다."고 하였다.(≪周禮譯注≫ 116쪽 참조.)

〈鹽人은〉 무릇 음식의 맛을 조화시키는 일에 미리 소금을 달여서 정제하여 공급하라는 명에 대비한다.

【注】 齊事는 和五味之事요 鬻鹽은 (湅)〔涑〕治之라

'齊事'는 五味를 조화시키는 일을 가리킨다. '鬻鹽'은 소금을 달여서 정제하는 것을 가리킨다.

【疏】 注'齊事'至'治之' ○釋曰 : 言'齊事'者, 謂若食醫 "春多酸, 夏多苦"之類, 是也. 今(湅)〔涑〕治盬, 以待戒令, 則齊和之.

○ 注의 〔齊事〕에서 〔治之〕까지

○ 釋曰 : 〔齊事〕 〈天官 食醫(天-17-6)〉에서 "봄에는 신맛을 많게 하고, 여름에는 쓴맛

을 많게 한다."고 한 것 같은 것이 이것임을 가리킨다. 이제 소금을 달여서 정제하여 공급하라는 명에 대비하는 것이니 음식의 맛을 조화시키는 것이다.

29. 冪人(멱인)

天-29-1

冪人은 **掌共巾冪**[1)]이라

1) 巾冪 : '冪'은 수건〔巾〕으로 물건을 덮는 것을 말한다. 따라서 '巾冪'은 빈객 접대·제사 및 왕의 음식 등에 사용하는 기물을 덮는 수건을 말한다. 고대에는 酒器나 食器 위를 布巾 혹은 葛巾으로 덮었는데, 이것이 이른바 '巾冪'이다.(≪周禮譯注≫ 116쪽 참조) 孫詒讓에 의하면, '수건〔巾〕'에는 물건을 닦기 위한 '佩巾'과 손을 씻기 위한 '盥巾'이 있는데, 冪人은 단지 빈객 접대·제사 및 왕의 음식 등에 사용하는 기물을 덮는 수건만을 관장하므로 佩巾과 盥巾은 이 관직이 관장하는 바가 아니다. 따라서 아래 賈公彦의 疏에서 이곳의 수건은 기물을 덮는 것 이외에 물건의 먼지를 닦는 데에도 사용된다고 한 것은 잘못이라고 하였다.(≪周禮正義≫ 권11, 414쪽 참조)

冪人은 기물을 덮는 데에 필요한 수건〔巾〕을 공급하는 일을 관장한다.

【注】共巾可以覆物이라

수건〔巾〕을 공급하는 것은 그것으로 기물을 덮을 수 있기 때문이다.

【疏】'冪人掌共巾冪' ○釋曰 : 巾者, 則下經"王巾皆黼", 是也. 冪者, 則冪八尊(준)[1)]之類, 是也.

1) 八尊(준) : 8가지 종류의 술을 담는 술동이를 말한다. 六彝와 같이 술동이〔尊〕의 종류를 말하는 것이 아니라 五齊(泛齊·醴齊·盎齊·醍齊·沈齊의 찌꺼기가 남아 있는 5가지 濁酒)와 三酒(事酒·昔酒·淸酒의 찌꺼기를 걸러낸 3가지 술)를 종류별로 담는 술동이를 뜻한다. 〈天官 酒正(天-21-4·5)〉에서는 '五齊'를 泛齊·醴齊·央齊·緹齊·沈齊라고 하며, '三酒'는 事酒·昔酒·淸酒 3종류로 구분하였다. 오제는 삼주에 비해 상대적으로 탁한 술을 가리킨다. 여기에서 말한 八尊은 이와 같이 8가지 술을 담은 술동이를 말한다.

經의 〔冪人掌共巾冪〕

○釋曰 : '巾'은 아래 경문에서 "왕의 음식물을 덮는 수건〔王巾〕에는 모두 黼의 문양을

그려 넣는다."고 한 것이 이것이다. '冪'은 八尊을 덮는 따위가 이것이다.

○注'共巾可以覆物' ○釋曰：據經巾・冪俱有, 鄭唯言其'巾可以覆物', 不言'冪'者, 但冪唯祗覆物, 其巾則兼以拭物, 故特解巾可以覆物者也.

○注의 〔共巾可以覆物〕

○釋曰：경문에 의거하면 巾과 冪이 모두 있는데, 鄭玄이 오직 '수건〔巾〕은 물건을 덮을 수 있다.'라고만 말하고 '冪'을 말하지 않은 것은 '冪'은 단지 물건을 덮을 뿐이고, 그 巾(수건)은 아울러 기물의 먼지를 닦기 때문이다. 그러므로 특별히 '巾(수건)은 기물을 덮을 수 있다.'고 풀이한 것이다.

天-29-2

祭祀에 以疏布巾[1]冪八尊하고

1) 疏布巾：거친 베로 만든 수건(덮개보)을 말한다. '畫布巾'이 그림이 그려진 베로 만든 수건으로서 종묘 제사에 사용되는 것에 반하여, 疏布巾은 천지에 제사를 지낼 때 八尊을 덮는 수건이다. 수건(덮개보)의 형태는 원형이다. 聶崇義의 ≪三禮圖≫에서는 畫布巾과 疏布巾 모두 원형이라고 했는데, 그림 상에서는 사방 모서리를 깎은 팔각형이다. 朱熹의 ≪釋奠儀≫에서는 "≪三禮圖≫에 베의 폭은 2척 2촌인데 이를 둥글게 하였으나, 오늘날에는 베 1폭으로써 네모를 취하여 이를 만든다."라고 하여 宋代에는 방형이었음을 알 수 있다. 楊甲(南宋)의 ≪六經圖≫에도 원형으로 표현하였지만, 陳祥道의 ≪禮書≫에는 방형으로 그려져 병존되었다가 ≪釋奠儀≫ 이후 대부분 방형으로 바뀌었을 것으로 보인다. 그러다가 청대에 이르러 다시 원형으로 복귀하였다.(≪三禮圖≫ 권14 尊彝圖 참조)

〈天地의 神에게〉 제사를 지낼 때는 疏布巾으로 八尊을 덮는다.

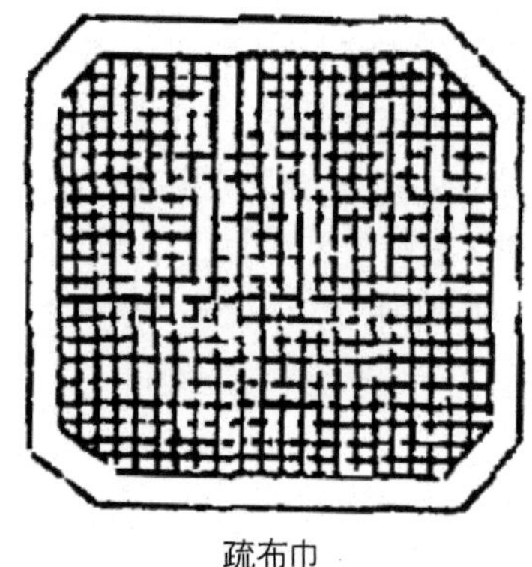
疏布巾

疏布巾(宋代)

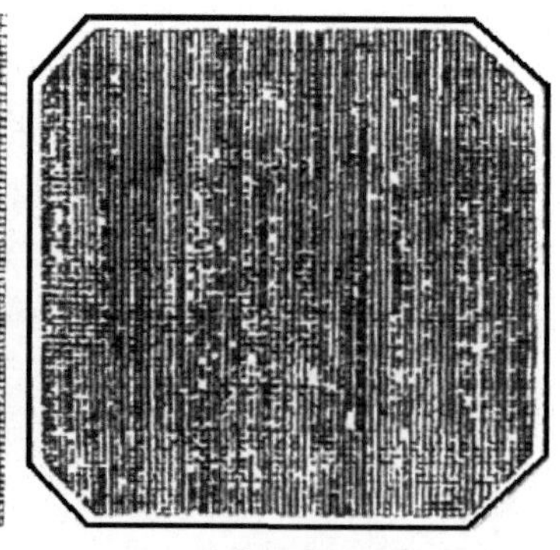
疏布巾(淸代)

【注】以疏布者는 天地之神尙質이라

거친 베로 만든 수건을 사용하는 것은 天地의 神은 질박함을 숭상하기 때문이다.

【疏】'祭祀'至'八尊' ○釋曰：祭天無灌[1)]，唯有五齊・三酒，實於八尊．疏布者，大功布爲冪，覆此八尊，故云"疏布冪八尊．" 此據正尊而言，若五齊加明水，三酒加玄酒[2)]，則十六尊，皆以疏布冪之也．

1) 灌：'祼'으로도 쓴다. 종묘 제사를 행할 때 圭瓚으로 鬱鬯을 떠서 땅에 뿌려 신이 강림하기를 기원하는 의식이다. ≪禮記≫〈郊特牲〉에 "周나라 사람들은 향기를 숭상하였다. 강신의 예〔灌〕에서 울창주의 향기를 사용하였는데, 울금의 즙을 창주에 섞어 더욱 향기롭게 하여 그 향기가 淵泉에 이르렀다.〔周人尙臭 灌用鬯臭 鬱合鬯 臭陰達於淵泉〕"고 하였는데, 鄭玄의 注에서는 "'灌'은 圭瓚으로 울창주를 따라 처음에 신에게 바치는 것을 말한다.〔灌 謂以圭瓚酌鬯 始獻神也〕"고 하였다. 天地에 제사를 지낼 때는 강신의 예〔灌〕를 행하지 않는다.〈天官 小宰(天-2-12)〉賈公彦의 疏에 "종묘 제사에 대해서는 祼禮〔灌〕를 말하였지만, 또한 천지〈大神의〉제사에서는 관례가 없다.〈春官 鬱人〉에서 울창주를 사용하는 것은 오직 종묘 제사를 지낼 때와 빈객에게 祼禮를 행할 때뿐이다.〔廟言灌 且亦天地無祼也 鬱人職 用鬱鬯者 唯有宗廟及祼賓客耳〕"라고 하였다.

2) 五齊加明水 三酒加玄酒：明水와 玄酒 모두 물을 가리킨다. ≪禮記≫〈郊特牲〉에서 "술과 단술이 맛있지만, 현주와 명수를 숭상하는 것은 다섯 가지 맛〔五味〕의 근본을 귀중히 여기는 것이다.〔酒醴之美 玄酒明水之尙 貴五味之本也〕"라고 하였다. 鄭玄의 注에서는 "'명수'는 司烜이 陰鑑을 가지고 달에서 받은 물이다."〔明水 司烜以陰鑑所取於月之水也〕라고 하였는데, 秋官 司烜氏의 직무를 가리킨다. 楊天宇에 따르면, 陰鑑은 거울〔銅鏡〕인데 달 아래에서 달을 향해 받은 깨끗한 이슬을 의미한다.(≪禮記譯注≫ 550쪽 참조) '玄酒'는 물을 의미하는데, 물이 검은빛을 띠기 때문에 '玄酒'라고 한 것이다. 술이 없었던 상고시대에는 각종 禮制 의식에 물을 사용하였다. 술이 등장한 이후에도 여전히 물을 넣은 술동이를 함께 진설하는 것은 비록 실제로 사용하지 않더라도 근본을 잊지 않음을 보이는 뜻이다.

經의 〔祭祀〕에서 〔八尊〕까지

○釋曰：하늘에 제사 지낼 때는 祼禮가 없고, 단지 五齊와 三酒를 八尊에 채울 뿐이다. 〔疏布〕 大功의 布로 冪(덮개보)을 만들어서 이 八尊을 덮는다. 그러므로 "거친 베로 八尊을 덮는다."라고 한 것이다. 이는 正尊(정식 술동이)에 의거하여 말한 것이다. 만약 五齊를 담은 술동이에 明水를 담은 술동이를 더하고, 三酒를 담은 술동이에 玄酒를 담은 술동이를 더하면 16개 尊이니, 모두 거친 베로 덮는다.

○注'以疏'至'尙質' ○釋曰：鄭知此經祭祀是天地之神者，以其下經畫布冪六彝，是宗廟之祭用六彝，卽知此疏布冪八尊，無祼，是天地可知．又見禮器云 "大路[1]素而越席，疏布冪." 彼皆據祭天，則疏布是祭天地可知．擧天地則四望・山川・社稷・林澤皆用疏布，皆是尙質之義也．

1) 大路 : '大路'는 천자가 타는 수레로, 殷나라 수레와 같은데, 나무로 제작을 하고 장식은 없다. ≪禮記≫〈禮器〉鄭玄의 注에 "大路는 殷나라의 수레이다.〔大路 殷路也〕"라고 하였고, 陳澔는 "大路는 殷나라에서 하늘에 제사를 지낼 때 천자가 사용하던 수레이다. 질박하여 문식이 없고, 부들로 자리를 만들었다.〔大路 殷祭天之車 朴素無飾 以蒲越爲席〕"고 하였다.(≪禮記集說≫〈禮器〉)

○ 注의 〔以疏〕에서 〔尙質〕까지

○ 釋曰 : 鄭玄이 이곳 경문의 제사가 천지의 신에 대한 것임을 알았던 것은, 아래 경문의 '畫布巾으로 六彝를 덮는다.'는 것이 종묘의 제사에서 六彝를 덮을 때 사용하는 것이므로 곧 이곳 경문의 疏布巾으로 八尊을 덮는 것이 祼禮가 없음을 알 수 있었기 때문에 天地를 제사 지내는 것임을 알 수 있었던 것이다. 또 살펴보건대, ≪禮記≫〈禮器〉에 "大路는 문식이 없고 부들로 자리를 만든다.〈술동이에는 희생으로 쓰는 소의 형상을 새기고〉 거친 베로 만든 덮개보로 덮는다."고 하였다. 그곳에서는 모두 하늘에 제사 지내는 것에 의거한 것이니, 疏布巾을 사용하는 것은 天地를 제사 지내는 것임을 알 수 있다. 天地를 예로 들었다면 四望・山川・社稷・林澤을 제사 지낼 때 모두 疏布巾을 사용하는 것이니, 모두 질박함을 숭상하는 의미이다.

天-29-3

以畫布巾[1]冪六彝[2]요

1) 畫布巾 : 聶崇義의 ≪三禮圖≫에서는 "畫布巾은 당연히 폭이 2척 2촌인 것을 써야 하며 그 형태 또한 원형이다.〔此畫布當用二尺二寸之幅 而亦圓也〕"라고 하였는데, 禮書의 圖像들을 보면 팔각형 모습이다. 그려 넣는 그림에 대해서 鄭玄은 '구름 모양'이라고 했지만, 陳祥道의 경우 周代에는 黼黻 무늬를 그려 넣었다고 하였다. 朱熹의 ≪釋奠儀≫에서는 "≪삼례도≫에 布의 폭은 2척 2촌인데 이를 둥글게 하였으나, 지금은 포 1폭으로써 네모를 취하여 이를 만든다."라고 하여 송대에는 방형이었음을 알 수 있다.(≪三禮圖≫ 권14 尊彝圖 참조)

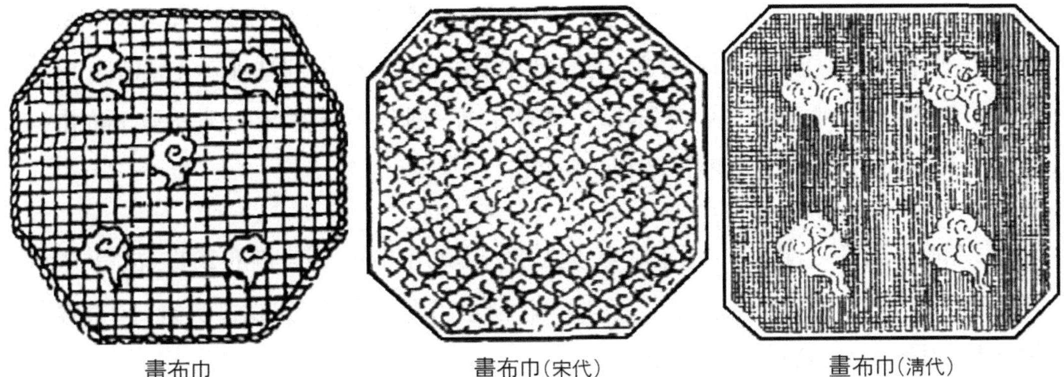

畫布巾　　　畫布巾(宋代)　　　畫布巾(淸代)

2) 六彝 : 6가지의 술동이로서, 雞彝·鳥彝·斝彝·黃彝·虎彝·蜼彝의 6彝를 말한다. 모두 울창주를 담는 술동이인데, 畫布巾으로 덮는다. 아래 〈天官 冪人(天-29-3)〉 賈公彦의 疏에 "이 6가지 술동이에는 모두 울창주를 담는다.〔此六彝皆盛鬱鬯〕"고 하였다. 또 ≪禮記≫ 〈祭統〉 鄭玄의 注에 "彝는 尊이다.〔彝 尊也〕"라고 하여 '彝'와 '尊'은 모두 술동이의 뜻으로 통용되기도 한다.

畫布巾(문양을 그려 넣은 베로 만든 수건)으로 六彝를 덮는다.

【注】宗廟可以文이라 畫者는 畫其雲氣[1]與인저

宗廟의 제사에서는 문식을 낼 수 있다. 문양을 그려 넣는다〔畫〕는 것은 구름을 그려 넣는 것인 듯하다.

【疏】'以畫'至'六彝' ○釋曰 : 言'六彝'者, 雞彝·鳥彝·斝彝·黃彝·虎彝·蜼彝. 此六彝皆盛鬱鬯, 以畫布冪之, 故云"畫布冪六彝." 此擧六彝, 對上經八尊無鬱鬯, 以言宗廟有鬱鬯. 其實天地亦有(秬)〔秠〕鬯[1]之彝, 用疏布, 宗廟亦有八尊, 亦用畫布, 互擧以明義也.

1) (秬)〔秠〕鬯 : 저본에는 '秬'로 되어 있으나, '秠'의 잘못이라는 孫詒讓의 설에 의거하여 바로잡았다.(北京大 整理本의 〈校勘記〉 참조) '秠鬯'은 검은 기장〔黑黍〕으로 빚은 술로 울금향초〔鬱〕를 넣지 않은 것이다. 鬱鬯은 거창에 울금향초를 넣은 것을 가리킨다.(〈春官 鬯人〉 春-5-2 鄭玄의 注 및 賈公彦의 疏 참조)

經의 〔以畫〕에서 〔六彝〕까지

○釋曰 : '六彝'라고 말한 것은 雞彝·鳥彝·斝彝·黃彝·虎彝·蜼彝이다. 이 六彝에는 모두 울창주를 담고, 畫布巾으로 덮는다. 그러므로 "畫布巾으로 六彝를 덮는다."라고 한

것이다. 이곳에서 六彝를 든 것은 앞 경문에서 八尊에 울창주를 담지 않는 것과 대비하여 宗廟의 제사에는 울창주를 사용함을 말한 것이다. 사실 천지의 제사에도 秬鬯酒를 담는 술동이〔彝〕가 있는데 疏布巾을 사용하고, 宗廟의 제사에도 八尊이 있는데 또한 畫布巾을 사용하니, 번갈아 들어서 의미를 밝힌 것이다.

○注'宗廟'至'氣與' ○釋曰：言'宗廟可以文'者, 以其用畫布, 對上疏布爲質, 故言"宗廟可以文." 云'畫者, 畫其雲氣與'者, 三禮通例, 所言畫者, 解畫皆以爲畫雲氣, 謂畫爲五色之雲. 俱無正文, 故言'與'以疑之.

○注의 〔宗廟〕에서 〔氣與〕까지

○釋曰：〔宗廟可以文〕〈종묘의 제사에서〉 畫布巾을 사용하는 것은 앞 경문의 疏布巾을 사용하는 것이 질박함이 되는 것과 대비된다. 그러므로 "宗廟의 제사에서는 문식을 낼 수 있다."고 한 것이다.

〔畫者 畫其雲氣與〕 三禮(≪주례≫・≪의례≫・≪예기≫의) 通例에서 '畫'라고 말한 경우, '畫'를 모두 구름 문양을 그려 넣는 것으로 풀이하였으니, 五色의 구름을 그리는 것을 말한다. 모두 正文이 없기 때문에 '與(~인 듯하다)'라고 하여 의문을 둔 것이다.

天-29-4

凡王巾은 皆黼[1)]니라

1) 黼：'黼'는 백색과 흑색을 배합하여 도끼 무늬를 수놓는 것인데, 도끼날 부분은 백색, 몸체 부분은 흑색으로 한다. 이에 비해 '黻'은 두 개의 '己'자를 서로 등지게 수놓는다는 해석이 일반적이지만,(≪尚書≫〈益稷〉에 대한 孔安國의 傳・鄭玄의 注・孔穎達의 疏) '亞'자의 무늬로 수를 놓는다는 설, 두 개의 '弓'자를 서로 등지게 수놓는다는 설 등 분분하다. '黼'와 '黻' 두 글자는 항상 함께 사용된다. 도끼 문양의 '黼'는 武德을 상징한다. 여기서는 도끼 문양을 그려 넣은 畫布巾을 가리킨다.(陳祥道, ≪禮書≫의 '畫布' 그림 참조)

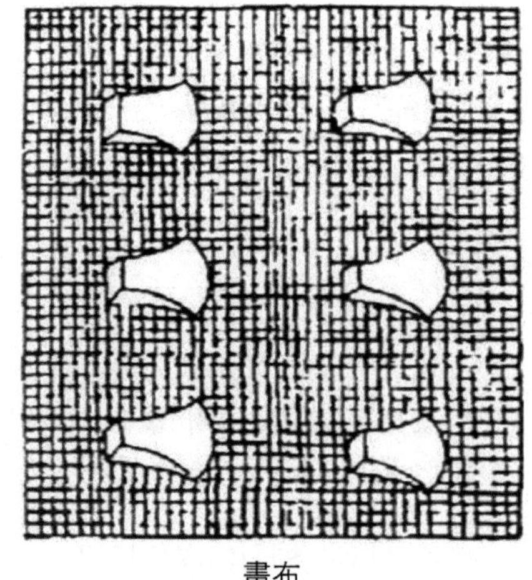

畫布

무릇 왕의 음식물을 덮는 수건〔巾〕에는 모두 黼의 문양을 그려 넣는다.

【注】四飮三酒[1)]에 皆畫黼라 周尙武하니 其用文德則黻可라

1) 四飮三酒 : '四飮'은 맑은 단술〔淸〕·탁한 단술〔醫〕·신 음료〔漿〕·미음〔酏〕의 4가지 음료를 말한다. 〈天官 酒正(天-21-5)〉 賈公彦의 疏에 "첫째는 '淸'이니, 〈天官 漿人(天-23-1)〉 鄭玄의 注에서 '醴(맑은 단술)는 맑은 술이다.'라고 하였다. 둘째는 '醫'이니, 죽을 빚어서 단술을 만들면 '醫(탁한 단술)'가 되는 것을 말한다. 셋째는 '漿'이니, 오늘날의 截漿(신맛을 띤 음료)이다. 넷째는 '酏'이니, 오늘날의 薄粥(미음)이다.〔一曰淸 則漿人云醴 淸也 二曰醫者 謂釀粥爲醴則爲醫 三曰漿者 今之截漿 四曰酏者 卽今薄粥也〕"라고 하였다. '三酒'는 事酒·昔酒·淸酒의 3가지 술로서, 찌꺼기를 걸러낸 술이다. 삼주 가운데서는 청주가 숙성기간이 가장 길고 맛이 진하다.(〈天官 酒正(天-21-7)〉 鄭玄의 注 및 賈公彦의 疏 참조)

四飮과 三酒를 담은 술동이에는 모두 黼의 문양을 그려 넣은 수건을 사용한다. 周나라는 武를 숭상하였는데, 文德을 사용할 경우는 黻의 문양을 그려 넣어도 괜찮다.

【疏】'凡王巾皆黼' ○釋曰 : 凡王之覆物之巾, 皆用黼文覆之. 言'凡', 非一. 四飮三酒之外, 籩豆(俎)〔簠〕[1)]簋之屬皆用之.

1) (俎)〔簠〕 : 저본에는 '俎'로 되어 있으나, '簠'의 잘못이라는 浦鏜의 설에 의거하여 바로잡았다.(北京大 整理本의 〈校勘記〉 및 阮元의 〈校勘記〉 참조) 바깥쪽은 네모지고 안쪽은 둥근 밥그릇을 '簠'라고 하는데, 다리의 높이는 2촌이고, 중앙 부분은 붉은색으로 칠해져 있다. 〈秋官 掌客(秋-58-4)〉 鄭玄의 注에는 簠는 쌀밥이나 수수밥을 담아두는 그릇이라고 하였다.〔簠 稻粱器也〕 '簋'는 찰기장 밥〔黍〕과 메기장 밥〔稷〕을 담는 그릇으로 용량은 1斗 2升이다. 원형으로 되어 있다. 대나무·나무·흙으로 만드는데, 청동으로 된 것도 있다. ≪三禮辭典≫ 1170쪽 참조. 둥근 원형의 '簋'는 네모진 사각형으로 된 '簠'와 구별된다.

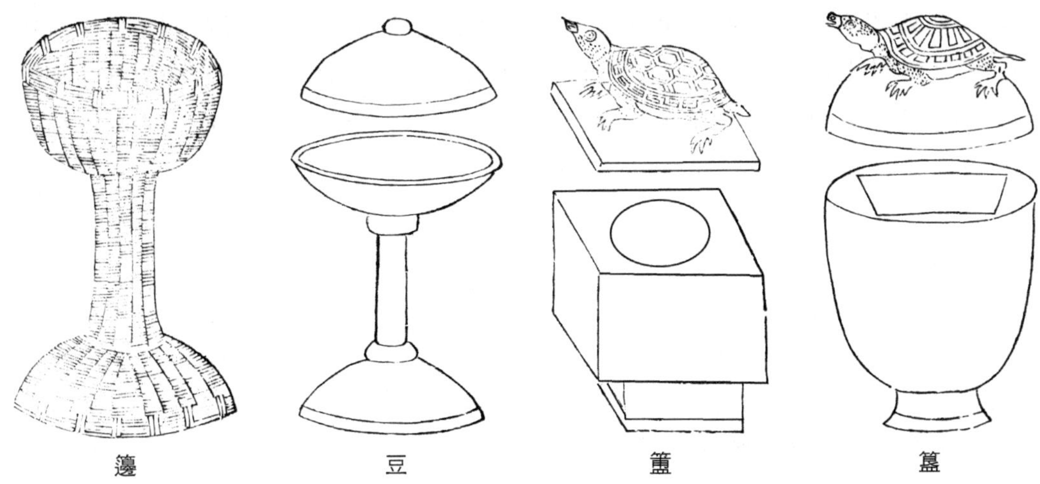

籩　　豆　　簠　　簋

經의〔凡王巾皆黼〕

○釋曰：무릇 왕이 사용하는 기물을 덮는 수건에는 모두 黼의 문양을 그려 넣어서 덮는다. '凡(무릇)'이라고 말한 것은 하나가 아니라는 뜻이다. 四飮과 三酒를 담는 술동이 이외에 籩(대나무제기)·豆(나무제기)·簠(네모진 밥그릇)·簋(둥근 밥그릇) 등에도 모두 黼의 문양을 그려 넣은 수건(덮개보)을 사용한다.

○注'四飮'至'黻可' ○釋曰：言'四飮三酒皆畫黼'者, 鄭據酒正之文而言, 其實酒飮之外, 巾皆用黼. 黼者, 白與黑作斧文, 取(今)〔金〕[1]斧斷割之義. 云'周尙武'者, 周以武得天下, 故云"尙武", 故用黼也. 云'其用文德則黻可'者, 謂若夏以揖讓得天下, 是文定天下, 則當用黑與靑謂之黻, 兩己相背也. 若然, 易云"湯武革命", 殷亦以武得天下, 則亦用黼耳.

1) (今)〔金〕: 저본에는 '今'으로 되어 있으나, ≪周禮正義≫에 의거하여 '金'으로 바로잡았다. (≪周禮正義≫ 권11, 416쪽 및 北京大 整理本의 〈校勘記〉 참조)

○注의〔四飮〕에서〔黻可〕까지

○釋曰：〔四飮三酒皆畫黼〕鄭玄이 〈酒正〉의 문장에 의거하여 말한 것이니, 사실은 四飮과 三酒를 담는 술동이 이외에 기물을 덮은 수건에도 모두 黼의 문양을 그려 넣는다. '黼'는 흰색〔白〕과 검은색〔黑〕으로 도끼의 문양을 만드는 것이니, 금도끼로 베고 자르는 뜻을 취한 것이다.

〔周尙武〕周나라는 武로 天下를 얻었으므로 "武를 숭상하였다."고 한 것이다. 그러므로 黼의 문양을 그려 넣은 수건을 사용하는 것이다.

〔其用文德則黻可〕夏나라가 揖讓으로 천하를 얻은 경우와 같은 것을 말하는 것이다. 이는 文으로 天下를 안정시킨 것이니, 마땅히 검은색〔黑〕과 푸른색〔靑〕을 사용해야 하는데, 이를 '黻'이라 하니, 두 개의 己의 글자가 서로 등지고 있는 문양이다. 그렇다면 ≪周易≫ 革卦에 "湯王과 武王이 革命을 하였다."고 하였으니, 殷나라 또한 武로 천하를 얻은 것이니, 또한 黼의 문양을 사용할 뿐이다.

30. 宮人(궁인)

天-30-1

宮人은 **掌王之六寢之脩**하니

宮人은 왕의 六寢을 청소하고 정리하는 일을 관장하니,

【注】六寢者는 路寢一 小寢五라 玉藻曰 朝에 辨色始入[1)]하여 君日出而視朝하고 退適路寢하여 聽政하고 使人視大夫하고 大夫退然後에야 適小寢하여 釋服이니 是路寢以治事요 小寢以時燕息焉이라 春秋書魯莊公薨于路寢[2)]하고 僖公薨于小寢[3)]하니 是則人君非一寢 明矣라

1) 朝 辨色始入 : ≪禮記≫ 〈玉藻〉 鄭玄의 注에 "群臣의 경우를 말한 것이다. '들어간다.〔入〕'는 것은 應門 안으로 들어간다는 뜻이다. '辨'은 正(올바르다)·別(변별하다)과 같다.〔群臣也 入 入應門也 辨 猶正也 別也〕"라고 하였다.
2) 莊公薨于路寢 : ≪春秋左氏傳≫ 莊公 32년(B.C. 662) 조에 "8월 계해일에 장공이 노침에서 훙거하였다.〔八月癸亥 公薨于路寢〕"라고 하였다.
3) 僖公薨于小寢 : ≪春秋左氏傳≫ 僖公 33년(B.C. 627) 조에 "〈12월〉 을해일에 민공이 소침에서 훙거하였다.〔乙亥 公薨于小寢〕"라고 하였다.

'六寢'은 路寢 1개와 小寢 5개를 말한다. ≪禮記≫ 〈玉藻〉에 "조회하러 들어갈 때 〈신하들은〉 안색을 바르게 하고 비로소 〈應門 안으로〉 들어간다. 군주는 해가 뜨면 조회를 보며, 물러나 路寢으로 가서 정사를 처리하고, 사람을 시켜 대부를 만나보게 하고, 대부가 물러난 후에 小寢으로 가서 朝服(皮弁服)을 벗고 〈玄端服을 입는다.〉"고 하였으니, 이는 路寢에서 정사를 다스리고 小寢에서 때때로 휴식을 취하는 것이다. ≪春秋左氏傳≫에 魯나라 莊公은 路寢에서 훙거하였고, 僖公은 小寢에서 훙거하였다고 기록하였으니, 군주의 寢이 한 곳이 아님이 분명하다.

【疏】'宮人'至'之脩' ○釋曰 : 案守祧職 "其廟, 則有司脩除之, 其祧[1)], 則守祧黝堊之[2)]." 鄭注云, "脩除黝堊, 互言之."[3)] 此雖不主脩, 亦是掃除.

1) 祧 : 遷主를 안치하는 廟를 말한다. 天子는 七廟를 세운다. 周나라의 경우로 말하면, 后稷의 廟인 太祖廟 1묘, 父·祖·祖父·高祖의 親廟 4묘, 文王과 武王의 祧 2묘로 구성된다. 文王 이전 선조의 신주는 시조 后稷의 廟에 안치하고, 高祖 이상의 신주는 昭穆의 순서에 따라 文王과 武王의 廟에 안치하는데, 이를 '二祧'라고 한다.
2) 黝堊之 : 〈春官 守祧(春-14-3)〉 鄭玄의 注에 "'黝'는 幽의 뜻으로 읽으니, '幽'는 검다는 뜻이다. '堊'은 희다는 뜻이다. ≪爾雅≫ 〈釋宮〉에 '지면을 검은색으로 꾸민 것을 黝라고 하고, 담장을 흰색으로 꾸민 것을 堊이라 한다.'고 하였다.〔黝讀爲幽 幽 黑也 堊 白也 爾雅曰 地謂之黝 牆謂之堊〕"라는 鄭衆의 말을 인용하고 있다.
3) 脩除黝堊 互言之 : 互言은 互文으로 두 문장에 똑같은 내용이 중복될 경우 한쪽에 한 가

지씩만 써서 글을 생략하는 수사법이다. 여기서는 종묘의 宗伯의 경우 脩除만을 말하고 祧의 守祧의 경우 黝堊만을 말하였는데, 이를 호언으로 보면 종묘에는 黝堊이 생략된 것이고 祧에는 脩除가 생략된 것이다.

經의 〔宮人〕에서 〔之脩〕까지

○釋曰 : 살펴보건대, 〈春官 守祧(春-14-3)〉에 "종묘에서 제사를 거행할 경우는 有司(宗伯)가 청소를 담당하고, 祧에서 遷廟의 신주를 제사 지낼 경우는 守祧가 바닥을 고르게 하여 검은색으로 꾸미고 벽을 칠하여 흰색으로 꾸민다."고 하였다. 鄭玄의 注에서는 "脩除와 黝堊은 互言한 것이다."라고 하였다. 여기의 守祧가 비록 청소〔脩〕를 위주로 하는 것은 아니지만, 또한 掃除하는 것이다.

○注'六寢'至'明矣' ○釋曰 : 云'六寢者, 路寢一, 小寢五'者, 路寢制如明堂, 以聽政. '路', 大也. 人君所居, 皆曰'路'. 又引玉藻曰 "朝 辨色始入"者, 謂群臣昧爽至門外, 辨色始入應門. 云'君日出而視朝'者, 尊者體盤,[1)]故日出始出路門而視朝. '退適路寢聽政'者, 謂路門外朝罷, 乃退適路寢以聽政. 云'使人視大夫, 大夫退, 然後適小寢, 釋服'者, 朝罷, 君退適路寢之時, 大夫各鄉治事之處. 君使人視大夫, 大夫退還舍, 君然後適小寢, 釋去朝服[2)]服玄端[3)]. 又引春秋者, 左氏莊公三十二年 "公薨于路寢", 得其正. 僖公三十三年 "公薨于小寢", 譏其卽安. 云'是則人君非一寢明矣', 言此者, 時有不信周禮, 故引諸文以證之. 若然, 所引者皆諸侯法. 天子六寢, 則諸侯當三寢, 亦路寢一, 燕寢一, 側室一, 內則所云者[4)], 是也.

1) 尊者體盤 : ≪尙書≫ 〈益稷〉에서 "戛擊鳴球 搏拊琴瑟以詠 祖考來格……簫韶九成 鳳皇來儀(柷과 敔를 문지르고 치며 球를 울리고 搏拊를 치고 거문고와 비파를 연주하면서 노래를 부르니 조상의 신들이 내려오시고……簫韶를 아홉 번 연주하자 봉황이 와서 춤을 추었습니다.)"라고 한 것에 대한 孔穎達의 疏에서 "尊者體盤 靈瑞難致(尊者는 體盤하고 靈瑞는 초치하기 어렵다.)"라고 하였고, 이어서 "以祖考尊神 配堂上之樂 鳥獸賤物 故配堂下之樂總上下之樂……尊異靈瑞 故別言爾(祖考는 尊神이기 때문에 당상의 악에 배치하고, 鳥獸는 賤物이기 때문에 당하의 악에 배치한 것이다.……尊者는 특별하고〔異〕 靈者는 상서롭다." 라고 하였다. 공영달 疏에서의 '尊者體盤'은 존귀한 조상신의 光輝를 나타내지만, 賈公彥이 여기서 이것을 인용한 것은 천자의 존귀한 지체를 나타내기 위한 것이다.
2) 朝服 : 군주가 신하들과 조회를 볼 때 착용하는 예복으로, 중요한 전례를 거행할 때도 착용한다. 그 제도는, 머리에 玄冠(검은색의 베로 짠 관)을 쓰고, 상의로 緇衣(검은색의 베로 짠 웃옷)를 입고 하의로 素裳(흰색 치마)을 입으며, 緇帶(검은색의 허리띠)를 두르고, 素韠

(흰색의 무릎가리개)을 착용한다. ≪儀禮≫ 〈士冠禮〉 鄭玄의 注에 “‘조복’은 15승의 베로 만든 웃옷에 흰색 치마〔素裳〕를 착용하는 복장이다. 웃옷의 색을 말하지 않은 것은 웃옷은 冠과 같은 색으로 만들기 때문이다.〔朝服者 十五升布衣而素裳也 衣不言色者 衣與冠同也〕”라고 하였다.

3) 玄端 : 天子와 諸侯는 휴식을 취할 때, 士는 평상시의 예복으로 입는다. 玄端服은 玄冠(검은색의 베로 짠 관)-緇布衣(검은색의 베로 짠 웃옷)-玄裳(검은색의 치마)-黑屨(검은색의 신발)의 일습으로 구성된다. 현단복은 천자에서 士에 이르기까지 ‘齊服’으로 통용해서 착용할 수 있지만, 그 관만 존비에 따라 다르게 쓴다.

4) 諸侯當三寢……內則所云者 : ≪禮記≫ 〈喪大記〉 孔穎達의 疏에 “諸侯는 三寢이니, 한 곳은 正寢으로서 路寢이라 하고, 나머지 두 곳은 小寢이라 한다. 夫人 또한 三寢이 있으니, 정침이 한 곳, 소침이 두 곳이다.〔諸侯三寢 一正者 曰路寢 餘二曰小寢……夫人亦有三寢 一正二小〕”라고 하였다. 孔穎達의 說은 賈公彦의 설과 다른데, 孫詒讓은 공영달의 설을 긍정하였다. 胡培翬는 “≪예기≫ 〈內則〉에 ‘처는 장차 자식을 낳기 위해 해산달의 초하루가 되면 側室에 거처한다.〔妻將生子 及月辰 居側室〕’고 하였는데, 鄭玄의 注와 공영달의 疏에서는 이 경문을 大夫의 제도로 해석하였으니, 正寢의 室이 앞쪽에 있고, 燕寢이 뒤쪽에 있으며, 側室이 또 연침에 이어서 연침의 옆에 있는 것을 말한다. 이는 大夫에게 연침이 있고, 측실이 있음을 말해주는 것이다. ≪儀禮≫ 〈旣夕禮〉에 ‘초하루에 奠을 올릴 때와 철에 따라 새로운 음식을 올릴 때는 下室(燕寢)에 진설하지 않는다.〔朔月 若薦新 則不饋於下室〕’고 하였다. 가공언의 疏에서는 ‘下室’을 연침으로 해석하였으니, 士에게 연침이 있는 것이다. ≪예기≫ 〈내칙〉에 ‘庶人으로서 측실이 없는 경우에는 해산달의 초하루가 되면 남편은 처소를 나가서 群室에 거처한다.〔庶人無側室者 及月辰 夫出居群室〕’고 하였다. 서인에게 측실이 없는 것이니, 그렇다면 士의 경우에는 측실을 둘 수 있는 것이다. 만약 제후의 경우 小寢이 2곳이라면 大夫·士와 마찬가지로 연침이 하나, 측실이 하나가 되는 것이니, 상하의 등급이 없어지는 것이 아니겠는가!”라고 하였다.(≪周禮正義≫ 권11, 419쪽 참조)

○注의 〔六寢〕에서 〔明矣〕까지

○釋曰 : 〔六寢者 路寢一 小寢五〕 路寢의 제도는 明堂과 같은데, 그곳에서 정사를 처리한다. ‘路’는 크다〔大〕는 뜻이다. 임금이 거처하는 곳을 모두 ‘路’라고 한다. 또 ≪禮記≫ 〈玉藻〉의 “조회를 할 때 〈신하들은〉 안색을 바르게 한 후 비로소 들어간다.”는 문장을 인용한 것은 群臣들이 이른 새벽 문밖에 이르면 안색을 바르게 한 후 비로소 應門 안으로 들어가는 것을 말한다.

〔君日出而視朝〕 존귀한 자는 지체가 광대하다. 그러므로 해가 뜰 때 비로소 路門으로

나가서 조회를 본다.

〔退適路寢聽政〕 路門 밖의 조회가 끝나면 이에 물러나 路寢으로 가서 정사를 처리하는 것을 말한다.

〔使人視大夫 大夫退 然後適小寢 釋服〕 조회가 끝나고 군주가 물러나 路寢으로 갈 때, 大夫는 각각 업무를 처리하는 곳으로 향한다. 군주가 사람을 시켜서 대부를 살펴보게 하면, 대부는 물러나 관사로 돌아온다. 군주는 그렇게 한 후에 小寢으로 가서 朝服을 벗고 玄端服으로 갈아입는다. 또 ≪春秋≫를 인용한 것은, ≪春秋左氏傳≫ 莊公 32년 조에 "莊公이 路寢에서 훙거하였다."고 하였으니 그 올바름을 얻은 것이고, 僖公 33년 조에 "僖公이 小寢에서 훙거하였다."고 하였으니 그 편안한 곳으로 나아갔음을 비난한 것이다.

〔是則人君非一寢 明矣〕 이를 말한 것은 때때로 ≪周禮≫를 신뢰하지 않음이 있으므로 여러 문장을 인용하여 증명한 것이다. 그렇다면 인용한 바는 모두 제후의 법이다. 천자의 경우 六寢이므로 제후는 마땅히 三寢이 되어야 하니, 또한 路寢 1곳, 燕寢 1곳, 側室 1곳이다. ≪예기≫ 〈內則〉에서 말한 것이 그것이다.

天-30-2

爲其井匽(언)[1]하여 除其不蠲(견)하고 去其惡臭라

1) 井匽(언) : 孫詒讓에 의하면, '井匽'은 은폐된 곳에 설치한 뒷간을 말한다. "井匽은 마땅히 屛匽의 뜻으로 읽어야 하니, ≪說文解字≫ 广部에 '屛은 가린다〔蔽〕는 뜻이다.'라고 하였다. 宮寢의 은폐된 곳에 匽(뒷간)을 만드는 것을 말한다.……'匽'은 곧 圂(뒷간)이다."〔井匽當讀爲屛匽 广部云 屛 蔽也 謂於宮寢隱處爲之匽……匽卽圂也〕라고 하였다.(≪周禮正義≫ 권11, 420쪽)

六寢에 수챗구멍〔漏井〕과 배수구〔匽豬〕를 설치하고서 그곳의 오물을 청소하고 악취를 제거한다.

【注】井은 漏井이니 所以受水潦[1]라 蠲은 猶絜也니 詩云 吉蠲爲饎라하니라 鄭司農云 匽은 路厠也라 玄謂 匽豬[2]는 謂霤下之池니 受畜水而流之者라

1) 漏井 所以受水潦 : 孫詒讓에 의하면, '漏井'은 낙숫물받이 통의 아래쪽으로 땅에 작은 도랑을 만든 것으로, 낙숫물받이 통의 고인 물을 받아서 궁 밖으로 흘러내리게 하기 위

한 것이다. 그 모양이 '井'자와 같기 때문에 '漏井'이라 한다.〔蓋直承霤之下 於地爲小溝 所以受接承霤之水潦 使漏泄於宮外者 其形若井 故謂之漏井〕

2) 匽豬 : 오염된 물을 배수시키는 땅속의 도랑〔陰溝〕을 말한다. 明나라 楊愼(1488~1559)의 ≪丹鉛總錄≫ 〈地理 漏井匽豬〉에 "살펴보건대, 漏井은 오늘날의 滲坑(하수구가 없는 뜰이나 도로의 배수를 위하여 한 구석을 파서 오염된 물이나 빗물이 흘러들어 땅속으로 스며들도록 만든 수챗구멍)이고, 匽豬는 오늘날의 陰溝(땅속의 도랑)이다.〔按漏井 今之滲坑 匽豬 今之陰溝也〕"라고 하였다.

'井'은 漏井(수챗구멍)이니, 고인 물을 받기 위한 것이다. '蠲'은 絜(깨끗하다)과 같다. ≪詩經≫ 〈小雅 天保〉에 "길일을 택하여 몸과 마음을 깨끗이 하고 술을 빚고 밥을 지어 제사 지내네.〔吉蠲爲饎〕"라고 하였다. 鄭衆은 "'匽'은 길가의 뒷간이다."라고 하였다. 나(鄭玄)는 생각건대, '匽豬(배수구)'는 낙숫물받이 통 아래의 못으로, 고인 물을 받아서 못으로 흘러내리게 하는 것이다.

【疏】'爲其'至'惡臭' ○釋曰 : 謂於宮中爲漏井, 以受穢. 又爲匽豬, 使四邊流水入焉. 井匽二者, 皆所以除其不蠲潔, 又去其惡臭之物.

經의 〔爲其〕에서 〔惡臭〕까지

○釋曰 : 궁 안에 漏井(수챗구멍)을 만들어서 더러운 것을 받고, 또 匽豬(배수구)를 만들어서 사방의 주변으로 물을 흘려보내어 그곳으로 들어가게 하는 것이다. '井'과 '匽' 두 가지는 모두 깨끗하지 못한 것을 제거하고 또 악취 나는 물건을 없애기 위한 것이다.

○注'井漏'至'之者' ○釋曰 : 引詩云'吉蠲爲饎', 案秋官蜡氏云 "大祭祀, 令州里除不蠲", 注云 "蠲讀如'吉圭惟饎'[1)]之圭, 圭, 絜也." 此云'蠲', 彼注云'圭', 不同者, 彼蓋是三家詩, 故與此不同. 司農云 '匽, 路厠[2)]', 後鄭不從者, 以其'匽'字與'(親)〔規〕[3)]匽豬[4)]同', 故不從. 後鄭以爲霤下之池, 受畜水, 乃後流去之.

1) 吉圭惟饎 : ≪毛詩≫ 〈小雅 天保〉에는 '吉蠲爲饎'로 되어 있는데, 三家詩에는 '吉圭惟饎'로 되어 있다. 鄭玄은 〈秋官 蜡氏(秋-31-2)〉에 대한 注에서 '蠲'을 삼가시에 의거하여 '圭'의 뜻으로 풀이하였으니, '圭'는 '潔(깨끗함)'의 뜻이다. ≪孟子≫ 〈滕文公 上〉에 "卿以下必有圭田(경 이하는 반드시 圭田을 둔다.)"에 대한 趙岐의 注에서도 "圭는 깨끗하다는 뜻이다.〔圭 潔也〕"라고 하였다.

2) 匽 路厠 : 孫詒讓은 ≪說文解字≫ 匸部에 "匽은 숨기다〔匿〕는 뜻이다.〔匽 匿也〕"라고 한

것과, 广部에 "廁은 깨끗하다〔清〕는 뜻이다.〔廁 清也〕"라고 한 것에 의거하여 '匽'을 궁중 길가의 은밀한 곳에 廁溷(뒷간)을 만드는 것으로 해석함으로써 鄭衆의 해석을 지지하고, '井匽'을 '漏井'과 '偃豬'의 두 가지로 해석하는 鄭玄의 설은 잘못이라고 비판하였다.(≪周禮正義≫ 권11, 420쪽 참조)

3) (親)〔規〕: 저본에는 '親'으로 되어 있으나, 惠校本에 의거하여 '規'로 바로잡았다.(北京大 整理本의 〈校勘記〉 참조)

4) (親)〔規〕匽豬 : ≪春秋左氏傳≫ 襄公 25년 조에 나오는 말로, ≪春秋左氏傳≫에는 '匽'이 '偃'으로 되어 있다. '規偃豬'는 '지대가 낮고 습기가 많은 땅에 저수된 물의 용량을 계산한다.'는 뜻이다. 杜預의 注에는 "偃豬는 낮고 습한 땅이라는 뜻이다.〔偃豬 下濕之地〕"라고 하였다. 이곳의 鄭玄 注에서 '匽豬'라고 한 것은 그 뜻이 '偃豬'와 같은 것이다.(≪周禮正義≫ 권11, 421쪽 참조)

○ 注의 〔井漏〕에서 〔之者〕까지

○ 釋曰 : ≪詩經≫ 〈小雅 天保〉에서 "길일을 택하여 몸과 마음을 깨끗이 하고, 술을 빚고 밥을 지어 제사 지내네.〔吉蠲爲饎〕"라고 한 문장을 인용한 것은, 살펴보건대 〈秋官 蜡氏(秋-31-2)〉에 "〈王國에〉 큰 제사가 있으면, 州·里에 명하여 깨끗하지 못한 물건을 청소하여 없애도록 한다.〔大祭祀 令州里除不蠲〕"고 하였는데, 鄭玄의 注에서는 "'蠲'은 '吉圭惟饎'라고 할 때의 '圭'와 같은 뜻으로 읽으니, '圭'는 깨끗하다〔絜〕는 뜻이다."라고 하였다. 이곳에서는 '蠲'이라 하고 저곳(〈추관 저씨(秋-31-2)〉)의 注에서는 '圭'라고 하여 같지 않은 것은, 저곳은 三家詩이므로 이곳과 같지 않은 것이다.

鄭衆이 "'匽'은 길가의 뒷간〔路廁〕이다."라고 하였는데, 鄭玄이 따르지 않은 것은 '匽'의 글자는 '規匽豬(지대가 낮고 습기가 많은 땅에 저수된 물의 용량을 계산한다.)'라고 할 때의 匽과 뜻이 같기 때문이다. 그러므로 따르지 않은 것이다. 鄭玄은 낙숫물받이 통 아래의 못〔池〕으로, 고인 물을 받고 그런 다음에 못으로 흘려보내는 것이라고 생각한 것이다.

天-30-3

共王之沐浴하며

〈宮人은〉 왕이 머리를 감고 몸을 씻을 때 필요한 기물들을 공급하며,

【注】沐浴은 所以自潔清이라

머리를 감고 몸을 씻는 것은 스스로를 청결하게 하기 위한 것이다.

【疏】'共王之沐浴' ○釋曰 : 宮人掌絜淸之事. 沐用潘, 浴用湯, 亦是自絜淸之事.

經의 〔共王之沐浴〕

○釋曰 : 宮人은 청결히 하는 일을 관장한다. 머리를 감을 때〔沐〕에는 쌀뜨물을 사용하고, 몸을 씻을 때〔浴〕에는 뜨거운 물을 사용하니, 또한 스스로 청결히 하는 일이다.

天-30-4

凡寢中之事에 **埽除・執燭・共鑪炭凡勞事**니라

〈宮人은〉 六寢 안의 모든 일, 즉 청소를 하고 횃불을 잡고 화로 숯불을 공급하는 등 일체의 힘들고 잡스러운 일들을 담당한다.

【注】勞事는 勞褻之事라

'勞事'는 힘들고 잡스러운 일을 말한다.

天-30-5

四方之舍事도 **亦如之**니라

〈왕이〉 四方으로 巡狩를 떠나거나 회동을 할 때 머무는 곳의 잡일도 〈六寢에 있을 때와〉 마찬가지로 한다.

【注】從王適四方及會同所舍라

〈'四方之舍'는〉 왕을 수종하여 사방으로 가거나 회동을 할 때 머무는 곳(行宮)을 말한다.

【疏】'四方'至'如之' ○釋曰 : 爲王巡守征伐及會同所舍之處. 言'亦如之'者, 亦如上掌凡勞褻之事.

經의 〔四方〕에서 〔如之〕까지

○釋曰 : 〈'四方之舍'는〉 왕이 巡守・征伐 및 會同을 할 때 머무는 곳이다.

〔亦如之〕 또한 앞과 같이 일체의 힘들고 잡스러운 일들을 관장하는 것이다.

31. 掌舍(장사)

天-31-1

掌舍는 **掌王之會同之舍**니 **設梐枑**(폐호)[1]**再重**하고

1) 梐枑(폐호) : 나무를 교차시켜서 서로 연결한 것을 이중으로 둘러서 사람이나 말의 통행을 막는 기물을 말한다. '行馬'라고도 한다.

掌舍는 왕이 〈출행하여 제후와〉 회동을 할 때 머무는 宮舍(行宮)를 관장하는데, 이중으로 行馬(梐枑)를 설치하여 〈사람과 말의 통행을 금지하며,〉

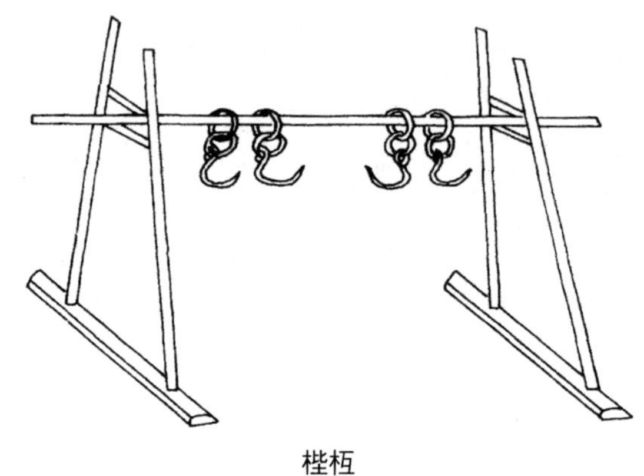

梐枑

【注】 **故書枑爲柜**(거)[1]라 **鄭司農云 梐**는 **榱**(최)**梐**[2]**也**요 **柜**는 **受居溜水涑**(수)**橐**(탁)**者也**라 **杜子春讀爲梐枑**라하니 **梐枑謂行馬**라 **玄謂行馬再重者**는 **以周衛**[3]**有外內列**이라

1) 柜(거) : 저본에는 '柜'로 되어 있으나, 婺州本·建陽本·董本·嘉靖本에는 모두 '拒'로 되어 있으며 아래도 마찬가지이다. 葉鈔本 ≪經典釋文≫에도 '拒'로 되어 있다. 이에 따라 上海古籍 整理本의 〈校勘記〉에서는 저본에 '柜'로 되어 있는 것은 잘못이라고 하였다. 그러나 孫詒讓은 '拒'로 되어 있는 것은 '柜'의 잘못으로, 宋互注本에 의거하여 '柜'로 교감하였다.(≪周禮正義≫ 권11, 422쪽 참조)

2) 榱(최)梐 : 孫詒讓에 의하면, 鄭衆은 '梐'를 '槐(비)'의 假字로 이해한 것이다. ≪爾雅≫ 〈釋宮〉에 "桷을 榱(서까래)라고 한다.〔桷謂之榱〕"고 하였고, 郭璞의 注에서는 "屋椽(지붕의 서까래)을 말한다."라고 하였다. ≪說文解字≫ 木部에서는 "'槐'는 梠(평고대)이다. '榱'는 秦나라에서는 '屋椽(지붕의 서까래)'이라고 하고, 周나라에서는 '榱'라고 하고, 齊나라와 魯나라에서는 '桷'이라 하였다.〔槐 梠也 秦名爲屋椽 周謂之榱 齊魯謂之桷〕"고 하였다. '槐(평고대)'는 지붕의 서까래 끝의 가로막대를 말한다.(≪周禮正義≫ 권11, 422쪽 참조)

3) 周衛 : 孫詒讓에 의하면, '周衛'는 王의 宮舍를 사방으로 빙 둘러 울타리를 쳐서 방위하는 것을 말한다.(≪周禮正義≫ 권11, 424쪽 참조)

故書에 '枑'는 '柜'로 되어 있다. 鄭衆은 "'梐'는 榱梐(서까래의 가로막대)이다. '柜(낙숫물

받이 통)'는 낙숫물을 받아 모아서 흘려보내는 통이다. 杜子春은 梐枑의 뜻으로 읽었으니, '梐枑'는 行馬를 가리킨다. 나(鄭玄)는 생각건대, '이중으로 行馬(梐枑)를 설치한다.'는 것은 그것으로 사방에 울타리를 쳐서 방위하는 데에 안쪽의 열과 바깥쪽의 열을 두는 것이다.

【疏】'掌舍'至'再重' ○釋曰 : 言'掌王之會同之舍'者, 王會同者, 謂時見曰會, 殷見曰同, 皆爲壇於國外, 與諸侯相見, 而命以(致)〔政〕[1)]禁之事焉. 王至壇所舍息也. 云'設梐枑再重'者, 梐枑謂行馬. 再重者, 謂外內兩重設之.

1) (致)〔政〕 : 저본에는 '致'로 되어 있으나, 殿本에는 '政'으로 되어 있으며, 〈秋官 大行人(秋-52-3)〉에 "命以政禁之事"라고 한 것에 의거하여 바로잡았다.(上海古籍 整理本의 〈校勘記〉 참조)

經의 〔掌舍〕에서 〔再重〕까지

○釋曰 : 〔掌王之會同之舍〕 王이 會同을 한다는 것은, 때때로 천자를 뵙는 것을 '會'라고 하고 여럿이 함께 천자를 뵙는 것을 '同'이라 한다는 것을 말하니, 모두 도성 밖에 壇을 쌓고 제후와 相見을 하는데 정치적으로 금지할 사항을 명한다. 왕은 壇의 머무는 곳에 이르러 휴식을 취한다.

〔設梐枑再重〕 '梐枑'는 行馬를 말한다. '再重'은 안쪽과 바깥쪽으로 이중으로 설치하는 것을 말한다.

○注'故書'至'內列' ○釋曰 : 掌舍, 掌閑衛, 不掌絜淨之事. 又行止之處, 未卽有蟲可涑[1)]. 先鄭輒依故書(拒)〔柜〕[2)]而爲溜水涑橐, 又(拒)〔柜〕非必是受溜水之物, 於義未可, 故後鄭不從, 從子春爲行馬也. 案虎賁氏云 "舍則守王閑", 注云 "閑, 梐枑." 此梐枑, 是周衛之具耳. 此梐枑所施, 唯據下文車宮壝宮止宿而言. 其帷宮無宮, 暫止之間, 未必有此梐枑也.

1) 未卽有蟲可涑 : 阮元에 의하면 저본과 閩本에는 '蟲'의 글자가 도려내어 고쳐져 있는데, 본래는 '蠹'으로 되어 있었을 것이며, ≪經典釋文≫本에는 '涑橐'으로 되어 있으며 賈公彦의 疏本에는 '涑蠹'으로 되어 있다.(上海古籍 整理本의 〈校勘記〉 참조) ≪周禮注疏考證≫ 권6에는 '未卽有蟲可涑'에 대해 "그 뜻이 상세하지 않으니, 혹 訛脫이 있는 듯하다.〔未詳其義 或有訛脫〕"고 하였다.

2) (拒)〔柜〕 : 저본에는 '拒'로 되어 있으나, 閩本 · 監本 · ≪周禮正義≫에 의거하여 '柜'로

바로잡았다. 아래도 같다.(北京大 整理本의 〈校勘記〉 참조)

○注의 〔故書〕에서 〔內列〕까지

○釋曰：掌舍는 막고 지키는 일〔閑衛〕을 관장하고, 깨끗이 하는 일을 관장하지 않는다. 또 출행하여 머무는 곳에 곧바로 낙숫물을 받아서 흐르게 하는 통이 있는 것은 아니다. 鄭衆은 곧 故書에 '柜'로 되어 있는 것에 의거하여 낙숫물을 받아서 흘러가게 하는 통으로 해석하였지만, 또 '柜'는 반드시 낙숫물을 받는 물건은 아니니, 의미에 있어 옳지 않다. 그러므로 鄭玄은 〈정중의 해석에〉 따르지 않고, 杜子春의 해석에 따라 〈梐枑는〉 行馬의 뜻이라고 하였다. 살펴보건대, 〈夏官 虎賁氏(夏-26-2)〉에 "〈虎賁氏는 왕이〉 출행하여 머물 때는 왕의 행궁 주위의 閑을 지킨다."고 하였는데, 정현의 注에서는 "'閑'은 梐枑이다."라고 하였다. 이 '梐枑'는 사방으로 둘러쳐 호위하는 도구일 뿐이다. 이 梐枑를 설치한다는 것은 단지 아래 경문의 車宮·壇宮에서 머물 때에 의거하여 말한 것이다. 帷宮에는 宮이 없으니, 잠시 머무는 사이에 반드시 이 梐枑를 설치하는 것은 아니다.

天-31-2

設車宮[1)] 轅門[2)]하고

1) 車宮：수레를 배열하여 빙 둘러쳐서 만든 宮牆을 말한다. 왕이 출행하여 산간의 험한 곳에 머물 때, 수레를 배열하여 궁의 담장처럼 둥글게 울타리를 쳐서 비상사태에 대비하기 때문에 '車宮'이라 칭한다.
2) 轅門：수레의 끌채로 표시하는 문을 말한다. 왕이 산간의 험한 곳에 머물 때, 수레를 배열하여 울타리를 만들고, 두 대의 수레를 젖혀 세워서 그 끌채를 마주하여 문을 만든다.

〈掌舍는 왕이 출행하여 산간의 험준한 곳에 머물 때는〉 車宮과 轅門을 설치하며,

【注】 謂王行止宿阻險之處니 備非常이라 次車以爲藩이면 則仰車以其轅表門이라

王이 출행하여 험준한 곳에 머물 때 비상사태에 대비하는 것을 말한다. 수레를 줄지어 빙 둘러서 울타리를 만들면(車宮), 〈두 대의〉 수레를 젖혀 세워 놓고 그 끌채를 〈서로 마주하게 하여〉 문을 표시하였다.(轅門)

【疏】 '設車宮轅門' ○釋曰：鄭云 '王行止宿阻險之處, 備非常, 次車以爲藩, 則仰車以其轅表門', 鄭知在險阻之處者, 下文'爲壇壝宮', 是平地有土可掘, 則爲壝宮, 明此無土可以爲壝, 故知此山間險阻, 爲此車宮也. 言'仰車以其轅表門'者, 謂仰兩乘, 車轅相向, 以表門, 故名爲轅門.

經의 〔設車宮轅門〕

◯ 釋曰 : 〔鄭云 王行止宿阻險之處 備非常 次車以爲藩 則仰車以其轅表門〕 鄭玄이 〈車宮과 轅門을〉 험준한 곳에 설치함을 알았던 것은 뒤의 경문에서 "壇壝宮을 만든다.〔爲壇壝宮〕"고 한 것이 평지에 파낼 수 있는 흙이 있으면 壝宮을 만드는 것이니, 이곳은 담장을 만들 수 있는 흙이 없음이 분명하다. 그러므로 이 산간의 험지에 이 車宮을 만든다는 것을 알 수 있다.

〔仰車以其轅表門〕 두 대의 수레를 젖혀 세워 놓고, 수레의 끌채〔轅〕가 서로 마주하게 하여 문을 표시하였다. 그러므로 '轅門'이라 칭하는 것이다.

天-31-3

爲壇壝宮[1)] 棘門[2)]이요

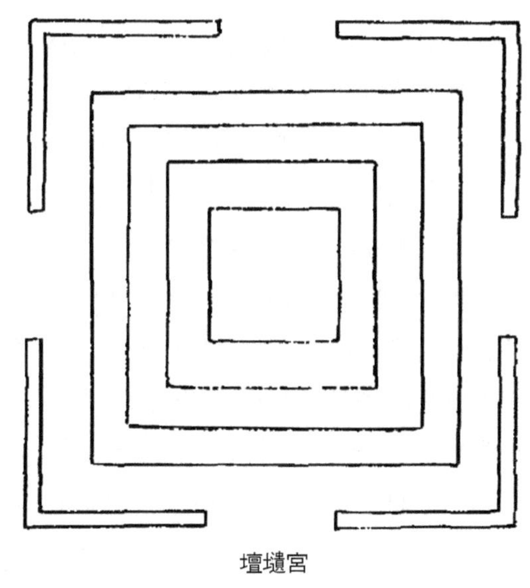
壇壝宮

1) 壝宮 : '壝'는 흙을 쌓아서 작은 담장을 만들고 사면으로 둘러쳐서 宮을 상징하는 것이다. 그러므로 '壝宮'이라 칭한다. 孫詒讓은 "'壝'는 흙을 쌓는 것의 명칭이다. 무릇 흙을 쌓아서 평평하게 하는 것을 '墠'이라 하고, 墠의 안에 흙을 북돋아서 堂처럼 쌓는 것을 '壇'이라 하고, 墠의 밖에 사면으로 흙을 북돋아서 담장처럼 만드는 것을 '堳埒'이라 하니, 세 가지(墠·壇·堳埒)를 통틀어 '壝'라고 한다.〔蓋壝者 委土之名 凡委土而平之爲墠 於墠之中 封土若堂爲壇 墠之外四面圍擁土若牆垣爲堳埒 三者通言之壝〕"고 하였다.(≪周禮正義≫ 권11, 426쪽 참조)

2) 棘門 : '棘'은 '戟'과 통하는 글자이다. '戟'은 戈와 矛를 합한 형태의 병기이다. 살상력은 戈나 矛보다 강력하다. 2개의 戟을 세워서 궁문을 상징하기 때문에 '棘門〔戟門〕'이라 칭한다.

〈왕이 출행하여 평지에 머물 때는〉 壇壝宮을 만들고 棘門을 설치한다.

【注】謂王行止宿平地에 築壇하고 又委壝土起堳埒以爲宮이라 鄭司農云 棘門은 以戟爲門이라 杜子春云 棘門은 或爲材門이라

王이 출행하여 평지에 멈추어 머물 때 壇을 쌓고, 또 흙을 쌓아서 낮은 담장을 일으켜서 宮으로 만든다. 鄭衆은 "棘門은 戟으로 문을 만드는 것이다."라고 하였다. 杜子春은 "棘門은 혹 材門이라고도 한다."고 하였다.

【疏】注'謂王'至'材門' ○釋曰：知王行止宿平地者, 以下文二者非止宿之事, 唯有此壝宮及上文車宮爲止宿, 但險阻平地, 二所不同, 故知是止宿平地也. 云'委壝土起堳埒'者, 止宿之間, 不可築作牆壁, 宜掘(地)〔塹〕[1]爲宮. 土在坑畔而高, 則堳埒也. '鄭司農云, 棘門, 以戟爲門', 知棘是戟者, 見左氏隱十一年 "鄭欲伐許, 授兵于大宮. 子都與(鄭)〔穎〕[2]考叔爭車, 子都扳棘以逐之", 故知棘卽戟也. '杜子春云, 棘門或爲材門'者, 閔二年, 衛文公居楚丘, 國家新立, 齊桓公共門材, 先令豎立門戶. 故知棘門亦得爲材門, 卽是以材木爲門也.

1) (地)〔塹〕: 저본에는 '地'로 되어 있으나, 上海古籍 整理本과 北京大 整理本의 〈校勘記〉에 의거하여 '塹'으로 바로잡았다.
2) (鄭)〔穎〕: 저본에는 '鄭'으로 되어 있으나, ≪春秋左氏傳≫ 隱公 11년 조의 傳文과 北京大 整理本에 의거하여 '穎'으로 바로잡았다.

○注의 〔謂王〕에서 〔材門〕까지

○釋曰 : 왕이 출행하여 평지에 멈추어 머물 때의 일임을 안 것은 뒤 경문의 2가지는 멈추어 머물 때의 일이 아니며, 오직 이곳에 壝宮 및 앞 경문의 車宮을 설치하는 것이 멈추어 머무는 때의 일인데 두 곳은 험준한 곳인지 평지인지만 다르다. 그러므로 이곳은 평지에 멈추어 머물 때의 일임을 알 수 있는 것이다.

〔委壝土起堳埒〕 멈추어 머무는 사이에는 牆壁을 쌓아서 만들 수 없으니, 마땅히 구덩이를 파서 宮을 만든다. 〈구덩이를 판〉 흙을 구덩이 가에 쌓아올려서 높아진 것이 堳埒(낮은 담장)이다.

〔鄭司農云 棘門 以戟爲門〕 '棘'이 戟(가지창)임을 알 수 있는 것은, 살펴보건대 ≪春秋左氏傳≫ 隱公 11년 조에 "鄭伯이 許나라를 정벌하고자 하여 大宮(鄭나라의 祖廟)에서 병사들에게 병기를 나누어주었다. 子都와 穎考叔이 戰車를 차지하려고 다투었는데, 자

도가 棘(戟, 가지창)을 빼들고 〈영고숙을〉 뒤쫓았다."라고 하였으므로 '棘'이 곧 戟임을 알 수 있다.

〔杜子春云 棘門或爲材門〕 魯나라 閔公 2년, 衛나라 文公이 楚丘에 거처하여 나라가 새롭게 세워지니, 齊나라 桓公이 문을 만들 재목을 공급하여 먼저 門戶를 세우게 하였다. 그러므로 棘門은 또한 材門이 될 수 있으니, 이는 材木으로 門을 만드는 것이다.

天-31-4

爲帷宮에 設旌門하고

〈출행하여 낮에 잠시 휴식을 취할 경우〉 帷宮을 만들고 旌門을 설치하고,

【注】 謂王行晝止에 有所展肆[1)]若食息이라 張帷爲宮이면 則樹旌以表門이라

1) 肆 : 아래 疏의 역주 1)에 의거하여 '肄'의 의미로 번역하였다.

王이 출행하여 낮에 멈추어서 익혀야 할 바가 있거나 먹고 휴식을 취할 일이 있을 경우, 휘장을 펼쳐서 宮을 만들면 깃발을 세워서 문을 표시하는 것을 말한다.

【疏】 注'謂王'至'表門' ○釋曰 : 知王行晝止, 有所展(肆)〔肄〕[1)]者, 見下曲禮云 "君命大夫與士(肆)〔肄〕", 鄭云 "(肆)〔肄〕, 習也." 君有命, 大夫則與士展習其事. 則此亦王與群臣晝止, 有所展習. 云'若食息'者, 非直有展習, 亦有食息之時, 則張帷爲宮, 樹立旌旗以表門. 案司常云 "會同賓客, 置旌門", 注引此掌舍"爲帷宮 設旌門", 則旌門司常置之, 掌舍主(當)〔掌〕[2)]之. 若然則轅門之等皆彼他官置之, 掌舍直主(當)〔掌〕取. 其云旌門, 則司常所云 "析羽爲旌"者也.

1) (肆)〔肄〕: 저본에는 '肆'로 되어 있는데, 孫詒讓은 '肆'는 '肄'의 假借라고 하였다. 閩本・監本에는 '肄'로 되어 있다. 北京大 整理本의 〈校勘記〉에서는 疏文의 의례에 따라 '肄'가 되어야 한다고 하였다. 이에 의거하여 바로잡았다. 아래도 같다.(北京大 整理本의 〈校勘記〉 참조)

2) (當)〔掌〕: 저본에는 '當'으로 되어 있으나, '當'은 '掌'의 잘못이라는 浦鏜의 說에 의거하여 바로잡았다. 아래에도 마찬가지이다.(北京大 整理本의 〈校勘記〉 참조)

○注의 〔謂王〕에서 〔表門〕까지

○釋曰 : 王이 출행하여 낮에 멈추어서 익혀야 할 바가 있음을 안 것은, 살펴보건대 ≪禮

記≫ 〈曲禮 下〉에 "君命大夫與士肄(군주의 명이 있으면 대부와 사는 그 일을 익힌다.)"라고 하였는데, 鄭玄의 注에서는 "肄는 익힌다〔習〕는 뜻이다."라고 하였다. 군주의 명이 있으면 大夫는 士와 함께 그 일을 익힌다. 그렇다면 이 경문 또한 왕이 群臣과 낮에 멈추어서 익히는 바가 있는 것이다.

〔若食息〕 단지 익히는 바가 있을 뿐만 아니라 또한 먹고 휴식을 취하는 때가 있으니, 휘장〔帷〕을 둘러쳐서 宮을 만들고 깃발〔旌旗〕을 세워서 문을 표시한다. 살펴보건대, 〈春官 司常(春-67-5)〉에 "〈司常은〉 會同에 참가하거나 賓客을 접대할 때, 旌門을 세운다."고 하였는데, 정현의 注에서는 이곳 〈天官 掌舍(天-31-4)〉의 "〈낮에 도중에 잠시 휴식을 취할 경우〉 帷宮을 만들고 旌門을 설치한다."는 문장을 인용하였다. 그렇다면 旌門은 司常이 설치하고, 掌舍가 주관하여 관장하는 것이다. 만약 그렇다면 轅門 등은 모두 저 다른 관직이 설치하고, 掌舍는 단지 관장함을 위주로 하여 취한 것이다. 이곳에서 '旌門'이라 한 것은 〈春官 司常(春-67-1)〉에서 "오채색의 깃〔析羽〕으로 깃발〔旌〕을 만든다."고 한 것이다.

天-31-5

無宮則共[1)] 人門[2)]이라

1) 共 : 孫詒讓은 "'共'이라 한 것은 사람을 뽑아 세우는 것을 말한다.〔云共者 謂選擇其人而立之也〕"고 하였다.(≪周禮正義≫ 권11, 428쪽)
2) 無宮則共人門 : 楊天宇에 의하면 왕이 출행 도중 諸侯를 접견하거나 잠시 머물며 유람하는 경우 宮垣을 세우지 않고 단지 주위에 사람을 세워 울타리를 만들며, 문에 해당하는 곳에 건장한 신체의 사람을 세워 문을 상징하는데, 이것을 '人門'이라 한다.(≪周禮譯注≫ 119쪽 참조)

〈도중에 임시로 머물 경우〉 宮을 설치하지 않으면 키 큰 사람들을 뽑아 人門을 설치한다.

【注】 謂王行有所逢遇하고 若住遊觀하여 陳列周衛면 則立長大之人以表門이라

王이 출행하여 〈제후들을〉 만나거나 머물며 유람을 할 때 진열하여 사면으로 방위를 할 경우, 키 큰 사람들을 세워서 門을 표시하는 것을 말한다.

【疏】 注'謂王'至'表門' ○釋曰 : 鄭知此是王行有所逢遇者, 一則據上三者見夜宿晝止訖, 今復云'無宮共人門', 是非常之事. 二則云無宮及人門是暫駐之事, 非久停止, 此知是有所逢遇. 若有任遊觀, 陳列周衛, 非如上三者爲宮, 則立長大之人以表門也.

○注의 〔謂王〕에서 〔表門〕까지

○釋曰 : 鄭玄이 이곳 경문이 왕이 출행을 하여 〈제후를〉 만나는 경우임을 안 것은, 첫째 앞의 3가지가 밤과 낮에 멈추었을 때의 일임에 의거한다면, 이제 다시 '宮을 설치하지 않으면 키 큰 사람들을 뽑아 人門을 설치한다.'고 한 것은 非常의 일이기 때문이다. 둘째 '宮을 설치하지 않을 경우' 및 '人門을 설치한다.'고 한 것은 잠시 멈추는 일이지 오래도록 머무는 것이 아니기 때문이다. 이는 〈제후를〉 만나는 바가 있음을 안 것이다. 만약 머물며 유람을 할 때 진열하여 사면으로 방위를 할 경우는 앞의 세 가지 경우처럼 궁을 만드는 것이 아니므로 키 큰 사람을 세워서 문을 표시하는 것이다.

天-31-6

凡舍事則掌之니라

〈掌舍는 왕이 출행을 할 때 머무는〉 宮舍와 관련한 모든 일을 관장한다.

【注】 王行所舍止라

王이 출행을 하여 머무는 바를 말한다.

32. 幕人(막인)

天-32-1

幕人은 **掌帷・幕・幄**(악)・**帟**(역)・**綬之事**니라

幕人은 帷・幕・幄・帟・綬의 일을 관장한다.

【注】 王出宮則有是事라 在旁曰帷요 在上曰幕이라 幕或在地하고 展陳于上이니 帷幕皆以布爲之라 四合象宮室曰幄이니 王所居之(帷)〔帳〕[1]也라 鄭司農云 帟은 平帳也요 綬는 組綬[2]니 所以繫帷也라 玄謂 帟은(主)〔王〕[3]在幕若幄中에 坐上承塵[4]이니 幄帟皆以繒爲之라 凡四物者를 以綬連繫焉이라

1) (帷)〔帳〕: 저본에는 '帷'로 되어 있으나, 孫詒讓의 校勘記에 의거하여 '帳'으로 바로잡았다.(北京大 整理本의 〈校勘記〉 참조)
2) 組綬 : 佩玉 등을 매다는 끈을 말한다. ≪禮記≫ 〈玉藻〉에 "천자는 흰색의 옥을 차고, 검은색의 組綬를 한다.〔天子佩白玉而玄組綬〕"고 하였는데, 鄭玄의 注에서는 "'綬'는 차고 있는 옥을 꿰어서 서로 이어받게 하는 것이다.〔綬者 所以貫佩玉相承受者也〕"라고 하였다.
3) (主)〔王〕: 저본에는 '主'로 되어 있으나, 宋本·余本·嘉靖本에 의거하여 '王'으로 바로잡았다.(北京大 整理本의 〈校勘記〉 참조)
4) 承塵 : 먼지를 차단하기 위해 치는 작은 장막을 말한다. ≪禮記≫ 〈檀弓 上〉에 "군자가 士의 喪에 帟을 내려주는 일이 있다.〔君於士有賜帟〕"고 하였는데, 鄭玄의 注에서는 "'帟'은 幕 가운데 작은 것으로 殯宮(시신을 안치한 곳) 위에 쳐서 먼지를 막아내는 데 사용한다.〔帟 幕之小者 置之殯上 以承塵也〕"고 하였다.

왕이 出宮을 하면, 이처럼 장막을 설치할 일이 있다. 옆으로 둘러쳐 있는 것을 '帷'라 하고, 위에 덮여 있는 것을 '幕'이라 한다. 幕은 땅바닥에 펼쳐놓기도 하는데, 그 위에 〈예물을〉 점검하여 진열해놓는다. 帷와 幕은 모두 베〔布〕로 만든다. 사방으로 둘러쳐서 宮室을 상징하는 것을 '幄'이라 하니, 왕이 머무는 휘장〔帷〕이다. 鄭衆은 "'帟'은 평평한 장막〔平帳〕이다. '綬'는 끈〔組綬〕이니, 휘장〔帷〕을 매달기 위한 것이다."라고 하였다. 나(鄭玄)는 생각건대, '帟'은 王이 幕이나 幄 안에 있을 때 자리 위의 먼지를 막아내는 작은 장막〔承塵〕이다. '幄'과 '帟'은 모두 비단〔繒〕으로 만든다. 4가지(帷·幕·幄·帟) 모두 끈〔綬〕으로 연결하여 매단다.

【疏】'幕人掌'至'之事' ○釋曰 : 云掌王帷, 在傍施之, 像土壁也. 幕則帷上張之, 像舍屋也. 幄, 帷幕之內設之. 帟, 在幄幕內之(丞)〔承〕[1]塵. 綬者, 條也, 以此條繫連帷幕. 幕人掌此五者, 王出宮, 則送與掌次張之.

1) (丞)〔承〕: 저본에는 '丞'으로 되어 있으나, 위의 鄭玄 注와 閩本·監本·毛本에 '丞'으로 되어 있는 것에 의거하여 바로잡았다.(北京大 整理本의 〈校勘記〉 참조)

經의 〔幕人掌〕에서 〔之事〕까지

○釋曰 : 〈幕人은〉 王의 帷를 관장한다고 하였으니, 〈帷는〉 옆으로 둘러쳐서 土壁을 상징하는 것이다. '幕'은 帷 위에 펼치는 것이니, 舍屋을 상징하는 것이다. '幄'은 帷와 幕의 안에 설치하는 것이다. '帟'은 幄·幕 내부의 먼지를 막아내는 작은 장막이다. '綬'는 끈이니, 이 끈으로 帷와 幕에 매달아 연결한다. 幕人은 이 다섯 가지를 관장하는데, 왕이 출궁을 하면 掌次에게 보내주어 펼치게 한다.

○注'王出'至'繫焉' ○釋曰：言'在旁曰帷, 在上曰幕', 則帷在下, 幕在上, 共爲室. 今之設幕, 則無帷在下爲異也. 云'或在地, 展陳於上'者, 案聘禮云"管人布幕, 官陳幣, 史展幣[1)]", 皆於幕上. 聘禮又賓入境, 至館, 皆展(幕)〔幣〕[2)3)]. 是幕在地, 展陳於上. 又云'帷幕皆以布爲之', 知者, 案既夕禮云"明衣裳[4)]用幕布", 其帷在幕下, 明亦用布, 故知二者皆用布. 至於覆棺之幕, 則用繒, 故禮記檀弓云"布幕, 衛也. 綃[5)]幕, 魯也", 明天子亦用繒覆棺, 不張設, 故用繒也. 云'四合象宮室曰幄', 知'四合象宮室'不上屬, 據帷幕爲句者, 見顔延之[6)]纂要云"(曰)〔四〕[7)]合象宮曰幄", 故四合向下據幄爲句也. 鄭司農云'帟, 平帳', 後鄭不從者, 見下王喪張帟三重之等, 皆據承塵. 又幄已是帳, 又言帟, 明帟非帳也. 先鄭又云'綬, 組綬, 所以繫帷'者, 此語未足, 故後鄭增成其義. '玄謂帟, 王在幕若幄中, 坐上承塵'者, 云'在幕', 謂下掌次云"師田則張幕, 設重帟", 是王在幕設帟之事. 若幄中有帟者, 掌次云"朝日, 祀五帝, 則張大次・小次, 設重帟." 次卽幄, 是幄中坐上有承塵也. 云'幄帟皆以繒爲之'者, 以其布帷幕之內, 宜細密. 又案喪大記有"素錦褚[8)]", 褚卽幄. 彼喪用錦, 明此用繒可知. 云'凡四物者, 以綬連繫焉'者, 此增成先鄭〔義〕[9)]也.

1) 管人布幕……史展幣：≪儀禮≫〈聘禮〉에 "管人은 寢門 밖에 幕을 펼쳐놓는다. 官(宰夫의 속관)은 〈幕 위에〉 예물을 진열해놓는다. 史는 예물 목록을 읽으면서 예물을 점검한다.〔管人布幕于寢門外 官陳幣 史讀書展幣〕"고 하였다. 鄭玄의 注에 의하면, '管'은 館의 뜻으로 '館人'은 次・舍・帷・幕을 관장하는 사람을 가리킨다.〔管猶館也 館人謂掌次舍帷幕者也〕 이곳의 '幕'에 대해서 張爾岐는 땅바닥에 펼쳐서 깔판으로 삼는 것이라고 하였고, 胡培翬도 예물을 진설할 때 반드시 幕을 먼저 설치하여 깔판으로 삼는 것은 감히 예물을 더럽히지 않도록 하기 위한 것이라고 하였다.(≪儀禮正義≫ 권16, 951쪽 참조) ≪周禮≫〈春官 大史(春-57-12)〉에서 "大會同이나 朝覲이 있을 때, 〈大史는〉 禮書의 규정에 따라 사전에 禮事를 점검한다. 예물을 바치는 날이 되면 문서를 들고 가서 행해야 할 儀禮를 왕에게 고한다.〔大會同朝覲 以書協禮事 及將幣之日 執書以詔王〕"라고 하였다. 호배휘는 이에 근거해서 이곳에서 宰가 작성한 예물의 문서를 읽는 '史'는 '大史'라고 하였다.(≪儀禮正義≫ 권16, 954쪽 참조) '展'은 예물을 하나하나 들어서 宰가 작성한 예물 목록과 일치하는지 점검한다는 뜻이다. 점검하는 사람에 대하여 鄭玄은 '賈人'으로 파악하였지만, 敖繼公은 有司가 북쪽을 향해 점검하는 것이라고 하였으며, 호배휘 역시 오계공의 설이 타당하다고 하였다.(≪儀禮正義≫ 권16, 954쪽 참조)

2) (幕)〔幣〕: 저본에는 '幕'으로 되어 있으나, '展幕'은 '展幣'의 잘못이라는 浦鏜의 說에 의

거하여 바로잡았다.(北京大 整理本의 〈校勘記〉 참조)

3) 賓入境……皆展(幕)〔幣〕 : ≪儀禮≫ 〈聘禮〉에 "사자 일행이 主國의 국경 안으로 들어가면 旜을 거두어 수레 안에 넣어두고, 이어서 가지고 간 예물을 다시 점검한다.〔入竟 斂旜 乃展〕"라고 하였고, 또 "〈遠郊에 설치한〉 館舍에 이르면 賈人의 館舍에서 예물들을 목록과 대조하면서 점검하는데, 처음 國境에 들어왔을 때와 동일한 절차로 한다.〔及館 展幣於賈人之館 如初〕"고 하였다. 鄭玄의 注에서는 "'館'은 客舍이다. 遠郊 안에 候館이 있어서 잠시 휴식을 취하거나 목욕을 할 수 있다. 예물들을 목록과 대조하면서 점검을 하는데 빈이 머무는 관사에서 하지 않는 것은 주국의 사람이 자기들을 위문하러 왔을 때 빠르게 대응하기 위함이다.〔館 舍也 遠郊之內有候館 可以小休止沐浴 展幣不于賓館者 爲主國之人有勞問己者就焉 便疾也〕"라고 하였다.

4) 明衣裳 : 喪禮에서 사망한 날 시신을 씻긴 후에 가장 안쪽에 입히는 襲衣를 말한다. 치마가 달린 형태의 긴 옷으로 明衣라고도 한다. ≪儀禮≫ 〈士喪禮〉의 "明衣는 베〔布〕를 사용하여 만든다.〔明衣裳 用布〕"고 하였는데, 鄭玄의 注에서는 "몸에 직접 닿는 것이기 때문에 정결함을 위해서이다.〔所以親身 爲圭絜也〕"라고 하였다. 〈旣夕禮〉 記文에서, "명의는 천막을 만드는 베〔幕布〕를 사용하여 만드는데, 폭을 연결하여 소매와 몸통이 일체가 되도록 하고, 길이는 무릎까지 내려오도록 한다.〔明衣裳用幕布 袂屬幅 長下膝〕"라고 하였다. 정현의 注에서 "幕布는 천막을 만드는 베로서 升數에 대해서는 들어보지 못했다. 屬幅은 폭을 자르지 않는 것이다. 길이가 무릎까지 내려오고 또 치마가 있으니, 하체를 깊이 가린다.〔幕布 帷幕之布 升數未聞也 屬幅 不削幅也 長下膝 又有裳 於蔽下體深也〕"라고 하였다.

5) 綃 : '綃'는 ≪禮記≫ 〈檀弓 上〉에는 '繆'으로 되어 있는데, 鄭玄의 注에서는 "'繆'은 '綃(생 비단)'와 같은 뜻으로 읽는다.〔繆讀如綃〕"고 하였다.

6) 顔延之 : 劉宋의 文學家(384~456)로, 字는 延年, 琅琊 臨沂 사람이다.

7) (曰)〔四〕 : 저본에는 '曰'로 되어 있으나, 北京大 整理本의 교감에 의거하여 '四'로 바로잡았다. 북경대 정리본에서는 이곳에 인용된 ≪纂要≫의 해당 원문이 재인용된 ≪華嚴經音義≫를 근거로 교감하였다.(北京大 整理本의 〈校勘記〉 참조)

8) 喪大記有素錦褚 : '褚'는 柩衣라고도 하는데 大夫 이상이 사용하는 棺의 장식으로, 누이지 않은 흰 비단을 지붕 모양으로 만들어 관을 덮는 것이다. ≪禮記≫ 〈喪大記〉 鄭玄의 注에 "大夫 이상의 喪에서는 褚로 棺身을 덮고 그 위에 帷(옆쪽의 덮개)와 荒(위쪽의 덮개)을 얹는다.〔大夫以上有褚以襯覆棺 乃加帷荒於其上〕"라고 하였다. ≪예기≫ 〈상대기〉에 "〈관의 덮개에는〉 누이지 않은 흰 비단으로 褚를 설치하고, 그 위에 帷와 荒을 얹는다.〔素錦褚 加帷荒〕"고 하였는데, 陳澔는 "'素錦'은 누이지 않은 흰 비단이다. '褚'는 관의 지붕〔屋〕이다. '荒' 아래에 흰 비단을 사용하여 관의 지붕 모양을 만드는데, 宮室을 상징하는 것이다. '帷와 荒을 얹는다.〔加帷荒〕'는 것은 '帷'는 옆의 덮개〔邊牆〕이고 '荒'은 위의

덮개〔上蓋〕인데, 褚로 덮는 일이 끝나고 褚 밖에 帷와 荒을 얹는 것이다.〔素錦 白錦也 褚屋也 荒下用白錦爲屋 象宮室也 加帷荒者 帷是邊牆 荒是上蓋 褚覆竟而加帷荒於褚外也〕"라고 하였다.(≪禮記集說≫ 〈喪大記〉)

9)〔義〕: 저본에는 '義'가 없으나, '義'가 탈락되었다는 浦鏜의 설에 의거하여 보충하였다.(北京大 整理本 〈校勘記〉 참조)

○注의 〔王出〕에서 〔繫焉〕까지

○釋曰 : "옆으로 둘러쳐 있는 것을 '帷'라 하고, 위에 덮여 있는 것을 '幕'이라 한다."고 하였으니, '帷'가 아래에 있고 '幕'이 위에 있어 함께 室을 만드는 것이다. 오늘날 幕을 설치할 경우 아래에 帷를 둘러치지 않는 것과 다르다.

〔或在地 展陳於上〕 살펴보건대, ≪儀禮≫ 〈聘禮〉에서는 "管人이 幕을 펼쳐놓으면, 官(宰夫의 속관들)은 〈幕 위에〉 예물을 진열해놓고, 史는 예물을 점검한다."고 하였는데, 모두 幕 위에 하는 것이다. ≪의례≫ 〈빙례〉에 의하면 또 賓이 〈主國의〉 국경 안으로 들어가거나 〈賈人의〉 館舍에 이르면 모두 예물〔幣〕을 점검한다. 이것이 '幕은 땅바닥에 펼쳐놓기도 하는데, 그 위에 〈예물을〉 점검하여 진열해놓는다.'는 것이다.

또 "帷와 幕은 모두 베〔布〕로 만든다."고 하였다. 이를 알 수 있는 것은, 살펴보건대 ≪의례≫ 〈旣夕禮〉에 "明衣裳(明衣)은 천막을 만드는 베〔幕布〕를 사용하여 만든다."고 하였으니, 그 帷는 幕의 아래에 설치하므로 또한 베를 사용하여 만드는 것이 분명하다. 그러므로 두 가지 모두 베를 사용하여 만든다는 것을 알 수 있다. 棺을 덮는 幕에 이르러서는 비단〔繒〕을 사용하여 만든다. 그러므로 ≪禮記≫ 〈檀弓 上〉에 "幕을 베〔布〕로 만드는 것은 衛나라의 방식이고, 幕을 생 비단〔綃〕으로 만드는 것은 魯나라의 방식이다."라고 하였으니, 天子는 또한 비단으로 관을 덮고 〈베로 만든 幕을〉 펼쳐서 진설하지 않음이 분명하다. 그러므로 비단을 사용하는 것이다.

〔四合象宮室曰幄〕 '四合象宮室'을 위 문장에 붙여서 帷幕에 의거하여 句로 삼지 않음을 알 수 있는 것은, 살펴보건대 顔延之의 ≪纂要≫에 "四合(사방으로 둘러침)하여 宮을 상징하는 것을 幄이라 한다."고 하였으므로 '四合'은 아래로 붙여서 幄에 의거하여 句로 삼는 것이다.

鄭衆이 "帟은 평평한 장막〔平帳〕이다."라고 하였는데, 鄭玄이 따르지 않은 것은 아래(〈天官 掌次(天-33-8)〉)에서 王의 喪을 당했을 경우 帟 세 겹을 펼쳐놓는다고 한 것 등이 모두 承塵(먼지를 막아내는 작은 장막)에 의거하여 말한 것임을 알았기 때문이다. 또 幄이 이미 휘장〔帳〕인데, 또 '帟'을 말했으니, 帟은 휘장이 아님이 분명하다.

정중이 또 "綬는 끈〔組綬〕이니, 휘장〔帷〕을 매달기 위한 것이다."라고 말한 것은 이 말이 충분하지 않다. 그러므로 鄭玄은 그 해석을 더욱 완성시켰다.

〔玄謂 帟 王在幕若幄中 坐上承塵〕〈정현이 왕은〉 "幕 안에 있을 때"라고 말한 것은 아래 〈天官 掌次(天-33-4)〉에서 "정벌을 하거나 사냥을 할 경우 〈帷와〉 幕을 펼치고 두 겹의 帟을 설치한다."고 하였으니, 이는 왕이 幕 안에 머물 때 帟을 설치하는 일이다. 만약 幄 안에 帟을 설치하는 경우로 말하면, 〈天官 掌次(天-33-3)〉에서 "해를 제사 지내거나 五帝에게 제사를 지낼 때, 〈掌次는〉 大次와 小次를 펼치는데 두 겹의 帟을 설치한다."고 한 것이 그것이다. '次'는 곧 幄이니, 이는 幄 안의 자리 위에 먼지를 막아내는 작은 장막〔承塵〕을 설치하는 것이다.

〔幄帟皆以繒爲之〕 베로 만든 帷와 幕의 내부는 마땅히 세밀하게 해야 하기 때문이다. 또 살펴보건대, 《禮記》 〈喪大記〉에 "누이지 않은 흰 비단으로 褚를 설치한다."고 하였는데, '褚'는 곧 幄이다. 저곳(〈喪大記〉)은 喪禮인데 錦(화려한 무늬가 있는 비단)을 사용하므로, 이곳에서 繒을 사용한다는 것을 분명히 알 수 있다.

〔凡四物者 以綬連繫焉〕 이는 鄭衆의 해석을 더욱 완성시킨 것이다.

天-32-2

凡朝覲·會同·軍旅·田役·祭祀에 共其帷·幕·幄·帟·綬하고

무릇 제후들이 왕을 朝覲하거나 왕이 출궁하여 제후들과 會同을 하거나 征伐·田獵·祭祀 등의 예를 행할 때, 〈幕人은〉 필요한 帷·幕·幄·帟·綬를 공급한다.

【注】 共之者는 掌次當以張이라

〈幕人이〉 이러한 것들을 공급할 경우, 掌次는 마땅히 이러한 것들을 펼쳐놓아야 한다.

【疏】 '凡朝'至'帟綬' ○釋曰：此一經皆供與掌次使張之. 此云'朝覲·會同', 卽掌次云"諸侯朝覲·會同", 是也. 此云'軍旅·田役', 卽掌次云"師田", 彼師卽此軍旅, 彼田卽此田役, 是也. 此云'祭祀', 卽掌次云"大旅及朝日祀五帝", 是也. 此數事, 皆共帷幕幄帟綬與掌次, 是以鄭云"共之者, 掌次當以張也."

經의 〔凡朝〕에서 〔帟綬〕까지

○釋曰：이 한 곳의 경문은 모두 〈幕人이〉 掌次에게 공급해주어서 펼치게 하는 것이

다. 이곳에서 '朝覲·會同'이라고 한 것은 곧 〈天官 掌次(天-33-5)〉에서 "諸侯들이 왕에게 朝覲을 하고 왕과 會同을 하는 경우"라고 말한 것이 이것이다. 이곳에서 '軍旅·田役'이라고 한 것은 곧 〈천관 장차(天-33-6)〉에서 '師田'라고 한 것이니, 저곳의 '師'는 곧 이곳의 軍旅(정벌)이고, 저곳의 '田'은 곧 이곳의 田役(전렵)이 이것이다. 이곳에서 '祭祀'라고 한 것은 곧 〈천관 장차(天-33-2·3)〉에서 "大旅의 제사를 거행하는 경우 및 해를 제사 지내거나 五帝를 제사 지내는 경우"라고 말한 것이 이것이다. 이 몇 가지 일을 거행하는 경우는 모두 〈幕人이〉 帷·幕·幄·帟·綬를 공급하여 掌次에게 준다. 이 때문에 鄭玄은 "〈幕人이〉 이러한 것들을 공급할 경우, 掌次는 마땅히 이러한 것들을 펼쳐놓아야 한다."고 한 것이다.

天-32-3

大喪에 共帷幕帟綬하고

大喪을 당했을 경우, 〈幕人은〉 필요한 帷·幕·帟·綬를 공급한다.

【注】 爲賓客飾也라 帷以帷堂이니 或與幕張之於庭이라 帟在柩上이라

빈객을 위해 문식을 하는 것이다. 帷는 그것으로 堂에 둘러치거나 혹은 幕과 함께 庭(뜰)에 펼친다. 帟은 널〔柩〕 위에 있다.

【疏】 注'爲賓'至'在柩上' ○釋曰：云'爲賓客飾'者, 王喪而有賓客者, 謂若顧命成王喪, 諸侯來朝而遇國喪, 故康王之命云 "畢公率東方諸侯入應門右, 召公率西方諸侯入應門左", 幷有二王之後, 皆是賓客, 故爲之飾也. 云'帷以帷堂'者, 謂若喪大記及士喪禮始死帷堂, 小斂徹之[1], 及殯在堂, 亦帷之也. 云'或與幕張之於庭'者, 案尙書顧命云 "出綴衣[2]於庭", 鄭云 "連綴小斂大斂之衣於庭中." 爾時在庭, 應設此帷幕, 無正文, 故云'或'也. 有解者云 "爲王襲絰在庭, 故有帷幕." 按喪大記, 諸侯踊阼階下, 襲絰於序東, 雖王禮, 亦當哭踊在阼階下, 何因反來庭中襲絰乎. 恐不可也. 云'帟在柩上'者, 卽掌次云 "凡喪, 王則張帟三重", 是也.

1) 始死帷堂 小斂徹之 : ≪禮記≫ 〈檀弓 上〉에 "曾子는 '시신을 아직 꾸미지 않았으므로 당에 휘장을 치고 소렴을 마치면 휘장을 거둔다.'고 하였다. 仲梁子는 '부부가 한창 혼란한 상황이므로 당에 휘장을 치고 소렴을 마치면 휘장을 거둔다.'고 하였다.〔曾子曰 尸未設飾

故帷堂 小斂而徹帷 仲梁子曰 夫婦方亂 故帷堂 小斂而徹帷]"라고 하였다. 이에 대해 方慤은 "사람이 죽으면 혐오스럽게 생각한다. 아직 시신을 꾸미지 않았으므로 당에 휘장을 치는데, 사람들의 혐오감을 막으려는 것이다. 소렴을 하면 이미 꾸미는 일이 끝나게 되므로 휘장을 거둔다. 이와 같다면 휘장을 치는 禮는 死者를 위해서이지 어찌 살아 있는 이들을 위해서이겠는가? 仲梁子가 '부부가 한창 혼란스러우므로 휘장을 친다.'고 한 것은 禮의 뜻을 잃은 것이다.〔人死 斯惡之矣 以未設飾 故帷堂 蓋以防人之惡也 小斂則既設飾矣 故徹帷 若是 則帷堂之禮 爲死者爾 豈爲生者哉 而仲梁子以謂夫婦亂 故帷堂 失禮意矣〕"라고 하였다.(≪儀禮正義≫ 권26, 1650쪽 참조)

2) 綴衣 : 군주가 임종할 때 사용하는 幄帳(휘장)을 말한다. ≪尙書≫ 〈周書 顧命〉 孔安國의 傳에 "綴衣는 幄帳이다."라고 하였고, 孔穎達의 疏에는 "〈공안국은〉 綴衣가 왕의 자리 위에 펼쳐놓은 것임을 알았다. 그러므로 幄帳으로 여긴 것이다.〔知綴衣是施張於王坐之上 故以爲幄帳也〕"라고 하였다.

○注의 〔爲賓〕에서 〔在柩上〕까지

○釋曰 : 〔爲賓客飾〕 王의 喪을 당했을 때 빈객이 있는 것은 ≪尙書≫ 〈周書 顧命〉의 成王의 喪과 같은 경우를 말하는 것이니, 諸侯들이 조회를 하러 왔다가 國喪을 만난 것이다. 그러므로 ≪상서≫ 〈周書 康王之命(誥)〉에 "畢公은 동방의 제후들을 거느리고 應門 안으로 들어와 오른쪽에 서고, 召公은 서방의 제후들을 거느리고 應門 안으로 들어와 왼쪽에 선다."라고 하였으니, 두 왕조(夏·商)의 후손〔二王之後〕까지를 포함하여 모두 빈객인 것이다. 그러므로 그들을 위해 문식을 하는 것이다.

〔帷以帷堂〕 ≪禮記≫ 〈喪大記〉 및 ≪儀禮≫ 〈士喪禮〉에서 죽은 처음에 堂에 휘장을 치고〔帷堂〕, 小斂을 할 때 그것을 거두고, 堂에 殯宮을 차릴 때 이르러 또한 휘장을 친다고 한 것을 말한다.

〔或與幕張之於庭〕 살펴보건대, ≪상서≫ 〈주서 고명〉에 "綴衣(휘장)를 〈路寢의〉 뜰〔庭〕에 내놓았다."라고 하였는데, 鄭玄은 "小斂과 大斂의 옷을 뜰 중앙에 이어놓는다."라고 하였다. 이때 〈소렴과 대렴의 옷이〉 뜰에 있으므로 마땅히 이 帷幕을 설치해야 하지만 正文(經文)이 없으므로 '或'이라고 말한 것이다. 이를 풀이하는 자는 "王의 襲과 絰이 뜰에 있으므로 帷幕을 설치하는 것이다."라고 하였다. 살펴보건대, ≪예기≫ 〈상대기〉에 의하면 諸侯는 阼階 아래에서 踊을 하고 당 위 동쪽 벽〔序東〕에서 襲(겉옷으로 안의 옷을 가리는 것)을 하고 絰(수질과 요질)을 두르니, 비록 王禮라 하더라도 또한 마땅히 조계 아래에서 哭과 踊을 해야 한다. 무슨 이유로 뜰 중앙으로 돌아와서 襲을 하고 絰을 두르겠는가? 아마도 불가한 듯하다.

〔帟在柩上〕 곧 〈天官 掌次(天-33-8)〉에서 "무릇 喪을 당했을 경우, 王〈의 널에는〉 세 겹의 帟을 펼쳐놓는다."라고 한 것이 이것이다.

天-32-4

三公及卿大夫之喪에 共其帟이니라

三公 및 卿大夫의 喪이 있을 경우, 〈幕人은〉 필요한 帟을 공급한다.

【注】 唯士無帟이니 王有惠則賜之라 檀弓曰 君於士有賜帟[1)]이라하니라

1) 檀弓曰 君於士有賜帟 : ≪禮記≫ 〈檀弓 上〉 鄭玄의 注에 "'帟'은 幕 가운데 작은 것으로, 먼지를 막아내기 위한 것이다. 군주가 하사하면 殯宮(시신을 안치한 곳) 위에 펼친다. 대부 이상은 幕人이 담당하여 공급한다.〔帟 幕之小者 所以承塵 賜之則張於殯上 大夫以上幕人職供焉〕"고 하였다.

오직 士의 경우에는 帟이 없지만, 왕이 은혜를 베풀면 그것을 하사한다. ≪禮記≫ 〈檀弓 上〉에 "군주가 士에게 帟을 하사하는 경우가 있다."고 하였다.

【疏】 注'唯士'至'賜帟' ○釋曰 : 掌次云 "諸侯再重, 孤卿大夫不重", 則此云三公, 不云諸侯與孤, 掌次云諸侯與孤, 不云三公者, 三公卽是諸侯, 再重. 此不云孤, 孤與卿大夫同, 不重. 幕人不張, 故略不言. 鄭云'唯士無帟'者, 此經及掌次俱不云士有帟, 明無也. 引檀弓者, 欲見有賜則有帟, 非常法.

注의 〔唯士〕에서 〔賜帟〕까지

○釋曰 : 〈天官 掌次(天-33-8)〉에서 "諸侯는 〈帟을〉 두 겹으로 하고, 孤와 卿과 大夫는 겹으로 하지 않는다."고 하였다. 그렇다면 이곳에서는 三公의 경우는 말했지만 諸侯와 孤의 경우는 말하지 않았고, 〈천관 장차(天-33-8)〉에서는 제후와 孤의 경우는 말했지만 삼공의 경우는 말하지 않은 것은 삼공은 곧 제후이므로 두 겹으로 하기 때문이다. 이곳에서 孤의 경우를 말하지 않은 것은 孤는 경·대부와 같으므로 겹으로 하지 않기 때문이다. 幕人은 〈帟을〉 펼치지 않으므로 생략하여 말하지 않은 것이다.

鄭玄이 "오직 士의 경우에는 帟이 없다."고 말한 것은, 이곳의 경문 및 〈천관 장차〉에 모두 "士의 경우 帟을 설치한다."고 말하지 않았으므로 없는 것이 분명하기 때문이다. 〈정현이〉 ≪禮記≫ 〈檀弓 上〉의 문장을 인용한 것은 〈군주가〉 하사를 할 경우 帟을 설치하는

것은 常法이 아님을 보이고자 한 것이다.

33. 掌次(장차)

天-33-1

掌次는 **掌王次之灋**[1)]하여 **以待張事**니라

1) 王次之灋 : '次'는 곧 舍로서, 왕이 출궁했을 때 휴식을 취하는 곳이다. 王應電은 '法'에 대해서 "크기와 길이 및 펼칠 때의 절도를 가리킨다.〔大小丈尺及張時節度〕"고 하였다.

掌次는 王의 次와 관련한 法을 관장하여 〈왕이 출궁할 때 帷·幕 등을〉 펼쳐놓는 일에 대비한다.

次

【注】法은 大小丈尺이라

'法'은 크기와 길이를 가리킨다.

【疏】'掌次'至'張事' ○釋曰 : 言'掌王次之法'者, (次者)[1)] 次則舍也. 言次謂次止, 言舍, 謂舍息. 言'以待張事'者, 王出宮, 則幕人以帷與幕等, 送至停所, 掌次則張之, 故云'以待張事.'

1) (次者) : 저본에는 '次者'가 있으나, ≪十三經註疏正字≫에 의거하여 衍文으로 처리하였다.

經의 〔掌次〕에서 〔張事〕까지

○釋曰 : 〔掌王次之法〕 '次'는 舍이다. '次'라고 말하는 것은 머무는 것〔次止〕을 가리키고, '舍'라고 말하는 것은 쉬는 것〔舍息〕을 가리킨다.

〔以待張事〕 王이 出宮을 하는 경우, 幕人이 帷와 幕 등을 머무는 곳에 보내어 이르게 하면 掌次가 그것을 펼친다. 그러므로 "〈왕이 출궁할 때 帷·幕 등을〉 펼쳐놓는 일에 대비한다."고 한 것이다.

○注'法大小丈尺' ○釋曰：言'法大小'者，下文有大次小次，是也. 云'丈尺'者，旣言大小，當時應有丈尺之數，但其未聞.

○注의 〔法大小丈尺〕

○釋曰：〔法 大小〕 아래 문장에 大次·小次가 있는 것이 이것이다.

〔丈尺〕 이미 '大小(크기)'라고 말했으므로 당시에 마땅히 '丈尺(길이)'의 수치가 있었을 테지만 들어보지 못했다.

天-33-2

王이 大旅[1)]上帝어든 則張氈(전)案[2)]하고 設皇邸[3)]하며

1) 大旅：孫詒讓은 '旅'를 비정규적인 제사로 해석하였다. "무릇 '旅'라고 말한 것은 모두 非常의 제사를 가리켜서 말한 것이다.〔凡言旅者 竝指非常之祭而言〕"라고 하였다.(≪周禮正義≫ 권11, 432쪽 참조) '大旅'는 上帝에게 旅祭를 지내는 것을 말한다. 孫希旦은 "변고가 생겨서 상제 및 四望에 기도를 올리는 것을 모두 '旅'라고 하는데, 상제에게 旅祭를 지내는 것을 大旅라고 한다.〔有故而禱於上帝及四望 皆曰旅 而上帝之旅爲大旅也〕"고 하였다. 한편 鄭玄은 상제에게 제사 지내는 것을 '大旅'라고 하였다. ≪禮記≫ 〈禮記〉 鄭玄의 注에 "大旅는 상제를 제사 지내는 것이다.〔大旅 祭上帝〕"라고 하였다.

2) 氈(전)案：楊天宇는 '氈案'은 이곳에서는 '床'을 가리킨다고 하였다.(≪周禮譯注≫ 121쪽)

3) 皇邸：陸德明의 ≪經典釋文≫에 "皇邸는 어떤 本에는 '皇羽邸'로 되어 있다.〔皇邸 一本作皇羽邸〕"고 하였다. 阮元은 "살펴보건대, 이는 鄭玄 注의 '皇羽覆上'으로 인해서 經文에도 잘못 '羽'의 글자가 들어간 것이다. 賈公彦의 疏에는 '見經皇是鳳皇之字 故知以皇羽覆邸上(경문의 '皇'이 '鳳皇'의 글자이기 때문에 皇羽로 뒤쪽 판 위를 덮는다는 것을 알았던 것이다.)'이라고 하였다. 이 賈疏本에서는 '羽'를 衍字로 보지 않은 것이다."라고 하였다.(北京大 整理本의 〈校勘記〉 참조)

王이 上帝에게 大旅의 제사를 지낼 경우, 〈掌次는〉 모전을 씌워서 만든 상〔氈案〕을 진설하여 펼쳐놓고, 상의 뒤쪽에 봉황 깃털 색으로 장식한 병풍을 설치한다.

【注】大旅上帝는 祭天於圓丘니 國有故而祭요 亦曰旅니 此以旅見祀也라 張氈案은 以氈爲牀於幄中이라 鄭司農云 皇羽 覆上이요 邸는 後版也라 玄謂 後版은 屛風與니 染羽로 象鳳皇羽色以爲之라

上帝에게 大旅의 제사를 지낸다는 것은 圜丘에서 하늘을 제사 지내는 것을 말한다. 나라에 변고가 있어서 제사 지내는 것을 또한 '旅'라고 한다. 이곳에서는 '旅'로써 正祀임을 나타낸 것이다. 氈案을 진설하여 펼쳐놓는다는 것은 幄 안에 毛氈(모직물)을 씌워서 牀을 만든다는 뜻이다. 鄭衆은 "皇羽로 위쪽을 덮는 것이다. '邸'는 後版(뒤쪽의 판)이다."라고 하였다. 나(鄭玄)는 생각건대, '後版'은 屛風인 듯하다. 깃털을 물들여서 봉황의 깃털 색을 본떠서 만드는 것이다.

【疏】'王大'至'皇邸' ○釋曰：云'王大旅上帝'者, 謂冬至祭天於圜丘. '則張氈案'者, 案謂牀也. 牀上著(착)氈, 卽謂之氈案. '設皇邸'者, 邸謂以版爲屛風, 又以鳳皇羽飾之, 此謂王坐所置也.

經의 〔王大〕에서 〔皇邸〕까지

○ 釋曰 : 〔王大旅上帝〕 冬至에 圜丘에서 하늘을 제사 지내는 것을 말한다.

〔則張氈案〕 '案'은 牀을 말한다. 牀 위에 모전〔氈〕을 씌우면 그것을 '氈案'이라 한다.

〔設皇邸〕 '邸'는 판으로 병풍을 만들고, 또 봉황의 깃털로 장식하는 것을 말한다. 이곳에서는 왕이 앉을 때 놓아두는 것을 말한다.

○注'大旅'至'爲之' ○釋曰：'大旅上帝, 祭天於圜丘', 知者, 見下經別云 "祀五帝", 則知此是昊天上帝, 卽與司服及宗伯昊天上帝一也, 卽是大司樂冬至祭天於圜丘之事也. 云'國有故而祭亦曰旅'者, 案大宗伯 "國有大故, 則旅上帝及四望[1)]", 是國有故而祭謂之旅. 云'此以旅見祀'者, 但此下文五帝見正祀, 其旅見於大宗伯. 大宗伯昊天不云'旅', 故此見. 此文不言'正祀', 故鄭以因旅見之. 欲見有故昊天亦旅之, 故云"以旅見祀." 云'張氈案, 以氈爲牀於幄中'者, 據鄭云'於幄中', 則知不徒設氈案皇邸而已, 明知幷有大次・小次之幄, 與下祀五帝互見之也. '司農云, 皇羽覆上'者, 見經皇是鳳皇之字, 故知以皇羽覆邸上. '玄謂, 後版屛風與'者, 此增成司農義. 言'後版'者, 謂爲大方版於坐後, 畫爲斧文. 言屛風者, 據漢法況之, 無正文, 故言'與'以疑之. 云'染羽象鳳皇羽色以爲之'者, 案尙書禹貢"羽畎夏翟", 謂羽山之谷, 貢夏翟之羽. 後世無夏翟, 故周禮鍾氏染鳥羽, 象鳳皇色以爲之, 覆於版上. 明堂位及司几筵皆云'黼扆[2)3)]', 此不在寢廟, 無扆, 故不得云'黼扆', 故別名'皇邸.'

1) 四望 : 사방의 명산대천 및 바다를 바라보면서 제사 지내는 것을 말한다. 賈公彦에 의하

면 望祀를 지낼 때는 단을 쌓고 사방으로 바라보면서 멀리 제사를 지내기 때문에 '四望'이라 한다. 孫詒讓은 '四望'이라는 것은 방향을 나누어 바라보면서 제사 지내는 것에 대한 명칭이다. 통칭하면 무릇 산천의 제사는 모두 '望'이라고 한다고 하였다.〔四望者 分方望祭之名 通言之 凡山川之祭皆曰望〕(≪周禮正義≫ 권35, 1417쪽 참조)

2) 明堂位及司几筵皆云'黼扆 : '黼扆'는 ≪禮記≫ 〈明堂位〉에는 '斧依'로 되어 있고, 〈春官 司几筵(春-8-2)〉에는 '黼依'로 되어 있다. ≪예기≫ 〈명당위〉에 "옛날에 周公이 明堂에서 제후를 조회할 때의 자리는 천자가 斧依를 등지고 남쪽을 향하여 섰다.〔昔者 周公朝諸侯于明堂之位 天子負斧依 南鄕而立〕"고 하였다. 鄭玄의 注에서는 "'負'라는 글자는 등진다〔背〕는 뜻이다. '斧依'는 室의 출입문〔戶〕과 室의 창문〔牖〕 사이에 도끼 문양〔斧文〕의 병풍을 설치한 것으로, 주공이 그 앞에서 있었다.〔負之言背也 斧依 爲斧文屛風于戶牖之間 周公於前立焉〕"고 하였다.

3) 黼扆 : '斧依' 혹은 '黼依'라고도 한다. 병풍과 유사한 형태의 가리개를 말한다. 도끼 문양을 수놓은 것을 斧依 또는 黼扆라고 한다. 천자가 제후를 접견할 때 그것에 의지하여 등지고 서서, 남쪽을 향하여 제후를 대한다. 그러나 천자 이하 사에 이르기까지 모두 '依'를 사용할 수 있지만 도끼 문양의 수를 놓은 것은 천자만 사용하였다.

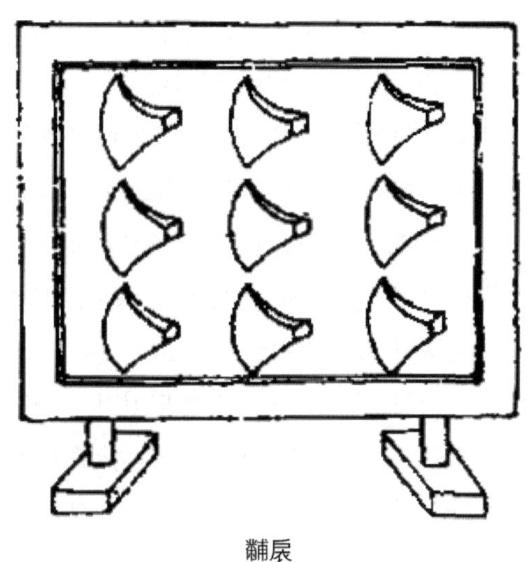

黼扆

○注의 〔大旅〕에서 〔爲之〕까지

○釋曰 : 〔大旅上帝 祭天於圓丘〕 이를 알 수 있는 것은, 살펴보건대 아래 경문(〈天官 掌次(天-33-3)〉)에서 별도로 "五帝를 제사 지낸다."고 하였으므로 이곳 경문의 〈하늘은〉 昊天上帝임을 알 수 있기 때문이니, 〈春官 司服(春-12-2)〉 및 〈春官 大宗伯(春-1-3)〉의 호천상제와 같은 것으로 곧 大司樂이 冬至에 圓丘에서 하늘을 제사 지내는 일이다.

〔國有故而祭亦曰旅〕 살펴보건대, 〈춘관 대종백(春-1-55)〉에서 "나라에 커다란 변고가 발생하면 上帝에게 旅祭를 지내고 사방의 名山大川에 望祀를 지낸다."고 하였으니, 나라에 변고가 있어서 제사 지내는 것을 '旅'라고 한다.

〔此以旅見祀〕 다만 이 아래 경문의 '五帝'는 正祀임을 나타낸 것이고, 그 〈五帝에 대한〉 旅의 제사는 〈춘관 대종백(春-1-55)〉에 보인다. 〈춘관 대종백〉에서는 昊天에 대해서 '旅'라고 말하지 않았으므로 이곳에서 나타낸 것이다. 이곳 경문에서는 '正祀'라고 말하지 않

으므로 鄭玄은 '旅'를 이용해서 〈正祀임을〉 나타낸 것이라고 생각하였다. 변고가 발생해서 昊天에 제사 지낼 때도 旅의 제사를 지내는 것을 보이고자 하였으므로 "旅로써 正祀임을 나타낸 것이다."라고 한 것이다.

〔張氈案 以氈爲牀於幄中〕 정현이 "幄 안에"라고 한 것에 의거한다면, 단지 氈案·皇邸만을 설치할 뿐이 아님을 알 수 있으며, 아울러 大次와 小次의 幄도 있음을 분명히 알 수 있으니, 아래 경문의 "五帝에게 제사를 지낸다."는 것과 서로 참고가 된다.

〔司農云 皇羽覆上〕 살펴보건대, 〈鄭衆은〉 경문의 '皇'이 '鳳皇'의 글자이기 때문에 皇羽(봉황의 깃털)로 뒤쪽 판 위를 덮는다는 것을 알았던 것이다.

〔玄謂 後版屛風與〕 이는 〈정현이〉 정중의 해석을 더욱 완성시킨 것이다. '後版'이라고 말한 것은 자리〔坐〕 뒤에 커다란 네모 판자〔方版〕를 만들고, 뒤쪽에 도끼 문양을 그려 넣은 것을 말한다. '屛風'이라고 말한 것은 漢法에 의거하여 비유한 것으로, 正文(經文)이 없기 때문에 '與(~인 듯하다)'라고 하여 의문을 둔 것이다.

〔染羽象鳳皇羽色以爲之〕 살펴보건대, ≪尙書≫ 〈禹貢〉 徐州 條에 "羽畎夏翟"이라고 하였으니, 羽山의 골짜기에서 나는 夏翟(여름철 꿩)의 깃털을 공물로 바친다는 뜻이다. 후세에는 夏翟이 없었으므로 ≪周禮≫ 〈考工記〉에서는 鍾氏가 새의 깃털에 물을 들여 봉황의 색을 본떠서 만들고 판 위에 덮었다. ≪禮記≫ 〈明堂位〉 및 〈春官 司几筵(春-8-2)〉에는 모두 '黼扆'라고 하였는데, 이곳은 寢廟에 있는 것이 아니므로 扆(병풍)가 없다. 그러므로 '黼扆'라고 할 수 없으므로 별도로 '皇邸'라고 명명한 것이다.

天-33-3

朝日[1)]祀五帝[2)]어든 則張大次小次하고 設重帟重案이니 合諸侯에도 亦如之[3)]니라

1) 朝日 : 천자가 춘분에 해에게 배례를 하여 제사 지내는 의례를 말한다. ≪漢書≫ 〈郊祀志 上〉 顔師古의 注에는 "아침에 해를 배례를 하기 때문에 '朝'라고 한다.〔以朝旦拜日爲朝〕"고 하였다.

2) 五帝 : 五帝는 하늘의 동·서·남·북·중의 五方을 나누어 주관하므로 '五方帝'라고도 칭한다. 五方은 五行 관념에 따라 靑·白·赤·黑·黃의 五色으로 나누어 배당하므로 五方帝를 또 五色帝라고도 한다. 五帝는 東方 靑(蒼)帝, 西方 白帝, 南方 赤帝, 北方 黑帝, 中央 黃帝의 五天帝를 가리킨다.

3) 合諸侯亦如之 : 해에게 배례를 하여 제사 지내거나〔朝日〕 五帝를 제사 지낼 때와 마찬가지로 大次와 小次를 펼쳐서 설치하고 두 겹의 帟과 두 겹의 자리를 진설한다는 뜻이다.

〈왕이〉 해에게 배례를 하여 제사 지내거나〔朝日〕 五帝를 제사 지낼 경우, 〈掌次는 왕을 위해〉 大次(大幄)와 小次(小幄)를 펼쳐놓고, 〈대차와 소차 안에〉 두 겹의 帟을 설치하며 상〔案〕 위에 두 겹의 자리를 깐다. 〈왕이〉 제후와 회동을 할 경우도 이와 마찬가지로 한다.

【注】 朝日은 春分에 拜日於東門之外하고 祀五帝於四郊라 次는 謂幄也니 大幄은 初往所止居也요 小幄은 旣接祭退俟之處라 祭義曰 周人祭日以朝及闇이라하니 雖有强力이라도 孰能支之리오 是以退俟하여 與諸臣代有事焉이니 合諸侯於壇하고 王亦以時休息이라 重帟은 (復)〔複〕[1]帟이요 重案은 牀重席也라 鄭司農云 五帝는 五色之帝라

1) (復)〔複〕: 저본에는 '復'으로 되어 있으나, 上海古籍 整理本의 교감에 의거하여 '複'으로 바로잡았다.(上海古籍 整理本의 〈校勘記〉 참조)

'朝日'은 춘분에 東門 밖에서 해에게 배례를 하여 제사 지내는 것을 말한다. 五帝를 四郊에서 제사 지낸다. '次'는 幄을 가리키는 것이니, 大幄은 처음 〈행례 장소에〉 갔을 때 머무는 곳이고, 小幄은 신하들과 교대로 제사를 거행한 이후 물러나 〈다음의 행례를〉 기다리는 곳이다. ≪禮記≫ 〈祭義〉에 "周나라 사람은 해를 제사 지낼 때 아침부터 해가 질 때까지 하였다."고 하였으니, 아무리 강한 힘이 있더라도 누가 그것을 지속할 수 있겠는가? 이 때문에 물러나 기다리면서 諸臣과 교대를 하면서 제사를 지냈던 것이다. 壇에서 제후와 會同할 때도 왕은 때때로 휴식을 취하였다. '重帟'은 두 겹의 帟이다. '重案'은 牀 위에 까는 두 겹의 자리〔重席〕이다. 鄭衆은 "五帝는 五色의 帝이다."라고 하였다.

【疏】 '朝日'至'如之' ○釋曰：言'朝日'者, 謂春分朝日. '祀五帝'者, 謂四時迎氣. '則張大次・小次'者, 次謂幄帳也. 大幄・小幄. 但幄在幕中, 旣有幄, 明有(幄)〔帷〕[1]幕可知. '設重帟'者, 謂於幄中設承塵. 云'重案'者, 案則牀也. 牀言重, 謂牀上設重席. 不言氈及皇邸, 亦有可知. 上氈案不言重席, 亦有重席可知. 互見爲義. 云'合諸侯亦如之'者, 謂諸侯會同, 亦設重帟重案, 故云"亦如之."

1) (幄)〔帷〕: 저본에는 '幄'으로 되어 있으나, 浦鏜의 설에 의거하여 '帷'로 바로잡았다.(北京大 整理本의 〈校勘記〉 참조)

經의 〔朝日〕에서 〔如之〕까지

○釋曰：〔朝日〕 춘분에 해에게 배례를 하여 제사 지내는 것을 말한다.

〔祀五帝〕 四時에 〈사방의〉 기운을 맞이하여 제사 지내는 것을 말한다.

〔則張大次小次〕 '次'는 幄帳(휘장)을 말하니, 大幄과 小幄이다. 다만 幄은 幕 안에 있는 것이니, 이미 幄이 있다면 帷와 幕이 있음을 분명히 알 수 있다.

〔設重帟〕 幄 안에 承塵(먼지를 막아내는 작은 장막)을 진설하는 것을 말한다.

〔重案〕 '案'은 곧 牀이다. 牀에 대해서 '重'이라 말한 것은 牀 위에 重席(두 겹의 자리)을 까는 것을 말한다. 氈 및 皇邸를 말하지 않았지만 또한 있음을 알 수 있다. 위 경문의 氈案에 대해서 重席을 말하지 않았지만 또한 重席이 있음을 알 수 있다. 상호적으로 나타내어 의리를 삼은 것이다.

〔合諸侯亦如之〕 〈왕이〉 제후와 회동을 할 때도 또한 〈大次와 小次 안에〉 두 겹의 帟을 설치하고, 상〔案〕 위에 두 겹의 자리를 까는 것을 말한다. 그러므로 "또한 이와 마찬가지로 한다."고 한 것이다.

○注'朝日'至'之帝' ○釋曰：知朝日春分者, 祭義云 "祭日於東", 故鄭約用春分也. 云'拜日於東門之外'者, 謂在東郊, 覲禮文[1]. 云'祀五帝於四郊'者, 案(外)〔小〕[2]宗伯"(祀)〔兆〕[3]五帝於四郊", 是也. 此謂四時迎氣. 案月令, 立春於東郊, 立夏於南郊, 季夏於六月迎土氣, 亦於南郊, 立秋於西郊, 立冬於北郊, 謂祭靈威仰之屬. 云'次謂幄也, 大幄, 初往所止居也, 小幄旣接祭退俟之處'者, (此)〔必〕[4]兩次設幄者, 大幄, 謂王侵晨至祭所, 祭時未到, 去壇壝之外遠處設大次, 王且止居, 故云"大幄, 初往所止居也." 接祭者, 與群臣交接, 相代而祭, 去壇宜近, 置一小(帷)〔幄〕[5], 退俟之處. 云'祭義曰, 周人祭日, 以朝及闇', 引此已下者, 欲見王與臣接祭之時, 須有小幄也. 言'孰能支之'者, 謂一日之間, 雖有强力, 誰能支持乎. 云'合諸侯於壇'者, 案司儀, 合諸侯爲壇三成, 是也. 云'重帟, 複帟'者, 謂兩重爲之. 云'重案, 牀重席'者, 案司几筵 "莞筵繅席, 次席三重[6]." 此言重席, 亦當有此三重, (帟)〔與〕[7]重帟不同. '鄭司農云, 五帝, 五色之帝'者, 謂東方靑帝靈威仰, 南方赤帝赤(奮若)〔熛怒〕[8], 中央黃帝含樞紐, 西方白帝白招拒, 北方黑帝汁光紀. 竝依文耀鉤所說[9].

1) 謂在東郊 覲禮文 : ≪儀禮≫ 〈覲禮〉에 "궁을 나가서 왕성의 동문 밖에서 해에게 배례를 하고, 돌아와서 方明에 제사를 지낸다.〔出 拜日於東門之外 反 祀方明〕"고 하였다.

2) (外)〔小〕 : 저본에는 '外'로 되어 있으나, 浦鏜의 교감에 의거하여 '小'로 바로잡았다.(北京大 整理本의 〈校勘記〉 참조) ≪周禮正義≫와 上海古籍 整理本에도 모두 '小'로 되어 있다.

3) (祀)〔兆〕 : 저본에는 '祀'로 되어 있으나, 〈春官 小宗伯(春-2-2)〉 및 ≪周禮正義≫와 上

海古籍 整理本에 의거하여 '兆'로 바로잡았다.

4) (此)〔必〕: 저본에는 '此'로 되어 있으나, 惠校本의 교감에 의거하여 '必'로 바로잡았다. (北京大 整理本의 〈校勘記〉 참조)

5) (帷)〔幄〕: 저본에는 '帷'로 되어 있으나, 阮元의 교감에 의거하여 '幄'으로 바로잡았다. (北京大 整理本의 〈校勘記〉 참조)

6) 案司几筵……次席三重 : 〈春官 司几筵(春-8-2)〉에 의하면 大朝覲·大饗禮·大射禮를 거행할 때 王의 자리에 黼依를 설치하고, 黼依 앞에 남쪽으로 莞筵을 펼쳐놓는데, 莞筵 위에 繅席을 포개어놓고, 繅席 위에 다시 次席을 얹어놓는다. '莞筵'은 골풀로 엮은 자리로서 玄色으로 가선을 한다. '繅席'은 어린 푸들로 엮은 자리로서, 그 위에 오채색의 구름 문양을 그려 넣기 때문에 '繅席'이라 한 것이다. '繅'는 '藻'와 같은 뜻이다. '次席'은 桃枝(대나무의 이름)로 엮은 자리로서, 차례로 줄지어 엮고 문양을 그려 넣었기 때문에 '次席'이라 한 것이다.

7) (帝)〔與〕: 저본에는 '帝'으로 되어 있으나, 浦鏜의 교감과 ≪周禮正義≫ 등에 의거하여 '與'로 바로잡았다. (北京大 整理本의 〈校勘記〉 참조)

8) (奮若)〔熛怒〕: 저본에는 '奮若'으로 되어 있으나, 浦鏜의 교감에 의거하여 '熛怒'로 바로잡았다. (北京大 整理本의 〈校勘記〉 참조)

9) 竝依文燿鉤所說 : ≪春秋緯≫ 〈文燿鉤〉에 "倉帝는 이름이 靈威仰이고, 赤帝는 이름이 赤熛怒이고, 黃帝는 이름이 含樞紐이고, 白帝는 이름이 白招拒이고, 黑帝는 이름이 汁光紀이다.〔倉帝其名靈威仰 赤帝其名赤熛怒 黃帝其名含樞紐 白帝其名白招拒 黑帝其名汁光紀〕"라고 하였다.

○注의 〔朝日〕에서 〔之帝〕까지

○釋曰 : 朝日은 춘분에 제사 지내는 것임을 알 수 있는 것은 ≪禮記≫ 〈祭義〉에서 "해를 제사 지낼 때는 동쪽에서 한다."고 했으므로 鄭玄이 춘분으로 추측한 것이다.

〔拜日於東門之外〕 東郊에서 제사 지냄을 말한 것이니, ≪儀禮≫ 〈覲禮〉의 문장이다.

〔祀五帝於四郊〕 살펴보건대, 〈春官 小宗伯(春-2-2)〉에서 "四郊에서 五帝를 제사 지낸다."고 한 것이 이것이다. 이곳의 경문에서는 四時에 〈사방의〉 기운을 맞이하여 제사 지내는 것을 말한다. 살펴보건대, ≪禮記≫ 〈月令〉에 의하면 立春에는 東郊에서 제사 지내고, 立夏에는 南郊에서 제사 지내고, 季夏 6월에 土氣를 맞이하여 제사 지내는 것도 南郊에서 하며, 立秋에는 西郊에서 제사 지내고, 立冬에는 北郊에서 제사 지내니, 靈威仰 등을 제사 지내는 것을 말한다.

〔次謂幄也 大幄 初往所止居也 小幄旣接祭退俟之處〕 반드시 두 차례 幄을 설치하는 것이다. 大幄은 王은 새벽에 제사 지내는 곳에 이르는데, 제사 지낼 때가 아직 이르지 않았

을 때는 壇壝의 밖 먼 곳에 大次를 설치하는 것을 말하니, 왕은 잠시 머문다. 그러므로 "大幄은 처음 〈행례 장소에〉 갔을 때 머무는 곳이다."라고 한 것이다. '接祭'란 群臣들과 交接하여 서로 바꾸어가면서 제사를 지내는 것을 말하니, 壇과 가까운 곳에 물러나 기다리는 곳인 小幄 하나를 설치한다.

〔祭義曰 周人祭日 以朝及闇〕 이 이하를 인용한 것은 왕이 신하들과 교대로 제사를 지낼 때는 반드시 小幄이 있어야 함을 보이고자 한 것이다.

〔孰能支之〕 비록 강한 힘을 갖고 있더라도 누가 하루 동안 지속할 수 있겠는가를 말한 것이다.

〔合諸侯於壇〕 살펴보건대, 〈秋官 司儀(秋-54-2)〉에 제후와 회동을 할 때는 3층의 단을 쌓게 한다고 한 것이 이것이다.

〔重帟 複帟〕 두 겹으로 만드는 것을 말한다.

〔重案 牀重席〕 살펴보건대, 〈春官 司几筵(春-8-2)〉에 의하면 "莞筵과 繅席과 次席의 순으로 세 겹의 자리를 깐다."고 하였다. 이곳 경문에서는 '重席'이라고 하였지만 또한 마땅히 이러한 세 겹의 자리가 있어야 하니, 重帟과 같지 않은 것이다.

〔鄭司農云 五帝 五色之帝〕 東方의 青帝 靈威仰, 南方의 赤帝 赤熛怒, 中央의 黃帝 含樞紐, 西方의 白帝 白招拒, 北方의 黑帝 汁光紀를 말한다. 모두 《春秋緯》 〈文耀鉤〉에서 말한 바에 의거한 것이다.

天-33-4

師田이어든 則張幕하고 設重帟重案하며

〈왕이〉 정벌을 하거나 사냥을 할 경우, 〈掌次는 왕을 위해 帷와〉 幕을 펼쳐놓고, 두 겹의 帟을 설치하며 상〔案〕 위에 두 겹의 자리를 깐다.

【注】 不張幄者는 於是臨誓衆하고 王或迴顧占察이라

幄을 펼치지 않는 것은 무리들에게 임하여 경계를 시킬 때, 왕이 혹 머리를 돌려 두루 살피기 때문이다.

【疏】 '師田'至'重案' ○釋曰：言'師田'者, 謂出師征伐及田獵. '則(幄)〔張〕[1]幕'者, 爲王設坐. 不言'帷'者, 亦有可知. 重帟重案者, 如上說.

1) (幄)〔張〕: 저본에는 '幄'으로 되어 있으나, 앞의 경문과 '幄'은 '張'의 잘못이라는 浦鏜의 설에 의거하여 바로잡았다.(北京大 整理本의 〈校勘記〉 참조)

經의 〔師田〕에서 〔重案〕까지

○釋曰 : 〔師田〕 군대를 내어서 정벌하는 것 및 사냥하는 것을 말한다.

〔則張幕〕 왕을 위해 자리를 설치하는 것이다. '帷'를 말하지 않은 것은 또한 있음을 알 수 있기 때문이다.

〔重帟重案〕 위에서 설명한 대로이다.

天-33-5

諸侯가 朝覲會同이어든 則張大次小次하고

제후가 왕을 朝覲하거나 왕과 회동을 할 경우, 〈掌次는 제후들을 위해〉 大次(大幄)와 小次(小幄)를 펼쳐놓는다.

【注】 大次는 亦初往所止居요 小次는 卽宮待事之處라

'大次'는 또한 처음 〈행례 장소에〉 가서 머무르는 곳이다. '小次'는 〈임시로 설치한〉 宮 안으로 나아가서 일을 기다리는 곳이다.

【疏】 '諸侯'至'小次' ○釋曰 : 此謂與諸侯張之, 若四時常朝在國內. 今言'朝覲會同', 爲會同而來, 故在國外, 與大宰大朝覲會同一也.[1] 言'則張大次·小次也'者, 亦如上文大小次, 丈尺則減耳, 故鄭云"大次亦初往所止居, 小次卽宮待事之處." 鄭云'初往止居'者, 謂宮外也. 卽(居)〔宮〕[2]者, 應是宮內. 言宮, 卽司儀(所)〔注〕[3]云"宮方三百步[4], (曠)〔壝〕[5]土爲之", 是也. 言'待事'者, 欲於幄中待事辦否(及府)[6].

1) 今言朝覲會同……與大宰大朝覲會同一也 : 〈天官 大宰(天-1-23)〉 鄭玄의 注에 "도성 안에서 朝禮를 행한 후 이어서 왕은 도성 밖에서 壇을 쌓고 제후를 모두 불러 모으고 政事를 명한다.〔在國行朝禮訖 乃皆爲壇於國外而命事焉〕"고 하였다.

2) (居)〔宮〕: 저본에는 '居'로 되어 있으나, '居'는 마땅히 '宮'이 되어야 한다는 孫校本의 설에 의거하여 바로잡았다.(北京大 整理本의 〈校勘記〉 참조)

3) (所)〔注〕: 저본에는 '所'로 되어 있으나, '注'의 잘못이라는 浦鏜의 설에 의거하여 바로잡았다. 阮元의 〈校勘記〉에서는 義疏家들이 經文과 注文을 인용할 때 종종 구별을 하지 않았다고 하였다.(北京大 整理本의 〈校勘記〉 참조)

4) 宮方三百步 : ≪儀禮≫ 〈覲禮〉에 "제후가 천자를 朝覲할 때, 사방 300보가 되는 宮을 만드는데, 4개의 문을 만들고, 둘레 12尋(96尺)에, 높이 4尺의 壇을 쌓고, 그 위에 方明(상하 사방 신명의 형상)을 얹는다.〔諸侯覲于天子 爲宮方三百步 四門 壇十有二尋 深四尺 加方明于其上〕"고 하였다. 鄭玄의 注에서는 "'宮'은 흙을 쌓아 올려 낮은 담장〔埒〕을 만들어서 墻壁을 형상한 것이다.〔宮謂壝土爲埒 以象墻壁也〕"라고 하였다.

5) (壙)〔壝〕 : 저본에는 '壙'으로 되어 있으나, 上海古籍 整理本의 校勘에 의거하여 '壝'로 바로잡았다.

方明

6) (及府) : 저본에는 '及府'가 있으나, 浦鏜의 說에 의거하여 衍文으로 처리하였다.(北京大 整理本의 〈校勘記〉 참조)

經의 〔諸侯〕에서 〔小次〕까지

○釋曰 : 이곳에서는 제후들을 위해 펼쳐놓는 것을 말한 것이니, 四時에 〈제후들이〉 도성 안〔國內〕에서 정기적으로 조회를 볼 때처럼 하는 것이다. 이제 "왕을 朝覲하거나 왕과 회동을 할 경우"라고 하였으므로 〈왕과〉 會同을 하기 위해 온 것이다. 그러므로 도성 밖〔國外〕에 있는 것이니, 〈天官 大宰(天-1-23)〉의 大會同을 기회로 朝覲의 예를 행할 때와 마찬가지로 하는 것이다.

〔則張大次小次也〕 또한 위 경문의 大次·小次를 설치할 때와 마찬가지로 하는데, 길이만 줄어들 뿐이다. 그러므로 鄭玄이 "'大次'는 또한 처음 〈행례 장소에〉 가서 멈추어 머무르는 곳이다. '小次'는 〈임시로 설치한〉 宮 안으로 나아가서 일을 기다리는 곳이다."라고 한 것이다.

정현이 "처음 〈행례 장소에〉 가서 멈추어 머무른다."고 한 것은 宮의 밖을 가리키니, '卽宮'은 마땅히 宮의 안으로 나아간다는 뜻이다. '宮'이라고 말한 것은 곧 〈秋官 司儀(秋-54-2)〉 정현의 注에서 "사방 300보가 되는 宮을 만드는데, 흙을 쌓아 올려서 만든다."고 한 것이 이것이다.

'일을 기다린다.〔待事〕'고 말한 것은 幄 안에서 일이 잘 처리되었는지 아닌지를 기다리고자 하는 것이다.

天-33-6

師田이어든 **則張幕**[1)]**設案**하고

1) 張幕 : 여기서는 幕만을 말했으나, 위 天-33-4의 疏에 帷를 생략했다는 것에 의거하여 번역하였다.

〈제후들이 왕을 따라〉 정벌을 하거나 사냥을 할 경우, 〈掌次는 제후들을 위해〉 帷와 幕을 펼쳐놓고, 상〔案〕 위에 홑겹의 자리를 깐다.

【注】鄭司農云 師田은 謂諸侯相與師田이라 玄謂此掌次張之니 諸侯從王而師田者라

鄭衆은 "師·田은 제후들이 서로 더불어 정벌을 하거나 사냥을 하는 것을 말한다."고 하였다. 나(鄭玄)는 생각건대, 이는 掌次가 펼쳐서 설치하는 것이니, 제후들이 왕을 따라 정벌을 하거나 사냥을 하는 경우이다.

【疏】'師田'至'設案' ○釋曰 : 文承上諸侯, 謂諸侯從王師田, 卽張幕設案者也. 不言'重', 則無重席, 亦應有單席於牀也.

經의 〔師田〕에서 〔設案〕까지

○釋曰 : 문장이 위의 제후의 경우를 이은 것이니, 제후들이 왕을 따라 정벌을 하거나 사냥을 할 때는 곧 帷와 幕을 펼쳐서 설치하고 상〔案〕 위에 홑겹의 자리를 까는 것을 말한 것이다. '重(겹)'이라고 말하지 않았으니, 그렇다면 두 겹의 자리〔重席〕가 없고 또한 마땅히 상 위에 홑자리를 깔은 것이다.

○注'鄭司'至'田者' ○釋曰 : 後鄭不從先鄭者, 以其天子掌次, 不合與諸侯國內張幕, 故云"掌次張之", 以明非諸侯相與師田也. 此至下所云次者, 謂以繒爲(帷)〔幄〕[1)]帳. 案聘禮記所云次, 或以帷(或)及席, 皆得[2)], 與此掌次所云次別也.

1) (帷)〔幄〕 : 저본에는 '帷'로 되어 있으나, 浦鏜의 설에 의거하여 '幄'으로 바로잡았다.(北京大 整理本의 〈校勘記〉 참조)

2) 案聘禮記所云次……皆得 : ≪儀禮≫ 〈聘禮〉 記文에 "宗人은 賓 일행의 次(임시장막)를 제공하는데, 次는 휘장〔帷〕으로 만든다.〔宗人授次 次以帷〕"라고 하였다. 浦鏜은 위의 '或'은 衍字이며, '或及席' 3글자는 〈빙례〉 記文의 문장이 아니므로 잘못 들어간 것이라고 하였

다. 阮元도 위의 '或' 글자와 '或及席' 3글자는 閩本에는 빠져 있다고 하였다. 孫詒讓의 校勘記에는 "≪儀禮≫ 〈士冠禮〉의 '賓就次(빈은 廟門 밖의 次 안으로 들어간다.)'에 대한 鄭玄의 注에 '次는 帷幕과 簟席(대자리)으로 만든다.'고 하였다. 이곳의 賈公彦 疏는 저 정현의 注를 겸하여 의거하여 설을 만든 것으로, 아마도 '或以帷及席皆得'이 되어야 하니, '或' 한 글자가 衍字일 뿐이다. 완원의 〈校勘記〉에서 인용한 浦鏜의 설은 타당하지 않다.〔士冠禮賓就次 注云 次必帷幕簟席爲之 此疏蓋兼據彼注爲說 疑當云或以帷及席皆得 惟衍一或字耳 校勘記引浦氏校語未當〕"고 하였다.(北京大 整理本의 〈校勘記〉 및 손이양, ≪十三經注疏校記≫ 〈周禮注疏校記〉 참조) 이곳에서는 손이양의 설에 따라 '或'을 연자로 처리하고 번역하였다.

○注의 〔鄭司〕에서 〔田者〕까지

○釋曰:鄭玄이 鄭衆의 해석을 따르지 않은 것은 천자의 掌次는 제후국의 안에서 帷·幕을 펼쳐서 설치하는 것과 부합하지 않기 때문이다. 그러므로 "掌次가 펼쳐서 설치하는 것이다."라고 말하여 제후들이 서로 더불어 정벌을 하거나 사냥을 하는 것이 아님을 밝혔다. 이곳에서부터 아래에 이르기까지 '次'라고 말한 것은 비단으로 만든 幄帳이다. 살펴보건대, ≪儀禮≫ 〈聘禮〉 記文에서 말한 '次'는 혹은 '帷(베로 만든 휘장)'와 '席(대자리)'으로 모두 만들 수 있으니, 이곳 〈天官 掌次〉에서 말한 '次'와 구별된다.

天-33-7

孤[1]卿有邦事어든 則張幕設案하니라

1) 孤:孫詒讓에 의하면 '孤'는 '特'의 뜻으로 國政을 담당하는 卿을 말하며, 六卿 가운데 지위가 특히 존귀하기 때문에 '孤'를 칭한 것이다.(≪周禮正義≫ 권11, 441쪽 참조)

孤와 卿이 王國의 일로 출궁할 경우, 〈掌次는 孤와 卿을 위해 帷와〉 幕을 펼쳐놓고, 상〔案〕 위에 홑겹의 자리를 깐다.

【注】 有邦事는 謂以事從王若以王命出也라 孤는 王之孤(王)〔三〕[1]人이니 副三公論道者라 不言公은 公如諸侯禮라 從王祭祀合諸侯에 張大次小次하고 師田에 亦張幕設案이라

1) (王)〔三〕:저본에는 '王'으로 되어 있으나, 北京大 整理本과 上海古籍 整理本에 의거하여 '三'으로 바로잡았다.

'有邦事'는 일이 있어 왕을 수종하거나 왕의 명으로 출궁하는 경우를 말한다. '孤'는 王의 孤 3인으로 三公을 보좌하여 道를 논하는 자이다. '公'을 말하지 않은 것은 公의 경우

諸侯의 禮와 같게 하기 때문이다. 〈孤와 卿이〉 王을 수종하여 제사를 지내거나 제후와 회동을 할 경우 〈掌次는 孤와 卿을 위해〉 大次와 小次를 펼쳐서 설치하고, 정벌이나 사냥을 할 경우에도 帷와 幕을 펼쳐서 설치하고 상〔案〕 위에 홑자리를 깐다.

【疏】'孤卿'至'設案' ○釋曰：與上諸侯所設同.

經의 〔孤卿〕에서 〔設案〕까지

○釋曰：위의 제후를 위해 설치하는 경우와 같은 것이다.

○注'有邦'至'設案' ○釋曰：言'有邦事, 謂以事從王'者, 謂若上王大旅上帝・朝日・祀五帝・合諸侯及師・田等數事, 王親行, 則從王往也. 云'若以王命出'者, 若祭祀, 則容王有故不視, 群臣攝之. 若諸侯使臣時聘殷覜[1], 王不親行, 則於國外使群臣受之, 是王命出也. 云'孤, 王之孤三人, 副三公論道'者, 案尙〔書〕[2]成王周官[3]云"立大師・大傅・大保, 茲惟三公, 論道經邦, 燮理陰陽." 又云"立少師・少傅・少保, 曰三孤. 貳公弘化, 寅亮天地." 是副三公論道者也. 云'不言公, 公如諸侯禮'者, 謂如上諸侯之禮, 中唯有會同師田, 無言祭祀, 鄭云'祭祀'者, 王於會同, 與祭祀同. 云'亦如之', 則諸侯從王祭祀, 亦與會同同. 若然, 三公從王祭祀, 亦與從王會同同也.

1) 殷覜：〈春官 大宗伯(春-1-13)〉에서 "성대하게 알현하는 것을 同이라고 한다.〔殷見曰同〕"고 하였다.
2) 〔書〕：저본에는 '書'가 없으나, 閩本・監本・毛本에는 '尙' 아래에 '書'가 있다. 이에 의거하여 바로잡았다.(北京大 整理本의 〈校勘記〉 및 阮元의 〈校勘記〉 참조)
3) 成王周官：이 '周官'은 周公이 지은 것으로 알려진 ≪周禮≫가 아니라, 成王이 淮夷를 멸망시킨 후 豐邑으로 돌아와서 周나라의 관직 체계의 법을 말하고 그것을 史官이 서술한 것으로서, 곧 오늘날의 ≪尙書≫ 〈周書 周官〉을 말한다.

○注의 〔有邦〕에서 〔設案〕까지

○釋曰：〔有邦事 謂以事從王〕 위의 王이 上帝에게 大旅의 제사를 지내고, 朝日의 예를 행하고, 五帝를 제사 지내고, 諸侯와 會同을 하고, 정벌과 사냥을 하는 등과 같은 몇 가지 일은 왕이 친히 거행하는 것이므로 〈孤와 卿은〉 왕을 수행하여 〈행례의 장소로〉 가는 것을 말한다.

〔若以王命出〕 祭祀를 지내는 경우 왕에게 변고가 있어 직접 살피지 못하면 群臣들이 의식을 대신 거행할 수도 있으며, 제후들이 신하를 보내어 때때로 빙문을 하여 성대하게

알현할 때 왕이 친히 거행하지 못하면 도성 밖에서 群臣들로 하여금 대신 예를 받게 하니, 이것이 왕의 명으로 출궁을 하는 것이다.

〔孤 王之孤三人 副三公論道〕 살펴보건대 ≪尙書≫의 成王이 지은 〈周官〉에 "大師·大傅·大保를 세우노니, 이것이 바로 三公으로서, 도를 논하고 나라를 다스리며, 음양을 조화시키는 것이다."라고 하였고, 또 "少師·少傅·少保를 세우노니, 이를 三孤라 한다. 三公을 보좌하여 교화를 넓히고, 천지의 가르침을 삼가 밝게 하라."라고 하였으니, 이것이 삼공을 보좌하여 도를 논하는 자이다.

〔不言公 公如諸侯禮〕 위의 제후의 禮와 같게 하는데, 그 가운데 會同과 師田(정벌과 사냥)만 있고 祭祀를 말하지 않았다. 鄭玄이 '祭祀'라고 말한 것은 왕이 〈제후와〉 會同을 할 경우 제사를 지낼 때와 동일하게 하기 때문이다.

"또한 이와 마찬가지로 한다."고 하였으므로 제후들이 왕을 수행하여 제사를 지낼 경우도 또한 會同을 할 때와 동일하게 하는 것이다. 만약 그렇다면 三公이 왕을 수행하여 제사를 지낼 때도 또한 〈제후가〉 왕을 따라 會同을 할 때와 동일하게 하는 것이다.

天-33-8

凡喪에 王則張帟三重하고 諸侯再重하고 孤卿大夫는 不重이니라

무릇 喪을 당하면, 왕의 경우 널 위에 세 겹의 帟을 펼쳐놓는데, 諸侯의 경우에는 두 겹의 帟을 펼쳐놓고, 孤와 卿과 大夫의 경우에는 홑겹의 帟을 펼쳐놓는다.

【注】 張帟은 柩上承塵이라

'帟을 펼쳐놓는다.〔張帟〕'는 것은 널〔柩〕 위의 먼지를 막아내는 작은 장막을 펼쳐놓는다는 뜻이다.

【疏】 '凡喪'至'不重' ○釋曰：喪言'凡'者, 以其王以下至孤卿大夫, 兼有后及三夫人已下, 故言'凡'以廣之也. 后與王同三重, 世子·三夫人與諸侯〔同〕[1]再重, 九嬪·二十七世婦與孤卿大夫同不重, 一而已. 八十一御妻與士同, 無帟, 有賜乃得帟也. 此諸侯, 謂三公·王子母弟. 若畿外諸侯, 掌次不張之.

1)〔同〕: 저본에는 '同'이 없으나, ≪周禮正義≫에 의거하여 보충하였다.(≪周禮正義≫ 권11, 442쪽 및 北京大 整理本의 〈校勘記〉 참조)

經의 〔凡喪〕에서 〔不重〕까지

○釋曰 : 喪에 대해서 '凡(무릇)'이라고 말한 것은 王 이하에서 孤・卿・大夫에까지 이르고, 아울러 王后 및 三夫人 이하까지 겸하기 때문이다. 그러므로 '凡'이라고 말하여 광범위하게 한 것이다. 王后는 王과 마찬가지로 세 겹으로 하고, 世子와 三夫人은 諸侯와 마찬가지로 두 겹으로 하고, 九嬪・27世婦는 孤・卿・大夫와 마찬가지로 겹으로 하지 않으니 홑겹으로 할 뿐이다. 81御妻는 士와 마찬가지로 帟이 없으니, 하사를 내린 후에야 비로소 帟을 펼쳐놓을 수 있다. 이곳의 '諸侯'는 三公・王의 親子와 同母弟를 가리킨다. 畿外의 諸侯라면 掌次가 펼쳐놓지 않는다.

○注'張帟柩上承塵' ○釋曰 : 鄭知帟柩上承塵〔者〕[1], 見上文帟皆在幄中爲承塵. 此言'喪, 王則張帟三重', 明是張於柩上也.

1) 〔者〕 : 저본에는 '者'가 없으나, 惠校本과 上海古籍 整理本에 의거하여 보충하였다.

○注의 〔張帟柩上承塵〕

○釋曰 : 鄭玄이 '帟'이 널 위의 먼지를 막아내는 작은 장막〔承塵〕임을 알았던 것은, 위 경문의 帟이 모두 幄 안에서 먼지를 막아내는 작은 장막임을 보았기 때문이다. 이곳에서 "喪을 당하면, 왕의 경우 세 겹의 帟을 펼쳐놓는다."라고 말한 것은 널〔柩〕 위에 펼쳐놓는 것임이 분명하다.

天-33-9

凡祭祀에 張其旅幕하고 張尸次하며

무릇 제사를 지낼 경우, 〈掌次는 제사에 참여하는 신하들을 위해〉 旅幕을 펼쳐놓고, 시동을 위해 尸次를 펼쳐놓는다.

【注】旅는 衆也니 公卿以下卽位所祭祀之門外以待事에 爲之張大幕하고 尸則有幄이라 鄭司農云 尸次는 祭祀之尸所居 更衣帳이라

'旅'는 무리〔衆〕의 뜻이다. 公卿 이하는 제사 지낼 곳의 문밖으로 나아가 위치하여 일을 기다리니, 〈掌次는〉 그들을 위해 大幕을 펼쳐놓는다. 시동〔尸〕의 경우에는 幄을 펼쳐놓는다. 鄭衆은 "尸次는 제사 지낼 때의 시동이 머무는 곳으로, 옷을 갈아입는 휘장이다."라고 하였다.

【疏】'凡祭祀 張其旅幕 張尸次' ○釋曰：祭祀言'凡'者, 天地宗廟外內祭祀[1), 皆有群臣助祭, 其臣旣多, 不可人人獨設, 故張旅幕. 旅, 衆也, 謂衆人共幕. 諸祭皆有尸, 尸尊, 故別張尸次.

1) 外內祭祀：天地·四望·山川·社稷·五祀의 神을 外神이라 하고, 이 外神에 대한 제사를 '外祭祀'라고 한다. 조상신은 內神이 되며, 따라서 조상신을 제사 지내는 宗廟의 祭祀를 '內祭祀'라고 한다.(〈天官 外饔(天-9-1)〉의 경문에 대한 賈公彦의 疏 참조)

經의 〔凡祭祀 張其旅幕 張尸次〕

○釋曰：祭祀에 대해서 '凡'이라고 말한 것은 天地와 宗廟의 外祭祀·內祭祀를 포함하기 때문이다. 〈이들 제사를 거행할 때〉 모두 群臣들이 助祭를 하는데, 그 신하들이 이미 많으므로 사람마다 단독으로 〈幕을〉 설치해줄 수 없다. 그러므로 旅幕을 펼쳐놓는 것이다. '旅'는 무리〔衆〕라는 뜻이니, 뭇사람들이 幕을 함께 사용하는 것을 말한다. 모든 제사에는 모두 시동〔尸〕을 두는데, 시동은 존귀하다. 그러므로 별도로 尸次(시동의 次)를 펼쳐놓는다.

○注'旅 衆也 公卿以下 卽位'至'衣帳' ○釋曰：鄭云'公卿以下, 卽位所祭祀之門外, 以待事'者, 若宗廟自有廟門之外, 若外神於郊, 則亦有壝宮之門, 門外竝有立位. 言'爲之張大幕'者, 以其言'旅', 故知大幕也. 司農云'更衣帳'者, 未祭則常服, 至祭所, 乃更去常服, 服祭服也, 故言'更衣'.

○注의 〔旅 衆也 公卿以下 卽位〕에서 〔衣帳〕까지

○釋曰：〔鄭云公卿以下 卽位所祭祀之門外 以待事〕 宗廟 제사의 경우라면 본래 廟門의 밖이 있고, 郊에서 外神을 제사 지내는 경우라면 또한 壝宮의 門이 있으니, 문밖에는 모두 서 있는 위치가 있는 것이다.

〔爲之張大幕〕 '旅(무리)'라고 했으므로 大幕임을 알 수 있다.

〔司農云 更衣帳〕 아직 제사 지내기 전에는 평상복을 착용하고, 제사 지낼 곳에 이르면 비로소 평상복을 벗고 祭服을 입는다. 그러므로 '옷을 갈아입다.〔更衣〕'라고 한 것이다.

天-33-10

射則張耦次[1)니

1) 張耦次 : '耦'는 활쏘기를 할 때의 짝을 말한다. 활쏘기를 할 때는 2인씩 짝을 이루어 시합을 하기 때문에 '耦'라고 칭한다. 衆耦들은 활쏘기를 하기 전에 모두 次에서 대기하므로 掌次가 이들을 위해 '次'를 펼쳐놓는 것이다. 본래 '次'는 문 밖의 옷을 갈아입는 곳으로, 帷幕과 대자리〔簟席〕로 만든다.(≪儀禮正義≫ 권16, 998쪽 참조)

활쏘기를 할 경우, 〈掌次는〉 耦次를 펼쳐놓는다.

【注】耦는 俱升射者니 次在洗[1]東이라 大射(口)〔曰〕[2] 遂命三耦[3]取弓矢于次라하니라

1) 洗 : '洗'는 손이나 술잔을 씻고 난 후 버리는 물을 받는 기구를 말한다. 시종하는 사람이 구기〔枓〕를 이용하여 미리 물을 담아둔 물 항아리〔罍水〕에서 물을 따라 부어주면, 손이나 술잔을 씻는 사람은 그 물로 손이나 술잔을 씻은 후 그 물을 버리는데, 이 버리는 물을 받는 기물을 '洗'라고 한다. 聶崇義의 ≪三禮圖≫에 인용된 ≪舊圖≫에는 "洗(물받이 항아리)는 높이 3척, 입 지름 1척 5촌, 밑 지름 3척이며, 가운데 몸체는 작고 안은 텅 빙어 있다. 士의 경우는 철로 만들고, 大夫 이상의 경우에는 구리로 만드는데, 제후는 백금으로 장식을 하고, 천자는 황금으로 장식을 한다."고 하였다.(≪三禮圖≫ 권13 鼎俎圖 및 ≪三禮辭典≫ 567쪽 참조)

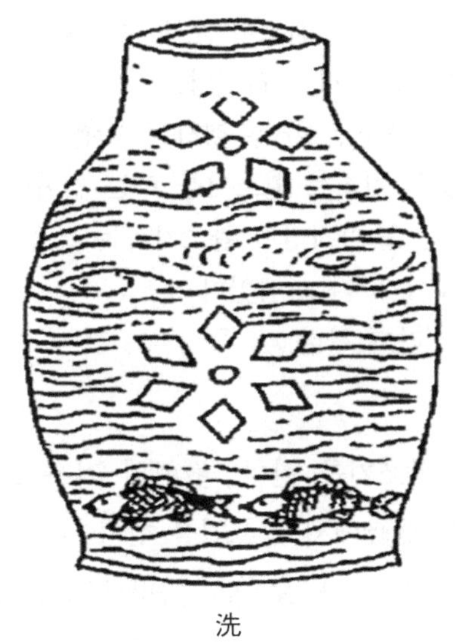
洗

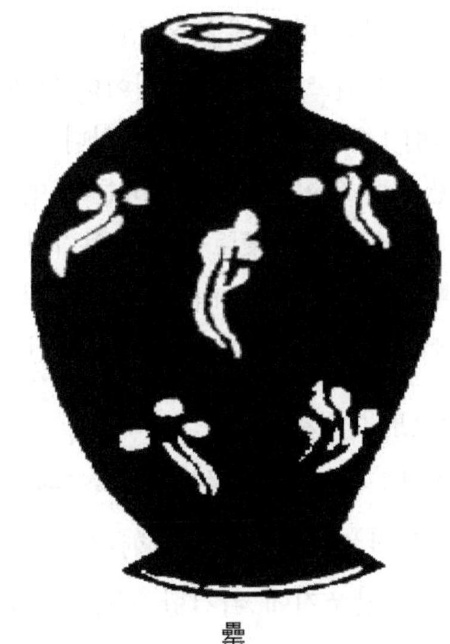
罍

2) (口)〔曰〕 : 저본에는 '口'로 되어 있으나, 北京大 整理本과 上海古籍 整理本에 의거하여 '曰'로 바로잡았다.

3) 三耦 : 활쏘기를 할 때는 2인이 한 짝을 이루는데, 이를 '耦'라고 한다. 활을 쏘는 사람이 6인이라면 3개의 짝으로 나누는데, 이를 '三耦'라고 한다. 활을 쏠 때 三耦는 북쪽에서 남쪽으로 배열하는데, 가장 북쪽의 짝을 '上耦'라 하고, 중간의 짝을 '次耦'라 하고, 남쪽

의 짝을 '下耦'라 한다. 射禮에서 天子의 경우 六耦가 3개의 과녁〔三侯〕을 쏘고, 諸侯의 경우 四耦가 2개의 과녁〔二侯〕에 활을 쏘고, 孤·卿·大夫의 경우 三耦가 1개의 과녁〔一侯〕에 활을 쏘고, 士의 경우 三耦가 豻侯에 활을 쏜다.(≪三禮文化辭典≫ 673~674쪽 '耦' 항목 참조)

'耦'는 함께 〈堂 위로〉 올라가 활을 쏘는 사람을 말한다. 次는 물받이 항아리〔洗〕의 동쪽에 있다. ≪儀禮≫ 〈大射儀〉에 "〈三耦가 모두 짝을 이루면,〉 드디어 三耦에게 次(문 밖의 옷을 갈아입는 임시 장막)에 가서 활과 화살을 취하도록 명한다."라고 하였다.

【疏】'射則張耦次' ○釋曰：天子大射[1]六耦, 在西郊. 賓射[2]亦六耦, 在朝. 燕射[3]三耦, 在寢. 此六耦·三耦, 據諸侯射者, 若衆耦[4]則多, 但無常數耳.

1) 大射：왕의 제사에 참여할 士를 선발하기 위해 大學의 辟雍에서 활쏘기 하는 것을 말한다. ≪儀禮≫ 〈鄕射禮〉 鄭玄의 注에 "'郊에서 한다.'는 것은 大射를 가리키는데, 大射는 태학에서 거행한다. ≪禮記≫ 〈王制〉에 '소학은 公宮의 왼쪽에 있고, 태학은 郊에 있다.'고 하였다.〔於郊 謂大射也 大射於大學 王制曰 小學在公宮之左 大學在郊〕"라고 하였다.
2) 賓射：왕이 조회하러 온 諸侯나 使臣들과 조정에서 활쏘기 하는 것을 말한다. 활쏘기를 하기 전에 먼저 燕飮을 한다. 〈夏官 小臣(夏-31-5)〉 鄭玄의 注에 "賓射는 조회하러 온 제후와 활쏘기를 하는 것이다.〔賓射與諸侯來朝者射〕"라고 하였다.
3) 燕射：燕飮의 활쏘기를 말한다. 천자·제후가 燕飮을 한 후 행하는 射禮이다. 孫詒讓은 "燕射란 왕이 제후나 신하들과 연음을 한 것을 기회로 활쏘기를 하는 것이다. 〈考工記 梓人〉에 '燕은 使臣을 위로하거나 群臣들과 술을 마시면서 활쏘기하는 것을 말한다.〔燕謂勞使臣若與群臣飮酒而射〕'라고 한 것이 이것이다."라고 하였다.
4) 衆耦：여러 士들이 서로 耦가 된 것을 '衆耦'라고 한다.

經의 〔射則張耦次〕

○釋曰：천자의 大射는 六耦인데 西郊에서 활쏘기를 한다. 賓射의 경우도 六耦인데 조정에서 활쏘기를 한다. 燕射의 경우 三耦인데 燕寢에서 활쏘기를 한다. 이 六耦·三耦는 제후의 활쏘기에 의거한 것이다. 衆耦의 경우는 수가 많지만, 다만 규정된 수가 없을 뿐이다.

○注'耦俱'至'于次' ○釋曰：'耦, 俱升射'者, 案大射·鄕射, 耦皆兩兩揖讓, 升自西階, 鄕兩楹之間, 履射物[1], 南面而射. 射訖, 又兩兩揖讓, 降自西階. 云'次在洗東'者, 大射文[2]. 又引'大射曰, 遂命三耦取弓矢于次'者, 證次中有弓矢. 其耦立位, 在次北,西面. 至射, 乃命三耦入次, 取弓矢. 引之者, 以天子之次無文, 雖六耦不同, 設次則與諸侯同也. 儀禮鄕射乃是州長射[3], 士禮, 其中兼有鄕大夫詢衆庶之射[4], 竝無次, 故堂西比耦也.

1) 射物 : '物'은 활을 쏘는 사람이 서 있는 射臺(활을 쏠 때 서는 자리)로, 땅에 붉은색이나 검은색으로 남북 3척, 동서 1척 2촌의 십자형을 그린다. 上射(신분이 존귀한 사람)와 下射(신분이 낮은 사람) 두 사람이 각각 物에 서는데, 두 物의 거리는 6尺이다. 上射는 오른쪽의 物에 서고, 下射는 왼쪽의 物에 선다.(≪三禮辭典≫ 505~506쪽 참조) ≪儀禮≫의 〈大射儀〉에 따르면 활쏘기 할 때의 射物은 향학〔庠〕 건물의 동쪽 기둥과 서쪽 기둥 사이에 붉은색이나 검은색으로 가로 세로로 교차되게 선을 그린다. 세로선의 길이는 3척이고, 가로선은 '距隨'라고 하는데 길이는 1척 2촌이다. 가로선을 '거수'라고 말하는 것은 먼저 왼발로 射物의 동쪽 끝을 밟아서 거리를 벌려 며느리발톱〔距〕 모양을 하고, 이어서 오른발이 와서 합해져 남쪽을 향해 둘 발이 나란히 서는 것이 뒤따르는 형상〔隨〕이 되기 때문이다.

2) 云次在洗東者 大射文 : 이 문장은 ≪儀禮≫ 〈大射儀〉의 경문이 아니라 鄭玄의 注이다. 정현의 注에서는 "耦의 옷 갈아입는 곳〔次〕은 물받이 항아리〔洗〕의 동남쪽에 있다.〔耦次在洗東南〕"고 하였다.

3) 儀禮鄕射乃是州長射 : 鄕射禮에는 ① 州長이 봄과 가을 두 차례에 걸쳐 백성을 모아놓고 州序에서 거행하는 射禮, ② 鄕大夫가 賢者와 能者를 왕에게 천거한 후에 활쏘기를 거행하여 백성들에게 활 쏘는 사람들의 덕을 묻는 의례의 두 가지가 있다.(≪儀禮正義≫ 권8, 451쪽 참조)

4) 其中兼有鄕大夫詢衆庶之射 : 〈地官 鄕大夫(地-4-5)〉의 경문과 鄭玄의 注에 의하면 鄕老 및 鄕大夫가 鄕의 賢者와 能者를 왕에게 천거할 때는 鄕飮酒禮를 베풀어 그들을 賓으로 예우하고, 천거를 마친 후에는 鄕에서 鄕射禮를 거행한다. 이때는 백성들도 구경을 와서 활을 쏘는 사람들의 덕을 관찰하기 때문에 이들에게 활 쏘는 사람의 덕이 어떠한지를 묻는다.

○ 注의 〔耦俱〕에서 〔于次〕까지

○ 釋曰 : 〔耦 俱升射〕 살펴보건대, ≪儀禮≫ 〈大射儀〉와 〈鄕射禮〉에 의하면 활쏘기의 짝〔射耦〕은 모두 둘씩 揖을 하고 양보를 하면서 서쪽 계단을 통해 堂 위로 올라가서 당 위 동서 양쪽 기둥〔兩楹〕 사이를 향하여 서서 射臺〔射物〕를 밟고 남쪽을 향해 활을 쏜다. 활쏘기를 마치면 또 둘씩 揖을 하고 양보를 하면서 서쪽 계단을 통해 堂에서 내려온다.

〔次在洗東〕 ≪의례≫ 〈대사의〉의 문장이다. 또 〈대사의〉에서 "〈三耦가 모두 짝을 이루면,〉 드디어 三耦에게 次(문 밖의 옷을 갈아입는 임시 장막)에 가서 활과 화살을 취하도록

명한다."라고 한 문장을 인용한 것은 次 안에 활과 화살이 있음을 입증한 것이다. 그 耦가 서 있는 위치는 次의 북쪽이니 서쪽을 향해 선다. 활을 쏠 때에 이르면 三耦에게 명을 하여 次 안으로 들어가서 활과 화살을 잡게 한다. 이를 인용한 것은 天子의 次에 대한 明文이 없고 비록 六耦는 같지 않지만, 次를 설치하는 것은 諸侯와 같기 때문이다. ≪의례≫ 〈鄕射禮〉는 곧 州長이 주관하는 활쏘기로서 士禮이다. 그 가운데에는 鄕大夫가 백성들에게 자문을 구하면서 하는 활쏘기가 있는데, 모두 次가 없다. 그러므로 堂의 서쪽에서 짝〔耦〕을 정한다.

天-33-11

掌凡邦之張事니라

〈掌次는〉 王國 안에서 〈帷·幕·幄·帟 등을〉 펼쳐놓는 것과 관련한 모든 일을 관장한다.

34. 大府(태부)

天-34-1

大府는 **掌九貢**[1]**·九賦**[2]**·九功**[3]**之貳**[4]하여 **以受其貨賄**[5]**之入**하여 **頒其貨于受藏之府**하고 **頒其賄于受用之府**니라

1) 九貢 : 제후국에서 천자에게 진헌하는 9가지 부세를 말한다. 즉 祀貢·嬪貢·器貢·幣貢·材貢·貨貢·服貢·斿貢·物貢이다.(〈天官 大宰(天-1-9)〉 참조)
2) 九賦 : 畿內의 田地나 關市 등에서 바치는 9가지 부세를 말한다. 즉 邦中의 賦·四郊의 賦·邦甸의 賦·家削(가소)의 賦·邦縣의 賦·邦都의 賦·關市의 賦·山澤의 賦·弊餘의 賦이다. 九賦는 왕국의 재정 수입의 주요한 내원으로, 각각의 부세는 모두 특정 경비에 충당할 목적으로 부과하는 목적세이다.(〈天官 大宰(天-1-7)〉 참조)
3) 九功 : 九職의 民에게 징수하는 9가지 부세를 말한다. '九職'은 三農·園圃·虞衡·藪牧·百工·商賈·嬪婦·臣妾·閒民으로, 이 9가지 직업에 종사하는 백성들에게 각각 九穀·草木·山澤의 材·鳥獸·器物·貨賄·布帛·疏材를 부세의 형태로 바치게 하고, 閒民은 다른 사람에게 고용되어 일을 하게 한다.(〈天官 大宰(天-1-6)〉 참조)
4) 掌九貢九賦九功之貳 : 孫詒讓에 의하면, 이는 모두 財用을 관장하는 府藏官의 官法으

로, 大府는 大宰와 더불어 正副가 되어 서로 돕는다. 〈天官 大宰〉에 "〈大宰는〉 九職(백성들이 종사하는 9가지 직업)으로 백성들에게 일을 맡게 해서 생업을 확립시킨다.……九賦(부세를 징수하는 9가지의 규정)에 의거하여 재화를 징수한다.……九貢(공물을 징수하는 9가지 규정)으로 제후국에게 재화를 바치게 한다.〔以九職 任萬民……以九賦 斂財賄……以九貢 致邦國之用〕"고 하였는데, 孫詒讓에 의하면 이 大府의 관직은 九職·九賦·九貢의 法籍의 부본을 모두 관장한다.〔此官竝執其法籍之貳〕(≪周禮正義≫ 권11, 444쪽 참조))

5) 貨賄 : 〈天官 大宰(天-1-6)〉 鄭玄의 注에서 "金玉을 '貨'라고 하고, 布帛을 '賄'라고 한다.〔金玉曰貨 布帛曰賄〕"고 하였다. '貨'는 천연의 물산, '賄'는 인공을 가하여 만든 재물을 말하는데, 이곳에서는 財物 일반을 지칭한다.

大府는 九貢·九賦·九功의 副本을 관장해서, 징수한 부세의 재물을 수납하여 그 貨(金玉)를 受藏하는 府에 나누어주고, 그 賄(布帛)를 受用하는 府에 나누어준다.

【注】九功은 謂九職也라 受藏之府는 若內府也요 受用之府는 若職內(납)也라 凡貨賄를 皆藏以給用耳니 良者는 以給王之用하고 其餘以給國之用이라 或言受藏하고 或言受用하고 又雜言貨賄[1]는 皆互文[2]이라

1) 雜言貨賄 : 孫詒讓에 의하면 '貨'라고 말하면 '賄'를 겸하고, '賄'라고 말하면 또한 '貨'를 겸하는 것으로 이 또한 互文이다.(≪周禮正義≫ 권11, 445쪽 참조)

2) 或言受藏……皆互文 : 互文은 문장에 똑같은 내용이 중복될 경우 한쪽에 한 가지씩만을 써서 생략하는 수사법이다. 경문의 '頒其貨于受藏之府'에는 賄와 受用이 생략된 것이고, '頒其賄于受用之府'에는 貨와 受藏이 생략된 것이다.

'九功'은 九職〈의 부세〉를 말한다. '受藏하는 府'는 內府와 같은 것이다. '受用하는 府는 職內과 같은 것이다. 무릇 재물〔貨賄〕은 모두 저장하여 용도에 따라 공급할 뿐인데, 품질이 좋은 것은 왕의 용도에 공급하고, 그 나머지는 국가의 용도에 공급한다. 혹 '受藏'이라고 하고 혹 '受用'이라고 하였고, 또 '貨(金玉)'와 '賄(布帛)'를 섞어서 말한 것은 모두 互文이다.

【疏】'大府'至'之府' ○釋曰 : 言'掌九貢·九賦之貳'者, 大宰掌其正, 此官掌其副貳者, 以其物入大府故也. 九功之貳者, 謂九職之功, 大宰以九職任之, 成孰, 斂其稅, 則是九功也. 亦大宰掌其正, 物入大府, 故亦掌其副貳也. 云'以受其貨賄之入'者, 九貢, 謂諸侯九貢, 自然有金玉曰貨, 布帛曰賄. 九賦, 謂畿內之九賦, 口率出泉. 九職, 如三農園

圃之類. 亦有不出貨賄者, 皆言'受其貨賄之入'者, 雖以泉穀爲主, 民欲得出貨賄者, 則取之, 以當邦賦之數, 故大宰云'九賦斂財賄', 是其不要取泉也. '頒其貨于受藏之府'者, 言大府雖自有府, 其物仍分置於衆府. '受藏之府'者, 鄭云謂"若內府", 是也. '頒其賄於受用之府'者, 鄭云謂"若職內(납)", 是也.

經의 〔大府〕에서 〔之府〕까지

○釋曰 : 〔掌九貢九賦之貳〕 大宰가 〈九貢・九賦의〉 正本을 관장하는데, 이 官(大府)이 그 副本을 관장하는 것은 징수한 부세의 재물은 大府에 납입하기 때문이다. 九功의 貳는 九職의 功을 말한다. 大宰는 九職(백성들이 종사하는 9가지 직업)으로 〈백성들에게〉 일을 맡겨서 생업을 확립시키는데, 일이 완성되면 그 부세를 징수하니, 이것이 九功이다. 또한 大宰가 그 正本을 관장하는데, 징수한 재물은 大府에 납입한다. 그러므로 또한 〈大府가〉 그 부본을 관장하는 것이다.

〔以受其貨賄之入〕 '九貢'은 諸侯가 진헌하는 九貢을 말하니, 자연히 〈진헌하는 물건에는〉 金玉인 貨와 布帛인 賄가 있다. '九賦'는 畿內에서 바치는 九賦를 말하니, 인구수에 따라 화폐〔泉〕를 납부하는 것이다. '九職'은 三農・園圃 같은 종류를 말한다. 또한 〈九貢・九賦・九功에서〉 貨・賄로 납부하지 않는 경우가 있는데, 〈경문에서〉 모두 "징수한 부세의 재물을 수납한다.〔受其貨賄之入〕"라고 말한 것은 비록 화폐・곡식〔泉穀〕을 위주로 하지만 백성들이 貨・賄로 납부할 수 있기를 희망하는 경우 그것을 취하여 邦賦의 수치에 충당하기 때문이다. 그러므로 〈天官 大宰(天-1-7)〉에서 "九賦(부세를 징수하는 9가지의 규정)로 재화〔財賄〕를 징수한다."고 한 것이니, 이는 반드시 화폐〔泉〕를 취하는 것은 아니라는 뜻이다.

〔頒其貨于受藏之府〕 大府에도 비록 본래 府(창고)가 있지만, 징수한 재물은 곧바로 여러 府에 나누어서 저장해두는 것을 말한다. "受藏하는 府"란 鄭玄이 "內府와 같은 것이다."라고 한 것이 이것이다. "그 賄(布帛)를 受用하는 府에 나누어준다."는 것은 정현이 "職內과 같은 것이다."라고 한 것이 이것이다.

○注'九功'至'互文' ○釋曰 : '九功謂九職也'者, 以其九職任萬民, 謂任之使有職事, 故大宰云"九職."[1] 大府斂貨賄, 據成功言之, 故云"九功." 其本是一, 故云"九功, 九職也." 云'受藏之府, 若內府也'者, 以其經云 "頒其貨于受藏之府", 金玉曰貨, 物之善者, 藏之於內府, 近王, 掌之以給王用故也. 云'受用之府, 若職內也'者, 府不在內, 經云 "頒其賄于受用之府”, 賄賤於貨, 故知入職內, 以給國家所用. 云‘凡貨賄, 皆藏以給用耳’者, 鄭欲以藏用互文, 貨言藏者, 以其善物, 賄言用者, 以其賤物, 其實皆藏皆用, 故言 “凡貨賄皆藏以給用耳.” 云‘良者以給王之用’者, 覆解入內府意. 云‘其餘以給國之用’者, 覆解入職內意. 云‘或言受藏, 或言受用, 又雜言貨賄, 皆互文’者, 言受藏謂內府, 言受用謂職內, 皆藏以給用. 言藏亦用, 言用亦藏, 是互文也. ‘雜言貨賄’者, 言貨兼有賄, 言賄亦兼有貨, 亦是互文. 但二者善惡不同, 故別言之耳.

1) 大宰云九職 : 〈天官 大宰(天-1-6)〉에서 “〈大宰는〉 九職(백성들이 종사하는 9가지 직업)으로 백성들에게 일을 맡게 해서 생업을 확립시킨다.〔以九職任萬民〕”고 하였다.

○ 注의 〔九功〕에서 〔互文〕까지

○ 釋曰 : 〔九功謂九職也〕 九職으로 백성들에게 일을 맡게 하니, 일을 맡겨서 職事가 있게 하는 것을 말한다. 그러므로 〈天官 大宰(天-1-6)〉에서 “九職”이라고 한 것이다. 大府가 재물을 징수한다는 것은 功을 이룬 것에 의거하여 말한 것이다. 그러므로 “九功”이라 한 것이다. 그 근본은 같은 것이므로 “九功은 九職을 말한다.”라고 한 것이다.

〔受藏之府 若內府也〕 경문에서 “그 貨를 受藏하는 府에 나누어준다.”라고 하였는데, 金玉을 ‘貨’라 하니 재물 가운데 좋은 것으로서 內府에 저장하니, 〈內府는〉 왕과 가까이하면서 왕의 용도에 따라 공급하는 일을 관장하기 때문이다.

〔受用之府 若職內也〕 〈職內의〉 府(창고)는 왕궁 안에 있지 않은데, 경문에서 “그 賄를 受用하는 府에 나누어준다.”라고 하였으니, 賄(布帛)는 貨(金玉)보다 천하므로 職內에 납입해서 국가의 용도에 따라 공급함을 알 수 있다.

〔凡貨賄 皆藏以給用耳〕 鄭玄은 ‘藏’과 ‘用’을 互文으로 보고자 한 것이다. ‘貨(金玉)’에 대해서 ‘藏(저장)’이라고 한 것은 그것이 좋은 재물이기 때문이고, ‘賄(布帛)’에 대해서 ‘用(사용)’이라고 한 것은 그것이 천한 재물이기 때문이지만, 사실은 모두 저장을 하고 모두 사용을 한다. 그러므로 “무릇 재물〔貨賄〕은 모두 저장하여 용도에 따라 공급할 뿐이다.”라고 한 것이다.

〔良者以給王之用〕 內府에 납입하는 뜻을 거듭 풀이한 것이다.

〔其餘以給國之用〕 職內에 납입하는 뜻을 거듭 풀이한 것이다.

〔或言受藏 或言受用 又雜言貨賄 皆互文〕 ‘受藏’이라고 말한 것은 內府를 가리키고, ‘受用’이라고 말한 것은 職內을 가리키는데, 모두 저장하여 용도에 따라 공급한다. ‘藏(저장)’이라고 말하면 또한 ‘用(사용)’을 포함하고, ‘用’이라고 말하면 또한 ‘藏’을 포함하니, 이것

이 互文이다. "貨(金玉)와 賄(布帛)를 섞어서 말하였다."고 한 것은 '貨'를 말하면 '賄'가 있음을 겸하는 것이고, '賄'라고 말하면 또한 '貨'가 있음을 겸하는 것이니, 또한 互文이다. 다만 두 가지는 품질이 좋고 나쁨이 같지 않다. 그러므로 구별하여 말하였을 뿐이다.

天-34-2

凡官府都鄙[1)]之吏及執事者[2)] 受財用焉이니라

1) 官府都鄙 : '官府'는 朝庭의 天・地・春・夏・秋・冬 六官과 그 휘하의 속관들을 가리킨다. '都鄙'는 畿內에 있는 公・卿・大夫의 采邑과 王의 親子・同母弟의 食邑을 가리킨다.

2) 執事者 : 본래부터 담당하는 직무를 갖고 일을 수행하는 자를 '有司'라고 하고, 일이 있을 때마다 특별히 와서 도와주는 자를 '執事'라고 한다. 집사는 다른 관직의 관리들과 연계하여 함께 일을 수행하기 위한 임시직으로, 일을 수행하여 임무를 마친 후에는 본직으로 돌아가는데, 이를 '官聯'이라 한다. 孫詒讓은 "執事는 專職이 아니라 잠시 와서 일을 다스리는 자이다. 그러므로 官府・都鄙의 관리 외에 별도로 말하였다.〔執事謂非其專職暫來治事者 故於官府都鄙之吏外 別言之〕"라고 하였다.(≪周禮正義≫ 권11, 446쪽 참조)

무릇 官府(조정의 육관)와 都鄙(기내의 채읍)의 관리 및 執事者들은 〈大府에 와서〉 필요한 재물을 수령한다.

【疏】'凡官'至'用焉' ○釋曰 : 言'凡官府'者, 謂王朝三百六十官, 有事須用官物者. 云'都鄙之吏'者, 謂三等采地[1)]吏, 謂群臣等有事須取官物者. '及執事者', 謂爲官執掌之事, 須有營造, 合用官物者. 皆來於大府處受財用焉.

1) 三等采地 : 家邑・小都・大都 3등급의 采地로, 이곳에 사방 1리로 井을 만들어 井田의 법을 시행한다. 家邑은 大夫의 采邑이고, 小都는 六卿의 采邑이고, 大都는 三公의 采邑이다.(〈地官 載師(地-16-2)〉 鄭玄의 注 참조)

經의 〔凡官〕에서 〔用焉〕까지

○釋曰 : 〔凡官府〕 王朝의 360官을 말하니, 일이 있어 官物(관부의 재물)을 사용해야 하는 자들이다.

〔都鄙之吏〕 3등급 采地의 관리를 말하니, 群臣 등 일이 있어 官物을 취해야 하는 자들을 가리킨다.

〔及執事者〕 관부를 위해 관장하여 집행하는 일에 반드시 제작해야 할 것이 있어서 마땅히 관물을 사용해야 하는 자들을 말한다. 모두 大府가 있는 곳에 와서 재물을 수령한다.

天-34-3

凡頒財에 **以式灋授之**하나니 **關市之賦**[1)]는 **以待王之膳服**하고 **邦中之賦**[2)]는 **以待賓客**하고 **四郊之賦**[3)]는 **以待稍秣**[4)]하고 **家削**(소)**之賦**[5)]는 **以待匪**(분)**頒**[6)]하고 **邦甸之賦**[7)]는 **以待工事**하고 **邦縣之賦**[8)]는 **以待幣帛**[9)]하고 **邦都之賦**[10)]는 **以待祭祀**하고 **山澤之賦**[11)]는 **以待喪紀**하고 **幣餘之賦**[12)]는 **以待賜予**니라

1) 關市之賦 : 商賈에게 징수하는 부세를 말한다. '關賦'는 關門을 출입하는 화물에 부과하는 세이다. '市賦'는 오늘날의 시장에 대한 영업세에 해당하는 세이다. 關師와 司市가 부세를 징수한다. 王畿의 사방에는 모두 關門 및 王의 市廛 두 곳이 있다. 그곳의 백성들은 벌어들인 화폐를 인두세로 부세를 납부한다.(〈天官 大宰(天-1-6)〉의 경문 및 鄭玄의 注·賈公彦의 疏 참조)

2) 邦中之賦 : 國中의 백성들에게 화폐로 징수하는 부세를 말한다. 六鄕의 관리 및 閭師, 場人 등이 부세를 징수한다. 孫詒讓에 의하면 '邦中'은 王城 안을 말한다.(〈天官 大宰(天-1-6)〉의 경문 및 鄭玄의 注·賈公彦의 疏 참조)

3) 四郊之賦 : 王城으로부터 100리 떨어진 遠郊 안의 인구수를 계산하여 백성들에게 화폐로 징수하는 부세를 말한다. 六鄕과 四郊의 관리 및 閭師가 부세를 징수한다.(〈天官 大宰(天-1-6)〉의 경문 및 鄭玄의 注·賈公彦의 疏 참조)

4) 稍秣 : 아래 鄭玄의 注에 의하면 '稍秣'은 '芻秣'이다. 〈天官 大宰(天-1-8)〉 鄭玄의 注에 의하면 '芻秣'은 소와 말을 기르기 위한 곡물 사료를 말한다.〔芻秣 養牛馬禾穀也〕

5) 家削(소)之賦 : 王城으로부터 300리 안의 땅을 '削'라고 칭한다. 그 안에 大夫의 采地가 있는데, 그것을 '家'라고 한다. 대부의 采地 안에서는 賦稅를 대부의 家에 납부한다. 다만 대부의 家인 采地 이외에 〈削의〉 땅에 公邑을 조성하는데, 公邑의 안에서는 그곳 백성들이 화폐를 내어서 王家에 납부한다. 縣師가 부세를 징수한다.(〈天官 大宰(天-1-6)〉의 경문 및 鄭玄의 注·賈公彦의 疏 참조)

6) 匪(분)頒 : '匪頒'은 규정에 의거하여 정기적으로 왕이 하사하는 常賜를 말한다. 〈天官 宮正〉·〈地官 廩人〉 등의 '稍食', 〈天官 膳夫〉의 '肉脩', 〈天官 酒正〉의 '秩酒', 〈天官 宮伯〉의 '衣裘', 〈天官 凌人〉의 '頒冰' 등이 모두 '匪頒'에 속한다. 孫詒讓은 "무릇 하사품에는 常賜가 있고, 好賜가 있다. 常賜는 歲時로 나누어 하사해주는 것으로 秩籍에 규정되어 있다. 好賜는 常賜 이외에 은택으로 특별히 하사해주는 것으로 恒典이 아니다.〔凡賜

有常賜 有好賜 常賜者 歲時頒賜 著于秩籍者 好賜則常賜之外 以恩澤特受賜 非恒典也〕"라고 하였다.(≪周禮正義≫ 권11, 447쪽)

7) 邦甸之賦 : 郊(遠郊) 밖을 '甸'이라고 한다. 王城으로부터 100리 밖·200리 안에서 백성들에게 화폐로 징수하는 부세를 말한다. 六遂의 관리 및 縣師가 부세를 징수한다.(〈天官 大宰(天-1-6)〉의 경문 및 鄭玄의 注·賈公彦의 疏 참조)

8) 邦縣之賦 : 王城으로부터 400리의 땅을 '縣'이라고 칭하는데, 그 안에 小都가 있어 采地의 주인(卿)에게 賦稅를 납부한다. 그중에 公邑의 백성들은 화폐를 내어서 王家에 납부한다. 縣師가 부세를 징수한다.(〈天官 大宰(天-1-6)〉의 경문 및 鄭玄의 注·賈公彦의 疏 참조)

9) 幣帛 : '幣' 또한 帛이니, 帛은 繒이다. 幣帛은 束帛을 가리킨다. ≪儀禮≫ 〈聘禮〉 鄭玄의 注에 "幣(비단)는 사람이 만든 것으로, 이것으로 옷을 만들어 자신의 몸을 덮을 수 있으니, 束帛을 가리킨다.〔幣 人所造成 以自覆幣 謂束帛也〕"고 하였다. 비단 10端을 '束帛'이라고 한다. 이곳에서는 빈객에게 보내주는 禮物을 통틀어 말한 것이다.(〈天官 大宰(天-1-6)〉의 경문 및 鄭玄의 注·賈公彦의 疏 참조)

10) 邦都之賦 : 王城으로부터 500리 안에 大都가 있다. 大都의 采地에서는 그 부세를 주인〔公〕에게 납부한다. 采地 이외의 땅에 公邑을 조성하는데, 그 안의 백성들은 화폐를 내어서 王家에 납부한다. 縣師가 부세를 징수한다.(〈天官 大宰(天-1-6)〉의 경문 및 鄭玄의 注·賈公彦의 疏 참조)

11) 山澤之賦 : 山林과 川澤 안에 있는 財物은 산림과 천택에 거주하는 백성들이 때때로 들어가서 채취하는데, 그것으로 세를 납부하여 邦賦(왕국에 화폐로 납부해야 할 賦)에 충당한다. 관부에서는 세로 징수하여 얻은 재물을 저장해두고 사용하지 않는데, 그것을 독점하여 집적해서 취하고 관부에 이윤을 납부하는 사람들이 있다. 이는 인두세로 화폐를 납부하는 셈인데, 이를 '山澤의 賦'라고 한다. 山虞, 川衡, 林衡이 부세를 징수한다.(〈天官 大宰(天-1-6)〉의 경문 및 鄭玄의 注·賈公彦의 疏 참조)

12) 幣餘之賦 : 官用으로 사용하고 남은 각종 잉여 물자를 '弊餘'라고 한다. 이 잉여 물자는 '職弊'에 반납하는데, 직폐에서는 이 물자를 창고에 보관하지 않고 다른 사람에게 세금의 형식으로 화폐를 받고 판매한다. 이를 '弊餘의 賦'라고 한다.(〈天官 大宰(天-1-6)〉의 경문 및 鄭玄의 注·賈公彦의 疏 참조)

무릇 징수한 재물을 나누어줄 때는 규정〔式法〕에 의거하여 공급해준다. 關市의 賦는 왕의 음식과 의복〔膳服〕을 마련하는 용도로 공급한다. 邦中의 賦는 빈객 접대〔賓客〕에 필요한 용도로 공급한다. 四郊의 賦는 〈소나 말에게 먹일〉 곡물 사료〔稍秣〕를 마련하는 용도로 공급한다. 家削의 賦는 신하들에게 나누어줄 정기적인 하사품〔匪頒〕을 마련하는 용도로 공급한다. 邦甸의 賦는 기물 제작〔工事〕에 필요한 용도로 공급한다. 邦縣의 賦는 빈객에게 보내줄 예물〔幣帛〕을 마련하는 용도로 공급한다. 邦都의 賦는 祭祀에 필요한 용도로 공급한다. 山澤의 賦는 喪事나 凶年의 구제〔喪紀〕에 필요한 용도로 공급한다. 幣餘의 賦는 왕이 연회에서 은상으로 내려줄 하사품〔賜予〕을 마련하는 용도로 공급한다.

【注】 待는 猶給也니 此九賦之財給九式[1)]者라 膳服은 卽羞服[2)]也라 稍秣은 卽芻秣也니 謂之稍는 稍用之物也라 喪紀는 卽喪荒[3)]也요 賜予는 卽好用也[4)]라 鄭司農云 幣餘는 使者有餘來還也라 玄謂 幣餘는 占賣國之斥幣[5)]라

1) 九式 : 九賦의 규정에 의거하여 징수한 재물을 지출하는 9가지 규정을 말한다. '九賦'와 '九貢'이 貢賦를 징수하는 규정으로서 재정 수입의 법이라면, '九式'은 재정 지출의 법이다. 大宰는 각 관부에서 재무행정을 집행하는 법률적 근거로서 '구식'의 규정을 제정하고, 연말의 회계감사 역시 이 규정에 의거하여 진행한다. '式'은 일종의 법률형식의 문서로서 '法式'으로 합칭하기도 하는데, 睡虎地秦簡의 ≪封診式≫, 西魏의 ≪大統式≫, 隋代의 ≪大業式≫의 선구를 이룬다.
2) 羞服 : 王의 음식과 의복을 말한다.
3) 喪荒 : '喪'은 諸侯와 諸臣의 喪을 말한다. 王家의 喪에는 사용하는 것이 중대하므로 九式의 규정으로 공급할 수 있는 바가 아니다. '荒'은 흉년에 곡물이 익지 않는 것을 말한다.(〈天官 大宰(天-1-8)〉 경문에 대한 賈公彦의 疏 참조)
4) 賜予卽好用也 : '好用'은 왕이 수시로 하사하는 것으로, 정기적으로 하사하는 '匪頒'과 구별된다.(≪周禮正義≫ 권3, 103쪽 참조) '好用'의 하사품은 大府, 玉府, 內府 등의 府庫에서 공급한다. 여러 명이 동시에 好用의 하사품을 받을 경우, 職歲와 職幣에서 그 관리들의 秩次에 의거하여 지급하는 순서를 정하며, 연말에 각 관부들의 경비 지출에 대한 회계감사를 진행한다.
5) 占賣國之斥幣 : 잉여의 물건을 大府에 넣지 않고, 지목해서 내어다가 판매하는 것을 말한다. 그러므로 '斥幣'라고 한 것이다.

'待'는 給(공급하다)과 같다. 이 九賦로 징수한 재물은 九式의 규정에 의거하여 공급하는 것이다. '膳服'은 곧 羞服(왕의 음식과 의복)이다. '稍秣'은 곧 芻秣이다. 이를 '稍(적음)'라고 한 것은 조금씩 사용하는 물건이기 때문이다. '喪紀'는 곧 喪事와 凶年을 말한다. '賜予'는 곧 好用이다. 鄭衆은 "幣餘는 〈빙문을 갔던〉 使者가 〈사용하고〉 남은 물건이 있어서 가지고 돌아온 것이다."라고 하였다. 나(鄭玄)는 생각건대, '幣餘〈의 賦〉'는 國中의 斥弊(大府에 넣지 않고 바로 내다 파는 물건)에 가격을 매겨서 판매하는 것을 말한다.

【疏】'凡頒'至'賜予' ○釋曰：言'凡頒財'者, 大宰云 "九賦斂財賄, 九式用之." 此大府頒與九式用之, 但事相因, 故二處別言九賦之物也. 此所頒之財, 卽大宰斂財賄, 一也. 云'以式法授之'者, 謂以舊法式多少, 授與九式, 故云"以式法授之." 云'關市之賦, 以待王之膳服'者, 自此已下, 竝與九式事同, 但文有交錯, 與九賦不次. 案九賦先邦中之賦, 次四郊, 次邦甸, 次家稍, 次邦縣, 次邦都, 次關市, 次山澤, 次幣餘, 此先言關市, 在邦中上, 此家稍, 又在邦甸上. 所以次第不同者, 見事起無常.

經의 〔凡頒〕에서 〔賜予〕까지

○ 釋曰：〔凡頒財〕〈天官 大宰(天-1-7・8)〉에서는 "九賦(부세를 징수하는 9가지의 규정)에 의거하여 재화를 징수하고, 九式(九賦로 징수한 재화를 지출하는 9가지 규정)에 의거하여 사용하게 한다."고 하였고, 이곳의 大府는 〈九賦로 징수한 재물을〉 나누어줄 때 九式에 의거하여 준다. 다만 일이 서로 연관되므로 두 곳에서 따로 九賦로 징수한 재물을 말하였다. 이곳에서 나누어주는 財는 곧 〈천관 태재〉에서 징수한 財賄로서 같은 것이다.

〔以式法授之〕 옛 法式의 정해진 수량에 의거하여 九式에 따라 나누어주는 것을 말한다. 그러므로 "규정〔式法〕에 의거하여 공급해준다."고 한 것이다.

'關市之賦 以待王之膳服' 이하는 모두 〈〈천관 태재(天-1-8)〉에서〉 '九式'을 서술한 내용과 동일하다. 다만 문장에 交錯이 있어 〈〈천관 태재(天-1-7)〉에서〉 '九賦'를 서술한 문장과 순서가 다르다. 살펴보건대, 〈〈천관 태재(天-1-7)〉에서는〉 '九賦'에 대해서 먼저 '邦中의 賦'를 서술하였고, 이어서 '四郊의 賦', 이어서 '邦甸의 賦', 이어서 '家稍의 賦', 이어서 '邦縣의 賦', 이어서 '邦都의 賦', 이어서 '關市의 賦', 이어서 '山澤의 賦', 이어서 '幣餘의 賦'를 서술하였다. 이곳에서는 먼저 '關市의 賦'를 말하여 '邦中의 賦' 위에 있고, 이곳에서는 '家稍의 賦'가 또 '邦甸의 賦' 위에 있다. 순서가 같지 않은 것은 일이 발생하는 것에 일정함이 없음을 보인 것이다.

○注'待猶'至'斥幣' ○釋曰：云'待猶給也'者, 謂大宰斂得九賦之財, 〔大府以九賦之財〕[1], 給九式之用, 待來則給之, 故云"待猶給", 非是訓待爲給. 云'此九賦之財給九式'者, 以其此經九事, 與大宰九式相當, 此九賦, 又與大宰九賦一也, 故云"九賦之財給九式也." 云'膳服, 卽羞服也'者, 此言膳服, 大宰九式云'羞服', 膳羞是一, 故云"膳服, 卽羞服也." 自此已下事, 與九式是一, 但文有不同, 皆就九式合而解之, 故云"稍秣, 卽芻秣也." '謂之稍, 稍用之物也'者, 彼九式云'芻秣', 此改芻爲稍, 以其稍稍用之故也. 此云'喪紀', 卽九式喪荒, 一也. 此云'賜予', 卽九式好用, 一也. '鄭司農云, 幣餘, 使者有餘來還也'者, 案大宰司農注"幣餘, 百工之餘", 與此注不同者, 蓋是司農互擧以相足. 後鄭不從者, 聘使之物, 禮數有限, 何得有餘來還, 又且有餘來還, 何得有賦, 故後鄭不從. '玄謂, 幣餘, 占賣國之斥幣'者, 後鄭之意, 百官所用官物不盡歸(人)〔入〕[2]職幣, 職幣得之, 不入本府, 恐久藏朽蠹, 則有人占賣, 依國服[3]出息. 謂之斥幣者, 謂指斥與人, 故謂之斥幣也.

1) 〔大府以九賦之財〕: 저본에는 이 7글자가 없으나, 上海古籍 整理本에 의거하여 보충하였다.
2) (人)〔入〕: 저본에는 '人'으로 되어 있으나, 北京大 整理本과 上海古籍 整理本에 의거하여 '入'으로 바로잡았다.
3) 國服 : 나라의 일에 복역하고 세금을 납부하는 것을 말한다. 〈地官 泉府(地-36-3)〉에서 "國服으로 이자를 상환한다.〔以國服爲之息〕"고 한 것에 대해서 鄭玄의 注에는 "'國服으로 이자를 상환한다.'는 것은 그 나라에서 公事에 服役하는 데 대한 세금으로 이자를 상환하는 것이니, 국가의 일에서 園廛의 田地를 받아 萬泉을 대여받은 자라면 1년에 5백을 이자로 내는 것이다.〔以國服爲之息 以其於國服事之稅爲息也 於國事受園廛之田 而貸萬泉者 則朞出息五百〕"라고 하였다.

○ 注의 〔待猶〕에서 〔斥幣〕까지

○ 釋曰 : 〔待猶給也〕 大宰가 九賦의 재화를 징수하면, 大府가 九賦의 재화를 九式의 용도에 따라 공급하니, 〈官府와 都鄙의 관리들이〉 올 때를 기다려 공급하는 것을 말한다. 그러므로 "待는 給(공급하다)과 같다."고 한 것이니, '待'를 '給'의 뜻으로 풀이한 것은 아니다.

〔此九賦之財給九式〕 이곳 경문의 9가지 일은 〈天官 大宰(天-1-8)〉의 '九式'에 상당하고, 이곳 경문의 '九賦'는 또 〈천관 태재(天-1-7)〉의 '九賦'와 같으므로 "九賦로 징수한 재화는 九式의 규정에 의거하여 공급한다."고 한 것이다.

〔膳服 卽羞服也〕 이곳에서는 '膳服'이라 하였고, 〈天官 大宰(天-1-8)〉 '九式'의 조에서는 '羞服'이라고 하였다. '膳'과 '羞'는 같은 것이다. 그러므로 "膳服은 곧 羞服이다."라고 한 것이다.

이 이하의 일은 〈천관 태재(天-1-8)〉 '九式'의 조목과 같다. 다만 문장이 같지 않은데, 모두 〈천관 태재(天-1-8)〉 '九式'의 조목에 나아가서 합치시켜 풀이하였다. 그러므로 "稍秣은 곧 芻秣이다."라고 한 것이다.

〔謂之稍 稍用之物也〕 저 〈천관 태재(天-1-8)〉 '九式'의 조에서는 '芻秣'이라고 하였는데,

이곳에서는 '芻'를 '稍'로 바꾸었으니, 조금씩 사용하는 것이기 때문이다.

이곳에서 '喪紀'라고 한 것은 곧 〈천관 태재(天-1-8)〉 '九式' 조의 '喪荒'과 같은 것이다.

이곳에서 '賜予'라고 한 것은 곧 〈천관 태재(天-1-8)〉 '九式' 조의 '好用'과 같은 것이다.

〔鄭司農云 幣餘 使者有餘來還也〕 살펴보건대, 〈천관 태재(天-1-7)〉 鄭衆의 注에서 "弊餘는 百工의 잉여 물자이다."라고 하여 이곳의 注와 같지 않은 것은 아마도 정중이 互文처럼 한쪽만 언급하고 다른 쪽은 생략하여 서로 충족시킨 것인 듯하다. 鄭玄이 이에 따르지 않은 것은 빙문하러 가는 使者의 예물은 禮數가 정해져 있으니, 어떻게 남은 것이 있어 가지고 돌아올 수 있겠는가, 또 남은 것이 있어 가지고 돌아왔다면 어떻게 賦를 징수할 수 있겠는가라고 생각했기 때문이다. 그러므로 정현이 따르지 않았던 것이다.

〔玄謂 幣餘 占賣國之斥幣〕 정현의 뜻은 百官이 사용하는 官物을 모두 職幣에 납입하는 것은 아니라는 것이다. 職幣는 〈官物을〉 얻으면 本府에 납입하지 않으니, 오래 저장하면 썩고 좀먹을 것을 염려하여 다른 사람에게 가격을 매겨 판매하고 國服에 의거하여 이자를 내게 한다. 이를 '斥幣'라고 하는 것은 지목해서 사람에게 주는 것을 말한다. 그러므로 이를 '斥幣'라고 하는 것이다.

天-34-4

凡邦國之貢은 以待弔用하고

무릇 제후국에서 징수한 공물은 제후의 凶禮를 애도하는 용도로 공급한다.

【注】 此九貢之財所給也라 給弔用은 給凶禮之五事[1]라

1) 給凶禮之五事 : 아래 賈公彦의 疏에 의하면, 凶禮의 五事는 喪禮, 荒禮, 弔禮, 禬禮, 恤禮를 가리킨다. 孫詒讓에 의하면, 鄭玄이 경문의 '弔用'을 凶禮의 弔禮로 한정하지 않고 凶禮의 五事로 총괄하여 풀이한 것은 弔禮에 사용되는 비용은 많지 않기 때문이다.〔鄭知弔用非卽凶禮之弔禮者 以弔禮所用無多 故以凶禮五事總釋之〕(≪周禮正義≫ 권11, 448쪽 참조)

이는 九貢으로 징수한 재화로 공급하는 것이다. 애도하는 용도로 공급한다는 것은 凶禮의 五事에 공급한다는 뜻이다.

【疏】 '凡邦'至'(府庫)〔弔用〕[1]' ○釋曰：上文大府掌九貢·九賦·九功受得三者之財, 各各用之. 上文九式已用九賦之財訖, 故此云'邦國之九貢, 以待給於弔用', 下文'萬民之貢, 以充府庫', 卽上九功也.

1) (府庫)〔弔用〕: 저본에는 '府庫'으로 되어 있으나, 上海古籍 整理本에 의거하여 '弔用'으로 바로잡았다.

經의 〔凡邦〕에서 〔弔用〕까지

○釋曰 : 위 경문(天-34-1)에서 大府는 九貢·九賦·九功으로 수납한 세 가지의 재화를 관장하는데, 각각 용도에 따라 공급한다고 하였고, 위 경문(天-34-3)에서 九式에 의거하여 이미 九賦로 징수한 재화를 용도에 따라 공급한다고 하였다. 그러므로 이곳 경문에서는 "제후국에서 징수한 九貢은 제후의 凶禮를 애도하는 용도로 공급한다."고 하였고, 아래 경문에서는 "백성들에게 징수한 공물은 그것으로 府庫를 채운다."고 한 것이니, 곧 위가 九功이다.

○注'(此九貢至五事)〔給凶禮之五事〕[1]' ○釋曰 : 云'給凶禮之五事'者, 案大宗伯云 "凶禮, 哀邦國之事", 下云有喪禮·荒禮·弔禮·禬禮·恤禮[2], 五禮皆須以財貨哀之, 故云"給凶禮之五事."[3]

1) (此九貢至五事)〔給凶禮之五事〕: 저본에는 '此九貢至五事'로 되어 있으나, 上海古籍 整理本에 의거하여 '給凶禮之五事'로 바로잡았다.
2) 下云有喪禮……恤禮 : 〈春官 大宗伯(春-1-6)〉에 "凶禮로 제후국의 우환을 애도하니, 喪禮로 사망을 애도하고, 荒禮로 기근과 질병을 애도하고, 弔禮로 수재와 화재를 애도하고, 禬禮로 패전국을 애도하고, 恤禮로 침범을 당하거나 내란이 있는 이웃 나라를 애도한다.〔凶禮哀邦國之憂 以喪禮哀死亡 以荒禮哀凶札 以弔禮哀禍烖 以禬禮哀圍敗 以恤禮哀寇亂〕"고 하였다.
3) 云給凶禮之五事者……故云給凶禮之五事 : 저본에는 이 문장이 아래 〈天官 大府(天-34-5)〉의 疏에 있으나, 上海古籍 整理本에 의거하여 이곳으로 옮겼다.

○注의 〔給凶禮之五事〕

○釋曰 : 〔給凶禮之五事〕 살펴보건대, 〈春官 大宗伯(春-1-6)〉에 "凶禮로 제후국의 일을 애도한다."라고 하였고, 아래에서 喪禮·荒禮·弔禮·禬禮·恤禮가 있음을 말하였으니, 五禮에는 모두 반드시 財貨로 애도한다. 그러므로 "凶禮의 五事에 공급한다."고 한 것이다.

天-34-5

凡萬民之貢[1]은 以充府庫[2]하고

1) 凡萬民之貢 : 孫詒讓에 의하면, 백성들에게 九職의 일을 맡게 하고, 그 功을 공납으로 바

쳐서 賦에 충당하게 한다. 그러므로 '功'이라 하는데, 또한 '貢'이라도 한다. 九功(九職의 백성에게 징수한 9가지 부세)으로 징수한 재화의 수치는 또한 九賦로 징수한 재화보다 적다.〔任民以九職 而使貢其功以當賦 故謂之功 亦謂之貢 九功之財數 亦少於九賦〕(≪周禮正義≫ 권11, 448쪽 참조)

2) 以充府庫 : 孫詒讓에 의하면 비축해두어서 九賦와 九貢으로 징수한 재화의 부족분에 대비하고, 그 밖에 작은 용도로 사용할 때는 또한 이 九功으로 징수한 공물에서 취한다. (≪周禮正義≫ 권11, 448쪽 참조)

무릇 백성들에게 〈九職으로〉 징수한 공물은 그것으로 府庫를 채운다.

【注】此九職之財라 充은 猶足[1]이라

1) 充猶足 : ≪廣雅≫ 〈釋詁〉에 "充은 차다〔滿〕는 뜻이다.〔充 滿也〕"라고 하였고, ≪說文解字≫ 儿部에는 "充은 길다, 높다는 뜻이다.〔充 長也 高也〕"라고 하였다. 여기서 뜻이 확대되어 '가득 채우다〔滿足〕'는 뜻이 되었다. 그러므로 "充은 足과 같다.〔充猶足〕"고 한 것이다.(≪周禮正義≫ 권11, 449쪽 참조)

이는 九職으로 징수한 재화이다. '充'은 足(채우다)과 같다.

○注'此九職'至'猶足' ○釋曰 : 知此萬民之貢是九職者, 案大宰云 "九職任萬民", 此上文又云 "九功", 此貢卽是九職之功所稅, 故知此是九職之財也. 案大行人, 六服諸侯因朝所貢之物, 與大宰九貢歲之常貢, 雖曰時節不同, 貢物有異, 要六服之貢與九貢多同, 亦入弔用之數[1]. 又且九貢言入弔用, 九賦言入九式, 有餘財亦入府庫, 是以上文 "掌九貢・九賦, 受其貨賄, 頒於受藏受用之府也."

1) 案大行人……亦入弔用之數 : 〈秋官 大行人(秋-52-9)〉에 의하면, 侯服은 1년에 한 차례 王을 朝見하면서 '祀物'을 공물로 바치는데, 이는 九貢의 '祀貢'에 해당한다. 甸服은 2년에 한 차례 王을 朝見하면서 '嬪物'을 공물로 바치는데, 이는 九貢의 '嬪貢'에 해당한다. 男服은 2년에 한 차례 王을 朝見하면서 '器物'을 공물로 바치는데, 이는 九貢의 '器貢'에 해당한다. 采服은 4년에 한 차례 王을 朝見하면서 '服物'을 공물로 바치는데, 이는 九貢의 '服貢'에 해당한다. 衛服은 5년에 한 차례 王을 朝見하면서 '材物'을 공물로 바치는데, 이는 九貢의 '材貢'에 해당한다. 要服은 6년에 한 차례 王을 朝見하면서 '貨物'을 공물로 바치는데, 이는 九貢의 '貨貢'에 해당한다.

○注의 〔此九職〕에서 〔猶足〕까지

○釋曰 : 이곳의 백성들에게 징수한 공물이 九職으로 징수한 것임을 알 수 있는 것은,

살펴보건대 〈天官 大宰(天-1-6)〉에서 "九職(백성들이 종사하는 9가지 직업)으로 백성들에게 일을 맡겨 생업을 확립시킨다."고 하였고, 이곳의 위 경문(〈天官 大府(天-34-1)〉)에서 또 "九功"이라 하였으므로 이곳의 '공물〔貢〕'은 九職의 功으로 징세한 것이다. 그러므로 이는 九職으로 징수한 재화임을 알 수 있는 것이다.

살펴보건대 〈秋官 大行人〉에 의하면, 六服의 諸侯들이 朝見을 기회로 공납하는 물건은 大宰가 해마다 정기적으로 징수하는 九貢과 비록 징수하는 시기가 같지 않고 공납하는 물건에 차이는 있지만, 요컨대 六服에서 바치는 공물은 九貢과 같은 것이 많으며 또한 弔用(애도하는 용도)의 수치에 넣는다. 또 九貢으로 징수한 재화는 弔用에 공급한다고 하였고, 九賦로 징수한 재화는 九式의 규정에 의거하여 공급한다고 하였으며, 餘財가 있으면 또한 府庫에 넣는다. 이 때문에 위의 경문에서 "〈大府는〉 九貢·九賦의 副本을 관장하는데, 징수한 부세의 재물을 수납하여 受藏하고 受用하는 府에 나누어준다."고 한 것이다.

天-34-6

凡式貢之餘財[1)]는 以共玩好之用이니

1) 式貢之餘財 : 아래 鄭玄의 注에 의하면 '式'과 '貢'은 互文으로, 이곳에서는 각종 부세의 수입을 말한다. 孫詒讓에 의하면, '餘財'는 幣餘의 財를 가리킨다.(≪周禮譯注≫ 125쪽 참조)

무릇 부세의 수입을 지출하고 남은 재화가 있으면 왕의 노리개〔玩好〕의 용도로 공급한다.

【注】 謂先給九式及弔用足府庫而有餘財면 乃可以共玩好니 明玩好非治國之用이라 言式言貢은 互文이라

먼저 九式의 규정 및 弔用의 용도로 공급하고, 府庫를 채우고도 남은 재화가 있다면 비로소 왕의 노리개〔玩好〕로 공급할 수 있음을 말한 것이니, 노리개는 나라를 다스리는 용도가 아님을 밝힌 것이다. '式'이라 말하고 '貢'이라 말한 것은 互文이다.

【疏】 '凡式'至'之用' ○釋曰 : 式謂九式, 貢謂九貢及萬民之貢. 有餘財, 以供玩好器物之用.

經의 〔凡式〕에서 〔之用〕까지

○釋曰 : '式'은 九式을 가리키고, '貢'은 九貢 및 백성들에게 징수한 貢을 가리킨다. 남은 재화가 있다면 왕의 노리개나 기물을 제작하는 용도로 공급한다.

○注'謂先'至'互文' ○釋曰 : 經言'餘財', 明知先給九式及弔用, 足府庫之餘也. 經言'式貢'者, 式, 卽上文九賦之財, 給九式之餘也, 貢, 卽上文邦國之貢及萬民之貢也. '言式言貢, 互文'者, 式謂九賦, 貢謂九貢及萬民之貢. 但賦言式, 據用而言, 其實亦有賦, 貢據貢上爲名, 亦有用, 故云'互文'也.

○注의 〔謂先〕에서 〔互文〕까지

○釋曰 : 경문에서 '餘財'라고 말하였으므로 먼저 九式의 규정과 弔用의 용도로 공급하고, 府庫를 채운 나머지임을 분명히 알 수 있다. 경문에서 '式貢'이라고 한 것은, '式'은 곧 위 경문의 九賦로 징수한 재화를 九式의 규정에 의거하여 공급해준 나머지이고, '貢'은 곧 위 경문의 제후국에서 징수한 공물〔邦國之貢〕 및 백성들에게 〈九職으로〉 징수한 공물〔萬民之貢〕이다.

〔言式言貢 互文〕 '式'은 九賦를 가리키고, '貢'은 九貢 및 백성들에게 〈九職으로〉 징수한 공물을 가리킨다. 다만 賦에 대해서 '式'이라고 말한 것은 用(지출)에 의거하여 말한 것이지만 사실은 또한 賦(징수)의 의미도 있으며, '貢'은 貢(공납)에 의거하여 명칭을 삼은 것이지만 또한 用(지출)의 의미도 있다. 그러므로 '互文'이라고 한 것이다.

天-34-7

凡邦之賦用을 取具焉하고

무릇 왕국에서 사용하는 재화는 모두 大府에서 수령하고,

【注】 賦用은 用賦[1]라

1) 用賦 : '用賦'는 孫詒讓에 따르면 用財(재화를 사용하다)의 의미로, 위 경문에서 말한 九賦와 다른 것이다.(≪周禮正義≫ 권11, 449쪽 참조)

'賦用'은 賦로 징수한 재화를 사용한다는 뜻이다.

【疏】 '凡邦'至'具焉' ○釋曰 : 上有九貢・九賦・九功, 此特言賦, 明兼有九貢・九功亦取具焉.

經의 〔凡邦〕에서 〔具焉〕까지

○釋曰 : 위에서 九貢・九賦・九功을 말하였는데, 이곳에서 단지 '賦'라고만 말한 것은 겸하여 九貢・九功〈으로 징수한 재화〉 또한 大府에서 수령함을 밝힌 것이다.

天-34-8

歲終에 **則以貨賄之入出會之**니라

연말이 되면 재물의 수입과 지출을 총 회계 결산하여 〈大宰에게 보고한다.〉

【疏】'歲終'至'會之' ○釋曰 : 貨賄之(人)〔入〕[1]者, 謂九貢・九賦・九功入來至大府. 言'出'者, 大府以貨賄分置於衆府, 及給九式之用, 亦是至歲終揔會計之.

1) (人)〔入〕: 저본에는 '人'으로 되어 있으나, 北京大 整理本과 上海古籍 整理本에 의거하여 '入'으로 바로잡았다.

經의 〔歲終〕에서 〔會之〕까지

○釋曰 : 재물의 수입〔貨賄之入〕이란 九貢・九賦・九功으로 징수하여 大府에 들어온 것을 말한다. '지출〔出〕'이라고 말한 것은 大府에서 재물을 여러 府에 나누어서 저장해둔 것과 九式의 용도에 따라 공급한 것이니, 이 또한 연말에 이르러 총 회계 결산을 한다.

35. 玉府(옥부)

天-35-1

玉府는 **掌王之金玉・玩好・兵器**[1]와 **凡良貨賄之藏**이니

1) 兵器 : 孫詒讓은 '兵'은 五兵을 가리키고, '器'는 車旗를 가리키는 것으로 구분하였다.〔兵謂五兵 旗謂車旗〕(≪周禮正義≫ 권12, 451), 楊天宇도 '兵'과 '器'는 두 가지 물건으로, '兵'은 오늘날의 兵器라고 하는 것과 같으며, '器'는 車乘과 禮樂의 기물을 가리킨다고 하였다.(≪周禮譯注≫ 126쪽 참조)

玉府는 왕의 금옥・노리개・병기와 예악의 기물 및 일체의 진귀한 재물의 저장을 관장한다.

【注】良은 善也라 此物은 皆式貢之餘財[1]所作이요 其不良도 又有受而藏之者라

1) 式貢之餘財 : 〈天官 大府(天-34-6)〉의 孔穎達 疏에 "'式'은 九式을 가리키고, '貢'은 九貢 및 백성들에게 징수한 貢을 가리킨다. 남은 재화가 있다면 왕의 노리개나 기물을 제작하는 용도로 공급한다."고 하였다.

'良'은 훌륭하다는 뜻이다. 이 재물들은 모두 부세의 수입을 지출하고 남은 재화로 제작한 것이다. 훌륭하지 않은 재물도 수납하여 저장하는 경우가 있다.

【疏】'玉府'至'之藏' ○釋曰 : 云'掌王之金玉玩好兵器'者, 言玉府以玉爲主, 玉外所有美物亦兼掌之.

經의 〔玉府〕에서 〔之藏〕까지

○釋曰 : 〔掌王之金玉玩好兵器〕 玉府는 玉을 위주로 하지만 옥 이외에 아름다운 기물들도 함께 저장함을 말한다.

○注'良善'至'之者' ○釋曰 : 言'此物皆式貢之餘財所作'者, 案上大府云 "式貢之餘財以共玩好之用", 彼玩好之中, 兼有金玉·兵器, 故知式貢餘財也. 云'其不良, 又有受而藏之者', 卽上大府云 "受藏受用之府" 是也.[1]

1) 卽上大府云……是也 : 〈天官 大府(天-34-6)〉의 경문은 "以受其貨賄之入 頒其貨于受藏之府 頒其賄于受(징수한 부세의 재물을 수납하여 受藏하는 府에 나누어주고, 受用하는 府에 나누어준다.)"이다.

○注의 〔良善〕에서 〔之者〕까지

○釋曰 : 〔此物皆式貢之餘財所作〕 살펴보건대 위의 〈天官 大府(天-34-6)〉에서 "무릇 부세의 수입을 지출하고 남은 재화가 있으면 왕의 노리개〔玩好〕의 용도로 공급한다."고 하였다. 저 노리개 안에는 金玉과 兵器(병기와 예악의 기물)도 포함된다. 그러므로 부세의 수입을 지출하고 남은 재화임을 알 수 있다.

〔其不良 又有受而藏之者〕 바로 위의 〈천관 태부(天-34-1)〉에서 "〈징수한 부세의 재물을 수납하여〉 受藏하는 府에 나누어주고, 受用하는 府에 나누어준다."고 한 것이 이것이다.

天-35-2

共王之服玉·佩玉·珠玉하고

〈玉府는〉 왕의 服玉・佩玉・珠玉을 공급하고,

【注】 佩玉[1]者는 王之所帶者라 玉藻曰 君子於玉比德焉이니 天子佩白(王)〔玉〕[2] 而玄組綬라 詩傳曰 佩玉은 上有葱衡[3]하고 下有雙璜(衡)〔衝〕[4]牙하고 蠙(빈)珠以納其間이라 鄭司農云 服玉은 冠飾十二玉이라

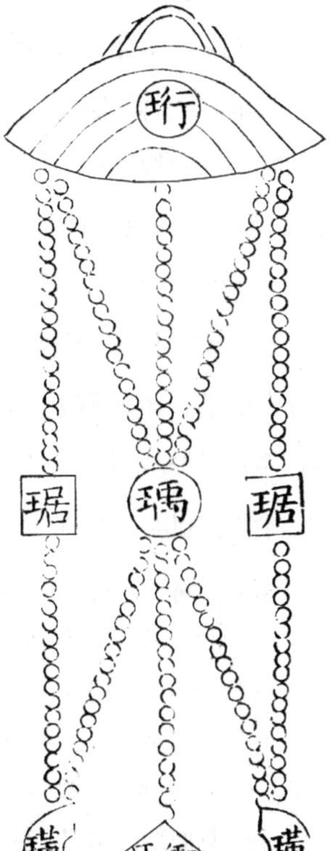

1) 佩玉 : 허리띠에 매다는 옥 장식을 말한다. 위쪽의 衡, 중간의 琚・瑀, 아래쪽의 衝牙의 세 부분으로 구성된다. 충아의 좌우 양쪽에서 璜이 있어 걸을 때 충아가 황을 쳐서 옥 소리를 낸다. ≪禮記≫ 〈玉藻〉의 孔穎達 疏에 따르면, 佩玉은 반드시 위로 衡에 매어 아래로 세 가닥의 끈을 늘어뜨려서 진주를 꿰고, 두 가닥의 끈은 아래 끝에 앞뒤로 璜을 매달며, 가운데 가닥의 끈은 아래 끝에 衝牙를 매단다. 움직이면 충아가 앞뒤로 황에 부딪혀서 소리를 낸다. 부딪히는 옥이 그 형태가 상아와 유사하므로 '衝牙'라고 한다.〔凡佩玉 必上繫於衡 下垂三道 穿以蠙蛛 下端前後以懸璜 中央下端懸以衝牙 動則衝牙前後觸璜而爲聲 所觸之玉 其形似牙 故曰衝牙〕 '衡'은 '珩'으로도 쓰는데, 이곳에 매어서 늘어뜨리는 끈은 위의 세 가닥 외에 두 가닥이 더 있어서 모두 다섯 가닥이 된다. 세 가닥의 끈 각각의 중앙 부분에 '琚'와 '瑀'라는 옥을 꿰어 매다는데, 가운데 가닥의 끈에 매단 瑀에 다시 두 가닥의 양 끈을 엇갈리도록 꿰어 넣어서 끈 윗부분들을 衡(珩)에 매단다.

佩

2) (王)〔玉〕 : 저본에는 '王'으로 되어 있으나, ≪禮記≫ 〈玉藻〉 원문과 ≪周禮正義≫, 北京大 整理本에 의거하여 '玉'으로 바로잡았다.

3) 葱衡 : ≪禮記≫ 〈玉藻〉의 "一命은 적황색의 韍韠에 흑색의 노리개를 차고, 再命은 적색의 폐슬에 흑색의 노리개를 차고, 三命은 적색의 폐슬에 청색의 노리개를 찬다.〔一命縕韍幽衡 再命赤韍幽衡 三命赤韍葱衡〕"에 대한 鄭玄의 注에서 "청색을 '葱'이라 한다.〔靑謂之葱〕"고 하였다.

4) (衡)〔衝〕 : 저본에는 '衡'으로 되어 있으나, 阮元은 岳本・嘉靖本 및 ≪毛詩傳≫・≪經典釋文≫ 등을 근거로 '衝'으로 교감하였다. 이에 의거하여 '衝'으로 바로잡았다.(北京大 整理本의 〈校勘記〉 참조)

'佩玉'이란 왕이 〈혁대 위에〉 차는 것이다. ≪禮記≫ 〈玉藻〉에 "군자는 玉에다 덕을 비

유한다. 천자는 흰색의 옥을 차고, 검은색의 인끈을 한다."라고 하였다. ≪詩傳≫에 "佩玉은 위쪽에 청색의 衡이 있고 아래쪽에 雙璜과 衝牙가 있는데, 그 사이에 蠙珠를 〈꿰어〉 넣었다."라고 하였다. 鄭衆은 "'服玉'은 冠을 장식하는 12개의 옥이다."라고 하였다.

【疏】注'佩玉'至'二玉' ○釋曰 : '佩玉者, 王之所帶者', 謂佩於革帶之上者也. '玉藻曰, 君子於玉比德焉'者, 詩云 "言念君子, 溫其如玉", 是比德於玉. 引此者, 證王必服玉之意. 云'天子佩白玉而玄組綬'者, 此亦玉藻文. 所佩白玉, 謂衡璜琚瑀. 玄組綬者, 用玄組絛穿連衡璜等, 使相承受. 引'詩傳曰', 謂是韓詩. '佩玉, 上有葱衡'者, 衡, 橫也, 謂葱玉爲橫梁. '下有雙璜(衡)〔衝〕[1]牙'者, 謂以組懸於衡之兩頭, 兩組之末皆有半(壁)〔璧〕[2]曰璜, 故曰雙璜. 又以一組懸於衡之中央, 於末著(착)衝牙, 使前後觸璜, 故言(衡)〔衝〕. 案毛詩傳, 衡璜之外別有琚瑀. 其琚瑀所置, 當於懸衝牙組之中央, 又以二組穿於琚瑀之內角, 斜繫於衡之兩頭, 於組末繫於璜. 云'蠙珠以納其間'者, 蠙, 蚌也. 珠出於蚌, 故言蠙珠. '納其間'者, 組繩有五, 皆穿珠於其間, 故云"以納其間." '鄭司農云, 服玉, 冠飾十二玉'者, 案弁師掌五冕[3], 袞冕十二旒, 鷩冕九旒, 毳冕七旒, 絺冕五旒, 玄冕三旒, 皆十二玉. 冕則冠也.[4] 弁師又有皮弁・韋弁・冠弁, 亦皆十二玉,[5] 故云"冠飾十二玉也."

1) (衡)〔衝〕: 저본에는 '衡'으로 되어 있으나, 阮元의 교감에 의거하여 '衝'으로 바로잡았다. 아래도 같다.(北京大 整理本의 〈校勘記〉 참조)

2) (壁)〔璧〕: 저본에는 '壁'으로 되어 있으나, ≪周禮正義≫에 의거하여 '璧'으로 바로잡았다.(≪周禮正義≫ 권12, 454쪽 참조)

3) 五冕 : 冕服은 冕(면류관)을 쓸 때 착용하는 복식 일습을 말한다. 면복의 종류는 등급의 순서대로 大裘冕, 袞冕, 鷩冕, 毳冕, 絺冕, 玄冕의 6가지가 있는데, 천자가 昊天上帝・五帝에 제사할 때 입는 大裘冕을 제외한 나머지를 '五冕'이라고 한다. 이들 면복은 면류관의 앞에 늘어뜨리는 술인 旒의 수와 上衣와 下裳에 표현된 무늬로 구별한다. 이 6가지 冕服을 모두 입을 수 있는 신분은 천자뿐이고, 諸侯・孤・卿・大夫는 袞冕服 이하 玄冕服까지를 각 신분과 의례 상황에 따라 차별적으로 입는다. ≪禮記≫ 〈雜記 上〉에 "復(招魂)을 할 때 제후는 포의와 면복과 작변복을 사용한다.〔復 諸侯以褒衣 冕服 爵弁服〕"고 하였는데, 鄭玄의 注에서는 "冕服은 上公이 5冕, 侯와 伯이 4冕, 子와 男이 3冕이다.〔冕服者 上公五 侯伯四 子男三〕"라고 하였다. 단 이들 신하가 袞冕服부터 絺冕服까지를 입을 수 있는 것은 천자가 주관하는 제사에 참여하여 제사를 도울 때뿐이고, 각자 자신이 주관하는 제사에서는 6면복 가운데 가장 낮은 등급인 현면복만 입을 수 있다. 〈春官 司服(春-12-2)〉에서 "왕은 昊天上帝에게 제사 지낼 때는 大裘를 입고 冕冠을 쓰며,

五帝에게 제사 지낼 때도 이와 마찬가지로 한다. 先王에게 제사 지낼 때는 곤면을 착용하고, 先公에게 제사 지내거나 饗禮·射禮를 거행할 때는 별면을 착용하고, 사방의 山川에 望祭를 지낼 때는 취면을 착용하고, 社稷·五祀에 제사 지낼 때는 치면을 착용하고, 여러 小祀의 신들을 제사 지낼 때는 현면을 착용한다."고 하였다.

4) 冕則冠也 : 陳澔는 "'면류관〔冕〕'은 祭服을 입을 때 쓰는 冠이다. 위는 검고 아래는 붉으며 앞뒤로 술이 있다. 앞쪽이 1촌 2분 정도 낮다. 약간 굽힌〔俛〕 형태이기 때문에 '冕'이라고 부른다. 면에는 구분이 없고 옷으로 구분한다. 첫째 곤면, 둘째 별면, 셋째 취면, 넷째 치면, 다섯째 현면으로 각기 옷의 차이에 따라 이름을 달리 붙인 것일 뿐이다. 면류관의 제도는 같지만, 술〔旒〕에 많고 적음의 차이가 있다.……붉은색과 녹색의 실로 끈을 만들고 이 끈에 옥을 꿰어 면류관에 달아 늘어뜨려서 술을 삼는 것이다. 周代에는 다섯 가지 색깔을 사용하였는데,……'12개의 술을 단다〔十有二旒〕'는 것은 천자의 면류관에 해당한다. 앞뒤로 각각 12개의 술을 달며 술마다 12개의 옥이 꿰어져 있는데 옥의 색깔은 붉은색, 흰색, 파란색, 황색, 검은색의 순서로 위에서 아래로 내려오게 하고 한차례 끝나면 다시 붉은색에서부터 시작한다. 곤면은 12개의 술을 달고, 별면은 9개, 취면은 7개, 치면은 5개, 현면은 3개의 술을 단다. 이들 술의 수가 다르기는 하지만, 그들 모두 술에는 12개의 옥을 달고, 끈의 옥은 다섯 가지 색으로 단다.〔冕 祭服之冠也 上玄下纁 前後有旒, 前低一寸二分 以其略俛而謂之冕 冕同而服異 一袞冕 二鷩冕 三毳冕 四絺冕 五玄冕 各以服之異而名之耳 冕之制雖同 而旒有多少……以朱綠二色之絲爲繩 以此繩貫玉 而垂於冕 以爲旒 周用五采……十有二旒者 天子之冕前後各十二旒 每旒十二玉 玉之色以朱白蒼黃玄爲次, 自上而下 徧則又從朱起 袞冕十二旒 鷩冕九旒 毳冕七旒 絺冕五旒 玄冕三旒 此數雖不同 然皆每旒十二玉 繅玉五采也〕"라고 하였다.(≪禮記集說≫〈雜記 上〉)

袞冕

5) 皮弁韋弁冠弁 亦皆十二玉 : 周나라 천자의 吉服은 총 9가지로, 冕服에 여섯 가지가 있고 弁服에 세 가지가 있다. 〈春官 司服(春-12-2)〉에서 "兵革의 일에는 韋弁服을 착용하고, 朝會를 볼 때에는 皮弁服을 착용하고, 모든 田獵에는 冠弁服을 착용한다.〔凡兵事韋弁服 眡朝

天子皮弁

則皮弁服 凡甸冠弁服〕"라고 하였다. 〈夏官 弁師(夏-35-04)〉 鄭玄의 注에는 "皮弁의 솔기마다 다섯 색깔의 옥 12개를 꿰어 문식을 삼는데, 그것을 '綦'라고 한다.〔皮弁之縫中 每貫結五采玉十二以爲飾 謂之綦〕"고 하였다.

注의 〔佩玉〕에서 〔二玉〕까지

○釋曰 : 〔佩玉者 王之所帶者〕 革帶 위에 차는 것을 말한다.

〔玉藻曰 君子於玉比德焉〕 ≪詩經≫ 〈秦風 小戎〉에서 "내가 군자를 생각하니, 인자한 덕이 옥과 같네."라고 하였으니, 이것이 덕을 옥에 비유한 것이다. 이것(〈옥조〉)을 인용한 것은 왕이 반드시 옥을 착용하는 뜻을 증명하기 위한 것이다.

〔天子佩白玉而玄組綬〕 이것도 ≪禮記≫ 〈玉藻〉의 문장이다. 〈천자가〉 차는 흰색의 옥은 衡·璜과 琚·瑀를 말한다. '玄組綬'는 검은색의 끈으로 衡·璜 등을 꿰어서 연결하여 서로 이어지게 한 것이다.

인용한 "詩傳曰"은 ≪韓詩≫를 가리킨다.

〔佩玉 上有葱衡〕 '衡'은 가로〔橫〕의 뜻이니, 푸른색의 옥이 가로로 놓인 들보 모양〔橫梁〕으로 된 것을 말한다.

〔下有雙璜(衡)〔衝〕牙〕 끈을 衡의 양쪽 머리에 매달고 양쪽 끈의 끝에는 모두 半璧이 달려 있는데 〈이것을〉 '璜'이라고 한다. 그러므로 '雙璜(한 쌍의 황)'이라고 한 것이다. 또 끈 한 가닥을 衡의 중앙에 매달고 끝에 衝牙를 부착하여 앞뒤로 璜에 부딪히게 한다. 그러므로 '衝'이라고 한 것이다. 살펴보건대 ≪毛詩傳≫에서는 衡과 璜 외에 따로 琚와 瑀가 있다. 琚와 瑀가 놓인 곳은 衝牙를 매다는 끈의 한가운데에 해당하고, 또 두 줄의 끈을 琚와 瑀의 안쪽 모서리에 꿰어서 衡의 양쪽 머리에 비스듬히 매달고, 끈의 끝에 璜을 매다는 것이다.

〔蠙珠以納其間〕 '蠙(비단조개)'은 蚌(민물조개)을 가리킨다. 진주는 蚌에서 생겨나므로 '蠙珠'라고 한다. '그 사이에 〈꿰어〉 넣었다.'는 것은 끈이 다섯 가닥이 있는데 모두 그 사이에 진주를 꿰어 넣으므로, "그 사이에 〈꿰어〉 넣었다."라고 한 것이다.

〔鄭司農云 服玉 冠飾十二玉〕 살펴보건대 弁師는 〈왕의〉 五冕을 관장하니, 袞冕은 12旒이고 鷩冕은 9류이고 毳冕은 7류이고 絺冕은 5류이고 玄冕은 3류인데, 〈관의 류(술)마다〉 모두 12개의 옥을 꿴다. 冕은 冠이다. 〈夏官 弁師(夏 -35-1)〉에는 또 皮弁·韋弁·冠弁이 있는데 또한 〈관의 솔기마다〉 모두 12개의 옥을 꿴다. 그러므로 "冠을 장식하는 12개의 옥이다."라고 한 것이다.

天-35-3

王齊에 則共食玉하고

왕이 재계를 할 때, 〈왕이〉 먹을 玉의 가루를 공급하고,

【注】玉是陽精之純者니 食之以禦水氣라 鄭司農云 王齊에 當食玉屑[1]이라

1) 玉是……玉屑 : 경문의 '食玉'에 대해서 鄭玄과 鄭衆은 모두 '〈왕이〉 먹을 玉의 가루'로 해석하고 賈公彦 역시 이를 따르고 있지만, 孫詒讓은 惠士奇와 曾釗 등의 설에 의거하여 注·疏의 설을 부정하고, 玉敦나 玉豆와 같은 '옥으로 장식한 食器'라고 하였다. 惠士奇는 食玉을 膳夫가 아닌 玉府에서 관장하는 것은 玉은 먹을 수 없는 물건이기 때문이라고 하였고, 曾釗는 方術의 책에 옥을 먹는 방법들이 있기는 하지만 이것은 〈儒敎의〉 經義가 아니라고 하였다.(≪周禮正義≫ 권12, 456~457쪽 참조)

玉은 陽의 精氣가 순수한 것이니, 그것을 먹음으로써 물이 기운을 막는다. 鄭衆은 "왕이 재계할 때는 옥의 가루를 먹어야 한다."라고 하였다.

【疏】'王齊則共食玉' ○釋曰 : 謂王祭祀之前, 散齊七日, 致齊三日[1], 是時則共王所食玉屑.

1) 散齊七日 致齊三日 : 제사를 올리기 전에 안팎을 정돈하고 심신을 정결하게 가다듬는 것을 '齊(재계)'라고 하는데, 미리 7일 동안 몸가짐을 재계하는 것을 散齊라고 하고, 산재 뒤에 다시 3일 동안 마음을 재계하는 것을 致齊라고 한다. ≪禮記≫ 〈祭義〉에 "안(마음)으로 치재하고 밖(몸가짐)으로 산재한다. 치재하는 기간에는 부모가 거처하시던 바를 생각하고 웃고 말씀하시던 것을 생각하고 뜻을 두고 의향 하시던 바를 생각하고 좋아하시던 음악을 생각하고 즐기시던 음식을 생각한다. 그렇게 3일을 치재하면, 곧 재계하며 생각하였던 대상을 본다.〔致齊於內 散齊於外 齊之日 思其居處 思其笑語 思其志意 思其所樂 思其所嗜 齊三日 乃見其所爲齊者〕"라고 하였다. 鄭玄의 注에서는 "치재는 이 다섯 가지를 생각한다. 산재는 7일 동안 말을 타지 않고, 음악을 연주하지 않고, 조문을 하지 않는다. '재계하며 생각하였던 대상을 본다.'는 것은 그리워함이 깊기 때문이다〔致齊 思此五者也 散齊 七日不御不樂不弔耳 見所爲齊者 思之熟也〕"라고 하였다.

經의 〔王齊則共食玉〕

○釋曰 : 왕은 제사를 지내기 전에 7일 동안 散齊를 하고, 3일 동안 致齊를 하는데, 이 시기에 〈玉府에서〉 왕이 먹을 옥의 가루를 제공하는 것을 말한다.

○注'玉是'至'玉屑' ○釋曰：知玉是陽精之純者，但玉聲淸，淸則屬陽．又案楚語云[1] "王孫圉與趙簡子言曰 '玉足以庇蔭嘉穀，使無水旱之灾，則寶之．珠足以禦火，則寶之.'" 服氏云 "珠，水精，足以禁火." 如是，則玉是火精可知．云'食之以禦水氣'者，致齊時，居於路寢，思其笑語，思其志意之類，恐起動多，故須玉以禦水氣也[2]．'鄭司農云，王齊當食玉屑者，其玉屑硏之乃可食，故云"當食玉屑"也．

1) 案楚語云 : 이하에서 인용된 내용은 ≪國語≫ 〈楚語 下〉에 보인다. 楚나라 大夫인 王孫圉가 晉나라에 聘問을 가서 晉 定公이 베풀어준 宴饗에 참여했다가 晉나라의 卿인 趙簡子와 국가의 보배에 관해서 논한 것이다.
2) 恐起動多 故須玉以禦水氣也 : 孫詒讓은 路寢에서 재계하는 때에 왜 水氣를 막을 필요가 있는지에 대해 그 뜻을 알 수 없다 하였고, '起動이 많을까 염려되므로 옥으로 수기를 막아야 한다.'는 것도 불분명하다고 하였다.(≪周禮正義≫ 권12, 456쪽 참조)

○注의 〔玉是〕에서 〔玉屑〕까지

○釋曰 : 玉이 양의 정기가 순수한 것임을 알 수 있는 것은 단지 옥의 소리가 맑기 때문이니, 소리가 맑으면 양에 속하는 것이다. 또 살펴보건대 ≪國語≫ 〈楚語 下〉에서 "王孫圉가 趙簡子에게 '옥은 좋은 곡식을 비호하여 가뭄과 홍수의 재해를 없게 하니 보물로 여깁니다. 진주는 불을 막아주니 보물로 여깁니다.'라고 하였다."고 하였다. 服虔은 "진주는 물의 정기이니 불을 막아준다."고 하였다. 이와 같다면, 옥이 불의 정기임을 알 수 있다.

〔食之以禦水氣〕 致齊를 할 때는 路寢에서 거처하면서 부모가 웃고 말씀하시던 것을 생각하고 뜻을 두고 의향 하시던 바와 같은 것들을 생각하니, 일어나 움직이는 것을 번다하게 할까 두려워한다. 그러므로 옥으로 물의 기운을 막아야 한다.

〔鄭司農云 王齊當食玉屑〕 玉은 가루가 되도록 갈아야 먹을 수 있다. 그러므로 "옥의 가루를 먹어야 한다."고 한 것이다.

天-35-4

大喪에 **共含玉[1]・復衣裳[2]・角枕[3]・角柶[4]**니라

1) 含玉 : 죽은 첫날에 죽은 이의 입 안을 채우는 것을 '飯含'이라 한다. 천자의 경우 입 안에 옥을 넣는데, 이를 '含玉'이라 한다.
2) 復衣裳 : '復'은 사람이 막 죽어서 氣가 끊겼을 때, 죽은 이의 옷을 들고 지붕 위의 중앙

으로 올라가 서북쪽을 향해 옷을 흔들면서 죽은 이의 이름을 부르며 혼이 되돌아오기를 기원하는 것을 말한다. 이 '復'을 할 때 사용하는 옷을 '復衣裳'이라 한다. 復을 할 때, 國君은 袞服을, 夫人은 屈狄을, 대부는 玄赬을, 世婦는 襢衣, 士는 爵弁服을, 士의 妻는 稅衣를 사용한다.(〈天官 夏采〉 天-63-1 鄭玄의 注 참조)

3) 角枕 : 뿔로 장식한 베개로, 그것으로 시신의 베개로 삼는다.

4) 角柶 : '角柶'는 뿔로 만든 숟가락으로, 吉凶에 따라 두 가지가 있다. 하나는 예주나 음식물을 뜨거나 취하기 위한 용도로, 자루가 구부러져 있고 구기를 얇게 만든다. ≪儀禮≫ 〈士冠禮〉 鄭玄의 注에 "'柶'는 모양이 匕와 같은데, 뿔로 만드는 것은 매끄럽게 하기 위한 것이다.〔柶狀如匕 以角爲之者 欲滑也〕"라고 하였다. 다른 하나는 喪禮에서 사람이 막 죽었을 때 飯含을 할 수 있도록 치아를 벌려놓을 때 사용하는 뿔 숟가락〔角柶〕이다. ≪의례≫ 〈사상례〉에 "반함을 할 수 있도록 시신의 치아를 벌려놓을 때는 角柶를 사용한다.〔楔齒用角柶〕"고 하였고, 鄭玄의 注에서는 "반함을 하려할 때 죽은 이의 입이 굳게 닫힐까 염려해서이다.〔爲將含 恐其口閉急也〕"라고 하였다. 이 角柶는 예주를 뜰 때 사용하는 角柶와 달리 숟가락 두 개를 멍에처럼 연결해놓은 모양이다.

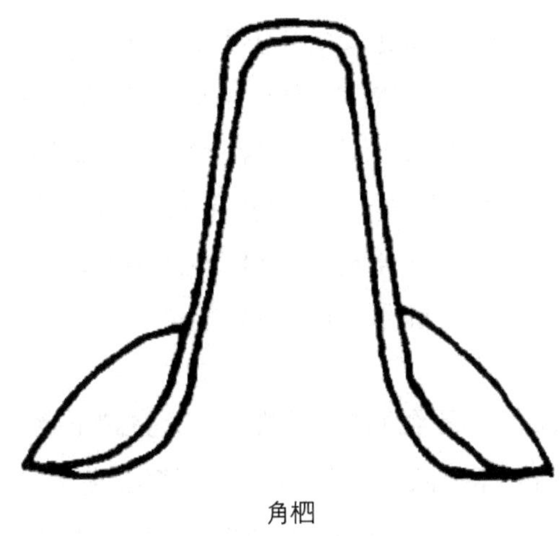
角柶

王의 喪을 당했을 때, 含玉과 復衣裳과 角枕과 角柶를 공급한다.

【注】角枕以枕尸라 鄭司農云 復은 招魂也요 衣裳은 生時服이라 招魂復魄于太廟하고 至四郊라 角柶는 角(七)〔匕〕[1]也니 以楔(설)齒라 士喪禮曰 楔齒用角柶라하니 楔齒者는 令可飯含[2]이라 玄(於)〔謂〕[3]復於四郊以(綏)〔緌〕[4]라

1) (七)〔匕〕: 저본에는 '七'로 되어 있으나, 閩本·監本·毛本에 의거하여 '匕'로 바로잡았다.(北京大 整理本의 〈校勘記〉 참조)

2) 飯含 : 죽은 첫날에 시신의 입 안에 쌀과 조개, 옥 등을 채우는 의식으로, 차마 입 안을 텅 비게 하지 못하기 때문에 행하는 것이다. ≪禮記≫ 〈檀弓 下〉에 "飯含에는 쌀과 조개를 사용하는데 차마 비워두지 못하기 때문이다. 이것은 음식을 드리는 도〔食道〕로써 하는 것이 아니고, 아름다운 물건을 넣는 형식을 사용하는 것이다.〔飯用米貝 弗忍虛也 不以食道 用美焉爾〕"라고 하였다.

3) (於)〔謂〕: 저본에는 '於'로 되어 있으나, 아래 賈公彦의 疏와 ≪周禮正義≫, 北京大 整理本, 上海古籍 整理本 등에 의거하여 '謂'로 바로잡았다.
4) (綏)〔緌〕: 저본에는 '綏'로 되어 있으나, 段玉裁가 "'綏'에 대해 鄭玄은 '마땅히 緌가 되어야 한다.'고 하였다."고 한 것에 의거하여 바로잡았다.(北京大 整理本의 〈校勘記〉 참조) 아래도 같다. ≪禮記≫ 〈雜記 上〉에 "만일 도로에서 사망하면, 수레의 왼쪽 바퀴통에 올라가 '綏'로 復을 한다.〔如於道 則升其乘車之左轂 以其綏復〕"고 하였는데, 鄭玄의 注에 "'綏'는 '緌(오채색의 깃털로 장식한 깃대)'가 되어야 한다. '蕤賓'이라고 할 때의 '蕤'와 같은 뜻으로 읽으니, 글자의 잘못이다. '緌'는 깃발의 깃대 장식을 말한다.〔綏 當爲緌 讀如蕤賓之蕤 字之誤也 緌 謂旌旗之旄也〕"라고 하였다.

角枕은 그것으로 시신에게 베개로 베어준다. 鄭衆은 "復은 魂을 부르는 것이다. 衣裳은 살았을 때 입던 옷이다. 太廟에서 魂을 불러 魄으로 돌아오게 하고 四郊에까지 이른다. 角柶는 뿔로 만든 숟가락〔匕〕이니, 그것으로 치아를 벌려놓는다. ≪儀禮≫ 〈士喪禮〉에서 '치아를 벌려놓는데, 角柶를 사용한다.'라고 하였다. 치아를 벌려놓는 것은 飯含을 할 수 있도록 하기 위한 것이다."라고 하였다. 나(鄭玄)는 생각건대, 四郊에서 復을 할 때는 緌(大常의 깃발)를 사용한다.

【疏】'大喪'至'角柶' ○釋曰 : 大喪謂王喪. '共含玉'者, 含玉, 璧形而小, 以爲口實. 此不言贈玉·飯玉[1]者, 文不備. '復衣裳'者, 王始死, 招䰟[2]復魄之衣裳不在司服者, 司服所掌, 是尋常衣服, 玉府所掌, 皆王之美物. 其衣服美者, 亦玉府掌之. 但所復衣裳, 用死者上服, 故玉府供之. '角枕'者, 所以枕尸. 角柶者, 將以楔齒.

1) 贈玉 飯玉 : '贈玉'은 大喪을 당했을 때 하관을 한 후 무덤에 넣는 옥을 말하는데, 鄭玄에 의하면 璧玉을 넣는다. '飯玉'은 잘게 부순 후 쌀과 섞어서 죽은 이의 입 안을 넣는 玉을 말한다. 〈春官 典瑞(春-10-20)〉에 "大喪을 당했을 때, 〈典瑞는〉 飯玉과 含玉과 贈玉을 공급한다.〔大喪 共飯玉含玉贈玉〕"이라고 하였다.
2) 䰟 : 䰟은 魂의 이형자이다.

經의 〔大喪〕에서 〔角柶〕까지

○釋曰 : '大喪'은 王의 喪을 말한다.

〔共含玉〕 含玉은 璧과 같은 형태인데 크기가 작으니, 그것으로 입 안을 채운다. 이곳에서 贈玉과 飯玉을 말하지 않은 것은 문장을 다 갖춰서 쓰지 않은 것이다.

〔復衣裳〕 왕이 막 죽었을 때 魂을 불러서 魄으로 돌아오게 할 때 사용하는 衣裳이 〈春官 司服〉에 기술되어 있지 않은 것은, 司服에서 관장하는 것은 평상시의 의복이고 玉府에

서 관장하는 것은 모두 왕〈이 사용하는〉 아름다운 물건들이기 때문이다. 그 의복 가운데 아름다운 것은 또한 옥부에서 관장한다. 다만 復을 할 때 사용되는 衣裳은 죽은 자가 입던 상등의 복장을 사용하기 때문에 옥부가 공급하는 것이다.

'角枕'은 그것으로 시신에게 베개로 베어주기 위한 것이다.

'角柶'는 그것으로 치아를 벌려놓으려는 것이다.

○注'角枕'至'以綏' ○釋曰：'鄭司農云, 復, 招魂也'者, 人之死者, 魂氣上歸於天, 形魄仍在, 欲招取其魂, 復於魄內, 故離騷有招魂篇.[1] 云'招魂復魄于大廟, 至四郊'者, 王有七廟及寢, 皆復焉, 獨言太廟, 語雖不足, 義猶可. 又言'至四郊', 後鄭不從之. 云'角柶, 角匕也'者, 案既夕禮"楔, 貌如軛, 上兩末", 狀如枇杷, 拔屈中央楔齒. '玄謂復於四郊以(綏)〔綏〕'者, 案夏采云"以冕服復於太廟,[2] 以乘車建(綏)〔綏〕[3]復於四郊", 故鄭云"復於四郊以(綏)〔綏〕." 言此者, 破先鄭於四郊亦以衣服.

1) 離騷有招魂篇：〈離騷〉와 〈招魂〉은 戰國時期 楚나라의 詩人인 屈原(B.C. 339?~278?)의 작품집인 ≪楚辭≫에 실린 시편들이다. 굴원은 楚 懷王과의 정치적 충돌로 추방된 처지에서 실망과 憂國의 情을 道家的이고 巫神的인 정서에 담아 노래한 〈離騷〉 등의 시편들을 남겼으며, 결국 적국인 秦나라에 잡혀 유폐되었다가 멱라강에 투신하여 죽었다. 〈招魂〉은 굴원의 제자 宋玉이 스승을 애도하고 기려서 지은 작품으로 알려졌는데, 하늘의 上帝가 女巫를 통해 지상에 떠도는 亡者의 혼을 불러오도록 하는 내용을 담고 있다.

2) 太廟：〈天官 夏采(天-63-1)〉의 經文은 '大祖'이다.

3) 綏：金榜은 '緌(수)'자의 잘못이라 하였다. 여기서는 천자의 大常旗를 가리킨다.(楊天宇, ≪周禮譯注≫, 127쪽 참조) 孫詒讓도 乘車에 大常旗를 세우고 四郊에 나아가 초혼을 하는 것이라고 하였다.(≪周禮正義≫, 권16, 634쪽 참조)

○注의 〔角枕〕에서 〔以綏〕까지

○釋曰：〔鄭司農云 復 招魂也〕 사람이 죽으면 魂氣(혼령)는 올라가서 하늘로 돌아가고, 形魄(형체)은 여전히 남아 있어 자기의 魂을 불러서 취하고자 하므로 魄 안으로 불러들이는 것이다. 그러므로 〈離騷〉와 〈招魂篇〉이 있는 것이다.

〔招魂復魄于大廟 至四郊〕 왕에게는 七廟와 寢이 있어서 그 모든 곳에서 復을 하는데 유독 太廟만을 언급했으니, 말은 충분하지 않아도 뜻은 오히려 충분하다고 할 만하다. 또 〈鄭衆은〉 "四郊에서까지 이르러 〈衣裳으로 復을 한다.〉"고 말했으나 鄭玄은 그것을 따르지 않았다.

〔角柶 角匕也〕 생각하건대 ≪儀禮≫ 〈旣夕禮〉에서 "사자의 입에 끼워놓는 뿔수저〔楔〕는 모양이 멍애〔軛〕와 같으며 두 끝을 위로 향하게 한다."고 하였는데, 모습이 비파와 같으며, 중앙 부분을 나누어 구부려서 치아를 벌려놓는다.

〔玄謂復於四郊以(綏)〔緌〕〕 생각건대, 〈天官 夏采(天-63-1)〉에서 "冕服을 들고서 太廟에서 復을 하고, 乘車에 大常旗(緌)를 세우고 四郊에서 復을 한다."고 하였다. 그러므로 정현이 "四郊에서 復을 할 때는 緌(大常旗)를 사용한다."고 한 것이다. 이를 말한 것은 정중이 四郊에서도 衣裳으로 〈復을〉 한다고 말한 것을 부정한 것이다.

天-35-5

掌王之燕衣服·衽席·牀笫와 凡褻器하며

〈玉府는〉 王이 燕寢에서 착용하는 의복〔燕衣服〕·요〔衽席〕·침상〔牀笫〕 및 변기〔褻器〕 등을 관장하며,

【注】 燕衣服者는 巾絮·寢衣·袍襗(탁)之屬이니 皆良貨賄所成이라 笫는 簀也라 鄭司農云 衽席은 單席也요 褻器는 淸器·虎子之屬이라

'燕寢에서 착용하는 의복〔燕衣服〕'은 수건과 솜〔巾絮〕, 이불〔寢衣〕, 속옷〔袍襗〕 등속이니, 모두 진귀한 재물로 만든 것이다. '笫'는 살평상〔簀〕이다. 鄭衆은 "'衽席'은 홑겹 자리〔單席〕이다. '褻器'는 변기〔淸器〕·호랑이의 형상을 본떠서 만든 변기〔虎子〕 등속이다."라고 하였다.

【疏】 '掌王'至'褻器' ○釋曰：言'掌王之燕衣服'者, 謂燕寢中所有衣服之屬. '衽席'者, 亦燕寢中臥席. '牀笫'者, 謂燕寢中牀簀[1]也. '凡褻器'者, 亦謂燕寢中, 以燕字爲目, 衣服已下至褻器, 皆是燕.

1) 牀簀 : ≪方言≫에 "牀(침상)은 齊와 魯 지역에서는 '簀'이라 하고, 陳과 楚 지역에서는 혹은 '笫'라고도 한다.〔牀 齊魯之間謂之簀 陳楚之間或謂之笫〕"고 하였다. '簀'은 평상에 깔아놓은 자리이고, '笫'는 평상에 까는 대자리인데, 이곳에서 '牀簀'은 床(침상) 그 자체를 지칭한다.

經의 〔掌王〕에서 〔褻器〕까지

○釋曰 : 〔掌王之燕衣服〕 燕寢 안에 있는 의복의 등속을 말한다.

〔衽席〕 또한 연침 안의 눕는 자리〔臥席〕이다.

〔牀笫〕 연침 안의 평상을 말한다.

〔凡褻器〕 또한 연침 안에 있는 것을 말한다. '燕'자로 항목을 삼았으니, 衣服 이하 褻器(변기)에 이르기까지 모두 '燕'이다.

○注'燕衣'至'之屬' ○釋曰：云'燕衣服者, 巾絮'者, 案內則 "左佩紛帨(세)[1)]", 紛帨卽巾也. 又婦事舅姑, 佩有線纊,[2)] 此絮, 則纊也. 云'寢衣'者, 論語鄕黨云 "必有寢衣, 長一身有半." 鄭注云 "今(小)〔之〕[3)]臥被", 是也. 又言'袍襗之屬'者, 案毛詩云 "豈曰無衣, 與子同袍"[4)], "與子同襗", 是也. 言'之屬'者, 寢衣之內, 所言不盡, 故言'之屬'以廣之. 云'皆良貨賄所成'者, 見上文云 "凡良貨賄之藏", 故知此良貨賄所成. 鄭司農云 '衽席, 單席也'者, 案曲禮云 "請衽何趾", 鄭注云 "衽, 臥席." 又案斯干詩云 "下莞上簟"[5)], 內則云 "斂枕簽 · 簟席 · 襡器而藏之". 司農云 '單席', 則臥之簟席. 云'褻器, 淸器 · 虎子之屬'者, 旣在燕寢之中私褻之器, 故知淸器虎子之屬. 案內豎 "及葬, 執褻器以從遣車", 彼褻器, 振飾頮(회)沐之器, 彼褻器與此注不同. 彼從葬於死者, 不用淸器, 故爲頮沐之器.

1) 紛帨(세) : 이 ≪禮記≫ 〈內則〉의 '紛帨'에 대해 陳澔는 "차고 다니는 물건은 모두 높은 사람이 시키는 경우 사용하기 위해 대비하는 것이다. '紛'으로 기물을 닦고 '帨'로 손을 닦는데, 모두 수건이다.〔所佩之物 皆是備尊者使令之用 紛以拭器 帨以拭手 皆巾也〕"라고 하였다.(≪禮記集說≫ 〈內則〉)
2) 婦事舅姑 佩有線纊 : ≪禮記≫ 〈內則〉에서 "오른쪽에 대롱에 넣은 바늘 · 실 · 솜을 넣은 주머니를 찬다.〔右佩箴管線纊施縏袟〕"고 한 것을 가리킨다.
3) (小)〔之〕 : 저본에는 '小'로 되어 있으나, 阮元의 說에 의거하여 '之'로 바로잡았다.(北京大 整理本의 〈校勘記〉 참조)
4) 毛詩云……與子同襗 : ≪詩經≫ 〈秦風 無衣〉의 시이다. ≪詩經集傳≫에서 "'袍'는 솜옷이다.〔袍 襺也〕"라고 하고, "'澤'은 속옷이다.〔澤 裏衣也〕"라고 하였다.
5) 下莞上簟 : ≪詩經≫ 〈小雅 斯干〉의 시이다. ≪詩經集傳≫에서 "'莞'은 부들로 만든 자리이다. 대나무나 갈대로 만든 자리를 '簟'이라 한다.〔莞 蒲席也 竹葦曰簟〕"고 하였다.

○注의 〔燕衣〕에서 〔之屬〕까지

○釋曰 : 〔燕衣服者 巾絮〕 살펴보건대, ≪禮記≫ 〈內則〉에서 "왼쪽에는 紛帨를 찬다."고 했는데, '紛帨'는 곧 '巾(수건)'이다. 또 며느리가 시부모를 섬길 때 차고 다니는 것에

실과 솜이 있으니, 이곳에서의 '絮'가 곧 솜이다.

〔寢衣〕 ≪論語≫ 〈鄕黨〉에서 "반드시 이불이 있었으니, 길이는 키의 한 배 반쯤 되었다." 라고 하였는데, 鄭玄의 注에 "오늘날의 이불〔臥被〕이다."라고 하였으니, 이것(寢衣)이다.

〔袍襗之屬〕 살펴보건대, ≪毛詩≫에서 "어찌 옷이 없어 그대와 솜옷〔袍〕을 함께 입으리오." "그대와 속옷〔襗〕을 함께 입으리오."라고 하였으니, 이것(袍襗)이다. '등속〔屬〕'이라고 말한 것은 寢衣 안에 언급할 것이 끝이 없으므로 '등속'이라고 말하여 〈대상을〉 확대한 것이다.

〔皆良貨賄所成〕 살펴보건대, 위의 〈天官 玉府(天-35-1)에서 "일체의 진귀한 재물의 저장〈을 관장한다.〉"고 하였으므로 이것이 진귀한 재물로 만든 것임을 알 수 있다.

鄭衆이 "'衽席'은 홑겹 자리〔單席〕이다."라고 한 것은, 살펴보건대 ≪禮記≫ 〈曲禮 上〉에서 "衽을 펼 때는 다리를 어디로 뻗을 것인지를 묻는다."라고 하였는데, 鄭玄의 注에 "'衽'은 눕는 자리〔臥席〕이다."라고 하였다. 또 살펴보건대 ≪詩經≫ 〈小雅 斯干〉의 시에서 "아래는 부들자리요, 위에는 대자리이네."라고 하였고, ≪예기≫ 〈內則〉에서 "〈남편이 없을 때는〉 베개의 상자와 대자리〔簟席〕를 거두어들이고, 그릇을 싸서 저장해둔다."라고 하였다. 정중이 '홑겹 자리〔單席〕'라고 한 것은 눕는 대자리〔簟席〕이다.

〔褻器 淸器虎子之屬〕 이미 燕寢 안에 사적으로 褻慢하게 사용하는 기물이므로 변기〔淸器〕・호랑이의 형상을 본떠서 만든 변기〔虎子〕 등속임을 알 수 있다. 살펴보건대 〈天官 內豎(天-49-3)〉에서 "〈王后의 棺柩가〉 葬地로 출발할 때에 이르면 褻器를 잡고 遣車를 따라간다."라고 하였는데, 저곳에서의 褻器는 용모를 정돈하고 얼굴과 머리를 씻는 기물이니, 저곳에서의 褻器는 이곳 정현의 注와 같지 않다. 저곳에서〈의 褻器는〉 죽은 이에게 부장하는 것이니, 변기를 사용하지 않는다. 그러므로 얼굴을 씻고 머리를 감는 기물이 되는 것이다.

天-35-6

若合諸侯에 則共珠槃・玉敦(대)하며

〈왕이〉 제후와 회합을 하면, 〈盟誓를 할 때 필요한〉 珠槃과 玉敦를 공급하며,

【注】敦는 槃類니 珠玉以爲飾이라 古者以槃盛血하고 以敦盛食이라 合諸侯者는 必割牛耳하여 取其血하여 歃之以盟이라 珠槃以盛牛耳하여 尸盟者執之라 故書珠爲夷라 鄭司農云 夷槃은

或爲珠槃이라 玉敦는 歃血玉器라

'敦'는 槃의 종류이니, 진주와 옥으로 장식을 한 것이다. 옛날에는 槃(물받이 그릇)에 〈희생의〉 피를 담고 敦(밥그릇)에 밥을 담았다. 〈왕이〉 제후와 會合을 할 경우, 반드시 희생 소의 귀를 잘라 그 피를 취해서 그것을 마심으로써 結盟을 한다. 珠槃에 희생 소의 귀를 담으면 결맹을 주재하는 자가 그것을 잡는다. 故書에는 '珠'가 '夷'로 되어 있다. 鄭衆이 "夷槃은 더러 珠槃으로도 되어 있다. 玉敦는 희생의 피를 〈담아〉 마시는 玉器이다."라고 하였다.

【疏】'若合'至'玉敦' ○釋曰:'合諸侯'者, 謂時見曰會[1), 若司儀所云"爲壇十有二尋, 王與諸侯殺牲歃血而盟", 則供珠槃·玉敦.[2)]

1) 時見曰會:〈春官 大宗伯(春-1-13)〉에 "봄에 천자를 뵙는 것을 '朝', 여름에 천자를 뵙는 것을 '宗', 가을에 천자를 뵙는 것을 '覲', 겨울에 천자를 뵙는 것을 '遇'라고 하며, 때때로 천자를 뵙는 것을 '會', 여럿이 함께 천자를 뵙는 것을 '同'이라 한다.〔春見曰朝 夏見曰宗 秋見曰覲 冬見曰遇 時見曰會 殷見曰同〕"고 하였다. 鄭玄의 注에서는 "때때로 천자를 뵙는다는 것은 정해진 시기가 없음을 말한다. 제후 가운데 순종하지 않은 자가 있어 천자가 정벌하는 일을 행하고자 할 때는 朝覲의 예를 마치고, 천자가 도성 밖에 壇을 쌓고 제후를 모아놓고 정벌의 일을 명령한다.〔時見者 言無常期 諸侯有不順服者 王將有征討之事 則旣朝覲王 爲壇於國外 合諸侯而命事焉〕"라고 하였다.

2) 若司儀所云……則供珠槃玉敦:여기서 인용된 〈司儀〉의 문장은 〈秋官 司儀〉 經文에 보이지 않는다. 또한 ≪周禮正義≫에서는 賈公彦 疏의 이 부분 전체가 보이지 않고, 대신 〈司孟〉의 문장이 인용되어 있다.(≪周禮正義≫, 권12, 462쪽)

經의 〔若合〕에서 〔玉敦〕까지

○釋曰:'〈왕이〉 제후와 회합을 한다.〔合諸侯〕'는 것은 때때로 천자를 뵙는 것을 會라고 한 것을 가리키니, 〈秋官 司儀〉에서 "12길〔尋〕의 壇을 쌓으면, 왕은 제후와 희생을 죽여 歃血을 하고서 盟誓를 한다."고 말한 것과 같은 경우에는 〈玉府는〉 珠槃과 玉敦를 공급한다.

○注'敦槃'至'玉器' ○釋曰:言'敦, 槃類'者, 按明堂位"有虞氏之兩敦", 鄭玄云"制之異同未聞".[1)] 此云'槃類'者, 以經云'玉敦', 與珠槃相將之物, 故云'槃類.' 其制猶自未聞也. 云'珠玉以爲飾'者, 此槃敦應以木爲之, 將珠玉爲飾耳. 云'古者以槃盛血, 以敦盛食'者, 案特牲少牢皆敦盛黍稷, 以槃盛血雖無文, 郊血, 及血以告殺,[2] 當以槃盛血也. 云'合諸侯者, 必割牛耳, 取其血, 歃之以盟. 珠槃以盛牛耳'者, 祭祀之時有黍稷, 故敦中盛黍稷. 今盟無黍稷, 敦中宜盛血, 牛耳宜在槃. 云'尸盟者執之'者, 案左氏哀公十七年, "公會齊侯, 盟于蒙. 孟武伯問於高柴曰 '諸侯盟, 誰執牛耳.' 季羔曰 '鄫衍之役, 吳公子姑曹. 發陽之役, 衛石魋.' 武伯曰 '然則彘也'" 注云 "彘, 武伯名也." 魯於齊爲小國, 故曰彘也. 是盟, 小國執牛耳. 尸猶主也. 小國主盟, 故使執牛耳也.[3] 知此珠槃玉敦爲盟而設者, 案戎右云 "盟則以玉敦辟盟, 遂役之, 替牛耳, 桃茢." 彼注云 "役之者, 傳敦血, 授當歃者, 割牛耳取血, 助爲之, 及血在敦中, 以桃茢(沸)〔拂〕[4]之[5]." 是以知珠槃玉敦爲盟而設. 若然執牛耳是小國尸盟者也. 若以歃血, 則大國在先, 故哀公十七年吳晉爭先[6], 國語曰 "吳公先歃, 晉亞之." 旣言爭先, 是以知大國當在先. 若諸侯相與盟, 則大國戎右執牛耳也.

1) 按明堂位……制之異同未聞 : ≪禮記≫ 〈明堂位〉에서 "有虞氏는 2개의 敦를 진설하고, 夏后氏는 4개의 璉을 진설하고, 殷나라는 6개의 瑚를 진설하고, 周나라는 8개의 簋를 진설하였다.〔有虞氏之兩敦 夏后氏之四璉 殷之六瑚 周之八簋〕"고 하였다. 鄭玄의 注에서 "모두 黍稷을 담는 그릇인데, 제도의 차이에 대해서는 들어보지 못했다.〔皆黍稷器 制之異同未聞〕"라고 하였다.

2) 血以告殺 : ≪禮記≫ 〈禮運〉에서 "희생의 피와 털을 올린다.〔薦其血毛〕"고 하였는데 陳澔는 "희생을 죽일 때 피와 털을 취하여 廟室에 들어가 신에게 고하는 것이다.〔殺牲之時 取血及毛 入以告神於室也〕"라고 하였다.(≪禮記集說≫ 〈禮運〉)

3) 尸猶主也……故使執牛耳也 : 會盟의 예에서 '執牛耳' 즉 희생 소의 귀를 잡는 주체인 '尸盟' 즉 결맹을 주관하는 나라에 대해서는 역대로 異說이 분분하다. 孫詒讓은 賈公彦의 해석은 경문과 어긋나고 일관성이 없는 점들이 있다고 비판하면서, ≪春秋左氏傳≫의 다양한 사례들로 따져봤을 때 반드시 大國이 尸盟者로서 '執牛耳'하는 것이 常法이고, 小國이 尸盟者로서 '執牛耳'하는 경우는 그에 대한 變禮라고 하였다.(≪周禮正義≫ 권12, 464쪽 참조)

4) (沸)〔拂〕 : 저본에는 '沸'로 되어 있으나, 阮元의 說에 의거하여 '拂'로 바로잡았다.(北京大 整理本의 〈校勘記〉 참조)

5) 以桃茢(沸)〔拂〕之 : 〈夏官 戎右(夏-42-5)〉의 鄭玄 注 원문에는 이어서 "又助之也"가 있다.

6) 哀公十七年吳晉爭先 : 이 '吳晉爭先'의 사건 즉 吳나라와 晉나라가 結盟하면서 서로 먼저 歃血을 하겠다고 다툰 일은 ≪春秋左氏傳≫에서는 哀公 13년 조에 보인다.

○注의 〔敦槃〕에서 〔玉器〕까지

○釋曰 : 〔敦 槃類〕 살펴보건대, ≪禮記≫ 〈明堂位〉에 "有虞氏는 2개의 敦를 진설하였다."라고 하였는데, 鄭玄은 "〈有虞氏의 敦·夏后氏의 璉·殷나라의 瑚·周나라의 簋의〉 제도의 차이에 대해서는 들어보지 못했다."고 하였다. 이곳에서 '槃의 종류'라고 한 것은 경문에서 '玉敦'라고 하여 珠槃과 서로 동반하는 기물이므로 '〈敦는〉 槃의 종류'라고 한 것이나, 그 제도에 대해서는 오히려 스스로 들어보지 못한 것이다.

〔珠玉以爲飾〕 이 '槃'과 '敦'는 마땅히 나무로 만들어야 하니, 진주와 옥을 가지고 장식을 할 뿐이다.

〔古者以槃盛血 以敦盛食〕 생각건대, ≪儀禮≫의 〈特牲饋食禮〉와 〈少牢饋食禮〉에서는 모두 敦에 黍稷을 담는다고 하였다. 槃에 피를 담는 것은 비록 明文은 없지만, 郊 제사에서 피를 바칠 때와 〈종묘 제사에서〉 피를 바쳐서 희생을 죽인 것을 고할 때 마땅히 槃에 피를 담아야 하는 것이다.

〔合諸侯者 必割牛耳 取其血 歃之以盟 珠槃以盛牛耳〕 제사를 지낼 때는 黍稷을 올린다. 그러므로 敦 안에 黍稷을 담는 것이다. 이제 會盟을 할 때는 黍稷을 올리지 않으니, 敦 안에는 피를 담고, 희생 소의 귀는 槃에 담아야 한다.

〔尸盟者執之〕 생각건대, ≪春秋左氏傳≫ 哀公 17년 조에 "哀公이 齊나라 平公과 蒙에서 結盟하였다. 孟武伯이 高柴에게 '제후의 회맹에 누가 희생 소의 귀를 잡습니까?'하고 물었다. 季羔(高柴)가 '鄫衍의 회맹에는 吳나라 公子인 姑曹가 잡았고, 發陽의 회맹에는 衛나라의 石魋가 잡았습니다.'라고 하였다. 맹무백이 '그렇다면 〈이번 회맹에는〉 제〔彘〕가 잡겠습니다.'라고 하였다. 杜預의 注에 "彘는 맹무백의 이름이다."라고 하였다. 魯나라는 齊나라에 비해 작은 나라이다. 그러므로 '彘(맹무백의 이름)'라고 한 한 것이다. 이 회맹에서 작은 나라가 희생 소의 귀를 잡은 것이다. '尸'는 主(주관하다)와 같으니, 작은 나라가 결맹을 주관하므로 맹무백에게 희생 소의 귀를 잡게 한 것이다. 이 珠槃과 玉敦가 회맹을 위해 진설하는 것임을 알 수 있는 것은, 살펴보건대 〈夏官 戎右(夏-42-4·5)〉에서 "〈戎右는〉 회맹을 할 때 〈삽혈할 사람이〉 玉敦를 잡고 마음을 열고 맹세를 하도록 하는데, 삽혈할 사람에게 〈피가 담긴〉 玉敦를 전해준다.〔役之〕 〈왕이〉 희생 소의 귀를 잘라서 피를 취하며, 복숭아가지와 빗자루로 상서롭지 못한 것들을 털어내는 것을 돕는다."라고 하였다. 그곳의 鄭玄 注에서 "'役之'란 敦에 담긴 피를 삽혈할 사람에게 전해주는 것이다. 〈왕이〉 희생 소의 귀를 잘라서 피를 취하는 것을 도와서 하고, 피가 敦 안에 담기면 〈왕이〉 복숭아가지와 빗자루로 상서롭지 못한 것들을 털어내는 것을 도와서 한

다.”라고 하였다. 이 때문에 珠槃과 玉敦는 회맹을 위해 진설하는 것임을 알 수 있는 것이다. 그렇다면 희생 소의 귀를 잡는 것은 작은 나라로서 결맹을 주관하는 자이다. 삽혈하는 경우에는 큰 나라가 먼저 하는 것이다. 그러므로 哀公 17년에 吳나라와 晉나라가 먼저 삽혈하려고 다투었는데, ≪國語≫ 〈吳語〉에서 “吳公이 먼저 삽혈하고, 晉侯가 두 번째로 삽혈하였다.”라고 하였다. 이미 먼저 삽혈하려고 다투었다고 말했으므로, 큰 나라가 마땅히 먼저 삽혈한다는 것을 알 수 있다. 만약 제후들이 서로 더불어 결맹을 하는 경우라면 큰 나라의 戎右가 희생 소의 귀를 잡는다.

天-35-7

凡王之獻金玉・兵器・文織・良貨賄之物을 受而藏之하며

왕이 하사할 수 있는 모든 金玉・兵器와 禮樂의 器物・그림을 그려 넣은 비단과 수놓은 비단 및 그 밖의 진귀한 재물들을 수납하여 보관하며,

【注】謂百工爲王所作을 可以獻遺諸侯니 古者致物於人에 尊之則曰獻이요 通行曰饋라 春秋曰 齊侯來獻戎捷[1]은 尊魯也라 文織는 畫及繡錦라

1) 春秋曰 齊侯來獻戎捷 : ≪春秋左氏傳≫ 莊公 31년 6월 條의 經文이다. 齊侯가 山戎을 토벌하여 얻은 전리품을 魯나라에 몸소 와서 바친 일을 기록하였다. 杜預에 의하면 ‘捷’은 노획물을 뜻한다.〔捷 獲也〕

百工이 왕을 위해 제작한 것은 제후에게 줄 수 있음을 말한 것이다. 옛날에는 사람에게 물건을 바칠 때, 상대방을 높이면 ‘獻’이라고 하고 통용해서 쓰이면 ‘饋’라고 하였다. ≪春秋左氏傳≫에 “齊侯가 와서 山戎을 토벌하여 얻은 전리품을 바쳤다.”라고 하였으니, 魯나라를 높인 것이다. ‘文織’은 채색 그림과 수가 놓인 비단이다.

【疏】‘凡王’至‘藏之’○釋曰 : 言‘凡王之獻金玉’者, 謂金玉已下, 皆是擬王獻遺諸侯, 故云“受而藏之.”

經의 〔凡王〕에서 〔藏之〕까지

○釋曰 : 〔凡王之獻金玉〕 金玉 이하 모두 왕이 제후에게 주고자 하는 것임을 말한다. 그러므로 “수납하여 보관한다.”고 한 것이다.

○注'謂百'至'繡錦' ○釋曰：云'謂百工爲王所作'者，謂金玉已下，皆是百工爲王所作者，可以獻遺諸侯也. 云'古者致物於人，尊之則曰獻'者，(名)〔若〕[1]正法，上於下曰(饋)〔賜〕[2]，下於上曰獻. 若尊敬前人，雖上於下亦曰獻，是以天子於諸侯云獻. 案月令"后妃獻繭"[3]，鄭注"謂獻於后妃". 知此'王之獻金玉'，非是獻金玉於王者. 案下內府職"凡四方之幣獻之金玉"[4]，彼是諸侯獻王，入內府藏之，不得在此，故知金玉是獻遺諸侯者也. 況諸侯中，兼有二王之後. 二王之後，王所尊敬，自然稱獻也. 若王肅之義，取家語曰"吾聞之，君取於臣曰取，與於君曰賜. 臣取於君曰(取)〔假〕，與於君謂之獻." 以此難鄭君. 鄭君弟子馬昭之等難王肅"禮記曰'尸飮五，君洗玉爵獻卿.' 況諸侯之中，有二王之後，何得不云獻也." 云'通行曰饋'者，言通行者，上於下，下於上，及平敵相於，皆可云'饋.' 康子饋藥[5]，陽貨饋孔子豚[6]，皆是上於下曰饋. 膳夫職云"王饋用六穀"[7]，及少牢·特牲稱饋食(사)之禮，竝是於尊者曰饋. 朋友之饋，雖車馬不拜[8]，是平敵相饋. 故鄭云通行曰饋. '春秋曰，齊侯來獻戎捷，尊魯也'者，案莊公三十(二)〔一〕[9]年公羊云"齊侯來獻戎捷. 齊，大國也，曷爲親來獻戎捷. 威我也." 左傳云"非禮也. 凡諸侯有四夷之功，則獻于王. 中國則否[10]." 穀梁云"齊侯來獻捷者，內齊侯也." 注云"泰曰齊桓，內救中國，外攘夷狄，親倚之情，不以齊爲異國，故不稱使，若同二國也." 然三傳皆不解獻義，今鄭引者，以齊大(國專)〔於魯〕[11]，言來獻，明尊之則曰獻，(朱)〔未〕[12]必要卑者於尊乃得言獻.

1) (名)〔若〕: 저본에는 '名'으로 되어 있으나, 惠校本에 근거한 阮元의 說에 의거하여 '若'으로 바로잡았다.(北京大 整理本의 〈校勘記〉 참조)

2) (饋)〔賜〕: 저본에는 '饋'로 되어 있으나, 惠校本에 근거한 阮元의 說에 의거하여 '賜'로 바로잡았다.(北京大 整理本의 〈校勘記〉 참조)

3) 月令后妃獻繭 : ≪禮記≫ 〈月令〉에 "蠶事畢 后妃獻繭"이라 하였다. 鄭玄의 注에서는 "'后妃獻繭'은 內命婦가 후비에게 누에고치를 바친다는 뜻이다.〔后妃獻繭者 內命婦獻繭於后妃〕"라고 하였다.

4) 凡四方之幣獻之金玉 : '四方之幣獻'의 幣獻은 〈天官 大宰(天-1-23)〉에서 "大朝覲會同贊玉幣玉獻(大會同을 기회로 朝觀의 예를 행할 때, 〈태재는〉 왕이 제후들의 玉幣를 받는 것을 돕고, 왕이 제후들의 玉獻을 받는 것을 돕는다.)"이라고 할 때의 '玉幣玉獻'이다. 鄭玄의 注에서 "'玉幣'는 諸侯들이 享禮를 행할 때 올리는 예물이다.〔玉幣 諸侯享幣也〕"라고 하였고, "'玉獻'은 제후국의 진귀하고 기이한 예물을 올리는 것이니, 또한 玉을 잡고서 바친다.〔玉獻 獻國珍異 亦執玉以致之〕"라고 하였다.

5) 康子饋藥 : ≪論語≫ 〈鄕黨〉에서 "康子饋藥 拜而受之"라고 한 것을 가리킨다. 魯나라 卿인 季康子가 孔子에게 약을 선사하자 공자가 절하고 받은 것이다.

6) 陽貨饋孔子豚 : 魯나라 公族 陽虎가 孔子를 만나고자 하였으나 공자가 찾아가 보지 않자 공자에게 돼지고기를 선물로 보낸 일을 가리킨다. ≪論語≫ 〈陽貨〉의 원문은 "孔子不見 歸孔子豚"이다.

7) 王饋用六穀 : 〈天官 膳夫(天-6-2)〉의 경문은 "凡王之饋 食用六穀"이다.

8) 朋友之饋 雖車馬不拜 : ≪禮記≫ 〈玉藻〉에서 "敵者不在 拜於其室(신분이 동등한 사이인데 집에 없었을 경우 선물을 보낸 사람의 집에 가서 배례한다.)"이라고 하였다. 鄭玄의 注에는 "와서 하사할 때 만나지 못한 경우를 말한다. 만났다면 다시 가지 않는다.〔謂來賜時不見也 見則不復往也〕"라고 하였고, 陳澔는 "붕우의 경우는 제사 고기가 아니라면 배례하지 않는다.〔若朋友 則非祭肉 不拜〕"라고 하였다.

9) (二)〔一〕: 저본에는 '二'로 되어 있으나, ≪春秋公羊傳≫ 원문 및 北京大 整理本 등에 의거하여 '一'로 바로잡았다.

10) 獻于王 中國則否 : 杜預의 注에 의하면, 왕은 제후가 바친 이 전리품으로 夷狄을 경계하여 두렵게 하는 것이다.〔以警懼夷狄〕

11) (國專)〔於魯〕: 저본에는 '國專'으로 되어 있으나, 惠校本에 근거한 阮元의 說에 의거하여 '於魯'로 바로잡았다.(北京大 整理本의 〈校勘記〉 참조)

12) (朱)〔未〕: 저본에는 '朱'로 되어 있으나, ≪周禮正義≫·北京大 整理本·上海古籍 整理本 등에 의거하여 '未'로 바로잡았다.

○注의 〔謂百〕에서 〔繡錦〕까지

○釋曰 : 〔謂百工爲王所作〕 金玉 이하 모두 百工이 왕을 위해 제작한 것으로 제후에게 줄 수 있음을 말한다.

〔古者致物於人 尊之則曰獻〕 정식의 예법이라면 윗사람이 아랫사람에게 주는 것은 '賜'라고 하고, 아랫사람이 윗사람에게 주는 것은 '獻'이라고 한다. 만약 前人을 존경한다면 비록 윗사람이 아랫사람에게 주는 경우도 '獻'이라고 한다. 이 때문에 천자가 제후에게 주는 것인데 '獻'이라고 한 것이다. 생각건대 ≪禮記≫ 〈月令〉에서 "后妃獻繭"이라고 하였는데, 鄭玄의 注에서 "后妃에게 〈누에고치를〉 바친다는 뜻이다."라고 하였다. 이곳 경문의 '王之獻金玉'이 王에게 金玉을 바친다는 뜻이 아님을 알 수 있는 것은, 살펴보건대 아래 〈天官 內府(天-36-2)〉에서 "무릇 사방의 제후들이 진헌한 玉幣와 玉獻의 金玉"이라고 한 것은 제후가 왕에게 바친 것으로 內府에 납입하여 보관하므로 이곳 〈天官 玉府〉에서 기술할 수 없는 것이다. 그러므로 〈이곳 〈天官 玉府〉의〉 金玉은 '제후에게 주는 것'임을 알 수 있다. 하물며 제후 가운데는 두 왕조(夏·商)의 후손〔二王之後〕인 사람도 있다. 두 왕

조의 후손은 왕이 존경하는 대상이니, 자연스럽게 '獻'이라고 칭한다. 王肅의 해석 같은 경우는 ≪孔子家語≫에서 "내가 들으니, 군주가 신하에게서 취하는 것을 '取'라고 하고, 군주에게 주는 것을 '賜'라고 한다. 신하가 군주에게서 취하는 것을 '假'라고 하고, 군주에게 주는 것을 '獻'이라고 한다."라고 한 것을 취하여 이것으로 鄭玄을 비난한 것이다. 정현의 제자인 馬昭 등이 왕숙을 비난하면서 "≪예기≫ 〈祭統〉에 '尸가 다섯 번째 獻의 술잔을 마시고 나면 군주가 玉爵을 씻어서 卿에게 獻의 예를 행한다.'라고 하였는데, 하물며 제후 가운데 두 왕조의 후손이 있으면 어찌 '獻'이라 하지 않을 수 있는가."라고 하였다.

〔通行曰饋〕'通行'이라고 말한 것은 윗사람이 아랫사람에게, 아랫사람이 윗사람에게, 그리고 대등한 상대끼리 서로에게 줄 때 모두 '饋'라고 할 수 있다는 뜻이다. 康子가 〈孔子에게〉 약을 선사한 것이나, 陽貨가 공자에게 돼지고기를 선물로 보낸 것은 모두 윗사람이 아랫사람에게 준 것인데 '饋'라고 하였다. 〈天官 膳夫(天-1-23)〉에서 "왕에게 진상하는 성찬은 밥에는 여섯 가지 곡물을 사용한다.〔王饋用六穀〕"라고 한 것과 ≪儀禮≫의 〈少牢饋食禮〉와 〈特牲饋食禮〉에서 '饋食'의 예라고 칭한 것은 모두 지위가 높은 사람에게 주는 것을 '饋'라고 한 것이다. 붕우에게 주는 것은 비록 車馬라도 배례를 하지 않으니, 이는 대등한 상대끼리 서로에게 주는 것이다. 그러므로 정현이 "통용해서 쓰이면 饋라고 한다."고 하였다.

〔春秋曰 齊侯來獻戎捷 尊魯也〕≪春秋公羊傳≫ 莊公 31년 조에서는 "齊侯가 〈魯나라에〉 와서 山戎을 정벌하여 얻은 전리품을 바쳤다. 齊나라는 큰 나라인데, 어찌하여 몸소 와서 산융을 정벌하여 얻은 전리품을 바쳤는가? 우리 노나라를 위협한 것이다."라고 하였고, ≪春秋左氏傳≫에서는 "禮가 아니다. 제후가 사방의 夷狄을 토벌하여 戰功이 있을 경우는 왕에게 〈전리품을〉 바치지만, 中國의 제후끼리는 그렇게 하지 않는다."라고 하였다. ≪春秋穀梁傳≫에서는 "齊侯가 와서 전리품을 바쳤다〈고 한 것은〉 齊侯를 친근하게 여긴 것이다."라고 하였는데, 范寧의 注에서 "范泰는 '齊나라 桓公이 안으로는 中國을 구하고 밖으로는 夷狄을 물리쳤으므로, 그를 친애하고 의지하는 情이 있어 제나라를 다른 나라로 여기지 않았다. 그러므로 사신이 왔다고 하지 않았으니 제나라와 노나라를 같은 나라처럼 여긴 것이다.'라고 하였다."고 하였다. 그러나 ≪春秋≫ 三傳이 '獻'의 뜻을 해석하지 않았는데 이제 정현이 인용한 것은 제나라가 노나라보다 큰데도 '來獻'이라고 말했기 때문이니, 상대를 높이면 '獻'이라고 하는 것이지 반드시 비천한 자가 존귀한 자에게 줄 경우에만 '獻'이라고 하는 것은 아님을 밝힌 것이다.

天-35-8

凡王之好賜[1]에 **共其貨賄**니라

1) 好賜 : 하사품에는 秩籍의 규정에 따라 歲時로 나누어 하사해주는 常賜가 있고, 은택으로 특별히 하사해주는 好賜가 있다.(≪周禮正義≫ 권11, 447쪽)

무릇 왕이 총애하는 신하에게 특별히 하사품을 내릴 때, 그 재물을 공급한다.

【疏】'凡王'至'貨賄'○釋曰 : 此謂王於群臣有恩好, 因燕飮而賜之貨賄者也.

經의 〔凡王〕에서 〔貨賄〕까지

○釋曰 : 이것은 왕이 총애하는 신하에게 연회를 베풀어 술을 마시면서 재물을 내려주는 것을 말한다.

36. 內府(내부)

天-36-1

內府는 **掌受九貢・九賦・九功之貨賄**와 **良兵・良器**하여 **以待邦之大用**이니라

內府는 〈大府로부터〉 九貢・九賦・九功으로 징수한 부세의 재물, 훌륭한 병기와 훌륭한 수레 및 예악의 기물을 관장하여 왕국의 大事에 필요한 비용을 공급한다.

【注】大用은 朝覲[1]之頒賜[2)3)]라

1) 朝覲 : 鄭玄은 ≪三禮目錄≫에서 "'覲'은 뵙는다는 뜻이다. 제후가 가을에 천자를 뵙는 예이다. 봄에 뵙는 것을 '朝'라고 하고, 여름에 뵙는 것을 '宗'이라고 하고, 가을에 뵙는 것을 '覲'이라고 하고, 겨울에 뵙는 것을 '遇'라고 한다.〔覲 見也 諸侯秋見天子之禮 春見曰朝 夏見曰宗 秋見曰覲 冬見曰遇〕"라고 하였다.

2) 頒賜 : 제도의 범위 안에서 정기적으로 하사해주는 것을 '頒'이라고 하고, 그 밖에 특별한 은혜로 하사해주는 것을 '賜'라고 한다.(≪周禮正義≫ 권7, 255쪽 참조)

3) 大用 朝覲之頒賜 : 黃以周는 內府의 大用은 祭祀・賓客・喪紀・會同・軍旅에 필요한 대규모 재원을 말하는 것인데, 鄭玄의 注에서 오로지 朝覲의 頒賜만을 말한 것은 치우친 듯하다고 하였고, 孫詒讓도 이 설이 옳다고 하였다.(≪周禮正義≫ 권12, 468쪽 참조)

'大用'은 朝覲을 거행할 때 하사하는 것이다.

【疏】'內府'至'大用' ○釋曰：'掌受九貢九賦九功'者, 此九貢以下而言受, (案彼)〔卽是〕[1] 大府所云"九貢已下, 頒之於受藏之府[2]", 是也. (卽是)〔案彼〕[3]注云"受藏之府, 若內府也", 則此九貢等, 由大府而來, 內府皆受藏之也. 云'良兵·良器'者, 此是冬官百工所作, 亦由大府而來. 良兵, 謂弓矢殳(수)[4]矛[5]戈[6]戟[7]五兵之良者, 良器, 謂車乘及禮樂器之善者. 云'以待邦之大用'者, 謂諸侯來朝覲, 所頒賜者也.

1) (案彼)〔卽是〕: 저본에는 '案彼'로 되어 있으나, 阮元의 교감에 의거하여 '卽是'로 바로잡았다. (北京大 整理本, 〈校勘記〉 참조)
2) 九貢已下頒之於受藏之府：〈天官 大府(天-34-1)〉의 經文은 "大府掌九貢九賦九功之貳以受其貨賄之入 頒其貨于受藏之府(大府는 九貢·九賦·九功의 副本을 관장하여, 징수한 부세의 재물을 수납하여 그 貨(金玉)를 受藏하는 府에 나누어준다.)"이다.
3) (卽是)〔案彼〕: 저본에는 '卽是'로 되어 있으나, 阮元의 교감에 의거하여 '案彼'로 바로잡았다. (北京大 整理本의 〈校勘記〉 참조)
4) 殳(수) : 杖에 속한다. 대나무나 나무로 만드는데, 8개의 모서리가 있고, 끝머리에는 원통형의 금속이 붙어 있으며, 칼날이 없다. 의장용으로 많이 사용한다.
5) 矛 : 긴 대나무나 나무 손잡이에 뾰족하고 폭이 넓은 양날의 창날을 부착한 병기이다. 양손으로 쥐고 직진하여 공격하면서 창날로 적을 찌른다. 殷周 시대에는 머리 부분을 청동으로 만들었는데, 漢나라 시대에는 鐵矛가 성행했다.
6) 戈 : 商나라에서 전국시대까지 성행했는데, 秦나라 이후 점차 소멸되었다. 긴 대나무나 보통 나무로 된 손잡이에 청동제 날을 수직으로 부착한 병기로 전차전에 많이 사용되었다. 돌출된 부분을 '援'이라고 하는데, 援의 위아래가 모두 칼날이다. 옆으로 타격을 가하거나 갈고리를 사용하여 사람을 죽인다. 石戈, 玉戈 등이 있으며 대부분 禮儀의 용구나 明器로 사용한다.
7) 戟 : 戈와 矛를 합한 형태의 병기이다. 矛와 유사한 창 끝 부분의 날을 '刺'라고 하고, 戈와 유사한 형태로 손잡이 방향과 수직으로 돌출한 날 부분을 '援'이라 한다. 살상력은 戈나 矛보다 강력하다.

經의 〔內府〕에서 〔大用〕까지

○釋曰 : 〔掌受九貢九賦九功〕 여기서 九貢 이하에 대해서 '受(받는다)'라고 말한 것은 바로 〈天官 大府(天-34-1)〉에서 "九貢 이하 〈징수한 부세의 재물을〉 受藏하는 府에 나누어준다."고 한 것이 이것이다. 살펴보건대 저곳 〈천관 태부(天-34-1)〉 鄭玄의 注에서 "受藏하는 府는 內府와 같은 것이다."라고 하였으니, 이곳의 九貢 등은 태부로부터 온 것으로서 내부에서 모두 받아서 저장하는 것이다.

〔良兵良器〕 이것은 冬官의 百工이 제작한 것이니, 또한 태부로부터 온 것이다. '良兵'은 弓矢·殳·矛·戈·戟의 다섯 가지 병기 가운데 훌륭한 것이고, '良器'는 수레 및 예악의 기물 가운데 훌륭한 것이다.

〔以待邦之大用〕 제후가 와서 朝覲을 할 때 하사하는 것을 말한다.

○注'大用'至'頒賜' ○釋曰：掌給九式[1]及弔用, 是大府所給也, (玩好)〔好賜〕[2]之用, 玉府所給也. 此又言以待邦之大用, 明是朝覲頒賜可知.

1) 九式 : 九賦의 규정에 의거하여 징수한 재물을 지출하는 9가지 규정을 말한다. '九賦'와 '九貢'이 貢賦를 징수하는 규정으로서 재정 수입의 법이라면, '九式'은 재정 지출의 법이다.(〈天官 大宰(天-1-8)〉 참조)

2) (玩好)〔好賜〕 : 저본에는 '玩好'로 되어 있으나, ≪周禮正義≫에는 '好賜'로 되어 있다. 이에 의거하여 '好賜'로 바로잡았다.(≪周禮正義≫ 권12, 468쪽)

○ 注의 〔大用〕에서 〔頒賜〕까지

○ 釋曰 : 九式의 용도와 凶禮를 애도하는 용도에 공급하는 것을 관장하는 것은 大府가 공급하는 것이고, 총애하는 신하에게 특별히 하사하는 용도는 玉府가 공급하는 것이다. 여기서 또 왕국의 大事에 필요한 비용을 공급하는 일을 언급하였으니, 분명히 朝覲을 거행할 때 하사하는 것임을 알 수 있다.

天-36-2

凡四方之幣獻之金玉·齒革·兵器와 凡良貨賄를 入焉이라

〈內府는〉 무릇 사방의 제후들이 진헌하는 玉幣와 玉獻의 金玉·짐승의 치아와 가죽·병기 및 수레와 예악의 기물 등 일체의 진귀한 재물을 납입한다.

【注】諸侯朝(覲)〔聘〕[1]所獻國珍이라

1) (覲)〔聘〕 : 저본에는 '覲'으로 되어 있으나, 孫詒讓의 교감에 의거하여 '聘'으로 바로잡았다. 손이양은 宋本·嘉靖本·閩本·監本·毛本 등에 '聘'으로 되어 있고, 賈公彦 疏도 ≪儀禮≫ 〈覲禮〉를 인용하여 '朝'를 해석하고 〈聘禮〉를 인용하여 '聘'을 해석하고 있으므로 '覲'은 '聘'이 되어야 한다고 보았다.(北京大 整理本의 〈校勘記〉 참조)

諸侯가 朝聘할 때 진헌하는 본국의 진귀한 예물들이다.

【疏】'凡四'至'入焉' ○釋曰：云'凡四方之幣獻'者, 謂四方諸侯來朝覲, 及遣卿大夫來聘問, 將幣三享[1], 貢獻珍異[2], 有此金玉及齒革之等. 金者, 謂若禹貢"惟金三品[3]"之類. 玉者, 謂若禹貢"球琳琅玕[4]"之類. 齒, 謂若象牙之類, 革, 謂若犀皮之類. 兵器者, 禹貢無貢兵器之法, 此周時有之. '凡良貨賄', 其不良者, 入於職內, 給國之用, 此良者, 入內府, 以給王之用.

1) 將幣三享 : '三享'은 제후가 朝覲을 할 때 廟에 나아가 瑞玉을 바치는 朝禮를 마친 후 왕에게 馬皮 등의 예물을 진헌하는 세 차례의 享禮를 말한다. 〈秋官 大行人(秋-52-6)〉 鄭玄의 注에서 "廟 안에서 왕에게 瑞玉을 바치고, 이후 모두 세 차례 향례를 행한다.〔諸侯廟中將幣皆三享〕"고 하였고, ≪儀禮≫ 〈覲禮〉에서도 "세 차례 향례를 행하는데, 모두 束帛 위에 璧을 올려서 바친다.〔三享皆束帛加璧〕"고 하였다.

2) 貢獻珍異 : 제후가 朝覲을 할 때 세 차례 享禮를 행하는데, 이때 별도로 본국의 진귀하고 기이한 예물을 올린다. 〈天官 大宰(天-1-23)〉 鄭玄의 注에 "'玉獻'은 제후국의 진귀하고 기이한 예물을 올리는 것이니, 또한 玉을 잡고서 바친다.〔玉獻 獻國珍異 亦執玉以致之〕"고 하였는데, 賈公彥의 疏에서 "세 차례의 향례〔三享〕 이외에 별도로 제후국의 진귀하고 기이한 예물을 올리는데, 또한 세 차례의 향례를 행할 때와 마찬가지로 옥을 잡고서 바친다. 그러므로 '玉獻'이라고 한 것이니, 옥을 바쳐 올리는 것을 말한다.〔謂三享之外別有獻國珍異 亦如三享 執玉以致之 故言玉獻 謂以玉致獻也〕"고 하였다.

3) 惟金三品 : '金三品'에 대해 孔安國은 金·銀·銅의 세 가지 금속으로 해석하였고, 鄭玄은 銅의 세 가지 색깔이라고 해석하였다. ≪尙書正義≫ 〈禹貢〉 '揚州' 조에서 "그 공물은 金三品이다.〔厥貢惟金三品〕"라고 한 것에 대해, 孔穎達의 疏에서는 "금은 이미 總名인데 '삼품'이라 한 것은 황금 이하에는 오직 백은과 동이 있을 뿐이므로 〈공안국은〉 금·은·동이라 한 것이다.……정현은 '金三品은 銅의 세 가지 색깔이다.'라고 하였다.〔金旣總名而云三品 黃金以下 惟有白銀與銅耳 故爲金銀銅也……鄭玄以爲金三品者銅三色也〕"고 하였다. 그 세 가지 색깔에 대해서 ≪爾雅≫ 〈釋器〉에서는 靑·白·赤의 세 가지 색이라고 하였다.〔知金三品者其中不得有金銀也……三色者蓋靑白赤也〕

4) 球琳琅玕 : ≪尙書正義≫ 〈禹貢〉 '雍州' 조에서 "그 貢物은 오직 球玉과 琳玉과 琅玕이다.〔厥貢惟球琳琅玕〕"라고 하였는데, 孔安國의 傳에는 "球와 琳은 모두 玉의 명칭이다. 琅玕은 돌인데 옥과 비슷하다.〔球琳皆玉名 琅玕石而似玉〕"라고 하였다.

經의 〔凡四〕에서 〔入焉〕까지

○釋曰：〔凡四方之幣獻〕 사방의 제후들이 와서 朝覲을 하거나 〈제후가〉 卿·大夫를 보내 聘問을 할 때, 예물을 받들어 세 차례 享禮를 행하고 〈제후국의〉 진귀하고 기이한

예물을 공물로 진헌하는데, 이러한 금옥 및 짐승의 치아와 가죽 등이 포함된다.

'金'이란 ≪尙書≫ 〈禹貢〉에서 "세 가지 색깔의 구리〔金三品〕"라고 한 것 같은 종류이다.

'玉'이란 ≪상서≫ 〈우공〉에서 "球玉과 琳玉과 琅玕"이라고 한 것과 같은 종류이다.

'齒'는 象牙와 같은 종류이고, '革'은 물소 가죽과 같은 종류이다.

'兵器'는 ≪尙書≫ 〈禹貢〉에는 兵器를 공물로 바치는 법이 없으므로, 이것은 周나라 때 있었던 것이다.

〔凡良貨賄〕 훌륭하지 못한 것은 職內에 납입하여 나라의 용도에 공급하고, 이처럼 훌륭한 것은 內府에 납입하여 왕의 용도에 공급한다.

○注'諸侯'至'國珍' ○釋曰：'諸侯朝聘所獻國珍'者, 覲禮所云"(一)〔匹〕[1]馬卓上, 九馬隨之[2]", 龜金竹箭, 分爲三享[3], 是也. 諸侯遣臣聘所獻國珍者, 謂若聘禮束帛加璧, 庭實乘皮[4]之等是也. 此因朝聘而貢, 先入於掌貨賄, 入其要於大府, 乃始通之於內府也.

1) (一)〔匹〕：저본에는 '一'로 되어 있으나, ≪儀禮≫ 〈覲禮〉에 의거하여 '匹'로 바로잡았다.(上海古籍 整理本 및 北京大 整理本의 〈校勘記〉 참조)

2) (一)〔匹〕馬卓上 九馬隨之：≪儀禮≫ 〈覲禮〉에 나오는 '三享'의 儀節이다. 〈근례〉의 經文은 "〈侯氏(각 제후)가〉 속백을 받들고, 이마가 흰 말 1마리를 선두로 하고, 9마리의 말을 따르게 하여, 뜰 중앙에 서쪽을 윗자리로 진열한다. 폐백을 내려놓고, 머리를 바닥에 대면서 재배를 한다.〔奉束帛 匹馬卓上 九馬隨之 中庭西上 奠幣 再拜稽首〕"이다. 鄭玄의 注에서는 "이마가 흰 말 한 마리를 선두로 삼는데, 그 나라의 이름을 쓰고, 뒤에는 어디에서 생산된 것인지를 기록해야 한다.〔以素的一馬以爲上 書其國名 後當識其何產也〕"라고 하였다.

3) 龜金竹箭 分爲三享：≪儀禮≫ 〈覲禮〉에 나오는 '三享'의 儀節 가운데 예물을 뜰에 진설하는 '庭實'의 절차이다. 經에 "侯氏가 세 차례 예물을 진헌하는데, 매번 비단 열 단에 璧을 올려놓은 것을 사용하고, 庭實은 본국에 있는 물품만을 사용한다.〔四享 皆束帛加璧 庭實唯國所有〕"라고 하였는데, 鄭玄은 "'四'는 마땅히 '三'이 되어야 한다.……첫 번째 진헌할 때는 말을 사용하기도 하고 호랑이나 표범의 가죽을 사용하기도 한다. 그다음 진헌할 때는 세 가지 희생과 건어와 말린 고기・籩과 豆에 올리는 음식・거북・쇠・丹砂・옻・명주실・솜・조릿대・화살대를 사용한다. 그 나머지는 정해진 공물이 없다. 이러한 토산물은 一國에서 모두 갖추어 둘 수 있는 것이 아니므로, 단지 있는 것을 나누어서 세 차례 진헌을 하는데, 매번 비단 열 단에 璧을 올린 것을 가지고서 그것들을 바친다.〔四當爲三……初享或用馬 或用虎豹之皮 其次享 三牲魚腊 籩豆之實 龜也 金也 丹漆絲纊竹箭也 其餘無常貨 此地物非一國所能有 唯所有分爲三享 皆以璧帛致之〕"라고 하였다.

4) 庭實乘皮 : '庭實'은 聘問을 할 때 뜰 중앙에 진설하는 馬, 皮, 牲, 米 등의 예물을 말한다.(≪三禮文化辭典≫, 347쪽 참조) '乘皮'는 4장의 크고 작은 사슴 가죽으로, 聘禮가 끝난 후 主君이 享의 예에 대한 보답으로 聘君에게 璧玉·束帛· 乘皮를 보내주는 '禮玉'의 儀節에 사용한다. ≪儀禮≫ 〈聘禮〉에서 "위로하러 온 경이 빈의 뒤를 따라 들어간다. 乘皮를 관사의 문 안에 펼쳐서 진설한다.〔賓勞者從之 乘皮設〕"고 하였는데, 鄭玄의 注에서는 "물건 4개를 '乘'이라고 한다. '가죽'은 사슴의 가죽이다.〔物四曰乘 皮 麋鹿皮也〕"라고 하였다.

○ 注의 〔諸侯〕에서 〔國珍〕까지

○ 釋曰 : 〔諸侯朝聘所獻國珍〕 ≪儀禮≫ 〈覲禮〉에서 말한 "이마가 흰 말 1마리를 선두로 하고, 9마리의 말을 따르게 한다."는 것으로, 거북·쇠·조릿대·화살대 등을 나누어서 세 차례 예물을 진헌하는 것이 이것이다. 제후가 신하를 보내서 빙문할 때 진헌하는 본국의 진기한 예물이란 ≪儀禮≫ 〈聘禮〉의 束帛 위에 올려놓는 璧玉·庭實로 사용하는 네 마리 사슴 가죽〔乘皮〕 등과 같은 것들을 말한다. 이 예물들은 朝聘을 할 때 바치는 것이므로, 먼저 재물을 관장하는 곳에 납입하고 그 납입 문서의 부분〔要〕을 大府에 들인 후에 비로소 內府에 내준다.

天-36-3

凡適四方使者에 共其所受之物而奉之하고

〈內府는〉 무릇 사방의 제후국으로 사신을 떠가는 使者들에게 그들이 수령해야 할 예물을 공급하여 받들어 보내준다.

【注】 王所以遺諸侯者라

왕이 제후에게 보내주는 것이다.

【疏】 '凡適'至'奉之' ○ 釋曰 : 言'凡適四方使者', 謂使公卿(大夫)〔以下〕[1]聘問諸侯, 若大行人所云間問省覜[2]之等. '共其所受之物', 謂使者受將行之物, 則內府奉而與之.

1) (大夫)〔以下〕 : 저본에는 '大夫'로 되어 있으나, 惠校本과 ≪周禮正義≫에 의거하여 '以下'로 바로잡았다.(北京大 整理本의 〈校勘記〉 참조)

2) 間問省頫 : 〈秋官 大行人(秋-52-04)〉에서 "격년으로 제후에게 〈사신을 보내〉 위문하여서 왕의 뜻을 제후에게 전한다.〔間問以諭諸侯之志〕"라고 하였다. 〈추관 대행인(秋-52-11)

에서 "왕이 각국의 제후를 위무하는 방법은 〈왕이 巡守한 지〉 1년이면 〈사신을 보내〉 두루 위문하는〔遍存〕 예를 행하고, 3년이면 〈사신을 보내〉 두루 살펴보는〔遍覜〕 예를 행하고, 5년이면 〈사신을 보내〉 두루 정찰하는〔遍省〕 예를 행한다.〔王之所以撫邦國諸侯者 歲遍存 三歲遍頫 五歲遍省〕"라고 하였는데, 鄭玄의 注에서 "'存'·'頫'·'省'은 왕이 제후에게 사신을 보내는 예이니, 이른바 '間問'이다.〔存頫省者 王使臣於諸侯之禮 所謂間問也〕"라고 하였다.

經의 〔凡適〕에서 〔奉之〕까지

○ 釋曰：〔凡適四方使者〕 公·卿 이하를 사신으로 보내어 제후를 빙문하는 것을 말하니, 〈秋官 大行人〉에서 말한 '間問'·'省'·'頫' 등과 같은 것이다.

〔共其所受之物〕 使者가 받아서 받들고 갈 예물은 內府에서 받들어 보내준다는 뜻이다.

○注'王所'至'侯者' ○釋曰：卽上王之獻金玉兵器已下是也, 彼據藏之, 此據用之.

○ 注의 〔王所〕에서 〔侯者〕까지

○ 釋曰：곧 위(〈天官 玉府(天-35-7)〉)의 왕이 하사할 수 있는 金玉·兵器와 禮樂의 器物 이하가 이것이니, 저곳 〈천관 옥부(天-35-7)〉에서는 저장하는 것에 의거하여 말하였고, 이곳 〈天官 內府(天-36-4)〉에서는 사용하는 것에 의거하여 말하였다.

天-36-4

凡王及冢宰之好賜予를 則共之니라

왕과 총재가 일을 잘 처리하는 신하들에게 상으로 하사품을 내려줄 경우, 〈內府는〉 그 재물을 공급한다.

【注】 冢宰待四方賓客之小治니 或有所善이면 亦賜予之니라

冢宰는 사방에서 온 빈객들에 관한 작은 정사들을 처리하는데, 일을 잘 처리하는 신하가 있으면 또한 그에게 하사품을 내려준다.

【疏】 注'冢宰'至'予之' ○釋曰：云'冢宰待四方賓客之小治'者, 大宰職文云[1] "(凡邦之小治)〔大事決於王, 小事〕[2]則冢宰專平之. 以其冢宰貳王治事, 或有所善, 亦得賜予之. 云'所善', 釋經中'好'也.

1) 大宰職文云：〈天官 大宰(天-1-28)〉의 경문은 "凡邦之小治 則冢宰聽之 待四方之賓客之

小治(무릇 왕국의 작은 정사는 총재가 직접 처리하니, 사방에서 조회하러 온 빈객을 접대하는 작은 정사 같은 경우이다.)"이고, "大事決於王 小事則冢宰專平之"는 鄭玄의 注이다.

2) (凡邦之小治)〔大事決於王小事〕: 저본에는 '凡邦之小治'로 되어 있으나, 惠校本을 따른 阮元의 교감에 의거하여 '大事決於王小事'로 바로잡았다.(北京大 整理本의 〈校勘記〉 참조)

○注의 〔冢宰〕에서 〔予之〕까지

○釋曰 : 〔冢宰待四方賓客之小治〕〈天官 大宰(天-1-28)〉 鄭玄의 注에서 "大事는 왕에 의해 결정되지만, 小事는 冢宰가 독자적으로 처리한다."고 하였다.

〔所善〕 경문 속의 '好'를 풀이한 것이다.

37. 外府(외부)

天-37-1

外府는 **掌邦布之入出**하여 **以共百物**하고 **而待邦之用**과 **凡有灋者**하며

外府는 王國의 법정 유통화폐의 수입과 지출을 관장하여 국가에서 각종 물품을 제작하거나 구매할 때 필요한 경비를 제공하고, 국가에서 비상시에 사용하는 경비 및 관부에서 법의 규정에 의거하여 사용하는 경비를 공급하며

【注】布는 泉也니 布讀爲宣布之布라 其藏曰泉이요 其行曰布니 取名於水泉은 其流行無不徧이라 入出은 謂受之復出之요 共百物者는 或作之 或買之라 待는 猶給也라 有法은 百官之公用也라 泉始蓋一品이니 周景王鑄大泉而有二品이요 後數變易하여 不復識本制라 至漢(惟)〔唯〕[1]有五銖久行이러니 王莽改貨而異作에 泉布多至十品이라 今存於民間多者 有貨布大泉貨泉하니 貨布는 長(二尺五寸)〔二寸五分〕[2]이요 廣寸이며 首長八分有奇요 廣八分이며 其圜好徑二分半이요 足枝長八分이러니 其右文曰貨요 左文曰布며 重二十五銖니 直(치)貨泉二十五라 大泉은 徑一寸二分이요 重十二銖요 文曰大泉이니 直十五貨泉이라 貨泉은 徑一寸이요 重五銖요 右(又)〔文〕[3]曰貨요 左文曰泉이니 直一也라

1) (惟)〔唯〕: 저본에는 '惟'로 되어 있으나, 宋本·嘉靖本 및 ≪漢制考≫에 모두 '唯'로 되어 있는 것에 의거하여 바로잡았다.(北京大 整理本의 〈校勘記〉 참조)

2) (二尺五寸)〔二寸五分〕: 저본에는 '二尺五寸'으로 되어 있으나, 阮元의 교감에 의거하여 '二寸五分'으로 바로잡았다.(北京大 整理本의 〈校勘記〉 참조)

3) (叉)〔文〕: 저본에는 '叉'로 되어 있으나, 北京大 整理本 및 上海古籍 整理本의 교감에 의거하여 '文'으로 바로잡았다.(北京大 整理本 및 上海古籍 整理本의 〈校勘記〉 참조)

'布'는 화폐〔泉〕이다. '布'는 '宣布'라고 할 때의 '布(유포하다)'의 뜻으로 읽는다. 보관할 때에는 '泉'이라 하고, 유통할 때에는 '布'라고 한다. 하천〔水泉〕에서 이름을 취한 것은 그 흘러 다니는 것이 두루 다니지 않는 곳이 없기 때문이다. '入出'은 수입하고 다시 지출하는 것을 말한다. '共百物'은 제작하기도 하고 구매하기도 하는 것이다. '待'는 給(공급하다)과 같다. '有法'은 백관의 공적인 용도〔公用〕이다. 화폐〔泉〕는 처음에 아마도 1종류였을 것인데, 周나라 景王이 大泉을 주조하면서 2종류가 있었다. 이후 자주 바뀌었기 때문에 본래의 제도를 다시는 알 수 없게 되었다. 漢나라에 이르러 오직 五銖錢이 오랫동안 유통되었다. 王莽이 화폐를 개혁하여 달리 제작하였는데, 화폐〔泉布〕가 10종류에 이를 정도로 많아졌다. 오늘날까지 민간에 많이 남아 있는 것으로는 貨布와 大泉과 貨泉이 있다. 貨布는 길이가 2촌 5푼이고 너비가 1촌인데, 머리 부분은 길이가 8푼 남짓에 너비가 8푼이고, 그 〈중앙의〉 둥근 구멍은 직경이 2푼 반이며, 발 길이는 8푼이고, 그 오른쪽에 새겨져 있는 글자는 '貨'이고 왼쪽에 새겨져 있는 글자는 '布'이며, 무게는 25銖(24수=1兩)이고 〈한 매는〉 貨泉 25개에 해당한다. 大泉은 직경이 1촌 2푼이고 무게는 12銖이며, '大泉'이라는 글자가 새겨져 있는데, 〈한 매는〉 貨泉 15개에 해당한다. 貨泉은 직경이 1촌이고 무게가 5銖로 오른쪽에 새겨져 있는 글자는 '貨'이고 왼쪽에 새겨져 있는 글자는 '泉'인데, 1개에 해당한다.

【疏】'外府'至'灋者' ○釋曰 : 云'掌邦布之入出'者, 邦(者)[1], 國也. 布, (如)[2]泉也. 謂國之所有泉, 皆來入外府, 是其邦布之入也, 國之用泉者皆外府出與之, 是邦布之出也, 故揔云"邦布之入出." 此言與下爲目. 云'以共百物'者, 謂共國家器物之泉也. '而待邦之用'者, 謂國家非常所用, 亦出泉與之也. '凡有灋者', 謂在朝官府, 依常法用之者, 亦出泉與之.

1) (者) : 저본에는 '者'가 있으나, 阮元의 교감에 의거하여 衍文으로 처리하였다.(北京大 整理本의 〈校勘記〉 참조)

2) (如) : 저본에는 '如'가 있으나, 阮元의 교감에 의거하여 衍文으로 처리하였다.(北京大 整理本의 〈校勘記〉 참조)

經의 〔外府〕에서 〔灋者〕까지

○釋曰 : 〔掌邦布之入出〕 '邦'은 국가〔國〕이다. '布'는 화폐〔泉〕이다. 국가의 모든 화폐가 모두 外府로 들어오니 이것이 왕국의 법정 유통화폐의 수입이며, 국가에서 사용하는

화폐는 모두 外府에서 내어주니 이것이 왕국의 법정 유통화폐의 지출임을 말한다. 그러므로 총괄하여 "왕국의 법정 유통화폐의 수입과 지출을 관장한다."고 한 것이다. 이 말은 아래 내용의 총목이 된다.

〔以共百物〕 국가의 기물 구매에 필요한 화폐를 공급하는 것을 말한다.

〔而待邦之用〕 국가에서 비상시에 사용하는 경우도 〈外府에서〉 화폐를 내주는 것을 말한다.

〔凡有灋者〕 朝廷의 官府에서 常法에 의거하여 사용하는 경우도 〈外府에서〉 화폐를 내주는 것을 말한다.

◯注'布泉'至'一也' ◯釋曰：'布, 泉也'者, 此言'布', 地官泉府云'泉', 是布泉一也. 云'布讀爲宣布之布'者, 此(謂)〔讀〕[1]如秋官布憲, 彼布是宣布之布, 此布亦是宣布, 故讀從之. 云'其藏曰泉, 其行曰布'者, 此鄭欲解泉布一物兩名之意. 地官泉府不言外, 不言布, 據其所藏爲名. 此官言外, 言布, 取名於其流行於外爲稱, 故鄭卽云"取名於水泉, 其流行無不徧." 無不徧, 卽布之義也. 云'共百物者, 或作之, 或買之'者, 或作之, 謂出物使百工所營作, 或買之, 以充國用也. 云'泉始蓋一品'者, 卽此經泉布是也. 云'周景王'已下, 竝漢書食貨志文. 案彼周景王時, 患泉輕, 將更(경)鑄大泉, 單穆公曰 "不可", 王不聽, 鑄大泉, 文曰'寶貨.' 漢興, 爲秦泉重, 難用, 更令民鑄楡莢錢[2]. 至孝文, 有司言楡莢三銖輕, 易(이)姦詐, 請鑄五銖. 至王莽居攝, 變漢制, 更造大泉, 徑寸二分, 重一十二銖, 文曰 "大泉", 直(치)五十. 又造契刀, 形如錢, 直五百. 又造錯刀, 以黃金錯其文曰'一刀', (直)[3]直五千. 與五銖錢凡四品, 竝行. 至莽卽眞, 罷五銖錢, 異作泉(公)〔布〕[4], 多至十品. 其(中)〔布〕[5]有大布・次布・弟布・壯布・中布・差布・厚布・幼布・公布・小布, 是爲貨十品也. 其泉十品者, 莽居攝, 作大泉・錯刀・契刀, 卽眞, 作小錢・幺錢・幼錢・中錢・壯錢, (元)〔天〕[6]鳳年, 更造貨布與貨錢爲十品. 莽以劉有金(刅)〔刀〕[7], 罷契刀・錯刀. 若然, 鄭云 "後數變易, 不復識舊本制"者, 據秦漢至莽已前而言也. 云'唯有五銖久行'者, 從漢孝文作五銖錢, 至莽, 世數既多, 故云"久行"也. 云'今存於民間多者, 有貨布大泉'已下者, 是從莽至漢末鄭君時, 見行此三者, 故云"今存於民間"也. 案彼文, 其貨布, 直云長二寸五分, 廣寸, 首長八分, 圜好徑二分, 無'有奇・廣八分・半・足(支)〔枝〕[8]長八分'等十一字. 今鄭言之者, 此竝鄭言目所覿見, 以義增之耳. 又案彼大泉直五十, 不云五十言十五者, 亦誤, 當從五十爲正也. 且王莽之大泉, 蓋與景王所鑄大泉亦異也.

1) (謂)〔讀〕: 저본에는 '謂'로 되어 있으나, 阮元의 교감에 의거하여 '讀'으로 바로잡았다. (北京大 整理本의 〈校勘記〉 참조)
2) 楡莢錢 : ≪漢書≫ 〈食貨志〉에는 '莢錢'으로 되어 있다. '莢錢'은 모양이 楡莢(느릅나무 열매 꼬투리)과 비슷한데, 무게는 3銖에 불과하였다고 한다.
3) (直) : 저본에는 '直'이 중첩되어 있으나, 阮元의 說에 의거하여 衍文으로 처리하였다. (阮元의 〈校勘記〉 참조)
4) (公)〔布〕: 저본에는 '公'으로 되어 있으나, 北京大 整理本과 上海古籍 整理本에 의거하여 '布'로 바로잡았다.
5) (中)〔布〕: 저본에는 '中'으로 되어 있으나, 玩元의 교감에 의거하여 '布'로 바로잡았다. (上海古籍 整理本의 〈校勘記〉 참조)
6) (元)〔天〕: 저본에는 '元'으로 되어 있으나, 惠校本과 ≪漢制考≫에 근거한 阮元의 교감에 의거하여 '天'으로 바로잡았다.(北京大 整理本의 〈校勘記〉 참조)
7) (刅)〔刀〕: 저본에는 '刅'으로 되어 있으나, 惠校本과 ≪漢制考≫에 근거한 阮元의 교감에 의거하여 '刀'로 바로잡았다.(北京大 整理本의 〈校勘記〉 참조)
8) (支)〔枝〕: 저본에는 '支'로 되어 있으나, 閩本・監本・毛本에 근거한 阮元의 교감에 의거하여 '枝'로 바로잡았다.(北京大 整理本의 〈校勘記〉 참조)

○注의 〔布泉〕에서 〔一也〕까지

○釋曰 : 〔布 泉也〕 이곳에서는 '布'라고 말하였는데 〈地官 泉府〉에서는 '泉'이라고 하였으니, 布와 泉은 같은 것이다.

〔布讀爲宣布之布〕 이것은 〈秋官〉의 '布憲'과 같은 뜻으로 읽은 것이니, 저곳의 '布'는 '宣布'라고 할 때의 布의 뜻이고, 이곳의 '布'도 '宣布'의 뜻이다. 그러므로 〈저곳의 '布'를〉 따라서 읽은 것이다.

〔其藏曰泉 其行曰布〕 이곳에서 鄭玄은 泉과 布가 한 가지 물건으로 두 개의 명칭을 가지고 있는 뜻을 풀이하고자 한 것이다. 〈地官 泉府〉에서 '外'를 언급하지 않고 '布'를 언급하지 않은 것은 그 저장하고 있는 것에 의거하여 관명을 삼았기 때문이다. 이곳의 〈天官 外府〉에서 '外'를 언급하고 '布'를 언급한 것은 그 〈화폐를〉 유통시켜 밖에 있는 것에서 이름을 취하여 명칭으로 삼았기 때문이다. 그러므로 鄭玄이 "하천〔水泉〕에서 이름을 취한 것은 그 흘러 다니는 것이 두루 다니지 않는 곳이 없기 때문이다."라고 한 것이다. 두루하지 않음이 없는 것이 바로 '布'의 의미이다.

〔共百物者 或作之 或買之〕 '제작하기도 하는 것'은 재물을 내서 百工으로 하여금 제작하게 하는 것을 말하는데, 구매하기도 하여 국가에서 필요로 하는 것을 충당한다.

〔泉始蓋一品〕 곧 이곳 經文에서 말하는 泉布가 그것이다.

'周景王'이라고 말한 이하는 모두 ≪漢書≫ 〈食貨志〉의 문장이다. 살펴보건대 저 周나라 景王(재위 B.C. 544~B.C. 520) 때 화폐의 액면가가 낮은 것을 걱정하여 〈액면가가 높은〉 大錢으로 바꾸어 주조하려 하였는데, 單穆公이 불가하다고 하였으나 왕은 듣지 않고 大泉을 주조하여 '寶貨'라는 글자를 표면에 새겨넣었다. 漢나라가 흥기하자, 秦나라의 화폐는 무거워서 사용하기 어렵다고 여겨 다시 백성들에게 〈가벼운〉 楡莢錢을 주조하게 하였다. 漢 孝文帝(劉恒) 때에 이르러 有司가 유협전〈의 무게는〉 3銖로서 가벼워서 조작하기가 쉽다고 하면서 5銖의 화폐를 주조할 것을 청하였다. 王莽이 攝政을 할 때 漢制를 바꾸어 다시 大泉을 주조하였는데, 직경이 1촌 2푼이고 무게가 12銖였고 '大泉'이라는 글자를 표면에 새겨넣었으며, 〈한 매는 五銖錢〉 50개에 해당하였다. 또 契刀를 주조하였는데 형태는 錢과 같고, 〈한 매는 五銖錢〉 500개에 해당하였다. 또 錯刀를 주조하였는데 황금으로 '一刀'라는 글자를 파서 넣었으며 〈한 매는 五銖錢〉 5,000개에 해당하였다. 五銖錢과 함께 4종의 화폐가 함께 통용되었다. 왕망이 황위에 오르게 되자 오수전을 없애고 화폐〔泉布〕들을 달리 제작하여 많게는 10종에 이르렀는데, 그 布에는 大布·次布·弟布·壯布·中布·差布·厚布·幼布·公布·小布가 있었으니, 이것이 '貨十品'(화폐 10종)이 된다. 그 '泉十品'이라는 것은 왕망이 섭정할 때 大泉·錯刀·契刀를 제작했고, 황제의 지위에 오르고 나서 小錢·幺錢·幼錢·中錢·壯錢을 제작했고, 왕망 天鳳 연간(14~19)에 다시 貨布와 貨錢을 제작하여 10종이 된 것이다. 왕망은 '劉'자에 '金刀'가 있다고 여겨 契刀·錯刀를 없앴다. 그렇다면 鄭玄이 "이후 자주 바뀌어 본래의 제도를 다시는 알 수 없다."고 한 것은 秦·漢에서 왕망 이전까지〈의 상황에〉 의거하여 말한 것이다.

〔唯有五銖久行〕 漢나라 孝文帝 때 五銖錢을 제작하고 나서부터 王莽 때에 이르러 세대수가 이미 많이 되었다. 그러므로 "오랫동안 유통되었다."고 한 것이다.

'今存於民間多者 有貨布大泉' 이하는 왕망에서부터 한나라 말엽 정현의 시대에 이르기까지 이 세 가지 〈화폐〉가 유통되는 것을 보았기 때문에 "오늘날까지 민간에 남아 있다."라고 한 것이다. 생각건대 저 〈≪漢書≫ 〈食貨志〉의〉 문장에서는 그 貨布는 단지 길이가 2촌 5푼이고 너비가 1촌인데, 머리 부분은 길이가 8푼이고, 그 〈중앙의〉 둥근 구멍은 직경이 2푼이라고만 말했고, '有奇'·'廣八分'·'半'·'足枝長八分' 등의 11자는 없다. 지금 정현이 이를 말한 것은 여기서 정현이 눈으로 목격한 것과 함께 의미를 더한 것일 뿐이다. 또 살펴보건대, 저 大泉은 〈한 매가 貨泉〉 50개에 해당하는데, 50이라고 말하지 않고 15라고 말한 것도 잘못되었다. 마땅히 50을 따르는 것이 옳다. 또 왕망의 大泉은 景王이 주조한 大泉과도 다를 것이다.

天-37-2

共王及后・世子之衣服之用하고 **凡祭祀・賓客・喪紀・會同・軍旅**에 **共其財用**[1]**之幣齎**(자)와 **賜予之財用**이라

1) 財用 : 鄭玄은 "'財'는 화폐와 곡식을 가리킨다. '用'은 貨賄를 가리킨다.〔財 泉穀也 用 貨賄也〕"라고 하였다.(〈天官 宰夫〉 天-3-4 鄭玄의 注)

왕과 왕후・세자의 의복에 필요한 비용을 공급하고, 무릇 祭祀・빈객 접대・喪事・會同・軍事와 관련한 일을 거행할 때 필요한 예물과 노자 등을 마련하기 위한 재물 비용 및 하사품에 필요한 재물 비용을 공급한다.

【注】 **齎**는 **行道之財用也**니 **聘禮曰 問幾月之齎**라 **鄭司農云 齎或爲資**[1]니 **今禮家定齎作資**라 **玄謂齎資同耳**니 **其字以齊次爲聲**이요 **從貝變易**이니 **古字亦多或**이라

1) 或爲資 : 여기서 或은 '或字'로 '或體'라고도 하며 異體字를 말하는데, 보통 形符를 달리한 것이 있고, 聲符를 달리한 것이 있다. ≪說文解字≫ 段玉裁 注에 보면 "㫄은 或字를 徬・傍・彷으로 쓰고 皇은 혹자를 徨으로 쓰는데, 모두 俗字이다.〔㫄或作徬傍彷 皇或作徨 皆俗〕"라 하였다. 이처럼 訓詁學에서 '或作', '或爲'의 或은 이체자를 설명하는 것이다.

'齎'는 사행길에 필요한 재물 비용이니, ≪儀禮≫ 〈聘禮〉에서 "몇 달 치의 비용〔齎〕을 가져가야 하는지 묻는다."고 하였다. 鄭衆은 "'齎'는 더러 '資'로 되어 있는데, 오늘날의 禮家들은 정해서 '齎'를 '資'로 쓴다."고 하였다. 나(鄭玄)는 생각건대, '齎'와 '資'는 같을 뿐이다. 그 글자는 齊・次(자)로 발음을 삼고, '貝'를 따라서 〈글자를〉 바꾼 것이니, 古字에도 或字(異體字)가 많다.

【疏】'共王'至'財用' ○釋曰 : 從王至軍旅, 所須財用, 皆外府供其泉也. 云'幣齎之財用', 謂王使公卿已下, 聘問諸侯之行道所用, 則曰'幣齎.' 云'賜予之財用'者, 謂王於群臣有所恩好, 賜予之也.

經의 〔共王〕에서 〔財用〕까지

○釋曰 : '王'에서 '軍旅'에 이르기까지 필요한 재물 비용은 모두 外府에서 그 화폐를 공급한다.

〔幣齎之財用〕 王이 公・卿 이하를 사신으로 보내서 제후를 빙문할 때 사행길에 필요한 비용을 말하는 것이니, '幣齎(예물과 노자 등의 재물 비용)'라고 한다.

〔賜予之財用〕 王이 신하들 가운데 총애하는 사람이 있으면 하사품을 내려주는 것을 말한다.

○注'齎行'至'多或' ○釋曰 : '問幾月之齎'者, 案聘禮記 "使者既受行出, 遂見宰, 問幾月之資", 注云 "資, 行用也. 古者君臣謀密草創, 未知所之遠近, 問行用, 當知多少而已." 是其問幾月之資. '鄭司農云 齎或爲資, 今禮家定齎作資'者, 齎資義一, 何得言禮家定作資. 故後鄭不從. 齎資兩字直是齊次爲聲, 從貝變易耳.

○注의 〔齎行〕에서 〔多或〕까지

○釋曰 : 〔問幾月之齎〕 살펴보건대 ≪儀禮≫ 〈聘禮〉 記文에서 "使者는 사행의 명을 받은 후 조정에서 나오고, 이어서 宰를 만나 몇 달 치의 비용을 가져가야 하는지 묻는다."라고 하였는데, 鄭玄의 注에서 "'資'는 사행의 비용이다. 옛날에 군주와 신하가 모의하여 처음 계획을 수립할 때에는 가는 곳의 거리를 알지 못하기 때문에 사행의 비용을 물어서 그 많고 적음을 알아야 했다."라고 하였다. 이것이 그 "몇 달 치의 비용을 가져가야 하는지 묻는다."는 것이다.

〔鄭司農云 齎或爲資 今禮家定齎作資〕 '齎'와 '資'는 뜻이 같은 것인데, 어떻게 禮家들이 '資'로 정해서 쓴다고 말할 수 있겠는가. 그러므로 정현은 〈鄭衆의 해석을〉 따르지 않았다. '齎'와 '資' 두 글자는 다만 齊・次(자)로 발음이 삼고 '貝'를 따라서 〈글자를〉 바꾸었을 뿐이다.

天-37-3

凡邦之小用을 皆受焉이니라

王國의 小事에 필요한 비용은 모두 外府에서 수령한다.

【注】皆來受라

모두 〈外府로〉 와서 수령한다.

【疏】'凡邦'至'受焉' ○釋曰 : 但外府所納泉布, 所積既少, 有小用則給之, 若大用卽取餘府.

經의 〔凡邦〕에서 〔受焉〕까지

○釋曰 : 다만 外府에 납입된 화폐〔泉布〕는 적립한 것이 적으니, 小事에 필요한 비용이 있다면 공급해주고, 大事의 비용이라면 여타의 府에서 취한다.

天-37-4

歲終에 **則會**로되 **唯王及后之服**은 **不會**니라

연말이 되면 한 해의 총 회계 결산을 하지만, 오직 왕과 왕후의 의복에 제공한 비용에 대해서만은 회계 결산을 하지 않는다.

【疏】'歲終'至'不會' ○釋曰：言王及后不會，以衣服異於膳羞與所加禽獻，故通世子可以會之也.[1]

1) 言王及后不會……可以會之也：〈天官 膳夫(天-6-16)〉에서 "연말이 되면 한 해의 총 회계 결산을 하지만, 오직 왕 및 왕후・세자에게 제공한 음식의 수량에 대해서만은 회계 결산을 하지 않는다."고 하였는데, 鄭玄의 注에서 "수량을 회계 결산하지 않는 것은 존귀한 사람을 예우하는 것이다."라고 하였다. 賈公彦의 疏에서는 "이곳에서 膳夫가 관장하는 희생고기와 맛난 음식〔膳羞〕은 正餐이다. 그러므로 세자의 경우에도 회계 결산을 하지 않는다. 아래 〈天官 庖人(天-7-7)〉에 이르면 "왕 및 왕후의 경우에는 회계결산을 하지 않는다."고 하였으므로 세자의 경우에는 회계 결산을 한다. 그곳의 '禽獻'은 加餐이기 때문이다. 그러므로 회계 결산을 하는 것이다."라고 하였다.

經의 〔歲終〕에서 〔不會〕까지

○釋曰：왕과 왕후〈의 의복에 제공한 비용은〉 회계 결산하지 않는다고 한 것은, 의복은 희생고기와 맛난 음식〔膳羞〕, 加餐으로 올린 禽獻와는 다르기 때문이다. 그러므로 세자까지 합하여 회계 결산을 할 수 있다.

38. 司會(사회)

天-38-1

司會는 **掌邦之六典**[1] **八灋**(법)[2]・**八則**(칙)[3]・**之貳**[4]하여 **以逆邦國・都鄙・官府之治**니라

1) 六典：治典, 教典, 禮典, 政典, 刑典, 事典 등 나라를 다스리기 위한 6가지 法典을 말한다.(〈天官 大宰(天-1-1)〉 참조)

2) 八灋：官屬, 官職, 官聯, 官常, 官成, 官法, 官刑, 官計 등 관부의 관리들을 다스리는 8가지 通法을 말한다.(〈天官 大宰(天-1-2)〉 참조)

3) 八則(칙) : 祭祀, 法則, 廢置, 祿位, 賦貢, 禮俗, 刑賞, 田役 등 畿內의 采邑을 관리하기 위한 8가지의 通法으로, 大宰가 제정하고 관장한다.(〈天官 大宰(天-1-3)〉 참조)

4) 貳 : 楊天宇에 의하면 '貳'는 副本을 가리킨다. 大宰는 六典·八法·八則의 규정을 제정하고 그것을 문서로 작성하는데, 이것이 正本이다. 司會는 그 副本을 받아서 보관하여 일을 관장한다. 〈秋官 大司寇(秋-1-22)〉에서 "무릇 왕과 제후가 회동을 기회로 맹약을 맺으면, 왕이 직접 그 맹약의 문서를 살펴서 검토한 후 天府에 올려서 보관하고, 大史·內史·司會 및 六官의 장관들은 모두 그 부본을 받아서 보관한다.〔凡邦之大盟約涖其盟書而登之於天府大史內史司會及六官皆受其貳而藏之〕"고 하였다.(楊天宇, ≪周禮譯注≫ 131쪽 및 〈天官 序官(天-0-44)〉 鄭玄의 注에 대한 賈公彦의 疏 역주 2) 참조)

司會는 왕국의 六典·八法·八則의 副本을 관장하여 邦國(畿外의 제후국)·都鄙(畿內의 채읍)·官府(조정의 각 관부)에서 보고하여 올린 치적 문서를 접수하여 심사를 한다.

【注】逆은 受而鉤考之라

'逆'은 〈문서를〉 접수하여 심사를 한다는 뜻이다.

【疏】'司會'至'之治' ○釋曰 : 云'掌六典八灋八則之貳'者, 案大宰云 "六典治邦國[1], 八法治官府[2], 八則治都鄙[3]", 但司會是鉤考[4]之官, 還以六典逆邦國之治, 八法逆官府之治, 八則逆都鄙之治. 逆皆謂鉤考知得失.

1) 六典治邦國 : 〈天官 大宰(天-1-1)〉에서 "大宰의 직무는 왕국의 六典을 제정하여 시행하는 일을 관장함으로써 왕을 보좌하여 邦國(제후국)을 다스린다.〔大宰之職 掌建邦之六典以佐王治邦國〕"고 하였다.

2) 八法治官府 : '官府'는 朝庭의 천·지·춘·하·추·동 六官과 그 휘하의 속관들을 가리킨다. 〈天官 大宰(天-1-2)〉에서 "〈大宰는〉 八法으로 官府를 다스린다.〔以八灋治官府〕"고 하였다.

3) 八則治都鄙 : 〈天官 大宰(天-1-3)〉에서 "〈大宰는〉 八則으로 都鄙(기내의 채읍)를 다스린다.〔以八則治都鄙〕"고 하였다.

4) 鉤考 : ≪鬼谷子≫ 〈權篇〉의 陶弘景 注에 "깊고 은미한 것을 찾는 것을 '鉤'라고 한다.〔求其深微曰鉤〕"고 하였고, ≪國語≫ 〈晉語〉의 韋昭 注에 "'考'는 살펴서 비교하는 것이다.〔考校也〕"라고 하였다. 즉 '鉤考'는 심사하고 비교해서 그 시비를 살펴보는 것을 말한다.(≪周禮正義≫ 권12, 474쪽 참조)

經의 〔司會〕에서 〔之治〕까지

○釋曰：〔掌六典八灋八則之貳〕 살펴보건대 〈天官 大宰〉에서 "六典으로 邦國(제후국)을 다스리고, 八法으로 官府(조정의 각 관부)를 다스리고, 八則으로 都鄙(기내의 채읍)를 다스린다."고 하였다. 다만 司會는 鉤考(감사)의 관직이므로, 또한 六典에 의거하여 邦國의 치적을 심사하고, 八法에 의거하여 官府의 치적을 심사하고, 八則에 의거하여 都鄙의 치적을 심사한다. '逆'은 모두 심사를 하여 잘잘못을 파악하는 것을 말한다.

天-38-2

以九貢之灋으로 致邦國之財用하고 以九賦之灋으로 令田野之財用하고 以九功之灋으로 令民職之財用하고 以九式[1]之灋으로 均節邦之財用이라 掌國之官府郊野縣都之百物財用과 凡在書契[2]版圖者之貳하여 以逆群吏之治 而聽其會計니라

1) 九式：九賦의 규정에 의거하여 징수한 재화를 지출하는 9가지 규정을 말한다. '九賦'와 '九貢'이 貢賦를 징수하는 규정으로서 재정수입의 법이라면, '九式'은 재정지출의 법이다. 大宰는 각 관부에서 재무행정을 집행하는 법률적 근거로서 '구식'의 규정을 제정하고, 연말의 회계감사 역시 이 규정에 의거하여 진행한다. '式'은 일종의 법률형식의 문서로서 '法式'으로 합칭하기도 하는데, 睡虎地秦簡의 ≪封診式≫, 西魏의 ≪大統式≫, 隋代의 ≪大業式≫의 선구를 이룬다.(〈天官 大宰(天-1-8)〉 참조)

2) 書契：契約 등의 증빙 문서를 말한다. 물건을 주고받을 때는 符券(符信)이나 符書(장부)에 그 내역을 요약하여 기록하는데, 이를 '書契'라고 한다.

九貢의 법에 의거하여 邦國(제후국)의 재물을 〈現物稅로〉 징수하고, 九賦의 법에 의거하여 〈畿內의〉 田野에서 생산되는 재물을 〈丁口稅로〉 명하여 징수하고, 九功의 법에 의거하여 백성들이 직업으로 얻은 재물을 〈從業稅로〉 명하여 징수하고, 九式의 법에 의거하여 왕국의 재물 지출을 균평하게 조절한다. 〈司會는〉 왕국의 官府·郊·野·縣·都의 각종 재물 출납을 기재한 書契(증빙문서)와 版圖(호적의 명부와 토지의 지도)의 부본을 관장하는데, 이에 의거하여 관리들이 보고하여 올린 치적 문서를 접수하여 심사함으로써 그들의 회계문서를 감사한다.

【注】郊는 四郊니 去國百里요 野는 甸稍(소)也니 甸은 去國二百里요 稍三百里요 縣四百里요

都五百里라 書는 謂簿書요 契는 其最凡也[1)]요 版은 戶籍也요 圖는 土地形象田地廣狹[2)]이라

1) 書……其最凡也 : '簿書'는 재물의 출납을 기록한 장부를 말한다. '最凡'은 要目 혹은 提要로서 簿書의 일부분이다. '簿書'는 오늘날의 賬冊이다.(≪周禮譯注≫, 132쪽 참조)

2) 版……田地廣狹 : 孫詒讓에 의하면, 書契와 版圖는 관부의 우두머리 및 郊·野·縣·都의 관리들이 각각 그 正本을 나누어 관장하고, 司會는 그 副本(副貳)을 관장하여 회계감사에 대비한다.(≪周禮正義≫ 권12, 476쪽 및 楊天宇, ≪周禮譯注≫, 132쪽 참조)

'郊'는 四郊이니, 王城에서 100리 떨어져 있다. '野'는 甸과 稍이니, '甸'은 왕성에서 200리 떨어져 있고, '稍'는 300리 떨어져 있다. '縣'은 400리 떨어져 있고, '都'는 500리 떨어져 있다. '書'는 簿書(재물의 출납장부)를 말하니, '契'는 그 最凡(簿書의 총목)이다. '版'은 戶籍이고, '圖'는 土地의 형태와 田地의 면적을 말한다.

【疏】'以九'至'會計' ○釋曰：言'以九貢之法, 致邦國之財用'者, 九貢, 卽是大宰九貢, 其所貢之物, 出於諸侯邦國. 言之'財用', 謂諸侯於其民, 什一取之. 旣取得民物, 大國貢半, 次國三之一, 小國四之一. 所貢之物, 皆市取土毛[1)], 貢於天子, 則禹貢所云'厥篚'·'厥貢'[2)], 是也. 故云"致邦國之財用." 此卽小行人云"春令入貢[3)]", 是謂歲之常貢. 大行人因朝而貢者[4)], 所貢無常, 不應使司會致之. 云'以九賦之法, 令田野之財用'〔者〕[5)], 此九賦, 卽大宰所云"九賦斂財賄", 是也. 言'法'者, 謂口率出錢, 多少有其定法. '令田野之財用'者, 九賦之內, (惟)〔唯〕[6)]有關市·幣餘, 國中非田野, 自外四郊·邦甸·家稍·邦縣·邦都·山澤, 盡是田野, 據多言之, 故言"令田野之財用." 云'以九功之法, 令民職之財用'者, 九功, 卽是大宰九職之功所稅. 言之'法'者, 亦是稅法什一爲常. 言'令民職之財用'者, 以其九職任萬民, 使之出稅, 故云"令民職之財用." 云'以九式, 均節邦之財用'者, 九式所以用九賦, 使均平有節, 故云"均節邦之財用." 云'掌國之官府'者, 案大宰九賦, 一曰邦中[7)], 二曰四郊[8)], 此不言'邦中'而言'官府'者, 以官府在邦中, 故擧官府以表邦中, 其實官府不出賦也. 云'郊野縣都之百物財用'者, 以其民之出賦, 不必皆使出泉, 以百物當之亦得, 故大宰云"九賦斂財賄", 則此百物財用一也. 但九式用九賦, 大宰均節而用之, 此司會主鉤考, 故亦言之矣. '凡在書契版圖者之貳'者, 此書契版圖, 下文司書掌其正, 此司會主鉤考, 故掌其副貳. 云'以逆群吏之治'者, 群吏謂朝廷官府, 下及(郡)〔群〕[9)]都縣(都)〔鄙〕[10)]群臣之治, 皆逆而鉤考之. 云'而聽其會計'者, 謂群吏以會計文書送於司會者, 司會皆聽斷之.

1) 土毛 : 본래는 토지에서 생장하는 五穀·桑麻·菜蔬 등의 식물을 가리키는데, 후에는 널리 土産(지방 특산물)을 지칭하게 되었다. ≪春秋左氏傳≫ 昭公 7년 조에 "封略之內 何非君土 食土之毛 誰非君臣(封地 안이 어느 땅인들 임금님의 땅이 아니며, 토지에서 생산되는 곡물을 먹고 사는 자들이 누구인들 임금님의 신하가 아니겠습니까?)"이라고 하였는데, 杜預의 注에서 "毛는 풀이다.〔毛 草也〕"라고 하였다.
2) 厥篚 厥貢 : '厥'은 해당 제후국에서 생산되는 물건임을 나타낸다. ≪尙書正義≫ 〈尙書序〉의 孔穎達 疏에서 "'토지에서 생산되는 바'라는 것은 〈禹貢〉의 '그곳의 공물〔厥貢〕'·'그곳의 대광주리〔厥篚〕'와 같은 것이다.〔土地所生若禹貢之厥貢厥篚也〕"라고 하였다.
3) 春令入貢 : 〈秋官 小行人(秋-53-2)〉의 경문에는 "令諸侯春入貢"으로 되어 있다.
4) 大行人因朝而貢者 : 〈秋官 大行人(秋-52-9)〉에서 "侯服은 매년 한 차례 〈왕을〉 朝見하니, 그 공물은 〈희생 등의〉 제사 물품이다.〔侯服歲壹見 其貢祀物〕"라고 하였다. 이는 朝見할 때를 이용하여 공납하는 것으로, 정기적인 공납과는 구별된다.
5) 〔者〕 : 저본에는 '者'가 없으나, 上海古籍 整理本에 의거하여 보충하였다.
6) (惟)〔唯〕 : 저본에는 '惟'로 되어 있으나, 上海古籍 整理本에 의거하여 '唯'로 바로잡았다.
7) 一曰邦中 : 孫詒讓에 의하면 '邦中'은 王城의 안을 말한다. 賈公彦에 의하면 '邦中의 賦'는 國中(王城의 안)의 백성들이 화폐로 납부하는 것을 말한다.〔邦中之賦者 謂國中之民出泉也〕(〈天官 大宰〉 天-1-7 經文에 대한 賈公彦의 疏 참조)
8) 二曰四郊 : 賈公彦에 의하면 '四郊의 賦'는 王城으로부터 100리 떨어진 遠郊 안의 인구수를 계산하여 백성들에게 화폐로 납부하게 하는 것을 말한다.〔四郊之賦者 計遠郊百里之內 民所用出泉也〕(〈天官 大宰(天-1-7)〉 經文에 대한 賈公彦의 疏 참조)
9) (郡)〔群〕 : 저본에는 '郡'으로 되어 있으나, 北京大 整理本과 上海古籍 整理本 〈校勘記〉에 의거하여 '群'으로 바로잡았다.
10) (都)〔鄙〕 : 저본에는 '都'로 되어 있으나, 北京大 整理本과 上海古籍 整理本에 의거하여 '鄙'로 바로잡았다.

經의 〔以九〕에서 〔會計〕까지

○釋曰 : 〔以九貢之法 致邦國之財用〕 '九貢'은 곧 〈天官 大宰(天-1-9)〉의 九貢이니, 공물로 바치는 재물은 제후국에서 산출된 것이다. '財用'이라고 말한 것은 제후가 그 백성들에게서 1/10을 수취한 것을 말한다. 백성들의 재물을 수취한 후, 大國의 경우 1/2을 공물로 〈왕국에〉 바치고, 次國의 경우 1/3을 바치고, 小國의 경우 1/4을 바친다. 공물로 바치는 재물은 모두 시장에서 토산물(지방 특산물)을 취하여 천자에게 공납하는 것이니, ≪尙書≫ 〈禹貢〉에서 '그곳의 대광주리〔厥篚〕'·'그곳의 공물〔厥貢〕'이라고 말한 것들이 그것이다. 그러므로 "邦國(제후국)의 재물을 〈現物稅로〉 징수한다."라고 한 것이다.

이는 곧 〈秋官 小行人(秋-53-2)〉에서 "〈제후국에 명하여〉 봄에 공물을 바치게 한다."고 한 것이니, 이는 매년 바치는 정기적인 공납〔常貢〕을 말한다. 〈秋官 大行人(秋-52-9)〉에서 '朝見하는 기회를 이용하여 공물을 바친다.'고 한 것은 공물을 바치는 데에 일정함이 없는 것이니, 司會로 하여금 징수하게 할 수는 없다.

〔以九賦之法 令田野之財用〕 이 九賦는 〈천관 태재(天-1-7)〉에서 "九賦(부세를 징수하는 9가지 규정)로 재화를 징수한다.〔九賦斂財賄〕"고 한 것이 이것이다. '法'이라고 말한 것은 인구수에 따라 화폐를 납부하는 정도에 정해진 법이 있음을 말한다. "田野에서 생산되는 재물을 〈丁口稅로〉 명하여 징수한다."는 것은 九賦 가운데에 關市(관문과 시장)의 賦·幣餘(관용으로 사용하고 남은 잉여 물자)의 賦만이 國中에서 징수하는 것으로 田野에서 징수하는 것이 아니며, 밖으로 四郊·邦甸·家稍·邦縣·邦都·山澤은 모두 田野이니, 다수에 의거하여 말한 것이다. 그러므로 "田野에서 생산되는 재물을 〈丁口稅로〉 명하여 징수한다."고 한 것이다.

〔以九功之法 令民職之財用〕 九功은 곧 〈천관 태재(天-1-6)〉의 九職(백성들이 종사하는 9가지 직업)의 일에 따라 징세하는 것이다. '法'이라고 말한 것은 또한 稅法은 1/10을 常法으로 삼는 것이다. "백성들이 직업으로 얻은 재물을 〈從業稅로〉 명하여 징수한다.〔令民職之財用〕"라고 말한 것은 九職으로 백성들의 생업을 확립시켜서 세금을 납부하도록 하기 때문이다. 그러므로 "백성들이 직업으로 얻은 재물을 〈從業稅로〉 명하여 징수한다."고 말한 것이다.

〔以九式 均節邦之財用〕 九式의 법은 九賦〈로 징수한 재물을〉 사용하기 위한 규정이므로 균평하면서도 절도가 있게 하는 것이다. 그러므로 "왕국의 재물 지출을 균평하게 조절한다."고 말한 것이다.

〔掌國之官府〕 살펴보건대, 〈천관 태재(天-1-7)〉의 九賦에서 첫 번째가 邦中의 賦이고, 두 번째가 四郊의 賦인데, 이곳에서 '邦中'이라 하지 않고 '官府'라고 말한 것은 官府가 邦中(王城의 안)에 있기 때문이다. 그러므로 官府를 들어서 邦中을 표현한 것이지만, 사실 官府에서는 賦를 납부하지 않는다.

〔郊野縣都之百物財用〕 백성들이 賦를 납부할 때 모두 화폐〔泉〕로 납부하게 할 필요가 없으니, 百物(재물)로 충당하는 것도 가능하기 때문이다. 그러므로 〈천관 태재(天-1-7)〉에서 "九賦로 財賄(재화)를 징수한다.〔九賦斂財賄〕"고 하였으니, 〈財賄는〉 이곳의 百物·財用과 같은 것이다. 다만 九式의 법으로 九賦〈로 징수한 재물을〉 사용할 적에, 태재는 균평하게 조절하여 사용하게 하고, 여기의 이 司會는 鉤考(심사)를 주관하므로 또한 이를 말한 것이다.

〔凡在書契版圖者之貳〕 이곳의 書契와 版圖는 아래 경문의 司書가 그 정본〈의 보관을〉 관장하는데, 이 司會는 鉤考를 주관하므로 그 부본〔副貳〕〈의 보관을〉 관장한다.

〔以逆群吏之治〕 群吏〈의 치적 문서〉는 朝廷의 官府와 아래로 여러 都・縣・鄙의 群臣의 치적 문서를 가리키니, 치적 문서를 모두 접수하여 심사한다.

〔而聽其會計〕 群吏들이 회계문서를 司會에게 보내면, 司會가 모두 이를 살펴서 판단하는 것을 말한다.

○注'郊四'至'廣狹' ○釋曰：此九式用九賦, 故以郊野已下, 依此大宰九賦次第以釋之. 彼九賦一曰邦中之賦, 當此官府. 此郊, 當彼四郊之賦. 據遠郊言之, 故云"去國百里." '郊外曰野'[1], 大揚之言, 故此野當彼三曰邦甸, 去國二百里, 又當彼四曰家稍, 故鄭云"甸去國二百里, 稍三百里"也. 此經縣, 當彼五曰邦縣之賦, 故云"縣四百里." 此經都, 卽彼六曰邦都之賦, 故云"都五百里." 云'書謂簿書'者, 漢時以簿書記事, 至於餘物記事, 亦謂之簿書, 故擧漢法而言也. '契, 其最凡也'者, 此之書契, 卽小宰八成取予以書契之類. 最凡, 謂計要[2]之多少, 以爲契要. 云'版, 戶籍也'者, 漢之戶籍, 皆以版書之, 故以漢法況. 云'圖, 土地形象, 田地廣狹'者, 下司書云 "土地之圖, 有其形象[3]", 卽是民之田地廣狹多少, 皆在於圖也.

1) 郊外曰野：鄭玄은 〈天官 甸師(天-11-3)〉의 注에서 "甸은 遠郊의 밖에 있으니, 郊의 밖을 '野'라고 한다.〔甸 在遠郊之外 郊外曰野〕"고 하였고, 〈地官 遂人(地-40-1)〉의 注에서는 "郊의 밖을 '野'라고 한다. 이곳의 '野'는 甸・稍・縣・都를 가리킨다.〔郊外曰野 此野 謂甸稍縣都〕"라고 하였다. 즉 정현은 왕성으로부터 100리에서 500리까지의 甸・稍・縣・都(畺) 지역을 '野'로 해석한 것이다. '甸'은 왕성에서 100리에서 200리까지인데, 이곳에 六遂를 설치하고 公邑의 田을 조성한다. '稍'는 200리에서 300리까지인데, 이곳에 家邑의 田(大夫의 采地)을 조성한다. '縣'은 300리에서 400리까지인데, 이곳에 小都의 田(六卿의 채지)을 조성한다. '都(畺)'는 400리에서 500리까지인데, 이곳에 大都의 田(三公의 채지)을 조성한다.(〈地官 載師(地-16-2)〉 經文 및 鄭玄의 注 참조)
2) 計要：회계결산을 말한다. 〈天官 小宰(天-2-8)〉 鄭玄의 注에서 "要會는 회계의 개요를 기록한 문서〔簿書〕이니, 매달의 회계결산 문서를 '要'라고 하고, 매년의 회계결산 문서를 '會'라고 한다.〔要會 謂計最之簿書 月計曰要 歲計曰會〕"고 하였다.
3) 土地之圖 有其形象：〈天官 司書(天-39-1)〉에는 '土地之圖'라고 하여 '有其形象'의 4글자는 보이지 않는다.

○ 注의 〔郊四〕에서 〔廣狹〕까지

○釋曰 : 이 九式의 법으로 九賦〈로 징수한 재물을〉 사용한다. 그러므로 〈鄭玄 注의〉 郊・野 이하는 이 〈天官 大宰(天-1-7)〉의 九賦에 대한 서술 차례에 의거하여 풀이한 것이다. 〈천관 태재〉에서 九賦의 첫 번째인 '邦中의 賦'는 이곳의 '官府'에 해당한다. 이곳의 '郊'는 〈천관 태재〉에서 〈九賦의 두 번째인〉 '四郊의 賦'에 해당하니, 遠郊에 의거하여 말한 것이다. 그러므로 "王城에서 100리 떨어져 있다.〔去國百里〕"고 말한 것이다. "郊의 밖을 野"라고 말하는 것은 대체적으로 하는 말이다. 그러므로 이곳의 '野'는 〈천관 태재〉에서 〈九賦의〉 세 번째인 '邦甸'에 해당하니, 王城에서 200리 떨어져 있다. 또 〈천관 태재〉에서 〈九賦의〉 네 번째인 '家稍'에 해당한다. 그러므로 鄭玄은 "甸은 왕성에서 200리 떨어져 있고, 稍는 300리 떨어져 있다."고 한 것이다. 이곳 경문의 '縣'은 〈천관 태재〉에서 〈九賦의〉 다섯 번째인 '邦縣의 賦'에 해당한다. 그러므로 "縣은 〈왕성에서〉 400리 떨어져 있다."고 한 것이다. 이곳 경문의 '都'는 곧 〈천관 태재〉에서 〈九賦의〉 여섯 번째인 '邦都의 賦'이다. 그러므로 "都는 〈왕성에서〉 500리 떨어져 있다."고 한 것이다.

〔書謂簿書〕 漢나라 때는 簿書로 일을 기록하였는데, 나머지 물건으로 일을 기록하는 것까지도 또한 '簿書'라고 하였다. 그러므로 漢나라의 法을 들어서 말한 것이다.

〔契 其最凡也〕 이곳의 書契는 곧 〈天官 小宰(天-2-8)〉의 '八成(관부의 관리들이 직무를 처리할 때 의거해야 할 8가지 成事와 品式)' 가운데 '관부의 물품을 빌려서 취한 후 갚는 것과 관련하여 쟁송이 일어나면 書契(증빙문서)에 의거하여 판결한다.〔取予以書契〕'는 종류이다. '最凡'은 計要(회계 결산)의 많고 적음을 말하니, 그것으로 증빙문서를 삼는 것이다.

〔版 戶籍也〕 漢나라의 戶籍은 모두 版에다 기록을 하였다. 그러므로 漢나라의 法으로 비유한 것이다.

〔圖 土地形象 田地廣狹〕 아래 〈天官 司書(天-39-1)〉에서 "토지의 지도에는 그 刑象이 있다."고 하였으니, 곧 백성들의 田地의 면적과 수량이 모두 지도에 있는 것이다.

天-38-3

以參互[1)]攷日成[2)]하고 以月要攷月成하고 以歲會攷歲成하여

1) 參互 : 司書는 관리들이 징수한 賦稅 기록의 副本 즉 要貳를 관장하고, 職內(직납)은 왕국의 부세 수입을 관장하고, 職歲는 왕국의 재물 지출을 관장하는데, 각기 기록을 남겨둔다. 司會는 이 세 관부의 기록을 참조하여 심사에 이용한다.(≪周禮譯注≫, 132쪽 참조)

2) 日成 : 10일 동안 통계를 낸 회계문서를 말한다. 孫詒讓은 黃以周의 말을 인용하여 "日은 10일을 말하니, 日成은 10일 동안의 成이다.〔日謂十日 日成謂旬日之成〕"라고 하였다.

楊天宇는 '成'은 官成을 가리키니, 官府에서 일을 처리한 문서기록을 말한다고 하였다.(≪周禮正義≫ 권12, 477쪽 및 楊天宇, ≪周禮譯注≫, 132쪽 참조) 그러나 그곳 賈公彦 疏에서 역시 "매일의 회계 결산 문서를 '成'이라고 하는 것을 말한다.〔日成 謂日計曰成也〕"라고 하여 日을 '一日(매일)'의 의미로 보았다.

〈司書·職內·職歲 세 관직의 문서기록을〉 서로 참조하여 열흘 동안의 업무실적을 심사하고, 한 달 동안의 회계문서〔月要〕로 그달의 업무실적을 심사하고, 한 해 동안의 회계문서〔歲會〕로 그해의 업무실적을 심사한다.

【注】參互는 謂司書[1]之要貳와 與職內[2]之入과 職歲[3]之出이라 故書互爲巨니 杜子春讀爲參互라

1) 司書 : 治官·治法의 文書와 邦中의 戶籍·地圖 및 財政 출납의 簿書를 관장하는 관직으로, 작위는 上士·中士이다.
2) 職內 : 왕국의 부세 수입을 관장하는 관직으로, 작위는 上士·中士이다.
3) 職歲 : 왕국의 부세 지출을 관장하는 관직으로, 작위는 上士·中士이다.

'參互'는 司書의 要貳(副本)와 職內의 부세 수입 문서와 職歲의 부세 지출 문서를 말한다. 故書에 '互'는 '巨'로 되어 있다. 杜子春는 參互의 뜻으로 읽었다.

【疏】'以參'至'歲成' ○釋曰：'以參互考日成'者, 司會鉤考之官, 以司書之等, 相參交互, 考一日之成. 一日之中, 計筭文書也. '以月要考月成'者, 月計曰要, 亦與諸職參互, 考一月成事文書也. '以歲會考歲成'者, 歲計曰會, 以一歲之會計, 考當歲成事文書.

經의 〔以參〕에서 〔歲成〕까지

○釋曰：〔以參互考日成〕 司會는 鉤考(심사)의 관직이니, 司書 등〈의 문서를 가지고〉 서로 참고하여 매일의 업무실적을 심사한다. 하루 동안에 회계를 한 문서이다.

〔以月要考月成〕 매달의 회계문서를 '要'라고 하니, 또한 職內·職歲 등의 기록문서와 서로 참고하여 한 달 동안의 업무실적 문서를 심사한다.

〔以歲會考歲成〕 매년의 회계문서를 '會'라고 하니, 한 해 동안의 회계문서로 그해의 업무실적 문서를 심사한다.

○注'參互'至'爲參互' ○釋曰：言'參互, 謂司書之要貳'者, 案司書職云 "凡稅斂, 掌事者受法焉, 及事成, 則入要貳焉." 又案職內云 "掌邦之賦入." 又案職歲云 "掌邦之賦出." 云參互鉤考, 明知有此三官, 出內事共鉤考之.

○注의 〔參互〕에서 〔爲參互〕까지

○釋曰 : 〔參互 謂司書之要貳〕 살펴보건대, 〈天官 司書(天-39-4)〉에 "무릇 부세를 징수할 때, 掌事者(징수를 주관하는 관리)는 〈司書에게〉 세를 내야 하는 사람의 수〔法〕를 접수하고, 징수가 끝나면 징수한 기록의 부본을 〈司書에게〉 넘겨준다."고 하였다. 또 살펴보건대, 〈천관 職內(天-40-1)〉에 "〈職內은〉 왕국의 부세 수입을 관장한다."고 하였다. 또 살펴보건대, 〈천관 職歲(天-41-1)〉에 "〈職歲는〉 왕국의 부세 지출을 관장한다."고 하였다. "〈司書·職內·職歲 세 관직의 문서기록을〉 서로 참조하여 심사를 한다."고 하였으니, 이 세 관직이 지출과 납입의 일에 관해 함께 심사하는 것임을 분명히 알 수 있다.

天-38-4

以周知四國之治하여 以詔王及冢宰廢置니라

이에 사방 제후국의 치적 상황을 두루 파악하여 王 및 冢宰에게 징벌이나 상을 내리도록 고한다.

【注】 周는 猶徧也라 言四國者는 本逆邦國之治를 亦鉤考以告라

'周'는 徧(두루)과 같다. '四國'이라고 말한 것은 본래 邦國(제후국)의 치적 문서를 접수한 것까지도 또한 심사를 하여 고하기 때문이다.

【疏】 '以周'至'廢置' ○釋曰 : 周, 徧也. 四國, 謂四方諸侯之國. 徧知諸侯之治者, 以是鉤考之官, 須知諸侯得失, 以此治職文書, 以詔王及冢宰, 有功者升進而置之, 有罪者黜退以廢之. 所詔告及冢宰者, 以其冢宰者副貳王之治事, 故幷告之.

經의 〔以周〕에서 〔廢置〕까지

○釋曰 : '周'는 두루〔徧〕의 뜻이다. '四國'은 사방 제후의 나라를 말한다. 제후의 치적을 두루 파악해야 하는 것은 〈司會는〉 鉤考(심사)의 관직이므로 반드시 제후의 잘잘못을 파악하여 이 治職의 文書를 王 및 冢宰에게 고하여 공이 있는 자는 승진시켜 임용하게 하고 죄를 지은 자는 퇴출시켜 면직을 하게 하기 때문이다. 冢宰에게까지 고하는 것은 총재는 왕의 다스리는 일을 보좌하기 때문이다. 그러므로 함께 고하는 것이다.

○注'周猶'至'以告' ○釋曰：言'四國者, 本逆邦國之治'者, 案上云 "掌邦之六典, 以逆邦國之治", '逆'卽鉤考也, 故云'亦鉤考以告'也.

○注의 〔周猶〕에서 〔以告〕까지

○釋曰：〔四國者 本逆邦國之治〕 살펴보건대, 위(天-38-1)에서 "〈司會는〉 왕국의 六典을 관장하여 邦國(제후국)의 치적 문서를 접수하여 逆한다."고 하였는데, '逆'은 곧 '심사한다〔鉤考〕'는 뜻이다. 그러므로 "〈邦國(제후국)의 치적을 접수한 것까지도〉 또한 심사를 하여 고한다."고 한 것이다.

周禮注疏 제7권

鄭氏 注 賈公彦 疏

天官

39. 司書(사서)

天-39-1

司書는 **掌邦之六典・八灋・八則・九職・九正・九事**와 **邦中之版・土地之圖**하여 **以周知入出百物**하여 **以敍其財**[1)]하고 **受其幣**[2)]하여 **使入于職幣**니라

1) 敍其財 : ≪說文解字≫ 攴部에 "敍는 차례의 뜻이다.〔敍 次弟也〕"라고 하였다. 孫詒讓에 의하면, '敍'는 본래 일에 차례가 있는 것을 의미하는데, 여기서 뜻이 확대되어 비교하여 차례대로 나열하는 것도 '敍'라고 하게 되었다.(≪周禮正義≫ 권12, 480쪽 참조)

2) 受其幣 : 孫詒讓에 의하면, '幣'는 '幣餘의 賦'(〈天官 大宰(天-1-7)〉・〈天官 大府(天-34-3)〉) 라고 할 때의 '幣'와 같은 뜻인데, 鄭玄은 '幣'를 敝의 뜻으로 읽었으니, '敝'는 관부에서 사용하고 남은 나머지 재물을 말한다.(≪周禮正義≫ 권12, 479쪽 참조)

司書는 王國의 六典・八法・八則・九職・九正(九賦・九貢)・九事(九式)와 관련한 문서 및 王城 안의 호적과 토지의 지도를 관장하여 각종 재물의 수입과 지출 상황을 두루 파악하고, 사용한 재물과 남아 있는 재물을 조사하여 簿書(출납장부)에 차례대로 기록하고, 〈각 관부의〉 남아 있는 재물을 받아서 職幣에 납입하게 한다.

【注】九正은 謂九賦九貢이라 正은 稅也[1)]라 九事는 謂九式이니 變言之者는 重其職하니 明本而掌之요 非徒相副貳也[2)]라 敍는 猶比次也니 謂鉤考其財幣所給 及其餘見(현)[3)]하여 爲之簿書라 故書受爲授라 鄭司農云 授當爲受니 謂受財幣之簿書[4)]也라 玄謂亦受錄其餘幣而爲之簿書하여 使之入于職幣라 幣物은 當以時用之니 久藏將朽蠹라

1) 九正……稅也 : 〈地官 司門(地-37-2)〉 鄭玄의 注에 "'正'은 '征'의 뜻으로 읽으니, '征'은

稅의 뜻이다.〔正讀爲征 征 稅也〕"라고 하였고, 〈지관 司勳(地-6-13)〉 정현의 注에서 鄭衆은 "'正'은 稅를 말한다.〔正謂稅也〕"고 하였다. 陸德明의 ≪經典釋文≫ 권8 〈周禮音義 上 天官冢宰〉에서도 '九正'의 '正'은 음이 征이라고 하였다.〔九正 音征〕 즉 '正'과 '征'의 글자는 통용되는 것이다. 아래 賈公彦의 疏에서는 '正'을 본래 글자(올바름)의 뜻으로 보고, '謂九賦九貢 正稅也(九賦와 九貢은 正稅이다라고 한 것이다.)'로 句를 떼었으니, 九賦와 九貢의 재물은 모두 正稅(정식의 부세)에서 나오는 것이라고 하였다. 孫詒讓은 가공언의 설에 따르면 '正'은 '正共(정식의 공물)'의 뜻이 되므로 정현의 해석을 잘못 이해한 것이라고 하였다.〔賈讀正如字 以謂九賦九貢正稅也爲句 謂此二者之財 皆出於正稅 依其說 則正爲正共之義 非鄭恉也〕(≪周禮正義≫ 권12, 480쪽 참조)

2) 變言之者……非徒相副貳也 : 孫詒讓에 의하면, 이곳 鄭玄의 注와 아래 賈公彦의 疏에서 말하고자 하는 것은 司書는 스스로 九正·九事의 正本을 관장하고 小宰·大府·職內·職歲처럼 단지 그 부본을 관장하는 것이 아니므로 九賦와 九貢을 '九正'으로, 九式을 '九事'로 바꾸어서 그 뜻을 드러냄으로써 司書의 직무를 중하게 여겼다는 것이다.(≪周禮正義≫ 권12, 480쪽 참조)

3) 餘見(현) : ≪漢書≫ 〈王莽傳〉 顔師古의 注에 "見은 現在이다.〔見 現在也〕"라고 하였다. 孫詒讓에 의하면, '餘見'은 또한 〈申屠嘉傳〉에 보이니, 모두 漢나라 때의 常語(상투어)로서, 각각의 官府에 보관되어 있는 재물 가운데 이미 공급하여 사용한 것 이외에 아직 남아 있는 재물을 말한다.〔餘見 亦見申屠嘉傳 皆漢時常語 謂百官府所藏財幣 除已給用外 餘留見在者〕(≪周禮正義≫ 권12, 480쪽 참조)

4) 受財幣之簿書 : 孫詒讓에 의하면, 鄭玄이 경문 '受其幣'에서의 '幣'를 '弊(해지다)' 즉 '餘幣(사용하고 남은 나머지 재물)'의 뜻으로 해석한 데 비해 鄭衆은 '幣帛(재물)'의 뜻으로 보았다.(≪周禮正義≫ 권12, 480쪽 참조)

'九正'은 九賦와 九貢을 말하니, '正'은 稅의 뜻이다. '九事'는 九式을 가리키니, 바꾸어서 말한 것은 그 직무를 중하게 여기는 것이니, 九賦·九貢·九式의 正本을 밝혀서 관장하는 것이지 한갓 副本을 살피는 것이 아니다. '敘'는 '比次(비교하여 조사함)'와 같으니, 재물〔財幣〕 가운데 공급하여 사용한 것과 〈아직 사용하지 않고〉 남아 있는 것을 조사하여 簿書(재물의 출납장부)에 기재하는 것을 말한다. 故書에 '受'는 '授'로 되어 있다. 鄭衆은 "'授'는 마땅히 '受'가 되어야 하니, 재물〔財幣〕을 기록한 簿書를 받는 것을 말한다."고 하였다. 나(鄭玄)는 생각건대, 또한 남아 있는 재물〔餘幣〕을 받아서 簿書에 기재하고, 그것을 職幣에 납입하게 하는 것이다. 幣物(財幣와 貨物)은 마땅히 때에 따라서 사용해야 하니, 오래 저장해두면 썩거나 좀먹게 될 것이기 때문이다.

【疏】 '司書'至'職幣' ○釋曰：言'掌邦之六典'已下，至'周知入出百物'已上，所掌與司會同者，以其司會主鉤考，司書掌書記之，司書所記，司會鉤考之，故二官所掌，其事通焉．九職，卽司會九功也．九正，卽司會九賦九貢也．九事，卽司會九式也．邦中之版・土地之圖，卽司會版圖也．'周知入出百物'者，卽司會百物財用，一也．云'以敍其財'者，敍謂比次其財，知用多少．云'受其幣'者，百官所用餘財，送來與司書，司書受其幣，使入於職幣之官，不入本府．

經의 〔司書〕에서 〔職幣〕까지

○釋曰："王國의 六典을 관장한다.〔掌邦之六典〕"라고 말한 것 이하에서 "각종 재물의 수입과 지출 상황을 두루 파악한다.〔周知入出百物〕" 이상까지 관장하는 바가 司會와 동일한 것은 司會는 심사〔鉤考〕를 주관하고, 司書는 문서로 기록하는 것을 관장하여 司書가 기록한 바를 司會가 심사하기 때문이다. 그러므로 두 관직이 관장하는 바는 그 일이 서로 통하는 것이다.

'九職'은 곧 〈天官 司會〉의 九功이다. '九正'은 곧 〈천관 사회〉의 九賦와 九貢이다. '九事'는 곧 〈천관 사회〉의 九式이다. '邦中의 版(호적)・土地의 圖(지도)'는 곧 〈천관 사회〉의 版圖이다.

〔周知入出百物〕 곧 〈천관 사회〉의 '百物財用(각종 재물)'과 같은 것이다.

〔以敍其財〕 '敍'는 재물을 비교하여 차례대로 기록해서 지출의 많고 적음을 파악하는 것을 말한다.

〔受其幣〕 百官들이 사용하고 남은 재물은 司書에게 보내주는데, 司書는 그 사용하고 남은 재물을 받아서 職幣의 관부에 납입하게 하고 本府(司書의 관부)에 납입하지 않는다.

○注'九正'至'朽蠹' ○釋曰：知'九正謂九賦・九貢'者，案上司會有九賦・九貢，此司書則有九正，無九賦・九貢，故知九正則是九賦・九貢也．言'九正'者，謂此二者之財，皆出於正稅，故鄭云"正稅也．" 又云'九事謂九式'者，(云)〔九〕[1]式，據用財言之，九事，據用財所爲之事，其理一也．云'變言之者，重其職'，謂變九賦・九貢言'九正'，變'九式'言'九事'也，重以其職．'明本而掌之，非徒相副貳也'，其相副貳者，謂司會〔六典〕[2]・八法・八則之貳，是也．云'所給及其餘見，爲之簿書'者，司書周知入出百物，以敍其財，明知敍其財者，所給諸官餘不盡者，卽以餘見爲之簿書，擬與司會鉤考之．'玄謂亦受錄其餘幣，而爲之簿書'者，此增成先鄭受謂受財幣之簿書．云'幣物當以時用之，久藏將朽蠹'者, 釋經百官餘幣不入於本府, 而入於職幣之意. 若入本府, 卽是久藏, 將恐朽爛蠹敗, 故入職幣, 使人占賣之, 本在生利也.

1) (云)〔九〕: 저본에는 '云'으로 되어 있으나, '云'은 '九'가 되어야 한다는 阮元의 교감에 의거하여 바로잡았다.(阮元의 〈校勘記〉 및 北京大 整理本의 〈校勘記〉 참조)
2) 〔六典〕: 저본에는 '六典'이 없으나, 孫詒讓의 ≪周禮正義≫에 '會' 아래에 '六典'이 있는 것에 의거하여 보충하였다.(≪周禮正義≫ 권12, 480쪽 및 北京大 整理本의 〈校勘記〉 참조)

○注의 〔九正〕에서 〔朽蠹〕까지

○釋曰: "九正은 九賦와 九貢을 말한다."는 것을 알 수 있는 것은, 살펴보건대 위의 〈天官 司會〉에는 九賦와 九貢이 있는데, 이곳 〈天官 司書〉에는 九正은 있지만 九賦와 九貢이 없으므로 '九正'은 곧 九賦와 九貢임을 알 수 있기 때문이다. '九正'이라고 말한 것은 이 두 가지(九賦·九貢)의 재물은 모두 正稅에서 나오는 것이기 때문이다. 그러므로 鄭玄이 "正稅이다."라고 말한 것이다.

또 "九事는 九式을 가리킨다."고 말한 것은 '九式'은 재물을 사용하는 것에 의거하여 말한 것이고, '九事'는 재물을 사용해서 하는 일에 의거한 것이니, 그 이치는 같기 때문이다.

〔變言之者 重其職〕 '九賦와 九貢'을 바꾸어서 '九正'이라고 말하고, '九式'을 바꾸어서 '九事'라고 말한 것은 그 직무를 중하게 여기는 것임을 말한다.

〔明本而掌之 非徒相副貳也〕 그 副本을 살피는 것은 〈天官 司會(天-38-1)〉에서 말한 六典·八法·八則의 부본이 그것이다.

〔所給及其餘見 爲之簿書〕 司書는 각종 재물의 수입과 지출 상황을 두루 파악하여 그 재물을 차례대로 기록하는데, 재물을 차례대로 기록한다는 것은 제 관부에 공급한 재물과 남아서 다 사용하지 않은 재물임을 분명히 알 수 있으니, 곧 남아 있는 재물을 簿書로 작성하여 司會와 더불어 심사를 하고자 하는 것이다.

〔玄謂亦受錄其餘幣 而爲之簿書〕 이는 鄭衆이 "受는 재물〔財幣〕을 기록한 簿書를 받는 것을 말한다."고 한 것을 더욱 완성시키는 것이다.

〔幣物當以時用之 久藏將朽蠹〕 경문의 백관들이 사용하고 남은 재화는 本府(司書의 관부)에 납입하지 않고 職幣에 납입한다는 뜻을 풀이한 것이다. 만약 本府에 납입한다면 오래도록 저장하게 되니 장차 썩어서 문드러지고 좀먹어서 망가질 염려가 있다. 그러므로 職幣에 납입하여 사람(상인)들로 하여금 독점하여 판매하게 하니, 근본은 이자를 받는 데에 있다.

天-39-2

凡上之用財(用)[1)]를 必攷于司會니라

1) (用) : 저본에는 '用'이 있으나, 王引之는 財用의 '用'은 鄭玄 注의 '財用'으로 인한 衍字라고 하였고, 于鬯은 '用'의 글자는 아래 〈天官 司書(天-39-3)〉 '民之財'의 아래에 있어야 한다고 한 것에 의거하여 衍文으로 처리하였다.(上海古籍 整理本의 〈校勘記〉 및 ≪周禮譯注≫, 133쪽 참조)

무릇 王과 冢宰가 사용하는 재물도 반드시 司會의 심사를 거쳐야 한다.

【注】上은 謂王與冢宰니 王雖不會나 亦當知多少而闕之[1)]라 司會以九式均節邦之財用이라

1) 王雖不會 亦當知多少而闕之 : 孫詒讓에 의하면, 왕이 사용하는 재물도 司書와 司會의 심사를 거쳐야 하지만, 다만 簿書를 작성할 때 그 수량을 비워두어서 제한하지 않음을 보여줄 뿐이다.〔王之用財 亦在司書司會所攷之列 但爲簿書時闕其數 示不爲限制耳〕(≪周禮正義≫ 권12, 481쪽 참조)

'上'은 王과 冢宰를 말한다. 王이 사용하는 재물은 비록 회계를 하지는 않지만 또한 마땅히 많고 적음을 파악하고 〈그 수량을〉 비워두는 것이다. 司會는 九式의 법에 의거하여 왕국의 재물 지출을 균평하게 조절한다.

【疏】注'上謂'至'財用' ○釋曰 : 知上謂王與冢宰者, 案內府職云"凡王及冢宰賜與, 則共之", 明此上中有冢宰可知. 云'王雖不會, 亦當知多少而闕之'者, 案上膳夫·庖人及外府等, 皆言王及后不會. 此經上之用財, 必考於司會者, 此之所考, 但知多少而闕之, 非是會計與王爲限. 云'司會以九式均節邦之財用[1)]'者, 欲見司書用財, 必考於司會之意.

1) 司會以九式均節邦之財用 : 〈天官 司會(天-38-2)〉의 문장에 의거한 것이다. 孫詒讓에 의하면, 司會는 회계 관직〔計官〕의 우두머리이고 司書는 그 속관이므로 경비를 지출할 때에는 반드시 司會의 심사를 거쳐야 한다.〔以司會爲計官之長 司書乃其屬 故必考於彼也〕(≪周禮正義≫ 권12, 481쪽 참조)

○注의 〔上謂〕에서 〔財用〕까지

○釋曰 : '上'이 왕과 총재를 가리키는 것임을 알 수 있는 것은, 살펴보건대 〈天官 內府(天-36-3)〉에서 "무릇 왕 및 총재가 〈어떤 신하를〉 총애하여 특별히 하사품을 내려줄 경우 〈內府가〉 이를 공급한다."고 하였으니, 이곳의 '上' 가운데에 총재가 포함된다는 것을

분명히 알 수 있다.

〔王雖不會 亦當知多少而闕之〕 살펴보건대, 위의 〈天官 膳夫〉·〈천관 庖人〉 및 〈천관 外府〉 등에서는 모두 王 및 王后에 대해서 회계를 하지 않는다고 하였다. 이곳 경문에서 上(왕·총재)이 사용하는 재물도 반드시 司會에서 심사를 한다고 한 것은, 이곳에서 심사하는 바는 단지 많고 적음을 파악하고 〈그 수량은〉 비워두는 것이니, 회계를 하는 것이 왕에게 제한되는 것은 아니다.

〔司會以九式均節邦之財用〕 司書에서 재물을 사용할 때는 반드시 司會에서 심사를 한다는 뜻을 보이고자 한 것이다.

天-39-3

三歲 則大計群吏之治하여 **以知民之財**[1]**器械之數**하고 **以知田野·夫家·六畜之數**하고 **以知山林川澤之數**하고 **以逆群吏之徵令**이니라

1) 財 : 王引之는 아래 賈公彦 疏에 의하면 '財' 아래에 '用'이 있어야 하며, '財用'과 '器械'는 對文으로 田野·夫家·六畜·山林·川澤과도 文義가 相稱하는데, 唐石經부터 '用' 字가 탈오되었다고 하였다.(≪周禮正義≫ 권12, 481쪽 참조)

3년마다 각급 관리들의 치적에 대한 총 회계감사를 진행하여 백성들의 재물·예악의 기물·병기의 수를 파악하고, 野의 田地·가족의 노동력·가축의 수를 파악하고, 山林과 川澤의 수를 파악하여 각급 관리들의 요역과 부세 징발이 타당한지를 심사한다.

【注】械는 猶兵也요 逆은 受而鉤考之라 山林川澤童枯則不稅라

'械'는 兵(병기)과 같다. '逆'은 〈관리들의 보고 문서를〉 접수하여 심사를 한다는 뜻이다. 山林과 川澤이 벌거숭이가 되고 고갈되면 징세하지 않는다.

【疏】'三歲'至'徵令' ○釋曰 : 言'三歲'者, 三年一閏, 天道小成. 考校群吏, 須有黜陟, 故云"三歲則大計群吏之治." 群吏, 則百官也. '以知民之財用器械之數'者, 民之財用, 謂幣帛多少. 器, 謂禮樂之器, 械, 謂兵器, 弓·矢·戈·殳(수)·戟·矛[1]. 此等, 則器械之數皆知之. '以知田野', 謂百畝之田在野. '夫家'者, 謂男夫婦女. '六畜'者, 謂馬牛羊

豕犬雞之數. 又云'以知山林川澤之數'者, 案大司徒地有十等[2)], 不言丘陵・墳衍・原隰者, 略言之也. 又云'以逆群吏之徵令'者, 逆謂鉤考也. 此司書知民之財器已下, 川澤已上, 恐其群吏濫徵斂萬民, 故知此本數, 乃鉤考其徵令也.

1) 戈殳戟矛 : 戈・殳・戟・矛는 모두 병기이다. 자세한 내용은 〈天官 內府(天-36-1)〉의 疏의 역주 참조.

2) 地有十等 : 〈地官 大司徒(地-1-2)〉에 "〈大司徒는〉 각지의 山・林・川・澤・丘・陵・墳・衍・原・隰의 명칭과 생산물을 변별한다.〔辨其山林川澤丘陵墳衍原隰之名物〕"고 하였다. 鄭玄의 注에서는 "돌이 쌓여 있는 곳을 '山'이라 하고, 대나무와 나무가 있는 곳을 '林'이라 하고, 도랑으로 물이 흘러 들어가는 곳을 '川'이라 하고, 물이 모인 곳을 '澤'이라 하고, 흙이 높은 곳을 '丘'라 하고, 큰 언덕을 '陵'이라 하고, 물가 언덕을 '墳'이라 하고, 낮은 평야를 '衍'이라 하고, 높은 평야를 '原'이라 하고, 낮고 물기 있는 곳을 '隰'이라 한다.〔積石曰山 竹木曰林 注瀆曰川 水鍾曰澤 土高曰丘 大阜曰陵 水崖曰墳 下平曰衍 高平曰原 下濕曰隰〕"고 하였다.

經의 〔三歲〕에서 〔徵令〕까지

○ 釋曰 : '三歲'라고 말한 것은 3년에 한 번 윤달이 들어서 天道가 조금 이루어지기 때문이다. 관리들의 치적을 심사하면 반드시 퇴출과 승진이 있게 된다. 그러므로 "3년마다 각급 관리들의 치적에 대한 총 회계감사를 진행한다."고 한 것이다. '群吏'는 百官이다.

〔以知民之財用器械之數〕 '民之財用'은 幣帛의 수량을 가리킨다. '器'는 禮樂의 기물을 가리키고, '械'는 兵器를 가리키니 弓・矢・戈・殳・戟・矛이다. 〈司書는〉 이러한 예악의 기물과 병기의 수량을 모두 파악한다.

〔以知田野〕 野에 있는 百畝의 토지를 말한다.

〔夫家〕 男夫(성년 남자)와 婦女(성년 여자)를 말한다.

〔六畜〕 말・소・양・돼지・개・닭의 수를 말한다.

〔以知山林川澤之數〕 살펴보건대, 〈地官 大司徒(地-1-2)〉에 의하면 땅에는 10등급이 있는데 〈이곳에서〉 丘・陵・墳・衍・原・隰을 말하지 않은 것은 간략히 말한 것이다.

〔以逆群吏之徵令〕 '逆'은 심사하는 것을 말한다. 이 司書가 백성들의 재물・예악의 기물 이하 川澤 이상을 파악하는 것은 관리들이 함부로 백성들을 징발하고 징세할 것을 염려하기 때문이다. 그러므로 이 본래의 수량을 파악한 후에 비로소 〈각급 관리들의〉 요역과 부세 징발이 타당한지를 심사한다.

○注'械猶'至'不稅' ○釋曰：'山林川澤童枯則不稅'者, 山林不茂爲童, 川澤無水爲枯. 所稅者, 稅其有. 今山林不茂則無材木, 川澤無水則無魚鼈・蒲葦, 故不稅之.

○注의 〔械猶〕에서 〔不稅用〕까지

○釋曰：〔山林川澤童枯則不稅〕 山林이 우거지지 않은 것을 '童(벌거숭이)'이라 하고, 川澤에 물이 없는 것을 '枯(고갈)'라고 한다. 징세를 하는 대상은 〈산출이〉 있는 것에 징세를 하는 것이다. 이제 山林이 우거지지 않으면 材木이 없게 되고, 川澤에 물이 없으면 魚鼈・蒲葦가 없게 된다. 그러므로 징세를 하지 않는 것이다.

天-39-4

凡稅斂은 **掌事者受灋焉**하고 **及事成**하여는 **則入要貳**[1]**焉**이니라

1) 要貳：회계장부의 副本을 말한다. 孫詒讓은 "각 관직은 모두 要會(회계문서)를 만드는데, 그 정본은 大宰에 제출하고, 副本은 司書에 보낸다.〔各官皆爲要會 其正本入大宰 副本則入司書〕"고 하였다.(≪周禮正義≫ 권12, 483쪽 참조)

무릇 부세를 징수할 때, 掌事者(징수를 주관하는 관리)는 〈司書에게서〉 세를 내야 하는 사람의 수를 접수하고, 징수하는 일이 끝나면 징수한 기록의 부본을 〈司書에〉 보내준다.

【注】 法은 猶數也니 應當稅者之數라 成은 猶畢也라

'法'은 數와 같으니, 세를 내는 데 해당하는 사람의 수이다. '成'은 '畢(마치다)'과 같다.

【疏】 '凡稅'至'貳焉' ○釋曰：言'凡稅斂'者, 謂若地官閭師・旅師徵斂之官. 所欲稅斂, 掌事者皆來司書處受法焉. '及事成', 收斂畢入要, 寫一通副貳文書, 名爲要, 入司書. 故云"入要貳焉." 必來受法又入要貳者, 以司書知財器已下之數, 擬後鉤考之也.

經의 〔凡稅〕에서 〔貳焉〕까지

○釋曰：〔凡稅斂〕 地官의 閭師・旅師처럼 부세를 징수하는 관직을 가리킨다. 부세를 징수하고자 할 경우, 掌事者(징수를 주관하는 관리)가 모두 司書가 있는 곳에 와서 세를 내야 할 사람의 수〔法〕를 받는다.

〔及事成〕 징수하는 일이 끝나면 要(부본 문서)를 〈司書에〉 보내준다. 한 통의 부본 문서

를 작성하는데 이를 '要'라고 칭하니, 司書에 보내준다. 그러므로 "부본을 보내준다."라고 한 것이다. 반드시 〈掌事者가 司書에〉 와서 징수할 사람의 수를 받고 또 부본을 보내주는 것은 司書는 재물과 예악의 기물 이하의 수를 파악하고 있으므로 후에 심사를 하려고 하는 것이다.

○注'法猶'至'畢也' ○釋曰 : 云'應當稅者之數', 卽上田野·夫家之等, 是其本出稅者之數也.

○注의 〔法猶〕에서 〔畢也〕까지

○釋曰 : 〔應當稅者之數〕 곧 위의 田野·夫家 등으로, 본래 세를 내야 하는 사람의 수이다.

天-39-5

凡邦治를 攷焉이니라

무릇 왕국을 다스릴 때 〈관리들의 功過에 의문이 생길 경우, 司書에게〉 고증한다.

【注】考其法於司書라

司書에게 法을 고증하는 것이다.

【疏】'凡邦治攷焉' ○釋曰 : 邦之所治, 有善惡, 皆來考於司書者, 以司書大計群吏之治, 知其功過故也.

經의 〔凡邦治攷焉〕

○釋曰 : 나라를 다스리는 바에는 善惡이 있는데 모두 司書에게 와서 고증하는 것은, 司書는 관리들의 치적에 대한 총 회계감사를 하여 그 공과를 파악하고 있기 때문이다.

40. 職內(직납)

天-40-1

職內(납)은 掌邦之賦入하여 辨其財用之物而執其總[1)]하고 以貳官府都鄙之財

入之數하여 **以逆邦國**[2)]**之賦用**이니라

1) 辨其財用之物而執其總 : 孫詒讓에 따르면 職內은 각 官府에서 징수할 재물의 凡總(明細帳과 總帳)을 주관할 뿐이다. 그 재물의 受藏은 각각의 관부에서 한다. 職內은 단지 징수할 재물의 종류를 변별하여 각각 그 종류별로 저장하게 할 뿐 모두 職內의 창고에 납입하는 것은 아니다.(≪周禮正義≫ 권12, 483~484쪽 참조) '明細帳'이란 화폐나 물품의 출납을 세세하게 기록한 장부이고, '總帳'이란 각각의 회계 세목의 합계 금액을 총괄하여 기록한 장부이다.

2) 邦國 : 이곳의 '邦國'은 王國을 가리키는 것으로, 다른 곳에서 諸侯國을 邦國으로 표현한 것과는 다르다.(≪周禮譯注≫ 135쪽 참조)

職內은 왕국의 부세 수입을 관장하여, 그 징수할 재물의 종류를 분별하여 〈각 관부에 교부하는데〉 明細帳과 總帳에 기록해두고. 官府(조정의 관부)와 都鄙(畿內의 家邑・小都・大都)에서 발급한 부세 수입 수치를 기록한 문서의 副本을 제출받아서 왕국의 부세 지출을 심사한다.

【注】辨財用之物하고 處之에 使種類相從[1)]이니 總은 謂簿書之種別與大凡[2)]이라 官府之有財入은 若關市之屬이라

1) 辨財用之物……使種類相從 : 孫詒讓에 의하면, 부세 수입의 재물을 분별하고, 종류별로 서로 따라서 저장하는 것을 말한다.〔謂分別其賦入之財物 自以種類相從而藏之〕(≪周禮正義≫ 권12, 484쪽 참조)

2) 種別與大凡 : '種別'은 분류한 明細帳을 가리키고, '大凡'은 재물의 總帳을 가리킨다.

재물의 종류를 분별하고, 그것을 저장할 때 종류별로 서로 따르도록 한다. '總'은 簿書(출납장부)의 明細帳(種別)과 總帳(大凡)을 말한다. 官府에 재물 수입이 있는 것은 關(관문)・市(시장)의 등속과 같은 것이다.

【疏】'職內'至'賦用' ○釋曰 : 云'掌邦之賦入'者, 謂九職・九貢・九賦之稅入, 皆掌之, 獨云'賦入'者, 賦是捴名, 下言'賦'者, 皆此類也. '辨其財用之物', 凡所稅入者, 種類不同, 須分別之. '而執其總'者, 總謂稅入多少總要簿書. 又云'以貳官府都鄙之財入之數'者, 官府財入, 謂若關市之稅・都鄙之財入. 都鄙謂三等采地[1)], 采地之稅四之一[2)]. 言'貳'者, 謂職內受取一通副貳文書, 擬鉤考. '以逆邦之賦用之'者, 職內既知財入之數, 鉤考用賦多少, 知其得失.

1) 三等采地 : 家邑・小都・大都 3등급의 采地로, 이곳에 사방 1리로 井을 만들어 井田의 법을 시행한다. 家邑은 大夫의 采邑이고, 小都는 六卿의 采邑이고, 大都는 三公의 采邑이다.(〈地官 載師〉 地-16-2 鄭玄의 注 참조)

2) 采地之稅四之一 : 〈地官 大司徒(地-1-11)〉에 "子國들의 토지는 封界 안이 사방 200리이니, 〈왕국이〉 조세로 징수하는 것은 1/4이다. 男國들의 토지는 封界 안이 사방 100리이니, 조세로 징수하는 것은 1/4이다.〔諸子之地 封疆方二百里 其食者四之一 諸男之地 封疆方百里 其食者四之一〕"라고 하였다. 賈公彦의 疏에서는 "子國들의 토지와 男國들의 토지에 대해서 모두 1/4이라고 한 것은 一國에서 징수한 전체 세를 4등분하여 천자가 그 1분을 수취한다는 뜻이다.〔諸子之地 諸男之地 皆云四之一者 謂揔得一國之稅 四分之 天子食其一分〕"라고 하였다.

經의 〔職內〕에서 〔賦用〕까지

○ 釋曰 : 〔掌邦之賦入〕 九職・九貢・九賦의 稅入(稅의 수입)을 모두 관장함을 말한 것인데, 단지 '賦入(賦의 수입)'이라고만 말한 것은 '賦'는 總名이기 때문이니, 아래에 '賦'라고 말한 것은 모두 이러한 부류이다.

〔辨其財用之物〕 무릇 부세로 징수하는 재물은 종류가 같지 않으니, 반드시 분류해야 한다.

〔而執其總〕 '總'은 부세 수입의 수량을 기록한 총괄 簿書(출납장부)이다.

〔以貳官府都鄙之財入之數〕 官府의 재물 수입은 關・市의 稅와 都鄙의 재물 수입 같음을 말한다. '都鄙'는 3등급의 采地를 말하니, 采地의 稅에서 1/4을 〈왕국에〉 공물로 바친다. '貳'라고 말한 것은 職內이 1통의 부본 문서를 제출받아 취하는 것을 말하니, 鉤考(심사)하고자 하는 것이다.

〔以逆邦之賦用之〕 직납은 이미 재물 수입의 수치를 알고 있으니, 부세 지출의 수량을 심사하여 그 득실을 파악하는 것이다.

○注'辨財'至'之屬' ○釋曰 : 言'辨財用之物, 使種類相從'者, 但賦之所入, 先由職內, 始至大府, 大府分致於衆府, 以是分別, 使衆類相從[1]. 云'官府之有財入, 若關市之屬'者, 司關・司市皆屬地官. 關市皆有出稅, 故知官府之有財入若關市也. 言'之屬'者, 兼有城十二門, 亦有稅入.

1) 但賦之所入……使衆類相從 : 孫詒讓은 職內은 비록 府藏(창고)을 갖고 있지만 會計만을 관장하고 徵斂을 관장하지 않는다. 따라서 각 官府의 財物을 전체적으로 변별하지만, 또한 각 관직과 관부의 창고에 분별하여 저장하게 할 뿐이라고 하여 각 관부에서 징

수한 재물을 먼저 직납에 납입한다는 賈公彦의 해석을 비판한다.(≪周禮正義≫ 권12, 484쪽 참조)

○ 注의 〔辨財〕에서 〔之屬〕까지

○ 釋曰 : "재물의 종류를 분별하여 종류별로 서로 따르도록 한다.〔辨財用之物 使種類相從〕"고 말한 것은 다만 부세로 징수한 재물은 먼저 職內을 경유하여 비로소 大府에 이르고, 大府는 각각의 관부에 나누어서 보내기 때문이니, 이 때문에 분별하여 종류별로 서로 따르게 하는 것이다.

〔官府之有財入 若關市之屬〕 司關·司市는 모두 地官에 속한다. 關(관문)과 市(시장)에서는 모두 세를 낸다. 그러므로 官府에 재물 수입이 있는 것이 關·市와 같음을 알 수 있다. '之屬'이라고 말한 것은 王城 12개의 문에서도 또한 부세 수입이 있음을 아우른 것이다.

天-40-2

凡受財者는 受其貳令而書之니라

무릇 〈각 관부에서〉 재물을 수령할 경우, 〈職內은〉 명령서의 副本을 받아서 〈장부에〉 기재한다.

【注】受財는 受於職內하여 以給公用者라 貳令[1]者는 謂若今御史所寫下本奏에 王所可者라 書之는 若言某月某日某甲에 詔書出某物若干하여 給某官某事라

1) 貳令 : 命令의 副本을 말한다. 孫詒讓은 "鄭玄의 해석에 의거하여 추론하면, 이 貳令은 王과 冢宰가 내리는 명령이다. 그 正令은 재물을 반출하는 관부에 내려보내고, 별도로 貳令을 職內에 내려보내 기재하게 한다.〔依鄭義推之 則此貳令當爲王及冢宰所下之令 其正令下所出財用之府 而別以貳令下職內使書之〕"고 하였다.(≪周禮正義≫ 권12, 485쪽 참조)

'재물을 수령한다.〔受財〕'는 것은 職內에서 〈재물을〉 수령하여 公用으로 공급하는 것을 뜻한다. '貳令'이란 예컨대 오늘날 御史(御史大夫)가 本奏(원본 상주 문서)에서 왕이 허가하는 내용을 베껴서 내려보낸 것과 같은 것이다. '書之(기재한다)'라는 것은 '某月 某日 某甲(日辰)에 조서를 내려 아무개 물품 약간을 내어서 아무개 관부의 아무개 일에 공급하라.'고 말하는 것과 같다.

【疏】'凡受'至'書之' ○釋曰 : 其有官府合用官物而受財者, 竝副寫一通勅令文書與職內, 然後職內依數付之, 故云"受其貳令〔而〕[1]書之."

1)〔而〕: 저본에는 '而'가 없으나, 經文과 浦鏜의 설에 의거하여 보충하였다.(北京大 整理本의 〈校勘記〉 참조)

經의 〔凡受〕에서 〔書之〕까지

○釋曰 : 官府에서 사용해야 할 官物이 있어서 재물을 수령할 경우, 나란히 한 통의 勅令 문서를 副本으로 작성하여 職內에 보내주고, 그런 후에 직납은 수치에 의거하여 〈관부에〉 물건을 교부한다. 그러므로 "명령서의 副本을 받아서 〈장부에〉 기재한다."고 한 것이다.

○注'受財'至'某事' ○釋曰 : 云'貳令謂若今御史所寫下本奏, 王所可者', 案御史職云"掌贊書", 彼注云 "王有(令)〔命〕[1], (則)〔當〕[2]以書致之, 則贊爲辭, 若今尙書作詔文", 是其用官財者, 先奏白於王, 王許可, 則御史贊王爲辭. 下職內是其貳令, 職內則書之爲本案, 然後給物與之. 若然職內主入, 職歲主出. 職內分置於衆府, 所以得有物出與(入)〔人〕[3]者, 職內雖分置衆府, 職內亦有府, 貨賄留之者, 故得出給, 故大府職云 "頒其賄於受用之府", 鄭注云 "受用之府, 若職內", 是也.

1) (令)〔命〕: 저본에는 '令'으로 되어 있으나, 〈春官 御史(春-63-3)〉 鄭玄의 注에 의거하여 '命'으로 바로잡았다.
2) (則)〔當〕: 저본에는 '則'으로 되어 있으나, 〈春官 御史(春-63-3)〉 鄭玄의 注에 의거하여 '當'으로 바로잡았다.
3) (入)〔人〕: 저본에는 '入'으로 되어 있으나, 盧文弨의 설에 의거하여 '人'으로 바로잡았다.(北京大 整理本의 〈校勘記〉 참조)

○注의 〔受財〕에서 〔某事〕까지

○釋曰 : 〔貳令謂若今御史所寫下本奏 王所可者〕 살펴보건대, 〈春官 御史(春-63-3)〉에 "왕을 도와서 명령의 문서를 작성하는 일을 관장한다."고 하였는데, 그곳의 鄭玄 注에 "王이 명령이 있어 문서로 내려 보내야 할 경우 〈御史는〉 왕을 도와서 문장을 작성하니, 오늘날 尙書가 詔文을 작성하는 것과 같은 것이다."라고 하였다. 이는 관부의 재물을 사용하는 경우이니, 먼저 왕에게 상주하여 아뢰고, 왕이 허가를 하면, 어사가 왕을 도와 〈명령의〉 문장을 만드는 것이다. 職內에 내려 보내는 것은 그 명령서의 副本(貳令)이니, 직납은 그것을 기재하여 本案(해당문서)을 만들고, 그런 후에 재물을 〈관부에〉 공급해준다. 만약 그렇다면 직납은 수입을 주관하고, 職歲는 지출을 주관하는 것이다. 직납이 여러 官

府에 나누어 두는 것은 재물이 있어서 반출하여 사람에게 주기 위한 것이다. 직납은 비록 여러 관부에 나누어 비치해두지만, 직납에도 또한 창고가 있어 재화를 머물러둔다. 그러므로 반출하여 공급할 수 있는 것이다. 그러므로 〈天官 大府(天-34-1)〉에 "〈징수한 부세의 재물을 수납하여〉 그 賄(布帛)를 受用하는 府에 나누어준다."고 하였는데, 鄭玄의 注에 "受用하는 府는 직납과 같은 것이다."라고 한 것이 이것이다.

天-40-3

及會에 以逆職歲與官府財用之出하고

연말의 회계결산 때에 이르면, 〈職內은〉 職歲 및 각 官府의 재물 지출을 심사하고

【注】亦參互鉤考之라

또한 〈司會・司書・職歲 세 관직의 문서기록을〉 상호 참조하여 심사하는 것이다.

【疏】'及會'至'之出' ○釋曰：言'會'者, 謂至歲終會計. '以逆職歲'者, 逆謂鉤考也. 職歲主出, 職內主入, 以(巳)〔己〕[1]之入財之數, 鉤考職歲出財之數. 又云'與官府財用之出'者, 謂職歲出財與官府所用之數竝鉤考之.

1) (巳)〔己〕: 저본에는 '巳'로 되어 있으나, 阮元의 교감에 의거하여 '己'로 바로잡았다.(阮元의 〈校勘記〉 및 北京大 整理本의 〈校勘記〉 참조)

經의 〔及會〕에서 〔之出〕까지

○ 釋曰 : '會'라고 말한 것은 연말에 이르러 會計하는 것을 말한다.

〔以逆職歲〕 '逆'은 심사하는 것을 말한다. 職歲는 지출을 주관하고, 職內은 수입을 주관하니, 자기〈가 주관하는〉 재물 수입의 수치로 職歲의 재물 지출의 수치를 심사한다.

〔與官府財用之出〕 職歲의 재물 지출과 官府에서 사용한 수치를 모두 심사하는 것을 말한다.

○注'亦參互鉤考之' ○釋曰：鄭云'參互鉤考'者, 案司會 "以參互考之", 鄭彼注云 "參互, 謂司書之要貳, 職內之入, 職歲之出", 以三官相鉤考. 此職內逆職歲, 明兼有司書之要貳, 故言'參互'. 言'亦'者, 亦如大府也.

○ 注의 〔亦參互鉤考之〕

○ 釋曰 : 鄭玄이 "상호 참조하여 심사하는 것이다.〔參互鉤考〕"라고 말한 것은, 살펴보건대 〈天官 司會(天-38-3)〉에 "서로 참조한다.〔以參互考之〕"고 하였는데, 정현은 그곳의 注에서 "'參互'는 司書의 要貳(副本)와 職內의 부세 수입 문서와 職歲의 부세 지출 문서를 말한다."고 하였으니, 세 관직이 서로 참조하는 것이다. 이 직납은 직세를 심사하니, 겸하여 司書의 要貳가 있음을 밝힌 것이다. 그러므로 '參互'라고 한 것이다. '亦'이라고 말한 것은 또한 大府와 마찬가지로 한다는 뜻이다.

天-40-4

而敘其財하여 以待邦之移用이니라

재물 심사의 결과를 차례대로 기록하고, 〈남은 재물이 있으면〉 왕국에서 다른 용도로 사용할 수 있도록 공급한다.

【注】 亦鉤考今藏中餘見하여 爲之簿라 移用은 謂轉運給他라

또한 이제 창고 안에 남아 있는 재물을 조사하여 簿書에 기재하는 것이다. '移用'은 운송하여 다른 곳에 공급하는 것을 말한다.

【疏】 '而敘'至'移用' ○ 釋曰 : 案司書云 "以敘其財", 鄭彼注云 "敘猶比次, 謂鉤考其財幣所給及其餘見, 爲之簿書, 入職幣也." 此言敘財, 亦謂比次職內藏中餘見, 爲簿書, 以待邦之移用, 更給他官. 若然職內旣非常府, 其所藏者, 唯當歲所用, 故用不盡者移用之也.

經의 〔而敘〕에서 〔移用〕까지

○ 釋曰 : 살펴보건대, 〈天官 司書(天-39-1)〉에 "以敘其財(사용한 재물과 남아 있는 재물을 조사하여 簿書에 차례대로 기재한다.)"이라고 하였는데, 鄭玄은 그곳의 注에서 "'敘'는 比次(비교하여 조사함)와 같으니, 재물〔財幣〕 가운데 공급하여 사용한 것과 〈아직 사용하지 않고〉 남아 있는 것을 조사하여 簿書(재물의 출납장부)에 기재하고 職幣에 납입하게 하는 것을 말한다."고 하였다. 이곳에서 '敘財'라고 말한 것도 또한 職內의 창고 안에 남아 있는 재물들을 비교 조사하여 簿書에 기재하고 왕국에서 다른 용도로 옮겨서 사용할 것에 대비하여 다시 다른 관부에 공급한다는 뜻이다. 만약 그렇다면 職內은 이미 상설 창고가 아니며, 그곳에 저장하는 것은 오직 그해에 사용하는 것이다. 그러므로 다 사용하지 않은

재물은 옮겨서 사용하는 것이다.

41. 職歲(직세)

天-41-1

職歲는 **掌邦之賦出**하여 **以貳官府都鄙之財出賜之數**하여 **以待會計而攷之**니라

職歲는 왕국의 부세 지출을 관장하여, 官府(조정의 관부)와 都鄙(畿內의 家邑·小都·大都)에서 발급한 부세 지출 및 왕과 총재가 내려준 하사품의 수치를 기록한 명령서의 副本을 제출받아서 〈장부에 기입하고〉 연말의 회계결산 때 자료로 제공하여 심사한다.

【注】以貳者는 亦如職內書其貳令而編[1]存之라

1) 編 : ≪說文解字≫에 "編은 간책을 차례대로 정리하는 것이다.〔編 次簡也〕"라고 하였다.(≪周禮正義≫ 권12, 487쪽 참조)

'以貳'란 또한 職內이 그 貳令(명령서의 副本)을 기재하고 차례대로 정리해서 보존하는 것과 같은 것이다.

【疏】'職歲'至'攷之' ○釋曰：云'掌邦之賦出'者, 職內主入, 職歲主出. 職內所入於衆府, 所用之多少, 皆主之, 故云"掌邦之賦出." 但九貢·九賦·九功之用皆主之, 特言'賦'者, 亦如職內云'賦', 賦是摠稱也. 云'以貳官府都鄙之財出賜之數'者, 職內云 "以貳官府都鄙之財入之數", 此職歲以貳官府都鄙之財出賜之數, 二官一入一出, 皆書其貳, 共相鉤考, 故職內云 "以逆邦之賦用", 此職歲云"以待會計而考之", 其事通也.

經의 〔職歲〕에서 〔攷之〕까지

○釋曰 : "〈職歲는〉 왕국의 부세 지출을 관장한다.〔掌邦之賦出〕"고 한 것은 職內은 수입을 주관하고, 職歲는 지출을 주관하기 때문이다. 직납은 여러 관부에 납입하는 바와 사용하는 바의 많고 적음을 모두 주관한다. 그러므로 "〈직세는〉 왕국의 부세 지출을 관장한다."고 한 것이다. 다만 九貢·九賦·九功의 지출을 모두 주관하는데, 단지 '賦'라고 말한 것은 또한 〈天官 職內(天-40-1)〉에서 '賦'라고 한 것과 같은 것이니, '賦'는 총칭이다.

〔以貳官府都鄙之財出賜之數〕〈천관 직납(天-40-1)〉에서 "官府(조정의 관부)와 都鄙(畿內의 家邑・小都・大都)에서 발급한 부세 수입 수치를 기록한 문서의 副本을 제출받는다."고 하였는데, 이곳의 職歲는 官府와 都鄙에서 발급한 재물 지출 및 왕과 총재가 내려준 하사품의 수치를 기록한 명령서의 副本을 제출받는다. 두 관직은 하나는 수입하고 하나는 지출하는데, 모두 그 부본〔貳〕을 〈장부에〉 기재하여 함께 서로 심사를 한다. 그러므로 〈천관 직납(天-40-1)〉에서 "왕국의 부세 지출을 심사한다."고 하였는데, 이곳 〈천관 직세(天-41-1)〉에서는 "연말의 회계결산 때 자료로 제공하여 심사한다."고 하였으니, 그 일이 통하는 것이다.

○注'以貳'至'存之' ○釋曰：云'亦如職內書其貳令而編存之'者, 職內云 "凡受財者, 受其貳令而書之", 此官主出, 所出亦皆由上令. 所出前後不同, 亦皆書其貳令, 編存爲案, 以待會計而考之也.

○注의 〔以貳〕에서 〔存之〕까지

○釋曰：〔亦如職內書其貳令而編存之〕〈天官 職內(天-40-2)〉에서 "무릇 〈각 관부에서〉 재물을 수령할 경우, 〈직납은〉 명령서의 副本〔貳令〕을 받아서 〈장부에〉 기재한다."고 하였다. 이 관직(職歲)은 지출을 주관하니, 지출하는 재물은 또한 모두 上(왕・총재)의 명령을 경유한다. 지출하는 재물은 전과 후가 같지 않으니, 또한 모두 그 貳令을 기재하여 보존해서 本案(해당문서)으로 만들어 연말의 회계결산 때 자료로 제공하여 심사한다.

天-41-2

凡官府都鄙群吏之出財用에 受式灋[1]于職歲하며

1) 式灋：孫詒讓에 의하면 이곳의 '式法'은 〈天官 大宰〉의 九式의 法을 말한다.(≪周禮正義≫ 권12, 487쪽 참조)

무릇 官府・都鄙의 관리들이 재물을 지출할 때는 職歲에게 관련된 지출 규정〔式法〕을 받아서 집행한다.

【注】百官之公用式灋多少를 職歲掌出之에 舊用事存焉이라

백관들이 국가의 재물〔公用〕을 지출할 때 그 수량에 관련된 지출규정〔式法〕을 職歲가 관장하여 내어줄 때, 예전의 用事와 관련된 법식이 〈직세에〉 있다.

【疏】'凡官'至'職歲' ○釋曰：官府都鄙出財用，皆來受灋者，以其出財用皆爲有事，事有舊灋，用有常，職歲出財，皆有舊灋式在於職歲，故須受灋於職歲也.

經의 〔凡官〕에서 〔職歲〕까지

○釋曰：官府와 都鄙〈의 관리들이〉 재물을 지출할 때 모두 〈職歲에게〉 와서 법식을 받는 것은, 재물을 지출할 때에 모두 사안이 있고 사안에는 예전의 법식이 있고 사용하는 데는 일정함이 있고 직세가 재물을 지출하니, 모두 예전에 있던 法式이 직세에 있기 때문이다. 그러므로 반드시 직세에게 법식을 받는 것이다.

天-41-3

凡上之賜予에 以敘與職幣授之[1]니라

1) 凡上之賜予 以敘與職幣授之：孫詒讓에 따르면, 이곳의 '賜予'는 '好賜'를 말한다. 하사품에는 常賜가 있고, 好賜가 있다. 常賜는 歲時로 나누어 하사해주는 것으로 秩籍에 규정되어 있다. 好賜는 常賜 이외에 은택으로 특별히 하사해주는 것으로 恒典이 아니다. 또 왕과 총재가 내리는 하사품은 幣餘(관용으로 사용하고 남은 물자)의 재물로 공급한다. 職幣는 幣餘의 재물을 관장하고, 職歲는 하사품의 수치를 기록한 명령서의 副本을 제출받아서 함께 재물을 공급하는 것이다.(≪周禮正義≫ 권11, 447쪽 및 권12, 487쪽 참조)

무릇 왕과 총재가 하사품을 내려주는 경우, 〈職歲는〉 하사품을 받는 사람의 존비에 따라 〈하사하는 순서를 정해서〉 職幣와 함께 하사하는 재물을 공급한다.

【注】敘는 受賜者之尊卑[1]라

1) 敘 受賜者之尊卑：여러 사람이 함께 하사품을 받을 경우, 각각 그 秩次에 의거하여 존귀한 자에게 먼저 주고, 비천한 자에게 나중에 준다는 뜻이다.(≪周禮正義≫ 권12, 487쪽 참조)

'敘'는 하사품을 받는 자의 존비이다.

【疏】'凡上'至'授之' ○釋曰：上謂王與冢宰. 所有小賜予之事，則職幣所云"小用賜予"，是也，故云"以敘與職幣授之."

經의 〔凡上〕에서 〔授之〕까지

○釋曰：'上'은 王과 冢宰를 말한다. 작게 하사품을 내려주는 일이 있는 경우는, 〈天官

職幣(天-42-3)〉에서 "小用과 賜予"라고 한 것이 이것이다. 그러므로 "〈職歲는〉 하사품을 받는 사람의 존비에 따라 〈하사하는 순서를 정해서〉 직폐와 함께 하사하는 재물을 공급한다."고 한 것이다.

天-41-4

及會에 以式灋贊逆會니라

연말의 회계결산 때에 이르면, 〈職歲는〉 지출 규정〔式法〕에 의거하여 〈司會를〉 도와서 관리들의 회계문서를 심사한다.

【注】助司會鉤考群吏之計라

司會를 도와서 관리들의 회계문서를 심사하는 것이다.

【疏】'及會'至'逆會' ○釋曰：案司會以逆群吏之治，而聽其會計，此官主式灋出財用. '及', 至也. 至歲終會計之時, 則以式法贊助司會鉤考會計之事, 故云"以式灋贊逆會."

經의 〔及會〕에서 〔逆會〕까지

○釋曰：살펴보건대, 司會는 관리들의 치적을 심사하여 그들의 회계문서를 평가하는데, 이 관직(職歲)은 式法(지출 규정)에 의거하여 재물을 지출하는 일을 주관한다. '及'은 이르다의 뜻이다. 연말의 회계결산 때에 이르면 式法에 의거하여 司會를 도와서 회계의 일을 심사한다. 그러므로 "〈職歲는〉 지출 규정〔式法〕에 의거하여 〈司會를〉 도와서 관리들의 회계문서를 심사한다."고 한 것이다.

42. 職幣(직폐)

天-42-1

職幣는 掌式灋하여 以斂官府都鄙與凡用邦財[1]者之幣하고

1) 邦財：惠士奇는 '邦財'란 〈天官 外府(天-37-2)〉에서 말한 祭祀·빈객 접대·喪事·會同·軍事와 관련한 일을 거행할 때 필요한 재물 비용을 말한다고 하였다.(≪周禮正義≫ 권12, 488쪽 참조)

職幣는 式法(지출 규정)을 관장하여 官府·都鄙의 관리들과 무릇 왕국의 재물을 사용하는 사람들이 사용하고 남은 재물〔幣〕을 거두어들이고,

【注】幣[1)]는 謂給公用之餘[2)]라 凡用邦財者는 謂軍旅라

1) 幣：孫詒讓에 의하면, '幣'는 敝의 뜻으로 읽으니, 敝는 餘(나머지)의 뜻이다.〔幣讀爲敝 敝 餘也〕(≪周禮正義≫ 권12, 488쪽)

2) 給公用之餘：孫詒讓에 의하면, "'給公用之餘'는 九式에 의거하여 사용하고 남은 나머지를 말한다. 그러므로 또한 式法에 의거하여 거두어들인다.〔給公用之餘 謂九式所用之餘也 故還以式法斂之〕"고 하였다.(≪周禮正義≫ 권12, 488쪽)

'幣'는 公用으로 공급하고 남은 나머지를 말한다. '무릇 왕국의 재물을 사용하는 사람'이란 군대를 말한다.

【疏】'職幣'至'之幣' ○釋曰：職幣主餘幣, 給諸官之用, 亦依灋式與之, 故云"掌式灋以斂官府已下之幣." 幣, 則餘幣也.

經의 〔職幣〕에서 〔之幣〕까지

○釋曰：職幣는 餘幣를 주관하여 여러 관부의 용도에 공급하니, 또한 式法(지출 규정)에 의거하여 공급해준다. 그러므로 "式法을 관장하여 官府 이하에서 사용하고 남은 재물을 거두어들인다."고 한 것이다. '幣'는 남은 재물〔餘幣〕이다.

○注'幣謂'至'軍旅' ○釋曰：云'幣謂給公用之餘'者, 以其此官主斂餘幣, 故知幣謂給公用之餘. 知凡用邦財是軍旅者, 見經斂官府都鄙, 別言用邦財, 故知用邦財謂國之大事, 唯有軍旅.

○注의 〔幣謂〕에서 〔軍旅〕까지

○釋曰：〔幣謂給公用之餘〕 이 관직(職幣)은 餘幣를 거두어들이는 일을 주관하므로 '幣'는 公用으로 공급하고 남은 나머지임을 알 수 있다.

무릇 왕국의 재물을 사용하는 사람들이 군대임을 알 수 있는 것은 살펴보건대 경문에서 "官府와 都鄙〈의 남은 재물을〉 거두어들인다."고 하였는데, 별도로 "왕국의 재물을 사용한다."고 하였으므로 왕국의 재물을 사용한다는 것은 나라의 大事를 가리키는 것으로 오직 군대가 있음을 알 수 있다.

天-42-2

振掌事者之餘財하여

掌事者(왕명을 받들어 일을 관장하는 사람)에게 재물을 지급하고 그가 사용하고 남은 재물을 거두어들여서

【注】振은 猶抍(증)也요 檢也라 掌事는 謂以王命有所作爲라 先言斂幣하고 後言振財하니 互之라

'振'은 抍(재물을 나누어주다), 檢(검속하다)과 같다. '掌事(일을 관장하다)'는 왕명으로 作爲하는 바가 있음을 말한다. 앞에서 '斂幣'라고 말하고 뒤에서 '振財'라고 말한 것은 互言한 것이다.

【疏】'振掌'至'餘財' ○釋曰 : 振者, 抍也, 檢也[1]. 以財與之謂之抍, 知其足剩謂之檢. 掌事奉王命有所造爲, 故職幣檢掌事者. 有餘則受取, 故云"振掌事者之餘財."

1) 振者 抍也 檢也 : 王念孫은 경문에서는 '斂'·'振'이라 하고, 鄭玄의 注에서는 '抍'·'檢'이라 하였는데, 모두 收取(거두어 취한다)의 뜻이라고 하였다.〔經言斂言振 注言抍言檢 皆謂收取之也〕(≪周禮正義≫ 권12, 488쪽) 賈公彦의 疏에서는 앞의 경문(天-42-1)의 斂과 이곳 경문의 振을 互文으로 보아 앞에는 振이 생략되고 뒤에서는 斂이 생략된 것으로 양쪽 모두 斂·振의 의미가 다 있다고 본 것이다. 그러므로 가공언은 振을 '재물을 나누어준다.'로 정의하면서 掌事者가 사용하고 남은 재물을 거두어들이는 뜻을 내포한다고 본 것이다.

經의 〔振掌〕에서 〔餘財〕까지

○釋曰 : '振'은 抍(재물을 나누어주다)의 뜻이며, 檢(검속하다)의 뜻이다. 재물을 주는 것을 '抍'이라 하고, 충분하고 남음을 파악하는 것을 '檢'이라 한다. 掌事는 왕명을 받들어 작위하는 바가 있다는 뜻이다. 그러므로 職幣는 掌事者를 검사하는 것이다. 남은 것이 있으면 접수하여 취한다. 그러므로 〈경문에서〉 "장사자가 사용하고 남은 재물을 거두어들인다."고 한 것이다.

○注'振猶'至'互之' ○釋曰 : 知'掌事謂以王命有所作爲'者, 以其上經官府已下, 是其國家常事, 此別言掌事, 是王命有所作爲. 又云'先言斂幣, 後言振財, 互之'者, 凡用國家財物, 皆先振而後斂. 今於上文直言斂, 不言振, 亦振之, 下言振財有餘, 亦斂之可知, 故言"互之"也.

○ 注의 〔振猶〕에서 〔互之〕까지

○ 釋曰 : '掌事가 왕명으로 作爲하는 바가 있음을 말한다.'는 것을 알 수 있는 것은, 위 경문(天-42-1)의 官府 이하는 국가의 常事인데 이곳에서 별도로 '掌事'라고 하였기 때문이니, 이는 왕명으로 작위하는 바가 있는 것이다.

〔先言斂幣 後言振財 互之〕 무릇 국가의 재물을 사용할 때는 모두 먼저 재물을 나누어 준〔振〕 후에 거두어들이는데〔斂〕, 이제 위 경문에서는 단지 '거두어들인다〔斂〕'라고만 말하고 '나누어준다〔振〕'고 말하지 않았지만 또한 나누어주는 것이며, 아래에서 재물을 나누어주는데〔振財〕 〈掌事者가 사용하고〉 남은 재물이 있다."고 말하였으니 또한 거두어들인다〔斂之〕는 것을 알 수 있다. 그러므로 "互言한 것이다."라고 말한 것이다.

天-42-3

皆辨其物而奠其錄하여 以書楬之하여 以詔上之小用賜予니라

〈거두어들인〉 재물의 명칭·종류·수량·품질을 모두 분별하여 簿籍에 기록하여 이를 작은 木牌에 써서 표식을 해두고, 왕과 총재에게 보고하여 小事나 恩賞의 용도에 공급한다.

【注】 奠은 定也라 故書錄爲祿이라 杜子春云 祿當爲錄이니 定其錄籍라 鄭司農云 楬之는 若今時爲書以著(착)其幣라

'奠'은 정한다〔定〕는 뜻이다. 故書에 '錄'은 '祿'으로 되어 있다. 杜子春은 "'祿'은 마땅히 '錄'이 되어야 하니, 그 錄籍을 정한다는 뜻이다."라고 하였다. 鄭衆은 "'표식을 해둔다〔楬之〕'는 것은 오늘날 글을 써서 그 재물에 부착하는 것과 같은 것이다."라고 하였다.

【疏】 '皆辨'至'賜予' ○ 釋曰 : 上經旣斂得幣, 皆當辨其物, 知其色類及善惡. '而奠其錄'者, 謂定其所錄簿書色別, 各入一府. '以書楬之'者, 謂府別各爲一牌, 書知善惡價數多少, 謂之楬. 又云'以詔上之小用賜予'者, 詔猶告也. 職幣旣知府內, 則告上之王與冢宰小用賜予之事, 此謂常賜予[1]. 玉府所云 "凡王之好賜共其貨賄", 及內府云 "凡王冢宰之好賜", 此二者非常賜(與)〔予〕[2]. 外府及典絲·枲三官言'賜予'者[3], 與此職幣同, 亦是國家常賜予.[4]

1) 賜予 : 常賜와 好賜에 대해서는 〈天官 職歲(天-41-3)〉 경문에 대한 역주 1) 참조.

2) (與)〔予〕 : 저본에는 '與'로 되어 있으나 孫詒讓의 ≪周禮正義≫에 의거하여 '予'로 바로잡았다.(≪周禮正義≫ 권12, 489쪽)

3) 外府及典絲枲三官言賜予者 : 〈天官 外府(天-37-2)〉에서 "賜予之財用", 〈天官 典絲(天-56-4)〉에서 "凡上之賜予", 〈天官 典枲(天-57-3)〉에서 "頒衣服授之賜予"라고 하였다.

4) 與此職幣同 亦是國家常賜予 : 孫詒讓은 이곳의 '小用' 안에 '玩好之用' 등이 포함되었으므로 常賜가 아닌 好賜라고 보고, 賈公彦의 설을 부정하였다.(≪周禮正義≫ 권12, 490참조)

經의 〔皆辨〕에서 〔賜予〕까지

○ 釋曰 : 위의 경문에서 이미 재물〔幣〕을 거두어들여 얻었으니, 모두 마땅히 그 재물을 변별하여 그 빛깔과 종류 및 품질의 좋고 나쁨을 알아야 한다.

〔而奠其錄〕 그 기록하는 바의 簿書를 정해서 종류별로 분류하여 각각 하나의 창고〔府〕에 납입하는 것을 말한다.

〔以書楬之〕 官府 별로 각각 하나의 木牌를 만들어 글을 써서 품질의 좋고 나쁨과 가격과 수량을 변별하는 것을 '楬'이라고 하니, 이를 가리킨다.

〔以詔上之小用賜予〕 '詔'는 告(보고하다)와 같다. 職幣는 이미 창고의 내부를 변별하고 나면, 위의 왕과 총재에게 小事나 恩賞을 내리는 일을 보고하는데, 이것은 일반적인 賜予〔常賜〕를 가리킨다. 〈天官 玉府(天-35-8)〉에서 말한 "무릇 왕이 총애하는 신하에게 특별히 하사품을 내릴 때, 〈玉府는〉 그 재물을 공급한다."고 한 것과 〈天官 內府(天-36-4)〉에서 "무릇 왕과 총재가 〈훌륭한 신하들에게〉 상으로 하사품을 내려줄 경우"라고 말한 것, 이 두 가지는 일반적인 賜予〔常賜〕가 아니다. 外府 및 典絲·典枲 3개의 관직에 대해서 '賜予'라고 한 것은 이곳의 職幣와 동일하니, 또한 國家의 일반적인 賜予〔常賜〕이다.

天-42-4

歲終에 則會其出하고

연말이 되면, 거두어들인 재물의 지출에 대한 회계결산을 하고,

【疏】'歲終則會其出' ○釋曰 : 以其職幣主出, 故歲終與司會會之. 下贊之, 亦謂贊司會會之事也.

經의〔歲終則會其出〕

○釋曰 : 職幣는 지출을 주관하므로 연말이 되면 司會와 함께 회계결산을 한다. 아래 경문의 "돕는다〔贊之〕"라고 한 것도 司會를 도와서 회계결산 하는 일을 말한다.

天-42-5

凡邦之會事에 **以式灋贊之**니라

무릇 왕국의 연말 감사를 할 때, 〈職歲는〉 式法에 의거하여 〈司會를〉 도와서 진행한다.

43. 司裘(사구)

天-43-1

司裘는 **掌爲大裘**[1)]하여 **以共王祀天**[2)]**之服**이니라

1) 大裘 : 천자의 길복인 6가지 冕服(大裘冕 · 袞冕 · 鷩冕 · 毳冕 · 絺冕 · 玄冕)과 3가지 弁服(韋弁 · 皮弁 · 冠弁)의 하나로, 짐승의 가죽으로 몸을 가리던 모습을 묘사해 만들었다.
2) 祀天 : 孫詒讓에 의하면 '祀天'은 冬至에 圜丘에서 天神 가운데 가장 존귀한 昊天을 제사 지내는 것 말한다. 夏曆 正月에 南郊에서 受命帝를 제사 지내고, 봄에 蒼帝, 여름에 赤帝, 늦여름에 黃帝, 가을에 白帝, 겨울에 黑帝를 제사 지낼 때도 大裘를 착용한다. 그러므로 〈春官 司服(春-12-2)〉에서 "호천상제를 제사 지낼 때 大裘를 착용하고 冕冠을 쓴다. 五帝를 제사 지낼 때도 이와 마찬가지로 한다.〔祀昊天上帝則服大裘而冕 祀五帝亦如之〕"라고 한 것이다. 이곳의 경문에서 '하늘을 제사 지낸다〔祀天〕'고 한 것은 五帝를 포함하는 것으로, 互文으로 뜻을 보인 것이다.(≪周禮正義≫ 권13, 491쪽 참조)

司裘는 大裘를 제작하는 일을 관장하여 왕이 하늘을 제사 지낼 때 착용하는 祭服을 공급한다.

【注】**鄭司農云 大裘**는 **黑羔裘**니 **服以祀天**은 **示質**이라

鄭衆은 "大裘는 黑羔裘(검은 새끼 양의 가죽으로 만든 갖옷)이다. 이를 착용하고서 하늘을

제사를 지내는 것은 질박함을 보여주는 것이다."라고 하였다.

【疏】'司裘'至'之服' ○釋曰：言'爲大裘'者，謂造作黑羔裘. 裘言大者，以其祭天地之服，故以大言之，非謂裘體侈大，則義同於大射也. 云'以共王祀天之服'者，謂四時所有祭天之事皆共之，不限六天[1]之大小. 直言祀天，案孝經緯鉤命決云"祭地之禮與天同." 牲玉皆不同. 言'同'者，唯據衣服，則知崐崙・神州[2]，亦用大裘可知.

1) 六天：鄭玄은 至高神인 昊天上帝와 五行을 주관하면서 역대 왕자의 受命帝가 되는 蒼帝 靈威仰(木 주관)・赤帝 赤熛怒(火 주관)・黃帝 含樞紐(土 주관)・白帝 白招拒(金 주관)・黑帝 汁光紀(水 주관)의 五天帝 등 6종류의 天帝를 상정한다. 이를 六天說이라 한다.

2) 崐崙・神州：崐崙은 전설상의 산으로, 昆侖山을 가리킨다. 神州는 중국을 가리키는 뜻으로, 戰國時代에 騶衍이 중국을 '赤縣神州'라고 한 이후 후세 사람들이 중국을 '神州'라고 하였다.

經의〔司裘〕에서〔之服〕까지

○釋曰：〔爲大裘〕黑羔裘를 만드는 것을 말한다. '裘'에 '大'라고 말한 것은, 天地를 제사 지낼 때 착용하는 의복이므로 '大'로 말한 것이지 갖옷의 몸체가 큼을 말한 것이 아니니, 의리가 大射와 동일하다.

〔以共王祀天之服〕四時에 하늘을 제사 지내는 일에 모두 공급하는 것이지 六天의 大小에 한정되지 않음을 말한다. 단지 '하늘을 제사 지낸다.〔祀天〕'라고만 말한 것은, 살펴보건대 ≪孝經緯≫〈鉤命決〉에 "땅을 제사 지내는 禮는 하늘을 제사 지내는 예와 같다."고 하였다. 犧牲과 玉帛이 모두 같지 않은데도 '같다〔同〕'고 말한 것은 단지 의복에 의거하여 말한 것이니, 崐崙과 神州를 제사 지낼 때도 또한 大裘를 착용한다는 것을 알 수 있다.

○注'鄭司'至'示質' ○釋曰：先鄭知大裘黑羔裘者，祭服皆玄上纁下[1]，明此裘亦羔裘之黑者，故知大裘黑羔裘. 又云'服以祀天，示質'者，以其衮已下皆有采章，(爲)〔惟〕[2]此大裘更無采章[3]，故云"質." 案鄭志"大裘之上，又有玄衣，與裘同色"，亦是無文采.

1) 玄上纁下：〈考工記 鍾氏(冬-16-3)〉에서 새의 깃을 물들이는 것에 대해 말하면서 "세 번 물들이면 '纁'이 되고, 다섯 번 물들이면 '緅'가 되고, 일곱 번 물들이면 '緇'가 된다.〔三入爲纁 五入爲緅 七入爲緇〕"고 하였다. '玄'에 관한 내용이 없기 때문에 鄭玄은 '玄'을 다섯 번 물들여서 얻는 추색과 일곱 번 물들여서 얻는 치색의 중간색 즉 여섯 번 물들여서 얻는 색으로 해석하였다. 또 붉은색 염료에 세 번을 담가서 얻는 색이 '纁'인데, 鄭

玄은 '纁'을 '淺絳(옅은 진홍색)'으로 해석했지만 郭璞은 '纁'과 '絳'을 같은 색으로 보았다. ≪爾雅≫ 〈釋器〉에서 "한 번 물들인 것을 '縓(분홍색)'이라 하고, 두 번 물들인 것을 '赬(옅은 적색)'이라 하며, 세 번 물들인 것을 '纁(옅은 진홍색)'이라고 한다.〔一染謂之縓 再染謂之赬 三染謂之纁〕"고 하였다.

2) (爲)〔惟〕: 저본에는 '爲'로 되어 있으나, 惠校本에 의거하여 '惟'로 바로잡았다.(阮元의 〈校勘記〉 및 北京大 整理本의 〈校勘記〉 참조)

3) 以其袞已下皆有采章 爲此大裘更無采章 : '袞冕'은 王의 六冕服 가운데 하나로, 天子 및 上公의 禮服이다. 웃옷에는 龍·山·華蟲(산 꿩)·火(불)·宗彝(호랑이와 원숭이), 치마에는 藻(마름풀)·粉米(쌀)·黼(도끼)·黻(弓자가 등지고 있는 모양)의 九章 즉 9가지 무늬를 수놓는다. 鷩冕은 七章이며, 毳冕은 五章이며, 絺冕은 三章이며, 玄冕은 一章이다. 大裘에는 무늬가 없다.

○ 注의 〔鄭司〕에서 〔示質〕까지

○ 釋曰 : 鄭衆이 大裘가 黑羔裘임을 알았던 것은, 祭服은 모두 웃옷을 玄色(검은색)으로 하고 치마를 纁色(옅은 진홍색)으로 하니, 이 갖옷도 새끼 양의 가죽으로 만든 것 가운데 검은색이 분명하므로 大裘가 흑고구임을 알았던 것이다.

〔服以祀天 示質〕 袞冕 이하에는 모두 무늬가 있는데 오직 이 大裘에만 다시 무늬가 없기 때문이다. 그러므로 "질박하다.〔質〕"라고 한 것이다. 살펴보건대, 鄭小同의 ≪鄭志≫에 "大裘의 위에 다시 玄衣를 걸치는데 갖옷〔裘〕과 색이 같다."고 하였으니, 또한 무늬가 없는 것이다.

天-43-2

中秋에 獻良裘니 王乃行羽物하고

〈司裘는〉 中秋에 良裘(좋은 갖옷)를 진헌하고 〈또 날짐승을 진헌하니〉, 왕은 이에 관리들에게 羽物(날짐승, 메추라기·참새 등)을 하사하고,

【注】 良은 善也라 中秋에 鳥獸毴毨(모선)[1]이니 因其良時而用之라 鄭司農云 良裘는 王所服也요 行羽物은 以羽物飛鳥賜群吏라 玄謂 良裘는 玉藻所謂黼裘[2]與니 此羽物은 小鳥鶉(순)雀之屬이니 鷹所擊者라 中秋에 鳩化爲鷹하고 中春에 鷹化爲鳩[3]니 順其始殺與其將止하여 而大班羽物이라

1) 毴毨(모선) : 陸德明은 '毴'는 음이 毛이고 '毨'의 음은 先과 典의 反切이라 하였다. ≪九

經古義≫에서는 '毴'는 毳의 잘못이라고 하였다.(阮元의 〈校勘記〉 및 北京大 整理本의 〈校勘記〉 참조)

2) 䵌裘 : 검은 양의 가죽과 여우의 흰 털을 섞어 도끼 문양을 수놓아 만든 갖옷을 말한다. 제후가 군사들을 誓戒하여 가을 사냥의 禮를 행할 때 이 옷을 착용한다.

䵌裘

3) 中秋鳩化爲鷹 中春鷹化爲鳩 : ≪禮記≫의 〈王制〉에 "비둘기가 변화하여 새매가 된다.〔鳩化爲鷹〕"고 하였고, 〈月令〉 '仲春' 조에 "새매가 변화하여 비둘기가 된다.〔鷹化爲鳩〕" 고 하였다. 陳澔는 "〈王制〉에서 '비둘기가 변화하여 매가 된다.'고 한 것은 가을철이다. 〈月令〉에서 '새매가 변화하여 비둘기가 된다.'고 한 것은 生育의 氣가 활발하기 때문이다. 그러므로 맹금류가 그에 감응하여 변화한 것이다.〔王制言鳩化爲鷹 秋時也 此言鷹化爲鳩 以生育氣盛 故鷙鳥感之而變一耳〕"라고 하였다.(≪禮記集說≫ 〈月令〉)

'良'은 좋다〔善〕는 뜻이다. 中秋에 鳥獸가 털갈이를 하니, 그 좋은 때를 이용하여 사용하는 것이다. 鄭衆은 "良裘는 왕이 착용하는 옷이다. '行羽物'은 羽物인 飛鳥를 관리들에게 하사한다는 뜻이다."라고 하였다. 나(玄)는 생각건대, '良裘'는 ≪禮記≫ 〈玉藻〉에서 말한 '䵌裘'인 듯하다. 이 羽物은 작은 새로서 메추라기〔鶉〕·참새〔雀〕 등속이니, 새매〔鷹〕로 잡는 것이다. 中秋에는 비둘기가 변화하여 새매가 되고, 中春에는 새매가 변화하여 비둘기가 되니, 肅殺의 기운이 처음 발생하는 철과 장차 〈숙살의 기운이〉 그치는 철에 순응하여 크게 羽物을 나누어주는 것이다.

【疏】'中秋'至'羽物' ○釋曰 : 良, 善也. 仲秋所獻善裘者, 爲八月誓獮田所用, 故獻之. '王乃行羽物'者, 行, 賜也. 以羽鳥之物賜群臣, 以應秋氣也.

經의 〔中秋〕에서 〔羽物〕까지

○釋曰 : '良'은 좋다〔善〕는 뜻이다. 仲秋에 좋은 갖옷을 진헌하는 것은, 8월에 군사들을 경계시켜 사냥을 할 때 사용하는 것이므로 진헌하는 것이다.

〔王乃行羽物〕 '行'은 하사한다〔賜〕는 뜻이다. 羽鳥의 물품을 신하들에게 하사하여 가을

의 기운에 응하는 것이다.

○注'良善'至'羽物' ○釋曰：云'中秋鳥獸毨毨'者, 此是尙書堯典文. 案彼注 "毨, 理也, 毛更生整理." 引之者, 證仲秋有良裘意, 故鄭云 "因其良時而用之"也. '司農云 良裘, 王所服'者, 先鄭意, 良裘王所服, 故仲秋獻之, 群臣所服裘, 在下經"季秋獻功裘[1)]", 是也. 後鄭不從之者, 月令云 "孟冬, 天子始裘", 此良裘若是王之所服裘, 何得在仲秋. 故後鄭不從. '玄謂良裘, 玉藻所謂黼裘與'者, 案彼文云 "唯君有黼裘以誓獮(선)", 獮是仲秋田獵之名, 彼獮田用黼裘, 與此仲秋獻良裘同時, 皆不爲寒設, 故知此良裘, 則與彼黼裘一也. 但無正文, 約與之同, 故言'與'以疑之也. 言'黼裘'者, 白與黑謂之黼, 謂狐白與黑羔, 合爲黼文, 故謂之黼裘. 秋氣嚴猛, 取斷割之義, 故用黼. 謂之良裘者, 下經功裘之等, 臣所服, 見人功麤. 良裘與大裘, 皆君所服, 針功細密, 故得良裘之名. 又云'此羽物, 小鳥鶉雀之屬, 鷹所擊者', 案夏官羅氏 "仲春, 羅春鳥[2)], 行羽物", 彼注云 "羽物, 若今南郡黃雀之屬." 彼黃雀卽此雀之屬. 此鶉與雀, 亦是鷹所擊, 故連言鶉也. 云'仲秋鳩化爲鷹, 仲春鷹化爲鳩'者, 此竝月令文. 引此者, 證此仲秋行羽物, 與月令仲秋鳩化爲鷹, 殺物之時, 是順其始殺也, 故行羽物. 又云'仲春鷹化爲鳩'者, 證羅氏仲春行羽物, 與月令仲春鷹化爲鳩, 止殺之時, 故云"與其將止." 云'班羽物'者, 揔結春秋二時, 皆大班行羽物.

1) 功裘：良裘 다음가는 가죽옷으로, 그 제작이 비교적 거칠기 때문에 '功裘'라고 한다. 卿·大夫가 착용하는 옷이다.(≪三禮文化辭典≫ 180쪽 참조)
2) 春鳥：〈夏官 羅氏(夏-21-3)〉 鄭玄의 注에 "春鳥는 겨울잠을 자다가 처음 나오는 것이다.〔春鳥 蟄而始出者〕"라고 하였다.

○ 注의 〔良善〕에서 〔羽物〕까지

○ 釋曰：〔中秋鳥獸毨毨〕 이것은 ≪尙書≫ 〈堯典〉의 문장이다. 살펴보건대 그곳의 孔安國 傳에는 "'毨'은 다스린다.〔理〕는 뜻이니, 털이 다시 자라나서 가지런히 다스려진 것이다."라고 하였다. 이를 인용한 것은 仲秋에 良裘가 있다는 뜻을 증명하기 위한 것이다. 그러므로 鄭玄이 "그 좋은 때를 이용하여 사용하는 것이다."라고 한 것이다.

〔司農云 良裘 王所服〕 鄭衆의 뜻은 良裘(좋은 갖옷)는 왕이 착용하는 옷이므로 仲秋에 진헌을 하고, 신하들이 착용하는 갖옷은 아래 경문에서 "季秋에 功裘를 진헌한다."고 한 것이 이것이다. 정현이 이를 따르지 않은 것은 ≪禮記≫ 〈月令〉에 "孟冬에 天子는 비로소

갖옷을 착용한다."고 하였으니, 이 良裘가 왕이 착용하는 갖옷이라면 어떻게 仲秋에 착용할 수 있겠는가. 그러므로 정현이 따르지 않은 것이다.

〔玄謂良裘 玉藻所謂黼裘與〕 살펴보건대, ≪禮記≫ 〈玉藻〉에서 "군주만이 黼裘를 착용하고서 군사들을 경계시키며 가을 사냥〔獮〕을 한다."고 하였다. '獮'은 仲秋에 행하는 사냥의 명칭이다. 〈옥조〉에서 가을 사냥에 黼裘를 착용한다고 한 것은 이곳에서 중추에 良裘를 진헌한다고 한 것과 시기가 같은 것으로서, 모두 추위 때문에 하는 것이 아니다. 그러므로 이곳 〈春官 司裘〉의 良裘는 저곳 〈옥조〉의 黼裘와 같은 것임을 알 수 있다. 다만 正文이 없이 대략 동일하기 때문에 '與(~인 듯)'라고 하여 의문을 나타낸 것이다.

〔黼裘〕 흰색과 검은색을 '黼'라고 하니, 흰색 여우 털과 검은 새끼 양의 가죽을 합하여 黼의 무늬를 수놓는 것을 말한다. 그러므로 '黼裘'라고 한다. 가을의 기운은 매섭고 사나우니, 자르고 베는 뜻을 취한다. 그러므로 '黼'의 문양을 사용하는 것이다.

〔良裘〕 아래 경문의 功裘 등은 신하들이 착용하는 옷으로, 사람의 공력을 덜 들인 것임을 보이는 것이다. 良裘와 大裘는 모두 군주가 착용하는 옷으로, 바느질을 세밀하게 한다. 그러므로 '良裘'라는 명칭을 얻은 것이다.

〔此羽物 小鳥鶉雀之屬 鷹所擊者〕 살펴보건대, 〈夏官 羅氏(夏-21-3)〉에 "仲春에 그물로 春鳥(봄에 처음 나오는 새)를 잡고, 〈관리들에게〉 羽物을 하사한다."고 하였는데, 鄭玄의 注에서 "'羽物'은 오늘날 南郡의 黃雀 등속과 같은 것이다."라고 하였다. 저곳의 黃雀은 곧 이곳의 雀(참새)의 등속이다. 이곳의 鶉(메추라기)과 雀(참새)은 또한 새매〔鷹〕로 잡는 것이므로 '鶉'을 연이어서 말한 것이다.

"仲秋에는 비둘기가 변화하여 새매가 되고, 仲春에는 새매가 변화하여 비둘기가 된다."고 한 것은, 이는 모두 ≪예기≫ 〈월령〉의 문장이다. 이를 인용한 것은 이곳의 仲秋에 羽物을 하사하는 것과 〈월령〉의 仲秋에 비둘기가 변화하여 새매가 되는 것이 사물을 죽이는 철이니 肅殺의 기운이 처음 발생하는 철에 순응하는 것임을 증명한 것이다. 그러므로 羽物을 하사하는 것이다. 또 "仲春에는 새매가 변화하여 비둘기가 된다."고 한 것은 〈夏官 羅氏〉의 仲春에 羽物을 하사하는 것과 〈월령〉의 仲春에 새매가 변화하여 비둘기가 되는 것이 숙살의 기운이 그치는 철임을 입증한 것이다. 그러므로 "〈숙살의 기운이〉 그치려는 때"라고 한 것이다.

"羽物을 나누어준다.〔班羽物〕"고 한 것은 봄과 가을 두 계절에 모두 크게 羽物을 나누어 주는 뜻을 총결한 것이다.

天-43-3

季秋에 獻功裘하여 以待頒賜[1)]니라

1) 頒賜 : 제도의 범위 안에서 정기적으로 하사해주는 것을 '頒'이라고 하고, 그 밖에 특별한 은혜로 하사해주는 것을 '賜'라고 한다. 孫詒讓은 "정기적으로 하사해주는 것〔常賜〕을 '頒'이라 하고, 특별히 은혜를 베풀어 하사해주는 것〔好賜〕을 '賜'라고 한다. 경문에서 '頒賜'라고 한 것은 대체로 이 두 가지 하사를 겸하여 말한 것이다.〔常賜謂之頒 好賜謂之下賜 經云頒賜 蓋兼二賜言之〕"라고 하였다.(≪周禮正義≫ 권7, 255쪽 및 권13, 496쪽 참조)

季秋에 功裘를 진헌하여 왕이 신하들에게 내리는 하사품으로 공급한다.

【注】功裘는 人功微麤니 謂狐靑・麛(미)裘之屬이라 鄭司農云 功裘는 卿大夫所服이라

'功裘'는 〈갖옷 중에〉 사람의 공력을 덜 들인 것이니, 狐靑裘(여우의 청색 모피로 만든 갖옷)・麛裘(새끼 사슴 가죽으로 만든 갖옷) 등속을 가리킨다. 鄭衆은 "功裘는 卿・大夫가 착용하는 갖옷이다."라고 하였다.

【疏】'季秋'至'頒賜' ○釋曰 : 案詩云 "七月流火, 九月授衣", 此季秋則是九月授衣之節. '季秋獻功裘, 以待頒賜'者, 功裘之內, 有群臣所服之裘, 故言"以待頒賜."

經의 〔季秋〕에서 〔頒賜〕까지

釋曰 : 살펴보건대, ≪詩經≫ 〈七月 豳風〉에 "7월에 大火心星이 서쪽으로 흘러가거든, 9월에는 새 옷을 지어주리라."라고 하였으니, 이 季秋는 9월 새 옷을 지어주는 절기이다.

〔季秋獻功裘 以待頒賜〕 功裘 안에 신하들이 착용하는 갖옷이 있다. 그러므로 "왕이 신하들에게 내리는 하사품으로 공급한다."고 한 것이다.

○注'功裘'至'所服' ○釋曰 : 言'功裘, 人功微麤'者, 此對良裘與大裘人功微密, 此裘人功麤, 故名'功裘.' 又云'謂狐靑・麛裘之屬'者, 案玉藻 "君子狐靑裘, 豹褎. 麛裘, 靑豻褎." 彼云'君子', 鄭云 "君子, 大夫・士也." 以其彼云 "豹褎・靑豻褎", 褎用雜, 故爲大夫・士. 若君則用純. 引此者, 證功裘中有此狐靑・麛裘, 以待頒賜. 玉藻仍有羔裘・狐裘, 亦是臣之所服裘, 不引之者, '之屬'中含之矣. 若然狐靑裘者, 鄭玉藻注云 "蓋玄衣之裘." 天子下〔至〕士玄端[1)2)]之服皆服之. 又云'麛裘'者, 鄭彼注引孔子"素衣麛裘[3)]", 謂是君臣視朔[4)]之服. 彼云'羔裘', 注引孔子"緇衣羔裘.[5)]" 鄭注論語云 "君之視朝之服, 亦卿大夫士祭於君之服.” 若然卿・大夫助祭用冕服, 士用爵弁. 君朝服冕服羔裘, 卿・大夫・士弁冕用羔裘. 至於朝服亦用羔裘, 卽是君臣祭服朝服, 同服羔裘也. 又云‘狐裘’者, 鄭注玉藻引孔子“黃衣狐裘[6)]”, 謂是十月農功畢, 臘祭先祖之服. 據鄕來所解四種之裘, 君臣同有, 以其經云 “以待頒賜”, 唯據其臣. 若據天子・諸侯, 除大裘之外, 亦入此功裘之中. 案玉藻乃有狐白裘, 據天子之朝, 大夫已上所服, 亦入此功裘之中. 鄭司農云 “功裘, 卿・大夫所服”者, 先鄭之意, 以良裘王所服, 故此功裘是卿大夫所服. 後鄭引之在下者, 經云 “以待頒賜”, 據臣而言, 司農云 “功裘卿大夫所服”, 得爲一義, 故引之在下.

1) 天子下〔至〕士玄端 : 저본에는 ‘至’가 없으나, 孫詒讓의 〈校勘記〉에 의거하여 보충하였다. 孫詒讓은 “‘下士’는 마땅히 ‘下至士’가 되어야 하니, 천자・제후・대부・사는 무릇 玄端을 착용할 때 모두 靑裘를 입는다. 今本에 ‘至’字가 탈오되었으니, 의미가 통하지 않는다.”고 하였다.(孫詒讓, ≪十三經注疏校記≫ 〈周禮注疏校記〉 및 北京大 整理本의 〈校勘記〉 참조)
2) 玄端 : ‘현단’은 검은색의 베로 만든 웃옷〔緇布衣〕을 말한다. 직물을 사선으로 재단하지 않고 正幅을 그대로 쓰기 때문에 ‘玄端’이라 한다. 정폭 그대로 옷을 만드는 것은 그 바름〔正〕을 취한 것으로, ‘端’은 바름〔正〕의 뜻과 통한다. ‘현단’은 웃옷만을 말하기도 하지만, 때로 ‘현단복’과 같은 의미로 쓰여 이 웃옷을 입을 때 부속되는 복식 일습을 통칭하기도 한다. 天子부터 士까지 모든 신분이 입는다.(≪三禮辭典≫, 305쪽 및 崔圭順, ≪中國歷代帝王冕服硏究≫, 26~27쪽 참조)
3) 素衣麛裘 : 孔子의 이 말은 ≪論語≫ 〈鄕黨〉에 나온다. ≪論語≫에는 ‘麛’가 ‘麑’로 되어 있다.
4) 視朔 : 고대에 천자와 제후가 매달 초하루 祖廟에서 제사를 지낸 후 太廟에서 정사를 듣는 것을 말한다.
5) 緇衣羔裘 : 孔子의 이 말은 ≪論語≫ 〈鄕黨〉에 나온다.
6) 黃衣狐裘 : 孔子의 이 말은 ≪論語≫ 〈鄕黨〉에 나온다.

◯注의 〔功裘〕에서 〔所服〕까지

◯釋曰 : 〔功裘 人功微麤〕 이는 사람의 공력을 다소 세밀하게 들인 良裘・大裘와 대비하여 이 갖옷은 사람의 공력을 덜 들였으므로 ‘功裘’라고 칭하는 것이다.

〔謂狐靑麛裘之屬〕 살펴보건대, ≪禮記≫ 〈玉藻〉에 “君子는 여우의 청색 모피로 만든 갖옷에 표범의 모피로 소매를 하며〔狐靑裘 豹褎〕, 새끼 사슴 가죽으로 만든 갖옷에 청색 개의 가죽으로 소매를 한다.〔麛裘 靑豻褎〕”고 하였다. 그곳에서 ‘君子’라고 하였는데, 鄭玄은 “君子는 大夫와 士이다.”라고 하였다. 그곳에서 “표범의 모피로 소매를 한다. 청색 개

의 가죽으로 소매를 한다."고 하였는데, 소매는 잡색을 사용하므로 大夫와 士가 되는 것이다. 만약 군주라면 순수한 색을 사용한다. 이를 인용한 것은 功裘 가운데에 이 狐青裘와 麛裘가 있어 신하들에게 내리는 하사품으로 공급함을 증명한 것이다. ≪예기≫ 〈옥조〉에 여전히 羔裘와 狐裘가 있으니, 또한 신하들이 착용하는 갖옷인데도 이를 인용하지 않은 것은 '~의 등속〔之屬〕' 안에 포함되기 때문이다. 만약 그렇다면 狐青裘는 정현이 〈옥조〉의 注에서 "대체로 玄衣(검은색 웃옷)의 갖옷이다."라고 한 것이니, 天子에서 아래로 士에 이르기까지 玄端服에 모두 이 갖옷을 입는다.

〔麛裘〕 정현은 〈옥조〉의 注에서 "흰 웃옷에 새끼 사슴 가죽으로 만든 갖옷을 입는다.〔素衣麛裘〕"는 孔子의 말을 인용하였으니, 군주와 신하들이 視朔을 할 때 입는 의복을 말한다. 〈옥조〉에서 "羔裘(검은 새끼 양의 갖옷)"이라고 하였는데, 정현의 注에서는 "검은색의 웃옷에 검은 새끼 양의 갖옷을 입는다.〔緇衣羔裘〕"는 공자의 말을 인용하였다. 정현은 ≪論語≫의 注에서 "군주가 조회를 볼 때 착용하는 의복이니, 또한 卿·大夫·士가 군주의 제사를 도울 때 착용하는 의복이다."라고 하였다. 그렇다면 경·대부는 助祭를 할 때 冕服을 입고, 士는 爵弁服을 입는 것이다. 군주의 朝服은 冕服에 羔裘를 입는 것이고, 경·대부·사는 弁冕에 羔裘를 입는 것이다. 朝服에 이르러서도 또한 羔裘를 입으니, 곧 군주와 신하는 祭服과 朝服에 똑같이 羔裘를 입는 것이다.

〔狐裘〕 정현은 ≪예기≫ 〈옥조〉의 注에서 "황색 웃옷에 여우 모피로 만든 갖옷을 입는다.〔黃衣狐裘〕"는 공자의 말을 인용했으니, 10월에 농사의 일을 마치고, 선조에게 臘祭를 지낼 때 착용하는 의복을 말한다. 앞에서 해석한 4종류의 갖옷〔裘〕에 의거한다면, 〈狐裘는〉 군주와 신하가 함께 입는 것이지만, 경문에서 "신하들에게 내리는 하사품으로 공급한다.〔以待頒賜〕"고 하였으므로 오직 신하에 의거한 것이다. 만약, 천자·제후에 의거한 것이라면, 大裘 이외에는 또한 이 功裘의 안에 들어가는 것이다. 살펴보건대, ≪예기≫ 〈옥조〉에도 狐白裘가 있으니, 천자의 朝服에 의거한다면, 대부 이상이 입는 것은 또한 이 功裘의 안에 들어간다. 정중이 "功裘는 경·대부가 착용하는 갖옷이다."라고 한 것은, 정중의 뜻은 良裘는 왕이 착용하는 갖옷이므로 이 功裘는 경·대부가 착용한다는 것이다. 鄭玄이 이를 인용하면서 아래에 둔 것은, 경문에서 "신하들에게 내리는 하사품으로 공급한다."고 한 것은 신하에 의거하여 말한 것이므로 정중이 "功裘는 경·대부가 착용하는 갖옷이다." 한 것은 하나의 의리가 될 수 있기 때문이다. 그러므로 인용하여 아래에 둔 것이다.

天-43-4

王大射에 **則共虎侯・熊侯・豹侯**호되 **設其鵠**하고 **諸侯則共熊侯豹侯**하고 **卿大夫則共麋侯**호되 **皆設其鵠**이니라

王이 大射의 예를 거행하면, 〈司裘는〉 虎侯・熊侯・豹侯를 공급하고, 侯(과녁)의 중앙에 鵠(표적)을 설치한다. 諸侯의 경우라면 熊侯・豹侯를 공급하고, 卿・大夫의 경우라면 麋侯를 공급하는데 모두 侯의 중앙에 鵠을 설치한다.

【注】大射者는 爲祭祀射니 王將有郊廟之事에 以射擇諸侯及群臣與邦國所貢之士可以與祭者라 射者는 可以觀德行이니 其容體比於禮하고 其節比於樂하여 而中多者는 得與於祭라 諸侯는 謂三公及王子弟封於畿內者요 卿・大夫亦皆有采地焉이니 其將祀其先祖에 亦與群臣射以擇之라 凡大射는 各於其射宮[1]이라 侯者는 其所射也니 以虎熊豹麋之皮로 飾其側하고 又方制之以爲臺(순)[2]을 謂之鵠이니 著于侯中이니 所謂皮侯라 王之大射에 虎侯는 王所自射也요 熊侯는 諸侯所射요 豹侯는 卿・大夫以下所射라 諸侯之大射에 熊侯는 諸侯所自射요 豹侯는 群臣所射라 卿大夫之大射에 麋侯는 君臣共射焉이라 凡此侯道는 虎九十弓[3]이요 熊七十弓이요 豹麋五十弓이라 列國之諸侯大射에 大侯亦九十 參七十이요 干五十[4]이니 遠尊得伸可同耳[5]라 所射正을 謂之侯者는 天子中之則能服諸侯하고 諸侯以下中之則得爲諸侯라 鄭司農云 鵠은 鵠毛也니 方十尺曰侯은 四尺曰鵠이요 二尺曰正이요 四寸曰質이라 玄謂侯中之大小는 取數於侯道니 鄕射記曰 弓二寸以爲侯中이면 則九十弓者는 侯中廣丈八尺이요 七十弓者는 侯中廣丈四尺이요 五十弓者는 侯中廣一丈이니 尊卑異等이니 此數明矣라 考工記曰 梓人爲侯에 廣與崇方[6]하여 參分其廣而鵠居一焉이라하니 然則侯中丈八尺者는 鵠方六尺이요 侯中丈四尺者는 鵠方四尺六寸에 大半寸[7]이요 侯中一丈者는 鵠方三尺三寸에 少半寸이니 謂之鵠者는 取名於鳱鵠이니 鳱鵠은 小鳥而難中이라 是以中之爲儁이요 亦取鵠之言較니 較者는 直也니 射所以直己志라 用虎熊豹麋之皮는 示服猛討迷惑者라 射者는 大禮라 故取義衆也라 士不大射는 士無臣이요 祭無所擇이라 故書諸侯則共熊侯虎侯라 杜子春云 虎當爲豹라

1) 射宮 : 천자・제후가 大射禮를 거행하는 곳을 말한다.

2) 臺(순) : 陸德明의 ≪經典釋文≫에는 "어떤 본에는 또한 準으로 되어 있다.〔本亦作準〕"고 하였고, 丁晏은 "≪說文解字≫ 土部에 '壿(준)은 射臬(과녁)이다.……準(과녁)과 같

은 뜻으로 읽는다.〔埻 躲臬也……讀若準〕'고 하였고, 木部에 '臬은 활쏘기 할 때의 표적이다.〔臬 射準的也〕'라고 하였다. 摹는 埻의 省文(글자의 획의 일부를 생략한 것)이다."라고 하였다. (≪周禮正義≫ 권13, 500쪽 참조)

3) 弓 : ≪儀禮≫ 〈鄕射禮〉 賈公彦의 疏에 의하면, 6尺을 步라 하는데 弓의 古制는 6척이므로 대략 步와 상응한다고 하였다.

4) 大侯亦九十……干五十 : 監本・毛本에는 '參'이 '糝'으로 되어 있고, '干'은 '豻'으로 되어 있다. 阮元의 〈校勘記〉에 "살펴보건대 ≪經典釋文≫에 '參七. 〈參의 음은〉 素와 感의 反切이다. 干五. 〈干의 음에 대해〉 劉氏는 음이 鴈이라 하였다. 어떤 本에는 犴으로 되어 있다.'고 하였다. 今本에 '糝'과 '豻'으로 되어 있는 것은 잘못이다. '參七十 干五十'은 ≪儀禮≫ 〈大射儀〉의 문장이다. 鄭玄의 注에 '參'은 '糝'의 뜻으로 읽고, '干'은 '豻'의 뜻으로 읽는다."고 하였다.(阮元의 〈校勘記〉 및 北京大 整理本의 〈校勘記〉 참조) '大侯'는 천자와 제후가 활쏘기를 할 때 사용하는 과녁으로서, 熊侯를 말한다. 곰의 가죽으로 장식을 하고, 그 鵠은 대부의 과녁보다 크며, 侯道(사거리)는 최장 90보이다. ≪儀禮≫ 〈大射儀〉 鄭玄의 注에 "대후는 웅후이다. 이를 '大'라고 말한 것은 천자의 웅후와 같기 때문이다.〔大侯 熊侯 謂之大者 與天子熊侯同〕"라고 하였다. ≪儀禮≫ 〈大射儀〉 鄭玄의 注에 의하면, '糝'은 섞는다〔雜〕는 뜻이다. 雜侯, 즉 正鵠을 표범 가죽으로 만들고 또 여러 가지 동물 가죽으로 과녁판의 측면을 장식한 것으로, 천자의 대부보다 낮은 신분이 사용한다.〔參 讀爲糝 糝 雜也 雜侯者 豹鵠而麋飾 下天子大夫也〕 聶崇義의 ≪三禮圖≫ 〈射侯圖 上〉에 의하면 '干侯'는 畿外 諸侯의 士들이 군주를 도와 제사를 지낼 때 (대사례 중에) 활을 쏘는 과녁이다. '豻'으로도 쓰는데, '豻'은 오랑캐 지역의 들개이다. 들개의 가죽으로 과녁판의 가장자리를 장식하고 네모지게 鵠을 만든다.〔豻侯者 外諸侯之士助君祭所射之侯也 豻 胡地野犬 以豻皮飾侯 亦方制爲鵠〕

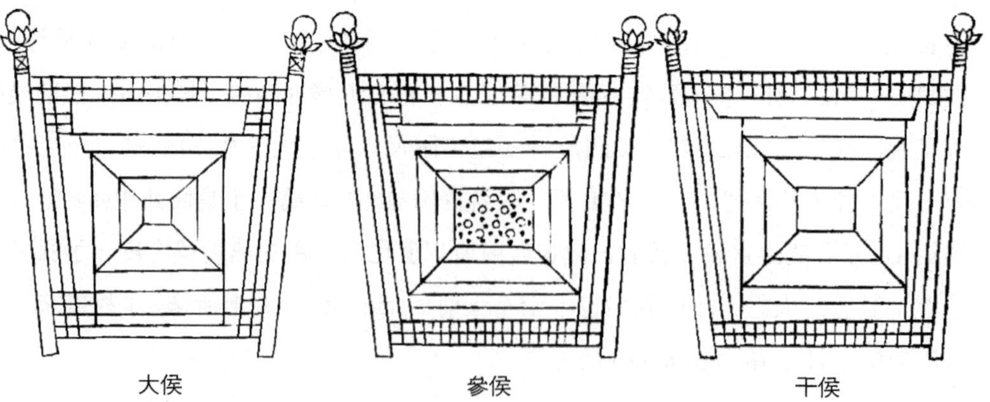

大侯　　參侯　　干侯

5) 遠尊得伸可同耳 : '尊'은 天子를 가리키니, '遠尊'은 王의 畿內에서 멀리 떨어져 있는 제후를 말한다. 遠尊의 제후는 왕에게 抗禮한다는 혐의를 받지 않기 때문에 왕과 똑같이

3가지의 侯를 설치할 수 있는 것이다. 聶崇義의 ≪三禮圖≫ 〈射侯圖 上〉에 "畿外의 제후가 先祖를 제사 지낼 때, 또한 大射의 예를 행하고, 3가지 侯(과녁)에 활을 쏘는 것은 천자와 마찬가지이다. 畿內의 제후는 尊者(왕)와 가까이 있으므로 천자와 마찬가지로 3가지 侯를 쏘지 못하고 단지 2가지 侯를 쏠 뿐이다. 畿外의 제후는 尊者(왕)와 멀리 떨어져 있으므로 뜻을 펼쳐 〈3가지 侯를〉 사용할 수 있다.〔畿外諸侯將祭先祖 亦行大射而射三侯 與天子同 畿內諸侯近尊 不得同於天子三侯 但射二侯而已 畿外諸侯遠尊 故得申也〕"고 하였다.

6) 廣與崇方 : 〈考工記 梓人(冬-26-14)〉 鄭玄의 注에 "方은 동등하다는 뜻이다.〔方猶等也〕"라고 하였다.

7) 大半寸 : 1과 2/3寸을 말한다. 중국 전통 수학에서는 3분의 2는 일반적으로 '泰半'이라 한다.

'大射'는 제사를 위해 활쏘기를 하는 것이니, 王이 장차 郊·廟의 제사를 지낼 때, 활쏘기로 諸侯 및 群臣과 제후국에서 천거한 士 가운데 제사에 참여할 만한 자를 뽑는 것이다. 활쏘기로 〈활을 쏘는 자의〉 德行을 살펴볼 수 있으니, 그 몸가짐이 禮에 부합하고 그 동작의 절도가 樂에 부합하면서 과녁에 적중시킨 것이 많은 사람은 제사에 참여할 수 있는 것이다. '諸侯'는 三公 및 王의 親子·同母弟로서 畿內에 봉해진 자들을 말한다. 卿·大夫도 모두 采地를 갖고 있으니, 그 선조를 제사 지내고자 할 때 또한 群臣들과 활쏘기를 하여 〈제사에 참여할 만한 자를〉 뽑는다. 무릇 大射는 각각 그 나라의 射宮에서 거행한다.

'侯'는 활을 쏘아 적중시키는 과녁이다. 호랑이〔虎〕·곰〔熊〕·표범〔豹〕·큰사슴〔麋〕의 가죽으로 과녁의 가장자리를 장식하고, 또 네모지게 만들어서 표적으로 삼는데, 이를 '鵠'이라 하고, 과녁의 중앙 부분〔侯中〕에 붙이니, 이른바 皮侯이다. 王이 거행하는 大射에서, 虎侯는 왕이 스스로 쏘는 과녁이고, 熊侯는 제후가 쏘는 과녁이고, 豹侯는 卿·大夫 이하가 쏘는 과녁이다. 諸侯가 거행하는 大射에서, 웅후는 제후가 스스로 쏘는 과녁이고, 표후는 群臣들이 쏘는 과녁이다. 경·대부가 거행하는 大射에서는 麋侯만을 설치하는데, 군주와 신하가 함께 그곳에 활을 쏜다.

무릇 侯道(활을 쏘는 사람과 과녁판 사이의 거리)는, 호후의 경우 90弓(540尺)으로 하고, 웅후의 경우 70弓(420尺)으로 하고, 표후와 미후의 경우 50弓(300尺)으로 한다. 列國의 제후가 거행하는 大射에서, 大侯는 또한 90弓으로 하고, 糝侯는 70弓으로 하고, 豻侯는 50弓으로 하니, 王의 畿內에서 멀리 떨어져 있는 제후는 뜻을 펼쳐서 천자의 三侯(虎侯·熊侯·豹侯)와 똑같이 설치할 수 있는 것이다. 활을 쏘아 맞추는 正(과녁)을 '侯'라고 하는 것은, 天子가 그곳을 적중시키면 제후를 복종시킬 수 있고, 제후 이하가 그곳을 적중시키면 제후가 될 수 있기 때문이다. 鄭衆은 "'鵠'은 고니의 털〔鵠毛〕이다. 사방 10척인 것을 '侯'라고 하고, 4척인 것을 '鵠'이라 하고, 2척인 것을 '正'이라 하고, 4촌인 것을 '質'이라 한다."고 하였다.

나(鄭玄)는 생각건대, 侯中(과녁의 중앙 부분)의 크기는 侯道(사거리)에서 수치를 취한다. ≪儀禮≫ 〈鄕射禮〉의 記文에 "弓마다 각기 2촌의 비율을 취하여 侯中을 만든다."고 하였다. 그렇다면 〈侯道가〉 90弓이라면 侯中의 너비는 1丈 8척이고, 70弓이라면 侯中의 너비는 1丈 4척이고, 50弓이라면 侯中의 너비는 1丈이다. 존비에 따라 등급을 달리하니, 이 수치는 분명한 것이다. 〈考工記 梓人(冬-26-14)〉에 "梓人은 侯(과녁)를 만드는데, 〈侯中의〉 너비와 높이를 서로 동등하게 하고, 侯中(과녁의 중앙 부분)의 너비를 3등분하여 鵠(표적)의 너비가 1/3을 차지하게 한다."고 하였다. 그렇다면 侯中의 너비가 1丈 8尺인 경우 鵠의 너비는 사방 6척이고, 侯中의 너비가 1丈 4尺인 경우 鵠의 너비는 사방 4尺 6과 2/3寸이고, 侯中의 너비가 1丈인 경우 鵠의 너비는 사방 3尺 3과 1/3寸이다. 이를 '鵠'이라 하는 것은 鳱鵠에서 명칭을 취한 것이니, 鳱鵠(까치)은 작은 새로서 맞추기가 어렵다. 이 때문에 이를 侯中의 雋(표적)으로 삼은 것이다. 또한 '鵠'이라는 글자의 뜻이 '較'임을 취한 것이니, '較'는 곧다〔直〕는 뜻이다. 활쏘기는 몸과 뜻을 곧게 하려는 것이다. 호랑이〔虎〕·곰〔熊〕·표범〔豹〕·큰사슴〔麋〕의 가죽을 사용하는 것은 사나운 자를 복종시키고 미혹한 자를 토벌함을 보여주기 위한 것이다. 활쏘기는 大禮이므로 의리를 취한 것이 많다. 士가 大射의 예를 행하지 않는 것은, 士는 신하를 두지 않으니, 제사를 지낼 때 선발할 사람이 없기 때문이다. 故書에 "諸侯則共熊侯虎侯(제후가 大射의 예를 거행할 때 熊侯와 虎侯를 공급한다.)"라고 되어 있다. 杜子春은 "'虎'는 마땅히 '豹'가 되어야 한다."고 하였다.

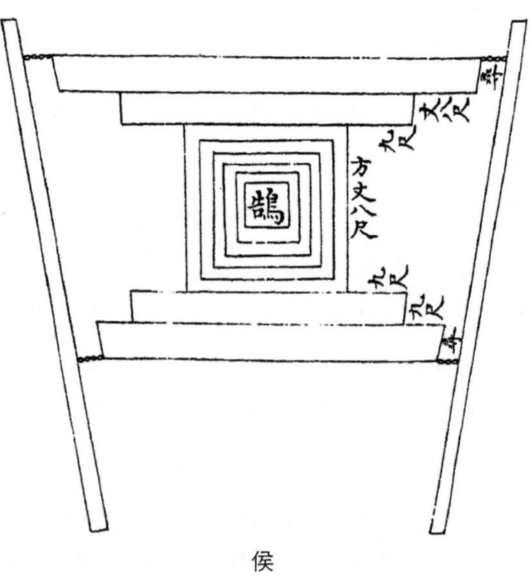

侯

【疏】'王大'至'其鵠' ○釋曰：言'王大射'者, 王將祭祀, 選助祭之人, 故於西郊小學之中,王與諸侯及群臣等行大射之法, 故云"王大射"也. '則共虎侯熊侯豹侯'者, 虎侯者, 謂以虎皮飾其側. 九十步之侯, 王自射之也. 熊侯者, 以熊皮飾其側. 七十步之侯, 諸侯射之也. 豹侯者, 謂以豹皮飾其側. 五十步之侯, 孤卿大夫已下射之也. 云'設其鵠'者, 其鵠還以虎熊豹皮爲之. 方制之, 三分其侯, 鵠居其一, 故云"設其鵠"也. 云'諸侯則共熊侯'者, 謂畿內諸侯・三公・王子・母弟熊侯, 亦如王之熊侯, 諸侯自射之. 豹侯者, 亦如王之豹侯, 群臣共射之也. 卿大夫者, 謂王朝卿大夫. '則共麋侯'者, 亦五十步, 以麋皮飾其側, 君臣共射之. 云'皆設其鵠'者, 熊侯已下亦以熊豹麋之皮爲鵠, 三分其侯, 鵠居一焉, 故云"設其鵠"也.

經의 〔王大〕에서 〔其鵠〕까지

釋曰 : 〔王大射〕 왕은 장차 제사를 지내고자 할 때, 제사를 도울 사람을 뽑는다. 그러므로 西郊의 小學 안에서 왕은 諸侯 및 群臣 등과 大射의 法을 행한다. 그러므로 "왕이 大射의 예를 거행한다.〔王大射〕"고 말한 것이다.

〔則共虎侯熊侯豹侯〕 '虎侯'는 호랑이의 가죽으로 과녁의 가장자리를 장식한 것을 말한다. 〈虎侯는 활 쏘는 거리가〉 90步의 侯이니, 왕이 스스로 활을 쏘는 과녁이다. '熊侯'는 곰의 가죽으로 과녁의 가장자리를 장식한다. 70步의 侯이니, 제후가 활을 쏘는 과녁이다. '豹侯'는 표범의 가죽으로 과녁의 가장자리를 장식한 것을 말한다. 50步의 侯이니, 孤・卿・大夫 이하가 활을 쏘는 과녁이다.

〔設其鵠〕 과녁의 鵠(표적)은 또한 호랑이・곰・표범의 가죽으로 만든다. 네모지게 만드는데, 그 侯中(과녁의 중앙 부분)의 너비를 3등분하여 鵠(표적)의 너비가 1/3을 차지하게 한다. 그러므로 "그 鵠을 설치한다.〔設其鵠〕"고 말한 것이다.

〔諸侯則共熊侯〕 畿內의 諸侯・三公・王의 親子・同母弟의 熊侯는 또한 왕의 웅후와 마찬가지로 설치하니, 제후들이 스스로 활쏘기를 하는 과녁이다. 豹侯는 또한 王의 표후와 마찬가지로 설치하니, 群臣들이 함께 활쏘기를 하는 과녁이다. 경・대부는 王朝의 경・대부를 말한다.

〔則共麋侯〕 〈麋侯는〉 또한 〈활 쏘는 거리를〉 50步로 하고, 큰사슴의 가죽으로 과녁의 가장자리를 장식하니, 군주와 신하가 함께 활쏘기를 하는 과녁이다.

〔皆設其鵠〕 熊侯 이하는 또한 곰・표범・큰사슴의 가죽으로 鵠을 만드는데, 그 侯中의 너비를 3등분하여 鵠의 너비가 1/3을 차지하게 한다. 그러므로 "그 鵠을 설치한다.〔設其鵠〕"고 말한 것이다.

○注'大射'至'爲豹' ○釋曰：知大射爲祭祀射者，見禮記射義云"天子大射謂之射侯[1]."(旣)〔卽〕[2]云"天子將祭，必先習射"，故知大射是將祭而射也．云'王將有郊廟之事'者，郊，謂祭五天帝於四郊．不言圓丘祭昊天，亦有可知．廟，謂祭先王先公，皆是也．云'以射擇諸侯'至'得與於祭'，皆禮記射義文．案彼云"天子以射擇[3]諸侯・卿・大夫・士"，卽云"是故古者，天子之制，諸侯歲獻貢士於天子，試之射宮，其容體比於禮，其節比於樂，而中多者，得與於祭，而中少者，不得與於祭"，是其大射擇諸侯群臣貢士得與祭之事也．云'諸侯謂三公及王子弟封於畿內者'，若六命賜官[4]及建其長，立其兩[5]，可得及卿，此經卿與大夫同虆侯，明諸侯之內，唯有三公・王子弟也．言'封畿內'者，此謂王子弟無官，直得采地而已．言'封畿內'者，對魯・衛・晉・鄭之等封在外爲諸侯者也．云'卿・大夫，亦皆有采地焉'者，案載師"大都任畺地"，是此諸侯也．又云"小都任縣地，家邑任稍地"，是其卿・大夫亦皆有采地焉．云'其將祀其先祖，亦與其群臣射以擇之'者，諸侯亦與畿外諸侯同五廟，卿・大夫亦三廟．此經不云孤，孤六命，亦與卿同，是其祀先祖之事也．云'凡大射各於其射宮'者，謂從王已下至大夫，大射，各自於其西郊之學，射宮之中．知然者，案儀禮大射云"公入，驁(오)[6]"，自外而來入，明王已下皆於郊學也．[7]

1) 天子大射謂之射侯：≪禮記≫〈射義〉에 "천자의 大射는 射侯라고 한다. 射侯란 활을 쏘아 제후가 되는 것이다. 활을 쏘아서 적중시키면 〈포상을 받아〉 제후가 될 수 있지만, 활을 쏘아서 적중시키지 못하면 〈견책을 받아〉 제후가 될 수 없는 것이다.〔天子之大射 謂之射侯 射侯者 射爲諸侯也 射中則得爲諸侯 射不中則不得爲諸侯〕"라고 하였다.
2) (旣)〔卽〕: 저본에는 '旣'로 되어 있으나, 浦鏜의 설에 의거하여 '卽'으로 바로잡았다.(阮元의 〈校勘記〉 및 北京大 整理本의 〈校勘記〉 참조)
3) 擇：≪禮記≫〈射義〉와 惠校本에는 '擇'이 '選'으로 되어 있다.(北京大 整理本의 〈校勘記〉 참조)
4) 六命賜官：〈春官 大宗伯(春-1-34)〉에 "六命은 스스로 관리를 두는 특권을 하사받을 수 있다.〔六命賜官〕"고 하였다. 鄭玄의 注에서는 "王의 六命의 卿으로서 관리를 두는 특권을 하사받은 자는 스스로 신하를 두어 마치 諸侯처럼 家邑을 다스릴 수 있게 한다.〔王六命之卿賜官者 使得自置其臣 治家邑如諸侯〕"고 하였다.
5) 建其長 立其兩：鄭玄에 의하면 '長'은 公・卿・大夫 및 王의 親子・同母弟로서 채읍에서 부세를 받아먹는 자를 말하고, '兩'은 2명의 卿을 말한다.〔長 謂公卿大夫王子弟食采邑者 兩 謂兩卿〕(〈天官 大宰(天-1-13)〉의 經文 및 鄭玄의 注 참조)
6) 驁(오)：樂章의 이름으로 '驁夏'라고도 한다. 九夏 가운데 하나이다. 〈春官 鍾師(春-31-2)〉

에 "무릇 음악을 연주할 때는 종과 북을 치면서 九夏를 연주한다.〔凡樂事 以鐘鼓奏九夏〕"고 하였다. '九夏'는 王夏·肆夏·昭夏·納夏·章夏·齊夏·族夏·祴夏·驁夏이다.

7) 儀禮大射云……明王已下皆於郊學也 : ≪儀禮≫ 〈大射儀〉의 "公入 驁"에 대한 鄭玄의 注에 "이 경문에서 군주가 나가는 것인데 들어온다고 말한 것은 射宮이 郊에 있어 장차 돌아가는 것을 들어온다고 한 것이다. 연례에서 「驁夏」를 연주하지 않는 것은 路寢에서는 들어오고 나가는 것이 없기 때문이다.〔此公出而言入者 射宮在郊 以將還爲入 燕不驁者 於路寢 無出入也〕"라고 하였다. 즉 大射는 郊의 射宮에서 거행하고, 燕禮는 路寢(천자·제후의 正殿)에서 거행하는 것이다.

○注의 〔大射〕에서 〔爲豹〕까지

○釋曰 : 大射가 제사를 지내기 위해 활쏘기를 하는 것임을 알 수 있는 것은, 살펴보건대 ≪禮記≫ 〈射義〉에서 "天子의 大射를 射侯라고 한다."고 하였으니, 곧 〈〈射義〉에서〉 "천자는 제사를 거행하려 할 때 반드시 먼저 활쏘기를 익히게 한다."고 한 것이다. 그러므로 大射는 장차 제사를 거행하려고 할 때 활쏘기를 하는 것임을 알 수 있다.

〔王將有郊廟之事〕 '郊'는 四郊에서 五帝를 제사 지내는 것을 말한다. 圜丘에서 昊天을 제사 지내는 것을 말하지 않았지만, 또한 제사 지낸다는 것을 알 수 있다. '廟'는 先王과 先公을 제사 지내는 것이 모두 이것임을 말한다.

'以射擇諸侯'에서 '得與於祭'까지는 모두 ≪禮記≫ 〈射義〉의 문장이다. 살펴보건대, 〈射義〉에서 "천자는 활쏘기로 諸侯·卿·大夫·士를 가려 뽑는다."고 하였으니, 곧 〈〈射義〉에서〉 "이 때문에 옛날 천자의 제도에서, 제후는 천자에게 해마다 나라의 일에 관한 문서와 공물을 바치고 〈삼 년에 한 번〉 士를 천거하는데, 천자는 射宮에서 士를 시험하였다. 그 몸가짐이 禮에 부합하고 그 동작의 절도가 樂에 부합하면서 과녁에 적중시킨 것이 많은 사람은 제사에 참여할 수 있었다. 〈그 몸가짐이 예에 부합하지 않고 그 동작의 절도가 악에 부합하지 않아〉 과녁에 적중시킨 것이 적은 사람은 제사에 참여할 수 없었다."고 한 것이다. 이 大射의 예는 제사에 참여할 수 있는 諸侯·群臣·貢士(제후국에서 천거한 士)를 뽑는 일이다.

〔諸侯謂三公及王子弟封於畿內者〕 만약 六命으로서 관리를 둘 수 있는 특권을 하사받거나 〈大宰처럼〉 君長을 세우고 2명의 卿을 세우는 경우 경까지 신하로 둘 수 있는데, 이곳 경문의 경은 大夫와 마찬가지로 麋侯를 사용하니, 諸侯의 안에는 오직 三公과 王의 親子·同母弟가 있을 뿐임을 밝힌 것이다. "畿內에 봉해진다."고 말한 것은, 이것은 왕의 친자·동모제로서 관직이 없이 단지 采地만 갖고 있을 뿐임을 말한다. "畿內에 봉해진다."

고 말한 것은 魯・衛・晉・鄭 등이 畿外에 봉해져 제후가 된 경우와 대비한 것이다.

〔卿大夫 亦皆有采地焉〕 살펴보건대, 〈地官 載師(地-16-2)〉에서 "畺의 땅을 이용하여 大都의 田을 조성한다."고 한 것은 이는 제후의 채지이다. 또 "縣의 땅을 이용하여 小都의 田을 조성하고, 稍의 땅을 이용하여 家邑의 田을 조성한다."고 하였으니, 경・대부도 또한 모두 채지를 갖고 있는 것이다.

〔其將祀其先祖 亦與其群臣射以擇之〕 제후는 또한 畿外의 제후와 더불어 똑같이 5廟를 세우고, 경・대부도 또한 3廟를 세운다. 이곳 경문에서 '孤'를 말하지 않은 것은, 孤는 六命으로서 또한 卿과 마찬가지이기 때문이다. 이는 선조를 제사 지내는 일이다.

〔凡大射各於其射宮〕 왕에서 대부에 이르기까지 大射는 각자 그 나라 西郊의 학교 射宮 안에서 거행하는 것을 말한다. 그러함을 알 수 있는 것은, 살펴보건대 ≪儀禮≫ 〈大射儀〉에 "군주가 射宮을 떠나 都城으로 들어올 때, 악공들이 〈驁夏〉를 연주한다."고 한 것은 밖에서 와서 들어오는 것이니, 왕 이하 모두 郊의 학교에서 〈大射를 거행함을〉 밝힌 것이다.

云'侯者, 其所射也'者, 以其雖有正鵠之別, 侯是揔名, 故云"侯者所射"也. 云'以虎熊豹麋之(故)〔皮〕[1]飾其側'者, 侯中上下, 俱有布一幅夾之, 所飾者, 唯有兩傍之側, 故云"飾其側"也. 云'又方制之以爲𩊚, 謂之鵠, 著于侯中'者, 梓人爲侯, 廣與崇方, 故云"方制之." 質者正也, 所射之處, 故名爲質. 三分其侯, 鵠(者)〔著〕[2]於侯中. 云'所謂皮侯'者, 所謂梓人張皮侯而棲鵠. 云'王之大射, 虎侯, 王所自射也'者, 遠近三等, 人有尊卑, 分爲三節, 尊者射遠, 卑者射近, 故知王射虎侯. 諸侯卑於天子, 其自射射熊侯, 明助王祭亦射熊侯. 卿大夫卑於諸侯, 以其自家射, 射麋侯五十步, 明助王亦射豹侯五十步, 故知射豹侯. 卿大夫更言已下者, 兼有士, 亦射豹侯. 諸侯之大射, 熊侯諸侯所自射, 豹侯群臣所射, 以其唯有二侯, 故分爲二等. 云'卿大夫之大射, 麋侯, 君臣共射焉'者, 以其唯有一侯故也. 云'凡此侯道, 虎九十弓'至'五十弓', 竝約鄕射記. 案鄕射記云 "鄕侯, 侯道五十弓[3]." 案大射大侯・糝侯・豻侯, 直言九十・七十・五十不云弓, 故注鄕射記云 "大侯九十弓, 糝侯七十弓, 豻侯五十弓." 竝約鄕侯有弓字, 則大射所云九十者, 九十弓, 七十者, 七十弓, 五十者, 五十弓, 可知也. 天子三侯, 與彼畿外諸侯同, 但用皮別耳, 故此注虎侯九十弓, 熊侯七十弓, 豹麋五十弓. 云'列國之諸侯大射, 大侯亦九十, 參七十, 干五十'者, 大射所云者, 是也. 鄭注大射云 "大侯者, (豻)〔熊〕[4]侯也. 糝侯者, 糝雜也. 豹鵠而麋飾, 下天子大夫也. 豻侯者, 豻鵠豻飾也."[5] 云'遠尊得伸可同耳'者,對此經畿內諸侯之近尊, 不得同於天子三侯. 云'所射正謂之侯者, 天子中之'已下, 皆禮記射義文. 鄭司農云 '鵠, 鵠毛也'者, 先鄭意以鵠字與'(鵠)〔鴻〕[6]鵠'字同, 故爲鵠毛解之. 案梓人云 "張皮侯而棲鵠", 毛非可棲之物, 故後鄭不從. 云'方十尺曰侯'者, 此先鄭之意, 見〔鄉射〕[7]鄉侯 "五十弓, 弓二寸, 以爲侯中", 侯中一丈, 故云"十尺." 此先鄭唯解五十步侯, 於義則可. 若九十・七十・五十, 其侯揔方一丈, 則不可, 故後鄭不從. 云'四尺曰鵠'者, 案梓人"三分其侯, 鵠居一焉", 則無此方四尺曰鵠, 故後鄭亦不從. 云'二尺曰正'者, 案梓人 "張皮侯而棲鵠", 大射之侯也. 又云 "張五采之侯, 遠國屬[8]", 賓射之侯也. 若然賓射射正, 大射射鵠. 此旣大射, 正鵠雜言, 故後鄭亦不從也. 云'四寸曰質'者, 言'質', 卽詩云 "發彼有的", 及鵠皆是一物, 其鵠不止四寸而已. 故後鄭亦不從.

1) (故)〔皮〕: 저본에는 '故'로 되어 있으나, 孫校本의 교감에 의거하여 '皮'로 바로잡았다. (阮元의 〈校勘記〉 및 北京大 整理本의 〈校勘記〉 참조)
2) (者)〔著〕: 저본에는 '者'로 되어 있으나, 孫校本에 의거하여 '著'로 바로잡았다.(北京大 整理本의 〈校勘記〉 참조)
3) 鄕侯 侯道五十弓 : ≪儀禮≫ 〈鄕射禮〉 記文의 원문은 "鄕侯 上个五尋 侯道五十弓(향사례의 과녁에서 上个의 폭은 40척이다. 侯道는 50弓이다.)"이다. '上个'는 과녁 가장 윗부분의 폭을 말한다. 侯道는 과녁과 활 쏘는 사람 사이의 거리를 말한다.
4) (豻)〔熊〕: 저본에는 '豻'으로 되어 있으나, "閩本・監本・毛本에 '熊侯也'로 되어 있어 〈大射儀〉 鄭玄의 注와 부합한다."고 한 阮元의 설에 의거하여 '熊'으로 바로잡았다.(阮元의 〈校勘記〉 및 北京大 整理本의 〈校勘記〉 참조)
5) 大侯者……豻鵠豻飾也 : 이는 ≪儀禮≫ 〈大射儀〉 鄭玄 注의 문장을 요약한 것이다. 그 원문은 "大侯 熊侯 謂之大者 與天子熊侯同 參 讀爲糝 糝 雜也 雜侯者 豹鵠而麋飾 下天子大夫也 干 讀爲豻 豻侯者 豻鵠豻飾也.(大侯는 熊侯인데, '大'라고 말한 것은 천자의 熊侯와 같기 때문이다. '參'은 糝의 뜻으로 읽는데, '糝'은 섞는다〔雜〕는 뜻이다. 雜侯는 正鵠을 표범 가죽으로 만들고 장식을 사슴 가죽으로 만드는데, 천자의 대부보다 낮은 신분이 사용한다. '干'은 '豻'의 뜻으로 읽어야 하나, 豻侯는 정곡을 개 가죽으로 만들고 장식도 개 가죽으로 한다.)"이다.
6) (鵠)〔鴻〕: 저본에는 '鵠'으로 되어 있으나, "監本・毛本에 '鴻鵠字同'으로 되어 있다고." 고 한 阮元의 교감에 의거하여 '鴻'으로 바로잡았다.(阮元의 〈校勘記〉 및 北京大 整理本의 〈校勘記〉 참조)
7) 〔鄕射〕: 저본에는 '鄕射' 두 글자가 없으나, 監本・毛本에 의거하여 보충하였다.(上海古籍 整理本 및 北京大 整理本의 〈校勘記〉 참조)
8) 張五采之侯 遠國屬 : '五采의 侯'는 朱・白・蒼・黃・黑의 5가지 색을 正에 그려 넣은 과녁으로, 賓射의 예를 행할 때 펼친다. '賓射'는 조회하러 온 제후나 사신과 조정에서

활쏘기를 하는 것이다.(〈夏官 小臣(夏-31-5)〉 鄭玄의 注, "賓射與諸侯來朝者射") 활쏘기를 하기 전에 먼저 燕飮의 예를 행한다. '遠國'은 畿內의 제후에 대비하여 畿外의 제후를 말한 것이고, '屬'은 조회한다는 뜻이다.(〈考工記 梓人(冬-26-18)〉 賈公彦의 疏, "言遠國屬者 對畿內諸侯爲遠國"와 〈考工記 梓人(冬-26-22)〉 鄭玄의 注, "屬猶朝會也")

〔侯者 其所射也〕 비록 正과 鵠의 구별은 있으나 '侯'은 總名이므로 "侯는 활을 쏘아 적중시키는 과녁이다."라고 한 것이다.

〔以虎熊豹麋之 皮飾其側〕 侯中의 위아래에는 모두 한 폭의 베로 에워싸고 있으니, 장식을 하는 곳은 오직 양 옆의 가장자리가 있을 뿐이다. 그러므로 "그 가장자리를 장식한다."고 한 것이다.

〔又方制之以爲䡞 謂之鵠 著于侯中〕 梓人이 侯(과녁)를 만들 때 너비와 높이를 동등하게 한다. 그러므로 "네모지게 만든다."고 한 것이다. '質'은 바르다〔正〕는 뜻이니, 활을 쏘아 맞추는 곳이다. 그러므로 '質'이라 칭한 것이다. 그 과녁〔侯〕을 3등분하여 과녁의 중앙부분〔侯中〕에 鵠을 붙인다.

〔所謂皮侯〕 이른바 〈考工記 梓人(冬-26-17)〉의 "皮侯를 펼치고 〈중앙에〉 鵠을 꿰맨다."는 것이다.

〔王之大射 虎侯 王所自射也〕 활 쏘는 곳의 멀고 가까움은 3등급이고 사람에게는 존귀함과 비천함이 있으니, 나누어서 3절목으로 삼는다. 존귀한 자는 쏘는 곳이 멀고, 비천한 자는 쏘는 곳이 가깝다. 그러므로 왕은 虎侯에 활쏘기를 한다는 것을 알 수 있다. 제후는 천자보다 비천하니, 스스로 熊侯에 활쏘기를 하는 것은 왕의 제사를 도울 때도 또한 웅후에 활쏘기를 함을 밝히는 것이다. 경・대부는 제후보다 비천하니, 스스로 家(대부의 채읍)에서 활쏘기를 할 때 50보 거리의 麋侯에 활쏘기를 하는 것은 왕의 제사를 도울 때도 또한 50보 거리의 豹侯에 활쏘기를 함을 밝히는 것이다. 그러므로 표후에 활쏘기를 한다는 것을 알 수 있다. 경・대부에 다시 '이하'라고 말한 것은 士가 있음을 겸하는 것이니, 또한 표후에 활쏘기를 한다.

'凡此侯道 虎九十弓'에서 '五十弓'까지는 모두 ≪의례≫ 〈鄕射禮〉 記文의 문장을 요약한 것이다. 살펴보건대, 〈향사례〉 기문에서 "향사례의 과녁에서 〈上个의 폭은 40척이고〉, 侯道는 50弓이다."라고 하였다. 살펴보건대, ≪의례≫ 〈대사의〉에서는 '大侯'・'糝侯'・'豻侯'에 대해서 단지 '九十'・'七十'・'五十'이라고 하여 '弓(6척)'을 말하지 않았다. 그러므로 〈향사례〉 기문의 鄭玄 注에서는 "大侯 九十弓, 糝侯 七十弓, 豻侯 五十弓"이라 하였다. 아울러 향사례의 侯에 '弓'자가 있는 것으로 헤아려본다면, 〈大射儀〉에서 말한 '九十'은 '九

十弓'이고, '七十'은 '七十弓'이고, '五十'은 '五十弓'임을 알 수 있다. 天子가 三侯(虎侯·熊侯·豹侯)를 사용하는 것은 저 畿外의 諸侯(大侯·糝侯·豻侯)와 동일한데, 다만 가죽을 사용하는 것이 구별될 뿐이다. 그러므로 이곳 〈司裘〉의 鄭玄 注에서 "虎侯 九十弓 熊侯 七十弓 豹麋 五十弓"이라 한 것이다.

〔列國之諸侯大射 大侯亦九十 參七十 干五十〕 ≪의례≫ 〈대사의〉에서 말한 것이 이것이다. 정현은 〈대사의〉의 注에서 "大侯는 熊侯이다. 糝侯에서 '糝'은 섞는다〔雜〕는 뜻이니, 鵠을 표범 가죽으로 만들고 장식을 사슴 가죽으로 만드는데, 천자의 대부보다 낮은 신분이 사용한다. '豻侯'는 鵠을 개 가죽으로 만들고 장식도 개 가죽으로 한다."고 하였다.

〔遠尊得伸可同耳〕 이곳 경문에서 천자와 가까이 있는 畿內의 諸侯(三公 및 王의 親子·同母弟로서 畿內에 봉해진 자)가 천자의 三侯(虎侯·熊侯·豹侯)를 똑같이 설치할 수 없는 것과 대비한 것이다.

'所射正謂之侯者 天子中之' 이하는 모두 ≪예기≫ 〈射義〉의 문장이다.

鄭衆이 "鵠은 고니의 털이다.〔鵠 鵠毛也〕"라고 한 것은, 정중의 뜻은 '鵠'자가 '鴻鵠'이라고 할 때의 '鵠(고니)'자와 같다고 생각하였기 때문에 '고니의 털'로 풀이한 것이다. 살펴보건대, 〈考工記 梓人(冬-26-17)〉에서 "皮侯를 펼치고 〈중앙에〉 鵠을 꿰맨다.'고 하였으니, 털〔毛〕은 꿰맬 수 있는 물건이 아니다. 그러므로 정현이 따르지 않은 것이다.

〔方十尺曰侯〕 이곳의 정중의 뜻은 ≪의례≫ 〈鄕射禮〉 記文에서 鄕侯(향사례의 과녁)에 대해 "〈侯道는〉 50弓이다. 弓(6척)마다 각기 2촌의 비율을 취하여 侯中(과녁의 중앙 부분)을 만든다."라고 한 것을 보았기 때문이니, 侯中은 1丈이므로 '10척'이라고 한 것이다. 이곳에서 정중이 오직 〈侯道〉 50步(弓)의 侯만을 풀이한 것이라면, 의리에 있어서는 옳다. 만약 90보·70보·50보의 侯가 모두 〈侯中이〉 사방 1丈이라 한 것이라면 불가하다. 그러므로 정현이 따르지 않은 것이다.

〔四尺曰鵠〕 살펴보건대 〈고공기 재인(冬-26-14)〉에 "侯中(과녁의 중앙 부분)의 너비를 3등분하여 鵠(표적)의 너비가 1/3을 차지하게 한다."고 하였으니, 사방 4척이 되는 鵠은 없는 것이다. 그러므로 정현이 또한 따르지 않았다.

〔二尺曰正〕 살펴보건대, 〈고공기 재인(冬-26-17)〉에서 "皮侯를 펼치고 〈중앙에〉 鵠을 꿰맨다."라고 한 것은 大射의 侯이다. 또 〈고공기 재인(冬-26-18)〉에서 "五采의 侯를 펼치면, 〈왕은〉 조회하러 온 畿外의 제후들과 〈활쏘기를 시작한다.〉"고 한 것은 賓射의 侯이다. 그렇다면 賓射에서 활쏘기를 할 때의 正은 大射에서 활쏘기를 할 때의 鵠이다. 이곳은 이미 大射의 예를 말한 것인데, 正과 鵠을 섞어서 말하였으므로 정현이 또한 따르지

않은 것이다.

〔四寸曰質〕 ‘質’이라고 말한 것은 곧 ≪詩經≫ 〈小雅 賓之初筵〉에서 “활을 쏘아 저 的(표적)을 맞추네.〔發彼有的〕”라고 말한 것이니, 鵠과 모두 한 가지 물건인데, 그 鵠은 단지 4촌일 뿐만이 아니다. 그러므로 鄭玄은 또한 따르지 않았다.

‘玄謂侯中之大小取數於侯道’者, 其侯道則去侯遠近之道, 故引鄉射記. 鄉射記曰 “弓二寸以爲侯中”者, 二寸, 據把中[1]側骨中身也. 弓別取二寸以爲侯身也. ‘則九十弓者, 侯中廣丈八尺’者, 據虎侯也. 又云‘七十弓者, 侯中廣丈四尺’者, 據熊侯也. ‘五十弓者, 侯中廣一丈也’者, 據豹侯麋侯也. 云‘尊卑異等, 此數明矣’者, 破司農揔方十尺曰侯之言. 云‘考工記曰 梓人爲侯, 廣與崇方’者, 崇, 高也. 上下爲崇, 橫度爲廣, 如鄉者侯中, 丈八・丈四・一丈, 皆方, 故云“廣與崇方”也. 云‘參分其廣鵠居一焉’者, 謂三分丈八・丈四・一丈之侯, 各取一分而爲鵠, 故云“三分其廣鵠居一焉.” 又云‘然則侯中丈八尺者, 鵠方六尺’, 自此已下, 皆重釋鵠居一焉之義. 以其侯中丈八, 三六十八, 故鵠居六尺. ‘侯中丈四尺者, 鵠方四尺六寸大半寸’者, 以其侯中丈四尺, 取丈二尺, 三四十二, 得四尺, 有二尺在, 又取尺八寸, 三六十八, 又得六寸, 有二寸在, 寸各爲三分, 二寸併爲六分, 取二分, 各爲三分寸之二, 卽是大半寸也. 故云“鵠方四尺六寸大半寸也.” ‘侯中一丈者, 鵠方三尺三寸少半寸’者, 一丈取九尺, 三三而九, 得三尺. 一尺在, 又取九寸, 得三寸, 仍有一寸, 分爲三分, 得一分, 名爲少半寸, 故云“鵠方三尺三寸少半寸.” 云‘謂之鵠’者, 此鄭釋鵠還是虎豹等皮名爲鵠意, 故云“謂之鵠者, 取名於鳱(간)鵠.” 鳱鵠者, 案淮南子 “鳱鵠知來”[2], 俗云鳱鵠是小(名)〔鳥〕[3]捷黠(힐)者也, 故云 “鳱鵠小鳥而難中.” 云‘亦取鵠之言較, 較者直也, 射所以直己志’者, 案禮記射義云 “循聲而發, 不失正鵠[4].” 若然正鵠相對之物, 若鵠爲鳥, 正亦爲鳥, 若鵠爲直, 正則爲正直之正, 故射義云 “射者內志正, 外體直[5].” 是正鵠之名, 各有二義. 又云‘用虎熊豹麋之皮, 示(伏)〔服〕[6]猛討迷惑者’, 虎熊豹是猛獸, 將以爲侯. 侯, 則諸侯也, 是示能伏得猛厲諸侯. 麋者, 迷也, 將以爲侯, 示能討擊迷惑諸侯. 云‘射者, 大禮, 故取義衆也’者, 以其祭者是大事, 射者觀德, 故爲大禮, 故於三侯之上, 取義衆多. 云‘士不大射, 士無臣, 祭無所擇’者, 案孝經云 ‘天子・諸侯・大夫皆言爭臣, 士則言爭友’[7], 是無臣也. 大射者, 所以擇臣, 士則無臣可擇, 故經不言士之大射, 士自無大射之禮. 得與天子大射者, 以其得助祭故也. 是以鄭注云 “豹侯, 卿・大夫已下所射.” 已下, 卽士也. 至於賓射, 士自爲賓射, 故射人云

"士豻侯, 二正", 不得與天子賓射, 是以鄭射人注云 "此與諸侯射, 士不與", 是也. 云'故書諸侯則共熊侯虎侯, 杜子春云虎當爲豹', 不從故書者, 虎侯是天子大侯, 不宜在諸侯熊侯之下, 故不從也.

1) 把中 : '把中'은 손으로 잡는 활의 중심 부분, 즉 줌통을 말한다. '弓把', '弣'라고도 한다. ≪禮記正義≫ 〈曲禮 上〉에 "오른손으로 簫(활고자)를 잡고 왼손으로 弣를 받든다.〔右手執簫 左手承弣〕"고 하였는데, 鄭玄의 注에 "弣는 손으로 잡는 중심 부분이다.〔弣 把中〕"라고 하였다.

2) 淮南子 鳱鵲知來 : ≪淮南子≫ 〈氾論訓〉에 "성성이는 지나간 일은 알지만 앞으로 올 일을 모르고, 乾鵲은 앞으로 올 일을 알지만 지나간 일은 모른다.〔猩猩知往而不知來 乾鵲知來而不知往〕"라고 하였다. 高誘의 注에 "乾鵲은 까치〔鵲〕이다. 사람이 장차 다가올 일이 있어 근심하고 기뻐하는 징조가 있으면 운다. 이것이 다가올 일을 아는 것이다.〔人將有來事憂喜之徵則鳴 此知來〕"라고 하였다.

3) (名)〔鳥〕 : 저본에는 '名'으로 되어 있으나, 위의 鄭玄 注와 北京大 整理本·上海古籍 整理本 등에 의거하여 '鳥'로 바로잡았다.

4) 循聲而發 不失正鵠 : ≪禮記正義≫ 〈射義〉 鄭玄의 注에 "'聲'은 樂節을 말한다. 베에 그린 것을 '正'이라 하고, 가죽을 꿰맨 것을 '鵠'이라 한다. '正'이라는 글자는 바르다〔正〕는 뜻이다. '鵠'이라는 글자는 곧다〔梏〕는 뜻이다.〔聲 謂樂節也 畫布曰正 棲皮曰鵠 正之言正也 鵠之言梏也〕"라고 하였다.

5) 射者內志正 外體直 : ≪禮記正義≫ 〈射義〉 鄭玄의 注에 "'안으로 바르고 밖으로 곧은 것'은 예악을 익혀서 덕행이 있는 사람을 말한다. 正과 鵠의 명칭은 여기서 나왔다.〔內正外直 習於禮樂有德行者也 正鵠之名 出自此也〕"라고 하였다.

6) (伏)〔服〕 : 저본에는 '伏'으로 되어 있으나, 앞의 鄭玄 注와 ≪周禮正義≫에 의거하여 '服'으로 바로잡았다.(北京大 整理本의 〈校勘記〉 참조)

7) 孝經云……士則言爭友 : ≪孝經≫ 〈諫爭〉에 "옛날에 천자에게 爭臣(간쟁하는 신하) 7명이 있으면 아무리 無道해도 그 천하를 잃지 않았고, 제후에게 쟁신 5명이 있으면 아무리 무도해도 그 나라를 잃지 않았으며, 대부에게 쟁신 3명이 있으면 아무리 무도해도 그 집안을 잃지 않았고, 士에게 爭友(간쟁하는 벗)가 있으면 그 자신이 아름다운 명예에서 멀어지지 않았다.〔天子有爭臣七人 雖無道 不失其天下 諸侯有爭臣五人 雖無道 不失其國 大夫有爭臣三人 雖無道 不失其家 士有爭友則身不離於令名〕"라고 하였다.

〔玄謂侯中之大小取數於侯道〕 그 侯道는 〈활 쏘는 사람과〉 과녁〔侯〕 사이의 멀고 가까운 거리이다. 그러므로 ≪儀禮≫ 〈鄉射禮〉 記文을 인용하였다. ≪의례≫ 〈향사례〉 기문에서 "弓(6척)마다 각기 2촌의 비율을 취하여 侯中(과녁의 중앙 부분)을 만든다."고 한 것

에서 2촌은 줌통 옆 뼈의 중앙 몸체에 의거한 것이다. 弓마다 별도로 2촌의 비율을 취하여 侯의 몸체를 만드는 것이다.

〔則九十弓者, 侯中廣丈八尺〕 虎侯에 의거하여 말한 것이다.

〔七十弓者, 侯中廣丈四尺〕 熊侯에 의거하여 말한 것이다.

〔五十弓者, 侯中廣一丈也〕 豹侯・麋侯에 의거하여 말한 것이다.

〔尊卑異等 此數明矣〕 鄭衆이 총괄하여 사방 10척인 것을 侯〈의 侯中이〉라고 한 말을 부정한 것이다.

〔考工記曰 梓人爲侯 廣與崇方〕 '崇'은 높이〔高〕이다. 위에서 아래를 '崇'이라 하고, 가로 길이를 '廣'이라 하니, 앞의 侯中 1장 8척・1장 4척・1장과 같은 것은 모두 네모진 것이다. 그러므로 "너비와 높이를 동등하게 한다."고 한 것이다.

〔參分其廣 鵠居一焉〕 1장 8척・1장 4척・1장의 侯中(과녁의 중앙 부분)을 3등분하여 각각 그 1/3을 취하여 鵠을 만드는 것이다. 그러므로 "그 너비를 3등분하여 鵠의 너비가 1/3을 차지하게 한다."고 한 것이다.

또 '然則侯中丈八尺者 鵠方六尺' 이하는 모두 鵠의 너비가 侯中의 너비에서 1/3을 차지한다는 뜻을 거듭 풀이한 것이다. 侯中의 너비 1장 8척은 3×6=18척이므로 鵠의 너비는 6척을 차지한다.

〔侯中丈四尺者, 鵠方四尺六寸大半寸〕 그 侯中의 너비 1장 4척에서 1장 2척을 취하면, 3×4=12척이므로 4척을 얻는다. 2척이 남아 있는데, 또 1척 8촌을 취하면, 3×6=18이므로 또 6촌을 얻는다. 2촌이 남아 있는데, 1촌마다 각각 3分이 되니, 2촌에서 합하면 6分이 된다. 〈남은〉 2分을 취하면 각각 2/3寸이 되니, 곧 大半寸이다. 그러므로 "鵠의 너비는 사방 4척 6과 2/3촌이다."라고 한 것이다.

〔侯中一丈者, 鵠方三尺三寸少半寸〕 1장에서 9척을 취하면, 3×3=9척이므로 3척을 얻는다. 1척이 남아 있는데, 또 9촌을 취하여 3촌을 얻으면, 여전히 1촌이 남아 있는데 3등분으로 나누어 1분을 얻으니, '少半寸'이라 칭한다. 그러므로 "鵠의 너비는 사방 3척 3과 1/3촌이다."라고 한 것이다.

〔謂之鵠〕 이는 鄭玄이 '鵠'을 해석할 때 또한 호랑이・표범 등의 가죽 명칭으로 '鵠'의 뜻을 삼은 것이다. 그러므로 "이를 鵠이라 하는 것은 鳱鵠에서 명칭을 취한 것이다."라고 한 것이다. '鳱鵠'은, 살펴보건대 《淮南子》 〈氾論訓〉에 "鳱鵠(까치)은 다가올 일을 안다."고 하였는데, 세속에서 '鳱鵠'은 작은 새로서 빠르고 영리한 것이라고 한다. 그러므로 "鳱鵠(까치)은 작은 새로서 맞추기가 어렵다."고 한 것이다.

〔亦取鵠之言較 較者直也 射所以直己志云〕 살펴보건대, ≪禮記≫ 〈射義〉에 "樂節에 따라서 활을 쏘아서 正과 鵠을 놓치지 않는다."라고 하였다. 그렇다면 正과 鵠은 서로 맞짝이 되는 물건이니, 鵠이 새라면 正 또한 새이고, 鵠이 곧다〔直〕는 뜻이라면 正은 正直이라고 할 때의 正(바르다)의 뜻이다. 그러므로 ≪예기≫ 〈사의〉에 "활 쏘는 사람은 안으로 뜻이 바르고, 밖으로 몸가짐이 곧다."고 하였으니, 正과 鵠의 명칭은 각각 두 가지 뜻이 있는 것이다.

〔用虎熊豹麋之皮 示服猛討迷惑者〕 호랑이·곰·표범은 맹수이니, 장차 그것으로 侯(과녁)를 만든다. '侯'는 諸侯의 뜻이니, 사나운 것을 굴복시켜 잡아서 제후가 될 수 있음을 보이는 것이다. '麋'는 미혹하다는 뜻이니, 장차 그것으로 侯(과녁)를 만드는 것은 미혹한 제후를 토벌하여 칠 수 있음을 보이는 것이다.

〔射者 大禮 故取義衆也〕 제사는 중대한 일이고, 활쏘기는 덕을 살피는 것이므로 大禮가 된다. 그러므로 三侯의 위에서 의리를 취하는 것이 많은 것이다.

〔士不大射 士無臣 祭無所擇〕 살펴보건대, ≪孝經≫ 〈諫爭〉에서 천자·제후·대부에 대해서는 모두 '爭臣'이라 하였는데, '士'에 대해서는 '爭友'라고 하였으니, 이는 〈士에게는〉 신하가 없기 때문이다. '大射'는 신하를 뽑기 위한 것인데, 士의 경우는 뽑을 수 있는 신하가 없다. 그러므로 經文에서 士의 大射를 말하지 않은 것이다. 士는 스스로 大射의 禮가 없는데, 天子의 大射에 참여할 수 있는 것은 〈士도 천자의〉 제사를 도울 수 있기 때문이다. 이 때문에 정현의 注에서 "豹侯는 경·대부 이하가 활쏘기를 하는 과녁이다."라고 하였으니, '이하'는 곧 士를 말한다. 賓射에 이르러서는 士 스스로가 賓射의 예를 행한다. 그러므로 〈夏官 射人(夏-18-5)〉에서 "士는 豻侯에 활을 쏘고, 활을 쏘기 전에 2번 음악 연주를 듣는다."고 하였는데, 천자와 賓射를 할 수는 없다. 이 때문에 정현은 〈하관 사인(夏-18-1)〉의 注에서 "이는 제후와 활쏘기를 하는 것이니, 士는 참여하지 못한다."고 한 것이 이것이다.

〔故書諸侯則共熊侯虎侯 杜子春云虎當爲豹〕 〈정현이〉 故書를 따르지 않은 것은 虎侯는 천자의 大侯이니, 제후의 熊侯 아래에 있을 수 없기 때문이다. 그러므로 따르지 않은 것이다.

天-43-5

大喪[1)]에 廞(흠)裘하고 飾皮車니라

1) 大喪 : '大喪'은 왕·왕후·세자의 喪을 말하지만, 아래 賈公彦의 疏에 의하면 이곳에서는 王의 喪을 가리킨다.

大喪을 당하면, 〈司裘는〉 살아 있을 때 사용하던 裘衣(갖옷)를 본떠서 만든 것과 가죽으로 장식한 皮車를 明器로 만들어 공급한다.

【注】皮車는 遣車[1]之革路[2]니 故書廞爲淫이라 鄭司農云 淫裘는 陳裘也라 玄謂 廞은 興也[3]니 若詩之興이니 謂象(飾)〔似〕[4]而作之[5]라 凡爲神之偶衣物[6]은 必沽而小耳라

1) 遣車 : 遣奠(장지로 떠나기 전 祖廟의 뜰에서 거행하는 喪祭) 때 진설한 희생의 몸체를 싣고 묘지로 가서 壙中에 함께 부장하는 의장용 수레이다. 葬地로 출발하기 전에 遣奠에 올린 희생 가운데 하체 즉 다리 부분을 취해서 노끈〔苞〕으로 묶어 싣고, 상여의 뒤를 따른다. 장례 때 무덤 안에 관을 놓고 관의 네 귀퉁이에 이 견거를 놓고 그 옆에 풀을 묶어 사람 모양으로 만든 芻靈을 세워놓는다.(≪三禮辭典≫, 967쪽 '遣車' 항목 참조.) 遣車의 수는 天子 9乘, 諸侯 7승, 大夫 및 天子의 上士는 5승이며, 諸侯의 士는 遣車가 없다.

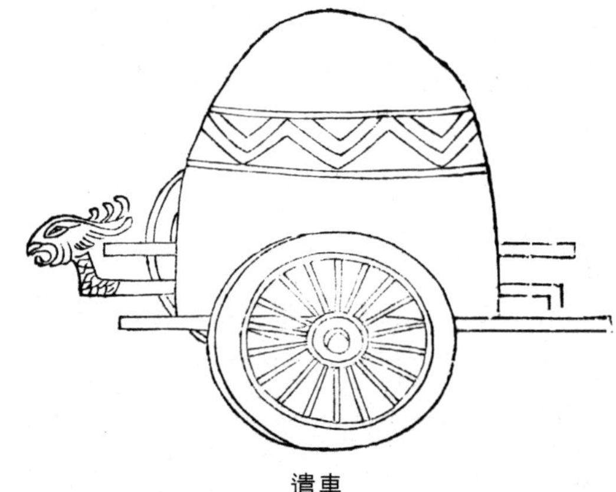
遣車

2) 革路 : 가죽으로 車箱을 씌우고 검은 칠을 한 수레로서, 王의 五路 가운데 하나이다. 五路는 玉路·金路·象路·革路·木路이다.(〈春官 巾車〉 참조)

3) 廞 興也 : ≪爾雅注疏≫ 〈釋詁〉에 "廞·熙는 興(일으킴)의 뜻이다.〔廞熙 興也〕"라고 하였다. 邢昺의 疏에서는 "모두 興作을 말한다. ≪周禮≫ 〈笙師職〉에 '大喪을 당하면 樂器의 일을 일으킨다.'고 하였고, 鄭玄의 注에서는 '廞은 興의 뜻이니, 興은 일으킴을 말한다.' 고 하였다.〔皆謂興作 笙師職云 大喪 廞其樂器 鄭注 廞 興也 興謂作之〕"고 하였다.

4) (飾)〔似〕 : 저본에는 '飾'으로 되어 있으나, 阮元이 "諸本에 모두 '象似'로 되어 있고, 賈公彦의 疏에 '象似生時而作'으로 되어 있다. 이곳에 '飾'으로 되어 있는 것은 경문 '飾皮車'로 인해 잘못된 것이다."라고 한 것에 의거하여 '飾'으로 바로잡았다.(北京大 整理本의 〈校勘記〉 참조)

5) 若詩之興 謂象(飾)〔似〕而作之 : '興'은 ≪詩經≫의 六義 가운데 하나이다. ≪毛詩正義≫ 大序에 "詩에 六義가 있으니, 첫째 '風'이고 둘째 '賦'이며 셋째 '比'이고 넷째 '興'이며 다섯째 '雅'이고 여섯째 '頌'이다.〔詩有六義焉 一曰風 二曰賦 三曰比 四曰興 五曰雅 六曰頌〕"라고 하였다. '興'은 먼저 다른 사물을 빌려와서 자신이 읊고자 하는 뜻을 이끌어 일으키는 수법을 말한다. 鄭衆은 "'興'은 외물에 일을 가탁하는 것이니, '興'은 일으킴이다. 비유를 쓰고 동류를 인용하여 자기의 마음을 일으키는 것이니, 시문에서 때로 초목이나 조수를

들어 뜻을 나타내는 것은 모두 '興'의 수사이다.〔興者 託事於物 則興者起也 取譬引類 起發己心 詩文時擧草木鳥獸 以見意者 皆興辭也〕"라고 하였다. 孫詒讓은 鄭玄이 이곳에서 '廞'을 '興'으로 훈고한 것은 ≪시경≫ 六義의 '興'과 같은 뜻이라고 하였다. 또 ≪荀子≫〈禮論〉에서 "明器는 모양은 갖추었지만 사용하지는 않는다.〔明器 貌而不用〕"고 하였으니, 明器는 비록 사용하지는 않지만 또한 살아 있을 때 사용하던 기물을 본떠서 만드는 것이다.(≪周禮正義≫ 권13, 510쪽 참조)

6) 凡爲神之偶衣物 : 孔廣森은 "偶는 깃들이다〔寓〕의 뜻이니, 임시 물건을 만들어 그 象을 깃들이는 것을 말한다.〔偶 寓也 謂作假物寄寓其象〕"고 하였다. 孫詒讓에 의하면 '偶衣物'은 明器를 가리킨다.〔偶衣物謂明器〕(≪周禮正義≫ 권13, 510쪽 참조) 阮元은 "살펴보건대, 賈公彦의 疏에는 '凡爲神之偶衣'로 句를 끊고, '物沽而小'로 句를 끊어서 읽었다. 惠士奇는 '物은 마땅히 위의 句에 붙여야 한다.'고 하였는데, 혜사기의 설이 옳다."고 하였다. 孫校에도 "이곳의 注는 마땅히 '凡爲神之偶衣物'로 句를 끊어야 하니, 賈公彦이 '偶衣'로 끊어 읽은 것은 잘못이라고 하였다." 이에 의거하여 바로잡았다.(阮元의〈校勘記〉및 北京大 整理本의〈校勘記〉참조)

皮車는 遣車로 사용하는 革路이다. 故書에 '廞'은 '淫'으로 되어 있다. 鄭衆은 "淫裘는 갖옷을 진설한다는 뜻이다."라고 하였다. 나(鄭玄)는 생각건대, '廞'은 興(일으킴)의 뜻이니, ≪詩經≫의 '興'과 같은 것으로 본떠서 유사하게 만드는 것을 말한다. 무릇 神의 偶衣物(明器)을 만들 때는 반드시 소략하고 작게 할 뿐이다.

【疏】'大喪'至'皮車' ○釋曰 : 大喪謂王喪. 廞, 猶興也, 興象生時裘而爲之, 謂明器中之裘, 卽上良裘·功裘等. 云'飾皮車'者, 亦謂明器之車, 以皮飾之.

經의〔大喪〕에서〔皮車〕까지

○釋曰 : '大喪'은 王의 喪을 말한다. '廞'은 興(일으킴)과 같으니, 살아 있을 때 입던 갖옷을 본떠서 만드는 것으로 明器 가운데의 갖옷을 말하는 것이니, 곧 위의 良裘·功裘 등이다.〔飾皮車〕또한 明器 가운데의 수레를 말하는 것이니, 가죽으로 문식을 한다.

○注'皮車'至'小耳' ○釋曰 : '皮車, 遣車之革路'者, 案冬官考工記 "飾車[1]欲侈", "棧車[2]欲弇." 除棧車之外皆用革鞔[3], 卽此皮車, 非專革路. 鄭特云'皮車, 革路'者, 此司裘所飾, 唯革路而已. 云'故書, 廞爲淫, 鄭司農云, 淫裘, 陳裘也'者, 此周禮一部之內, 稱'廞'者衆多, 故書皆爲淫, 先鄭皆爲陳, 後鄭皆破從興, 興謂興象生時之物而作之. 必知爲陳非, 爲興是者, 車僕云 "大喪, 廞革車", 圉人云 "廞馬亦如之", 卽是所廞車馬. 又禮記檀弓云“竹不成用, 瓦不成味, 琴瑟張而不平, 竽笙備而不和”, 皆是興象所作. 明器非陳設之理, 故不從先鄭. ‘玄謂廞興也, 若詩之興, 謂象似而作之’者, 象似生時而作, 但麤惡而小耳. 云‘凡爲神之偶衣物, 必沽而小耳’者, 案禮記檀弓孔子云“謂爲俑者不仁”, 鄭以俑爲偶也, 故鄭云“神之偶衣, 謂作送死之衣, 與生時衣服相似.” 又云‘物沽而小’者, 沽, 麤也. 謂其物沽略而又小, 卽竹不成用, 瓦不成味, 是也.

1) 飾車 : 수레의 몸체에 가죽을 씌운 수레로, 대부 이상이 타는 수레이다. 〈考工記 輿人(冬-2-14)〉 鄭玄의 注에 “飾車는 수레에 가죽을 씌우는 것을 말한다. 대부 이상은 수레에 가죽을 씌운다.〔飾車謂革鞔輿也 大夫以上革鞔輿〕”라고 하였다.
2) 棧車 : 대나무나 나무로 만드는데, 士가 타는 수레로서, 칠은 하지만 수레에 가죽을 씌우지는 않는다. 〈春官 巾車(春-64-15)〉 鄭玄의 注에 “棧車는 수레에 가죽을 씌우지만 칠은 하지 않는다.〔不革鞔而漆之〕”고 하였다. 大夫 이상이 타는 수레에는 모두 수레에 가죽을 씌우지만 士가 타는 수레는 가죽을 씌우지 않고 단지 검은 칠을 할 뿐이다. ‘革鞔’ 즉 가죽을 씌우지 않은 수레는 문식이 없는 수레로, 앞의 飾車와 상대되는 것이다.
3) 革鞔 : 짐승의 가죽을 수레에 씌워서 문식을 하는 것이다. 大夫 이상의 수레에는 모두 가죽으로 문식을 한다.

○注의 〔皮車〕에서 〔小耳〕까지

○釋曰 : 〔皮車 遣車之革路〕 살펴보건대, 〈考工記 輿人(冬-2-14)〉에 “飾車의 車箱은 밖으로 펼치고자 한다.”라고 하였고, 〈考工記 輿人(冬-2-13)〉에 “棧車의 車箱은 안으로 거두고자 한다.”라고 하였다. 棧車 이외의 수레는 모두 가죽으로 수레를 씌우니, 곧 이곳의 皮車는 오로지 革路만은 아닌데, 鄭玄이 특별히 “皮車는 革路이다.”라고 한 것은, 이곳의 司裘가 문식을 하는 것은 오직 革路뿐이기 때문이다.

〔故書 廞爲淫 鄭司農云 淫裘 陳裘也〕 이 ≪周禮≫의 한 책 안에서 ‘廞’이라 칭한 것은 매우 많다. 故書에는 모두 ‘淫’으로 되어 있는데, 鄭衆은 모두 ‘陳(진설하다)’으로 풀이했다. 정현은 모두 부정하고, ‘興(일으키다)’의 뜻을 따랐는데, ‘興’은 살아 있을 때의 기물을 본떠서 유사하게 만드는 것을 말한다. 반드시 ‘陳’의 뜻으로 풀이하는 것이 잘못이고, ‘興’의 뜻으로 풀이하는 것이 옳음을 알 수 있는 것은 〈春官 車僕(春-66-4)〉에 “大喪에 革車를 일으켜 〈본떠서〉 만든다.〔興〕”라고 하였고, 〈夏官 圉人(夏-57-3)〉에 “馬를 일으켜 〈본떠서〉 만드는 것〔興〕도 이와 마찬가지로 한다.”고 하였으니, 곧 수레와 말을 일으켜 〈본뜨는〉 것이기 때문이다. 또 ≪禮記≫ 〈檀弓 上〉에서 “대그릇은 사용할 수 있게 모양을 다 갖추지 않고, 질그릇은 광택을 칠하지 않고, 〈목기는 아로새기는 문양을 갖추지 않고,〉 琴

瑟은 줄을 걸어놓지만 줄이 팽팽하지 않고, 생황은 갖추어 놓지만 음이 고르지 않다."고 한 것은 모두 일으켜 본떠서〔興象〕 만든 것이니, 明器는 진설하는 이치가 없다. 그러므로 정중의 해석을 따르지 않은 것이다.

〔玄謂㢈興也 若詩之興 謂象似而作之〕 살아 있을 때〈의 기물〉을 본떠서 유사하게 만드는데, 다만 조악하고 작게 할 뿐이다.

〔凡爲神之偶衣物 必沽而小耳〕 살펴보건대, ≪禮記≫ 〈檀弓 上〉에서 孔子께서 "'俑을 만든 자는 어질지 못하다.'고 하셨다."라고 하였는데, 정현은 '俑'을 偶(인형)로 풀이하였다. 그러므로 정현은 "神의 偶衣는 죽은 이를 보내기 위해 만든 옷을 말하는데, 살아 있을 때의 의복과 서로 유사하다."라고 한 것이다.

〔物沽而小〕 '沽'는 거칠다〔麤〕는 뜻이다. 그 물건이 소략하고 또 작은 것을 말하니, 곧 〈≪예기≫ 〈단궁 상〉에서〉 "대그릇은 사용할 수 있게 모양을 다 갖추지 않고, 질그릇은 광택을 칠하지 않는다."고 한 것이 이것이다.

天-43-6

凡邦之皮事를 **掌之**니 **歲終則會**호되 **唯王之裘與其皮事**는 **不會**니라

〈司裘는〉 왕국 안의 가죽에 관한 모든 일을 관장한다. 연말이 되면 회계결산을 하는데, 오직 왕의 갖옷과 사용한 가죽에 대해서는 회계결산을 하지 않는다.

44. 掌皮(장피)

天-44-1

掌皮는 **掌秋斂皮**하고 **冬斂革**[1]하고 **春獻之**니라

1) 秋斂皮 冬斂革 : 털이 온전한 짐승의 가죽을 '皮'라고 하고, 털을 제거한 짐승의 가죽을 '革'이라 한다.(≪周禮正義≫ 권13, 510쪽 참조)

掌皮는 가을에 털이 온전한 짐승의 가죽〔皮〕을 징수하고, 겨울에 털을 제거한 짐승의 가죽〔革〕을 징수해서 이듬해 봄에 〈왕에게〉 진헌하는 일을 관장한다.

【注】 皮革은 踰歲乾久라야 乃可用이라 獻之는 獻其良者於王하여 以入司裘하여 給王用이라

皮·革은 해를 넘겨 오랫동안 말려야 비로소 사용할 수 있다. '진헌한다〔獻之〕'는 것은 그 가운데 품질이 좋은 것을 왕에게 진헌하여 司裘에 납입해서 왕의 용도에 공급한다는 뜻이다.

【疏】'掌皮'至'獻之' ○釋曰：云'秋斂皮, 冬斂革, 春獻之'者, 許氏說文"獸皮治去其毛曰革." '秋斂皮'者, 鳥獸毛毨之時, 其皮善, 故秋斂之. 革乃須治, 用功深, 故冬斂之. 乾久成善乃可獻, 故春獻之也.

經의 〔掌皮〕에서 〔獻之〕까지

○釋曰：〔秋斂皮 冬斂革 春獻之〕 許愼의 ≪說文解字≫에 "들짐승의 가죽에서 그 털을 다듬어 제거한 것을 '革'이라 한다."고 하였다. "가을에 털이 온전한 짐승의 가죽을 징수한다.〔秋斂皮〕"는 것은, 날짐승과 들짐승이 털갈이를 하는 시기에 그 가죽이 좋으므로 가을에 징수를 한다는 뜻이다. 革은 반드시 다듬어서 공을 들이는 것이 깊어야 한다. 그러므로 겨울에 징수하는 것이다. 〈皮·革은〉 오랫동안 말려서 좋은 품질을 이루어야 비로소 진헌할 수 있다. 그러므로 〈이듬해〉 봄에 진헌하는 것이다.

○注'皮革'至'王用' ○釋曰：知良者入司裘者, 以其司裘掌爲王大裘以下, 故知良者入司裘也.

○注의 〔皮革〕에서 〔王用〕까지

○釋曰：품질이 좋은 것을 司裘에 납입함을 알 수 있는 것은 사구는 왕을 위해 大裘 이하를 공급하는 일을 관장하기 때문이다. 그러므로 품질이 좋은 것을 사구에 납입함을 알 수 있다.

天-44-2

遂以式灋頒皮革于百工하고

이어서 〈그 나머지는〉 式法에 의거하여 百工에게 皮(털이 온전한 짐승의 가죽)와 革(털을 제거한 짐승의 가죽)을 나누어준다.

【注】式灋은 作物所用多少故事라

'式法'은 가죽제품을 제작할 때 사용되는 가죽의 수량에 관한 故事이다.

【疏】'遂以'至'百工' ○釋曰 : 上文獻良者入司裘, 其餘入百工. 因上事, 故云'遂'也. 百工者, 卽冬官六十官, 主作器物, 若裘氏·韋氏·函人之類, 用皮者也.

經의 〔遂以〕에서 〔百工〕까지

○釋曰 : 위 문장에서 진헌한 품질이 좋은 제품을 司裘에 납입하였으니, 그 나머지는 百工에 납입하는 것이다. 위의 일을 이었기 때문에 '遂(이어서)'라고 한 것이다.

'百工'은 곧 冬官 60개 관직으로 기물의 제작을 주관하는데 裘氏·韋氏·函人 등과 같이 가죽을 사용하는 자들이다.

○注'式灋'至'故事' ○釋曰 : 云'式灋, 作物所用多少故事'者, 作, 若裘氏作裘, 函人作甲冑, 謂皮革皆有用物多少之數, 有舊法者也.

○注의 〔式灋〕에서 〔故事〕까지

○釋曰 : 〔式灋 作物所用多少故事〕 '作(제작)'은 裘氏가 갖옷〔裘〕을 제작하고, 函人이 甲冑를 제작하는 것과 같은 것이다. 皮·革에 모두 물건을 사용하는 多少의 수량이 있으니, 舊法이 있음을 말한다.

天-44-3

共其毳(취)毛爲氈하여 以待邦事니라

짐승의 섬세한 털을 공급하여 毛氈을 만들어서 왕국의 일(제사 등)이 있을 때 대비한다.

【注】當用氈則共之라 毳毛는 毛細縟者라

모전을 사용해야 할 때 공급한다. '毳毛'는 털 가운데 섬세한 것이다.

【疏】'共其'至'邦事' ○釋曰 : 鄭云'當用氈則共之', 謂若掌次張氈案[1], 是當其用氈, 則掌皮共毳毛與冬官, 使作氈與掌次也.

1) 掌次張氈案 : 〈天官 掌次(天-33-2)〉에 "王이 上帝에게 大旅의 제사를 지낼 경우, 〈掌次는〉 모전을 씌워서 만든 牀〔氈案〕을 진설하여 펼쳐놓고, 상의 뒤쪽에 봉황 깃털 색으로 장식한 병풍을 설치한다.〔王大旅上帝 則張氈案 設皇邸〕"고 하였다. '案'은 牀을 말한다. 상

위에 모전〔氈〕을 씌우면 그것을 '氈案'이라 한다.

經의 〔共其〕에서 〔邦事〕까지

○釋曰 : 鄭玄이 "모전을 사용해야 할 때 공급한다.〔當用氈則共之〕"고 한 것은 掌次가 모전을 씌워서 만든 상〔氈案〕을 진설하는 것과 같은 것을 말하니, 이는 마땅히 모전을 사용해야 할 때 掌皮가 가늘고 화려한 짐승의 털〔毳毛〕을 공급하여 冬官에게 주어서 모전을 만들어 掌次에게 주게 하는 것이다.

天-44-4

歲終에 則會其財齎니라

연말이 되면, 징수한 皮・革과 百工에게 나누어준 皮・革과 남아 있는 皮・革의 수량을 회계 결산한다.

【注】 財는 斂財本數及餘見者요 齎는 所給予人 以物曰齎니 今時詔書或曰齎計吏라 鄭司農云 齎或爲資라

'財'는 징수한 재물의 본래 수량 및 현재 남아 있는 것이다. '齎'는 물건으로 다른 사람에게 공급해주는 것을 '齎'라고 한다. 오늘날의 詔書에 혹 '計吏에게 물건을 하사한다.'라고 한다. 鄭衆은 "'齎'는 '資'로 되어 있기도 하다."라고 하였다.

【疏】 '歲終'至'財齎' ○釋曰 : 歲終, 周之十二月, 則會計其皮之本數之財及出與人物之齎, 計知多少也.

經의 〔歲終〕에서 〔財齎〕까지

○釋曰 : '歲終'은 周曆 12월이니, 가죽의 본래 수량인 財 및 지출하여 다른 사람에게 물건을 공급해준 齎를 회계하여, 수량을 계산하여 파악하는 것이다.

○注'財斂'至'爲資' ○釋曰 : '財, 斂財本數'者, 經云財與齎二者, 竝據皮革而言也. 言'斂財本數'者, 謂四方所有皮革之入掌皮之數, 是本數也. 云'及餘見'者, 謂出給不盡, 見(현)在庫者也. 云'予人以物曰齎'者, 齎有兩義, 上外府注"行道〔之財用〕[1)]曰齎", 此皮革無行道所用之義, 故齎爲出給與人物解之也. 云'今時詔書或曰齎計吏'者, 漢時考使[2)]謂之計吏, 有詔賜與之, 則曰齎. 引之, 證齎是與人物也. '鄭司農云齎或爲資', 先

鄭意, 一部書〔內〕[3]齎或爲資也.

1) 〔之財用〕: 저본에는 '之財用'이 없으나, '道' 아래에 '之財用'이 탈오되었다는 浦鏜의 설(北京大 整理本의 〈校勘記〉 참조)과 〈天官 外府(天-37-2)〉 鄭玄의 注에 의거하여 보충하였다. 〈천관 외부(天-37-2)〉 정현의 注에는 "'齎'는 사행 길에 필요한 재물 비용이다.〔齎行道之財用也〕"라고 하였다.
2) 考使 : 郡마다 매년 使者를 도읍에 파견하여 郡의 정무와 재정 상황을 보고하는 관리로서, '上計吏'라고 한다. 후대에 漢나라의 제도를 계승하여 '朝集使'로 개칭하였다.
3) 〔內〕: 저본에는 '內'가 없으나, '書' 아래에 '內'가 빠진 것이라는 阮元의 설에 의거하여 보충하였다.(阮元의 〈校勘記〉 및 北京大 整理本의 〈校勘記〉 참조)

○注의 〔財斂〕에서 〔爲資〕까지

○釋曰 : 〔財 斂財本數〕 경문에서 말한 '財'와 '齎' 두 가지는 모두 皮·革에 의거하여 말한 것이다. '징수한 재물의 본래 수량〔斂財本數〕'이라고 말한 것은 사방에서 생산된 皮·革을 掌皮에 납입한 수량을 말하니, 이것이 本數이다.

〔及餘見〕 모두 지출하여 공급하지 않고 현재 창고에 있는 것을 말한다.

〔予人以物曰齎〕 齎에는 두 가지 뜻이 있다. 위의 〈天官 外府(天-37-2)〉 鄭玄의 注에서 "사행 길에 필요한 재물 비용을 '齎'라고 한다."고 하였는데, 이곳의 皮·革은 사행길에 사용한다는 뜻이 없다. 그러므로 '齎'를 '지출하여 다른 사람에게 공급해주는 물건'으로 풀이한 것이다.

〔今時詔書或曰齎計吏〕 漢나라 때의 考使를 計吏라고 하였는데, 詔書를 내려 하사품을 내려주면 그것을 '齎'라고 하였다. 이를 인용한 것은 '齎'가 사람에게 공급해주는 물건임을 증명한 것이다.

〔鄭司農云 齎或爲資〕 鄭衆의 뜻은 ≪周禮≫ 안에 '齎'가 혹 '資'로 되어 있기도 하다는 것이다.

45. 內宰(내재)

天-45-1

內宰는 掌書版圖之灋하여 以治王內[1]之政令하고 均其稍食하고 分其人民以居之[2]니라

1) 王內 : 王宮의 五門 가운데 가장 북쪽에 있는 路門에서 北宮에 이르는 곳으로, 이곳에 王·王后·夫人이 거주한다. 孫詒讓에 의하면, 五門 가운데 가장 남쪽에 있는 皐門 안쪽을 통틀어 '王宮'이라 하고 路門 안쪽을 통틀어 '王內'라고 하는데, 內宰는 王內의 政令을 다스리고, 小宰는 王宮의 政令을 다스려서 내외가 서로 갖추어진다.(≪周禮正義≫ 권13, 512쪽 참조) 鄭玄에 의하면 五門은 남쪽에서 북쪽으로 皐門, 庫門, 雉門, 應門, 路門의 순이다.
2) 均其稍食 分其人民以居之 : 兪樾은 "'均'은 版(名籍)에 의거하여 균등히 하는 것이니, 사람의 多寡는 版에 있기 때문이다. '分'은 圖(地圖)에 의거하여 나누는 것이니, 지역의 廣狹은 圖에 있기 때문이다.〔均者 據版以均之也 人之多寡在版也 分者 據圖以分之也 地之廣狹在圖也〕"라고 하였다.(≪周禮正義≫ 권13, 512쪽 참조)

內宰는 궁중 관리와 그들의 자제의 명부를 기록한 名籍 및 궁중 관부의 형상을 그린 地圖의 법을 관장하여 王內(內宮)와 관련한 政令을 시행하고, 王內에 근무하는 관리들의 稍食(月俸)을 균등히 하고, 王內 관리의 자제들의 거주지를 나누어서 〈宿衛의 노역을 균등하게 한다.〉

【注】版은 謂宮中閽寺(시)[1]之屬 及其子弟錄籍[2]也요 圖는 王及后世子之宮中吏官府之形象也라 政令은 謂施閽寺者요 稍食은 吏祿稟也요 人民은 吏子弟니 分之使衆者就寡하여 均宿衛라

1) 宮中閽寺(시) : 內小臣·閽人·寺人·內豎 등을 말한다.
2) 錄籍 : 官俸의 등급을 기재한 簿冊을 말한다. '錄'은 祿과 통한다. 한편 〈天官 小宰(天-2-8)〉 鄭玄의 注에 "版은 戶籍이다.〔版 戶籍〕"라고 하였고, 〈天官 宮正(天-4-3)〉 鄭玄의 注에서는 "版은 그 사람의 名籍이다.〔版其人之名籍〕"라고 하였다. 戶籍과 名籍을 모두 '版'이라 한다.(≪周禮正義≫ 권13, 512~513쪽 참조)

'版'은 宮中의 閽人·寺人 등속 및 그 子弟의 錄籍을 말한다. '圖'는 王 및 王后·世子의 宮中 관리들이 근무하는 官府의 形象이다. '政令'은 閽人·寺人에게 시행하는 것을 말한다. '稍食'은 궁중 관리들의 祿稟(月俸)이다. '人民'은 궁중 관리들의 子弟이니, 거주지를 나누어 인원이 많은 곳은 적은 곳으로 가도록 하여 宿衛〈의 노역을〉 균등하게 한다.

【疏】注'版謂'至'宿衛' ○釋曰 : 內宰既職當內事, 與大宰主外事相似, 故知版之所書者, 謂宮中閽寺之屬, 并宮中官之子弟, 皆屬內宰, 書之於版焉. 既主內事, 故知所圖者, 不出王及后·世子之宮中吏官府之形象也. 又知'政令謂施閽寺'者, 以其閽人主中門之禁, 寺人掌王之內人[1]之戒令, 內宰爲之長, 故知政令者, 施之於閽人寺人也. 不言內小臣及內豎者, 蓋亦施之也. 云'稍食, 吏祿稟也'者, 吏, 卽閽寺(弟子)〔子弟〕[2]宿衛后宮者, 宮正[3]所均, 謂宿衛王宮者, 以米稟爲祿之月俸. 均之者, 當知見在空闕也. 云'人民, 吏子弟'者, 以其所均稍食, 是吏之子弟, 明所分宿衛, 還是吏之子弟也.

1) 內人 : '九御'이다. 왕을 모시는 女御 81인을 말한다.(〈天官 內宰〉 天-45-13 鄭玄의 注 참조)
2) (弟子)〔子弟〕: 저본에는 '弟子'로 되어 있으나, 惠校本에 의거하여 '子弟'로 바로잡았다.(上海古籍 整理本 및 北京大 整理本의 〈校勘記〉 참조)
3) 宮正 : 宮正은 王宮의 戒令과 糾禁을 관장하는 관직으로, 왕궁 안에 있는 官府나 次舍(숙위 초소와 숙사)에 거처하는 관리들의 인원수를 점검한다.(〈天官 宮正(天-4-2)〉 참조)

○注의 〔版謂〕에서 〔宿衛〕까지

○釋曰 : 內宰의 직책이 이미 內事를 담당하니, 大宰가 外事를 주관하는 것과 서로 유사하다. 그러므로 版(名籍)에 기재되어 있는 대상은 宮中의 閽人·寺人(시인) 등속과 宮中 관리의 자제를 말하는 것임을 알 수 있으니, 모두 내재에 소속되어 版에 기재되어 있는 것이다. 이미 內事를 주관하므로 圖에 그려져 있는 대상은 王 및 王后·世子의 宮中 관리들이 근무하는 官府의 形象을 벗어나지 않음을 알 수 있다.

또 "政令은 혼인·시인에게 시행하는 것을 말한다."는 것을 알 수 있는 것은 혼인은 中門의 禁令을 주관하고, 시인은 왕의 內人과 관련한 戒令을 관장하는데, 내재가 그들의 우두머리가 되기 때문이다. 그러므로 政令은 혼인·시인에게 시행되는 것임을 알 수 있다. 內小臣 및 內豎를 언급하지 않은 것은 아마 그들에게도 시행되기 때문일 것이다.

〔稍食 吏祿稟也〕'吏'는 곧 혼인·시인의 자제 가운데 后宮을 숙위하는 자로서 〈궁중의 숙위를 관장하는〉 宮正이 균등히 하는 대상이니, 왕궁을 숙위하는 자는 米稟(쌀)으로 祿의 月俸을 삼는 것을 말한다. 궁중 관리들의 稍食을 균등히 하는 자(內宰)는 마땅히 현재 빠져 있는 부분을 파악해야 하기 때문이다.

〔人民 吏子弟〕稍食을 균등하게 하는 대상은 관리들의 子弟이니, 나누어서 숙위를 하게 하는 대상은 또한 관리들의 자제임을 밝힌 것이다.

天-45-2

以陰禮敎六宮하고

〈內宰는〉 婦人의 禮로 王后를 가르치고,

【注】鄭司農云 陰禮는 婦人之禮라 六宮은 後五前一이라 王之妃百二十人이니 后一人이요 夫人三人이요 嬪九人이요 世婦二十七人이요 女御八十一人이라 玄謂六宮은 謂后也라 婦人稱寢曰宮이니 宮은 隱蔽之言이라 后象王하여 立六宮而居之니 亦正寢一 燕寢五라 教者는 不敢斥言之요 謂之六宮[1)]이니 若今稱皇后爲中宮矣라 昏禮에 母戒女曰 夙夜毋違宮事[2)]라하니라

1) 教者……謂之六宮 : 孫詒讓은 "王后는 존귀함이 王과 같다. 內宰는 內教를 주관하지만, 감히 '后'라고 지척하여 말하지 못한다. 그러므로 '后의 宮'으로 말한 것이다.〔后尊與王同 內宰主內教 不敢斥言后 故以后之宮言之也〕"라고 하였다.(≪周禮正義≫ 권13, 515쪽 참조)

2) 母戒女曰 夙夜毋違宮事 : ≪儀禮注疏≫ 〈士昏禮〉의 원문은 "母施衿結帨曰 勉之敬之 夙夜無違宮事(신부의 어머니는 띠를 몸에 둘러주고 거기에 차고 다니는 수건을 묶어주면서 "근면하고 공경하여 아침 일찍부터 밤늦게까지 부인의 일을 어기지 말도록 하라."고 훈계를 한다.)"이다. 賈公彦의 疏에 의하면 '부인의 일'을 '宮事'라고 한 것은 婦人의 寢을 宮으로 칭하기 때문이다.

鄭衆은 "陰禮는 婦人의 禮이다. '六宮'은 뒤쪽에 5宮이 있고 앞쪽에 1宮이 있으니, 王의 妃 120인, 王后 1인, 夫人 3인, 嬪 9인, 世婦 27인, 女御 81인이 거주한다."고 하였다. 나(鄭玄)는 생각건대, 六宮은 왕후를 말한다. 婦人의 '寢'을 '宮'이라 칭하니, '宮'은 隱蔽의 뜻이다. 왕후는 王을 본떠서 六宮을 세워 거주하니, 또한 正寢이 1곳, 燕寢이 5곳이다. '가르친다〔教〕'는 것은 감히 〈왕후라고〉 지척하여 말할 수 없어서 '六宮'이라 한 것이니, 오늘날 皇后을 中宮이라 칭하는 것과 같다. ≪儀禮≫ 〈士昏禮〉에 "신부의 어머니는 딸을 훈계하면서 '아침 일찍부터 밤늦게까지 宮事(婦人의 일)를 어기지 말도록 하라.'라고 한다."고 하였다.

【疏】'以陰禮教六宮' ○釋曰 : 先鄭意以陰禮婦人之禮, 教六宮之人, 自后已下至女御. 後鄭意以婦人之禮教后一人, 六宮卽后也.

經의 〔以陰禮教六宮〕

○釋曰 : 鄭衆의 뜻은 陰禮는 婦人의 禮이니, 六宮의 사람들인 王后 이하 女御까지를 가르친다는 것이다. 鄭玄의 뜻은 婦人의 禮로 王后 1인으로 가르치니, 六宮은 곧 王后라는 것이다.

○注'鄭司'至'宮事' ○釋曰 : 先鄭知陰禮婦人之禮者, 以其將用教婦人, 故知陰禮是婦人之禮也. 云'六宮, 後五前一'者, 天子謂之六寢, 宮人所云者是也[1]. 后亦象王, 立宮亦後五前一, 在王六寢之後爲之, 南北相當耳. 云'王之妃百二十人', 至'八十一人', 此是禮記昏義之文[2], 彼據周法. 引之者, 先鄭意, 欲見內宰敎此六宮之人也. '玄謂六宮謂后', 不從先鄭者, 若此文兼后至女御, 應言及與凡殊之, 下別自敎三夫人已下. 此文旣在於上, 明專敎后一人而已. 云'若今稱皇后爲中宮矣'者, 漢舊儀有此事也[3]. 引昏禮者, 證婦人稱宮之意也.

1) 天子謂之六寢 宮人所云者是也 : 〈天官 宮人(天-30-1)〉에 "宮人은 王의 六寢을 청소하고 정리하는 일을 관장한다.〔宮人掌王之六寢之脩〕"고 하였다.
2) 王之妃百二十人……此是禮記昏義之文 : ≪禮記≫ 〈昏義〉에 "옛날에 천자의 왕후는 6宮·3夫人·9嬪·27世婦·81御妻를 세워서 천하의 內治를 관장하였다.〔古者天子后立六宮三夫人九嬪二十七世婦八十一御妻 以聽天下之內治〕"라고 하였다.
3) 漢舊儀有此事也 : 衛宏의 ≪漢舊儀≫에 "皇后를 中宮이라 칭한다.〔皇后稱中宮〕"고 하였고, 王應麟은 "≪漢書≫ 〈哀帝紀〉 '中宮'에 대한 顔師古의 注에 '황후의 궁이다.'라고 하였다.〔哀帝紀 中宮 注云 皇后之宮〕"고 하였다.

○注의 〔鄭司〕에서 〔宮事〕까지

○釋曰 : 鄭衆이 '陰禮'가 婦人의 禮임을 알았던 것은 장차 그것으로 婦人을 가르칠 것이기 때문이다. 그러므로 음례가 부인의 禮임을 알았던 것이다.

〔六宮 後五前一〕 天子의 경우 '六寢'이라고 하는 것은 〈天官 宮人(天-30-1)〉에서 말한 것이 그것이다. 王后도 또한 王을 본떠서 宮을 세울 때 뒤쪽에 5곳 앞쪽에 1곳으로 하니, 王의 六寢의 뒤쪽에 세워서 남북으로 서로 마주하게 할 뿐이다.

'王之妃百二十人'에서 '八十一人'까지는 ≪禮記≫ 〈昏義〉의 문장인데, 저곳에서는 周나라의 法에 의거하였다. 정중이 이를 인용한 뜻은 內宰가 이 六宮의 사람들을 가르치는 것임을 보이고자 한 것이다.

〔玄謂六宮謂后〕 〈鄭玄이〉 정중을 따르지 않은 것은, 만약 이 문장이 王后에서 女御까지를 겸하는 것이라면 응당 '及'과 '凡'을 말하여 구분해서, 아래에서 스스로 三夫人 이하를 가르치는 것과 구별해야 하기 때문이니, 이 문장이 이미 위쪽에 있으므로 오로지 왕후 1인을 가르치는 것임을 밝힌 것이다.

〔若今稱皇后爲中宮矣〕 ≪漢舊儀≫에 이러한 기록이 있다. ≪儀禮≫ 〈士昏禮〉를 인용한 것은 婦人의 경우 '宮'이라 칭하는 뜻을 증명한 것이다.

天-45-3

以陰禮敎九嬪하고

婦人의 禮로 九嬪을 가르치고,

【注】敎以婦人之禮라 不言敎夫人世婦者는 擧中省文이라

婦人의 禮로 가르치는 것인데 夫人·世婦를 가르친다고 말하지 않은 것은 〈三夫人·九嬪·世婦의〉 중간인 嬪을 들어서 앞뒤의 문장을 생략한 것이다.

【疏】注'敎以'至'省文' ○釋曰：司農意, 上文敎六宮之人訖, 此復敎九嬪[1]者. 先鄭意, 以九嬪掌婦學之法, 使之敎九御, 故內宰(缺)〔復〕[2]更別敎之也. 後鄭意, 下文別敎九御, 故知此敎三夫人已下. 不言三夫人·世婦者, 擧中以見上下, 省文.

1) 九嬪：宮中의 女官이자 천자의 첩이다. 王后를 도와 婦學의 法을 관장하여 九御 이하의 婦德·婦言·婦容을 가르친다. 그 직위는 世婦의 卿에 상당한다.(〈天官 九嬪(天-50-1)〉 참조)

2) (缺)〔復〕：저본에는 '缺'로 되어 있으나, 阮元이 "마땅히 '復'자가 되어야 하니, 扶와 又의 反切이다. 위 경문에서는 황후를 가르치고, 이곳 경문에서는 夫人·九嬪·世婦를 가르치는 것인데, 문장을 생략하고 단지 구빈만을 든 것이다."라고 한 것에 의거하여 '復'로 바로잡았다.(阮元의 〈校勘記〉 및 北京大 整理本의 〈校勘記〉 참조)

○注의 〔敎以〕에서 〔省文〕까지

○釋曰：鄭衆의 뜻은 위 경문에서 六宮의 사람들을 가르치는 일이 끝나고, 이곳에서 다시 九嬪을 가르친다는 것이다. 정중의 뜻은 구빈은 婦學의 法을 관장하여 九御를 가르치게 하므로 內宰가 다시 별도로 〈九嬪을〉 가르친다는 것이다. 鄭玄의 뜻은 아래 경문에서 별도로 〈내재가〉 구어를 가르치므로 이곳에서는 三夫人 이하를 가르침을 알 수 있다는 것이다. 삼부인과 世婦를 말하지 않은 것은 중간(九嬪)을 들어 위아래(三夫人·世婦)를 보인 것이니, 문장을 생략한 것이다.

天-45-4

以婦職之灋으로 **敎九御**하여 **使各有屬**하여 **以作二事**하고 **正其服**하고 **禁其奇衺**(사)하고 **展其功緖**니라

婦職의 法으로 九御를 가르쳐서, 〈女御 9인씩 짝을 이루어〉 각각 九嬪에 분속시켜서 명주와 삼베 짜는 일에 종사하게 하고, 그들의 복장을 바르게 하며, 그들의 기이한 행동을 금지하고 그들의 실적을 기록하여 심사한다.

【注】婦職은 謂(職)〔織〕[1]紝·組紃(순)·縫線之事라 九御는 女御也니 九九而御于王하여 因以號焉이라 使之九九爲屬하여 同時御하고 又同事也라 正其服은 止踰侈요 奇衺는 若今媚道[2]라 展은 猶錄也요 緖는 業也라 故書二爲三이라 杜子春云 當爲二니 二事는 謂絲枲之事라

1) (職)〔織〕: 저본에는 '職'으로 되어 있으나, ≪周禮正義≫와 上海古籍 整理本에 의거하여 '織'으로 바로잡았다. 앞의 '婦職'의 '職'으로 인해 잘못된 듯하다.

2) 媚道 : 巫蠱의 邪術로서, 여인들이 남자에게 잘 보이기 위하여 무당의 방술로 자기를 좋아하게 하는 방도를 말한다.

'婦職'은 비단을 짜고〔織紝〕, 끈을 짜고〔組紃〕, 바느질〔縫線〕을 하는 일이다. '九御'는 女御이다. 9인씩 짝을 이루어 왕을 모시니, 이로 인하여 호칭을 삼은 것이다. 9인씩 짝을 이루어 분속시켜서 동시에 〈왕을〉 모시고 또 일을 같이하게 한다. '그 복장을 바르게 한다.〔正其服〕'는 것은 분수에 넘치는 것을 그치게 하는 것이다. '奇衺'는 오늘날의 媚道와 같은 것이다. '展'은 錄(기록하다)과 같다. '緖'는 공업〔業〕이다. 故書에 '二'가 '三'으로 되어 있는데, 杜子春은 "마땅히 '二'가 되어야 하니, '二事'는 명주를 짜고 삼베를 짜는 일을 말한다."라고 하였다.

【疏】'以婦'至'功緖' ○釋曰 : 內宰以婦人職業之法敎九御. 上文世婦已上, 皆直言陰禮, 不言職, 此言職者, 以其世婦以上貴, 無絲枲等職業之法故也. 云'使各有屬'者, 女御八十一人, 九人爲一屬, 屬猶聚也. 九人同時御, 又同爲絲枲之事.

經의 〔以婦〕에서 〔功緖〕까지

○釋曰 : 內宰는 婦人 職業의 法으로 九御를 가르친다. 위의 경문에서는 世婦 이상에 대해서 모두 단지 '陰禮'라고만 말하고 '職'이라 말하지 않았다. 이곳에서 '職'이라 말한 것은 世婦 이상은 존귀하여 명주를 짜고 삼베를 짜는 등 職業의 法이 없기 때문이다.

〔使各有屬〕 女御는 81인인데 9인으로 1屬을 삼는 것이니, '屬'은 聚(모으다)와 같다. 9인은 동시에 〈왕을〉 모시고, 또 명주를 짜고 삼베를 짜는 일을 함께한다.

○注'婦職'至'之事' ○釋曰 : 婦職, 謂織紝. 織紝爲一事, 組紃又爲一事, 縫線又爲一事,

三者皆婦職也. 案詩注云 "王后織玄紞(담), 公侯夫人紘綖, 卿之內子大帶, 大夫命婦成祭服, 士妻朝服, 庶士以下, 各衣其夫." 貴賤皆有職者, 彼示雖貴無得遊(乎)〔手〕[1], 率先之意, 非如此絲枲二事, 責其功緖也. 又云'九御, 女御也'者, 序官云女御, 故就而釋之也. 云'九九而御于王, 因以號焉'者, 案下女御職云 "掌御敍于王之燕寢." 此云九御, 是九九而御于王, 因以號焉. 云'使之九九爲屬, 同時御又同事也'者, 此鄭釋九人爲屬之意也. 云'正其服, 止踰侈'者, 女御褖(단)衣[2]是正, 不得踰侈, 服展衣[3]以上也. 云'奇衺, 若今媚道'者, 案漢書, 漢孝文時, 婦人蠱惑媚道, 更相呪詛, 作木偶人埋之於地. 漢法又有(官)〔宮〕[4]禁, 云 "敢行(婦)〔媚〕[5]道者." 若然, 媚道, 謂道妖衺巫(蠱)〔術〕[6]以自衒媚, 故鄭擧漢法證經奇衺也.

1) (乎)〔手〕: 저본에는 '乎'로 되어 있으나, '遊乎'는 '遊手'의 잘못이라는 孫校本에 의거하여 '手'로 바로잡았다.(上海古籍 整理本 및 北京大 整理本의 〈校勘記〉 참조)

2) 褖(단)衣 : 검은색의 옷으로, 왕후의 6복 가운데 하나이다. 왕후가 왕을 모시거나 편안히 휴식을 취할 때 입는 의복이다. 〈天官 內司服(天-58-1)〉 鄭玄의 注에 "≪禮記≫ 〈喪大記〉에 '士의 妻는 褖衣를 착용한다.'고 하였는데, '褖'이라고 말한 것은 매우 많다〔甚衆〕는 뜻인데, 글자가 '稅'로 되어 있기도 하다. '褖衣'는 왕을 모실 때 입는 의복이며, 또한 이 의복을 입고서 편안히 휴식을 취한다. 남자의 단의는 검은색이니, 이 〈왕후가 입는 단의〉 또한 검은색이다.〔喪大記曰 士妻以褖衣 言褖者 甚衆 字或作稅 褖衣 御于王之服 亦以燕居 男子之褖衣黑 則是亦黑〕"라고 하였다. 陸德明의 ≪經典釋文≫ 권8, 〈周禮音義 上〉에는 "緣衣(단의)에서의 '緣'은 혹 '褖'으로 되어 있기도 한데, 똑같이 음은 吐와 亂의 반절이다.〔緣衣或作褖 同吐亂反〕"라고 하였다.

3) 展衣 : 褘衣, 揄狄, 闕狄, 鞠衣, 展衣, 緣(褖)衣를 왕후의 6服이라 한다. '褘衣'는 오채색의 꿩 문양을 그려 넣고 검은색의 가선 장식을 한 옷으로, 王后의 六服 가운데 가장 존귀한 옷이다. 왕후가 왕을 따라 선왕을 제사 지낼 때 착용한다. '揄狄'은 '揄翟'이라고도 쓰는데, 그 복식에 꿩의 문양을 그려 넣었기 때문에 생긴 칭호이다. 왕후가 왕을 따라 先公에 제사를 지낼 때 착용한다. '闕狄'은 비단에 꿩의 깃 형상을 새겨 넣은 의복으로, 왕후가 왕을 따라 小祀에 제사를 지낼 때 착용한다. '鞠衣'는 옅은 황색의 복식으로, 황후가 계춘 3월에 선왕에게 採桑과 養蠶을 기원하는 告桑의 예를 행할 때 착용한다. 侯・伯・子・男의 부인 및 卿의 처도 이 복장을 입는다. '展衣'는 王后의 朝服으로, 王 및 賓客을 禮見할 때에 착용한다. 世婦 및 卿・大夫의 妻의 命服이기도 하다. 흰색의 복식이다. '緣衣'는 王后의 便服으로, 王이 휴식을 취할 때, 들어가서 모실 때에 착용한다. 흑색의 복식이다.(〈天官 內司服(天-58-1)〉 鄭玄의 注 참조)

4) (官)〔宮〕: 저본에는 '官'으로 되어 있으나, 閩本・監本・毛本에는 '宮'으로 되어 있는데,

'宮'자가 옳다는 阮元의 설에 의거하여 '宮'으로 바로잡았다.(阮元의 〈校勘記〉 및 北京大 整理本의 〈校勘記〉 참조)

5) (婦)〔媚〕: 저본에는 '婦'로 되어 있으나, '媚'가 '婦'로 잘못된 것이라는 孫校本에 의거하여 바로잡았다.(阮元의 〈校勘記〉 및 北京大 整理本의 〈校勘記〉 참조)

6) (蠱)〔術〕: 저본에는 '蠱'로 되어 있으나, 王應麟의 ≪漢制考≫에 의거하여 '術'로 바로잡았다.(上海古籍 整理本 및 北京大 整理本의 〈校勘記〉 참조)

○注의 〔婦職〕에서 〔之事〕까지

○釋曰 : '婦職'은 비단 짜는 것〔織紝〕을 말한다. 비단 짜는 것〔織紝〕이 한 가지 일이고, 끈을 짜는 것〔組紃〕이 또 한 가지 일이고, 바느질하는 것〔縫線〕이 또 한 가지 일이니, 세 가지는 모두 婦職이다. 살펴보건대, ≪毛詩≫ 〈周南 葛覃〉 毛亨의 傳에 "〈옛날에〉 王后는 '玄紞(현담)'을 짜고, 公侯의 夫人은 '紘綖(굉연)'을 짜고, 卿의 內子는 '大帶'를 짜고, 大夫의 命婦는 '祭服'을 만들고, 士의 처는 '朝服'을 만들고, 庶士 이하의 부인은 각각 '남편의 옷'을 만들었다."고 하였다. 존귀한 사람이든 비천한 사람이든 모두 직무가 있는 것이니, 저곳에서는 아무리 존귀하더라도 손을 놀리는 일이 없이 솔선한다는 뜻을 보여주는 것이지, 이곳의 명주를 짜고 삼베를 짜는 두 가지 일처럼 그 실적을 요구하는 것 같은 것은 아니다.

〔九御 女御也〕 〈天官 序官(天-0-58)〉에서 '女御'라고 하였으므로 이에 따라 풀이한 것이다.

〔九九而御于王 因以號焉〕 살펴보건대, 〈天官 女御(天-52-1)〉에서 "〈女御는〉 순서에 따라 왕의 燕寢으로 나아가서 모시는 일을 관장한다."고 하였다. 이곳에서 '九御'라고 한 것은 9인씩 짝을 이루어 왕을 모시기 때문이니, 그로 인하여 호칭을 삼은 것이다.

〔使之九九爲屬 同時御又同事也〕 이는 鄭玄이 9인으로 屬을 삼는 뜻을 풀이한 것이다.

〔正其服 止踰侈〕 女御는 褖衣가 바른 의복이니, 분수에 넘치게 하여 展衣 이상을 착용할 수 없다.

〔奇衺 若今媚道〕 살펴보건대, ≪漢書≫에 의하면 漢나라 孝文帝 때 婦人들이 蠱惑의 媚道로 서로 저주를 하여 나무 인형을 만들어 땅에 묻었다. 漢나라 法에 또 宮禁이 있는데, "감히 媚道를 행하는 자〈는 처벌을 한다.〉"고 하였다. 그렇다면 媚道는 요사스러운 巫術을 말하여 스스로 뽐내며 아첨하는 것이다. 그러므로 정현이 漢나라의 法을 들어 경문의 '奇衺'의 뜻을 증명한 것이다.

天-45-5

大祭祀[1)]에 后祼(관)[2)]獻[3)] 則贊하고 瑤爵[4)]에 亦如之니라

1) 大祭祀 : 天地와 宗廟의 제사를 말한다. 천지의 제사는 圜丘・方澤・南郊・北郊 및 五帝의 제사를 가리킨다. 宗廟의 제사는 祫・禘・祠・禴, 嘗, 烝의 제사를 가리킨다. 다만 종묘의 제사에만 祼의 禮를 행하고, 天地의 大神은 지극히 존귀하여 祼의 禮를 행하지 못하므로, 이곳의 大祭祀는 종묘의 제사를 가리킨다.(〈天官 小宰〉 天-2-12 鄭玄의 注)
2) 祼(관) : 울창주를 따라 시동에게 올리는 것을 가리킨다. 그것을 '祼(관례, 강신)'이라고 하는 것은 '祼'이라는 글자는 '물을 붓다〔灌〕'는 뜻이니, 마시기 위한 것이 아니라 제사 지냄을 위주로 하는 뜻을 분명히 하기 위한 것이다. 즉 왕이 울창주를 따라 시동에게 올리면, 시동은 그것을 땅에 부어서 제사 지냄을 보이고, 그런 후에 맛을 본다.(〈天官 小宰〉 天-2-12 鄭玄의 注) 이곳 경문에서는 왕이 먼저 祼의 禮를 행하고, 이어서 왕후가 행하는 것이니, 이른바 '亞祼'이다.
3) 獻 : 아래 鄭玄의 注에 의하면, '獻'은 王이 薦腥과 薦孰을 행한 후 王后도 뒤를 따라서 희생고기를 올리는 것을 말한다. '薦腥'은 시동에게 희생의 피와 날고기를 올리는 것으로, 朝事의 禮를 행할 때 진행된다. '薦孰'은 시동에게 희생의 익힌 고기를 올리는 것으로, 饋食의 禮를 행할 때 진행된다.
4) 瑤爵 : 아름다운 옥으로 장식을 한 술잔을 말한다. 일설에는 옥처럼 아름다운 돌로 장식한 술잔이라고도 한다. 왕과 왕후가 시동에게 술을 올려 입가심을 하게 하거나 賓에게 酬의 예를 행할 때 사용한다.(≪周禮譯注≫, 143쪽 참조)

大祭祀를 거행할 때, 王后가 시동에게 祼의 禮(강신의 예)를 행하고 희생고기를 진헌하면, 〈內宰가〉 왕후를 도와 진행한다. 왕후가 시동에게 瑤爵으로 술을 따라 입가심을 하게 할 때도 이와 마찬가지로 한다.

【注】謂祭宗廟니 王旣祼而出迎牲이면 后乃從後祼也[1)]라 祭統曰 君執圭瓚祼尸어든 大宗執璋瓚亞祼[2)]이라 此大宗亞祼은 謂夫人不與而攝耳라 獻은 謂王薦腥薦孰에 后亦從後獻也라 瑤爵은 謂尸卒食에 王旣酳尸하고 后亞獻之니 其爵以瑤爲飾이라

1) 王旣祼而出迎牲 后乃從後祼也 : 王이 初祼의 예를 행하고, 王后가 亞祼의 예를 행하는 것이다. 室 안에서 시동에게 祼의 예를 행하고, 廟門 밖에서 희생을 맞이한다.
2) 君執圭瓚祼尸 大宗執璋瓚亞祼 : '圭瓚'은 울창주를 뜰 때 사용하는 酒器이다. 울창주로 祼의 禮를 행할 때 사용하는 것을 祼圭라고 하는데, 圭瓚은 그러한 圭에 술그릇〔瓚〕이 달려 있는 것을 말한다. 손잡이의 형태에 따라 圭瓚과 璋瓚으로 구분되고, 사용자의 신

분에 따라 王은 圭瓚, 王后는 璋瓚으로 구분하여 사용한다. '璋瓚'은 圭瓚과 함께 울창주를 뜰 때 사용하는 酒器이다. 皇后가 울창주를 떠서 시동에게 바쳐 예를 갖출 때 사용한다. 형태는 圭瓚과 같지만 자루가 璋으로 되어 있고 용기가 조금 작다.

圭瓚　　　　璋瓚

宗廟에 제사 지내는 것을 말하니, 왕이 祼의 禮를 행한 이후 廟門 밖으로 나가서 희생을 맞이하면, 왕후가 비로소 〈왕의〉 뒤를 따라서 祼의 禮를 행한다. ≪禮記≫ 〈祭統〉에 "군주가 圭瓚을 잡고 시동 앞에서 祼의 禮를 행하면, 大宗이 璋瓚으로 亞祼의 禮를 행한다."고 하였다. 이곳에서 대종이 아관의 禮를 행한다는 것은 夫人이 참여하지 못하여 섭행하는 것일 뿐임을 말한다. '獻'은 왕이 희생의 피와 날고기를 올리고〔薦腥〕 희생의 익힌 고기를 올리면〔薦孰〕, 왕후도 또한 뒤를 따라서 희생고기를 진헌하는 것을 말한다. '瑤爵'은 시동이 식사를 마치면 왕이 시동에게 입가심을 하게 한 후, 王后가 亞獻을 하는 것을 말하니, 그 술잔은 아름다운 옥〔瑤〕으로 장식을 한다.

【疏】'大祭'至'如之' ○釋曰：'大祭祀', 謂祭宗廟也. '后祼'者, 謂室中二祼, 后亞王祼尸. '獻', 謂朝踐[1]饋獻[2], 后以玉爵亞王而獻尸. '則贊'者, 此三事內宰皆佐后. 祼時以璋瓚授后, 獻時以玉爵授后, 故云"則贊"也. '瑤爵亦如之'者, 謂尸卒食, 王酳尸, 后亞王而酳尸, 則內宰以瑤爵授后, 后親酌盎齊[3]以酳尸. 云'瑤爵亦如之'者, 亦贊之也.

1) 朝踐 : 종묘 제사에서 희생의 피와 날고기〔血腥〕를 올리는 일을 말한다. '朝事'라고도 한다. 상세한 것은 〈天官 籩人(天-25-2)〉의 역주 1) 참조.

2) 饋獻 : 종묘 제사에서 四獻을 한 후 익힌 음식을 올릴 때 왕후는 饋食의 豆와 籩을 올리는데, 왕과 왕후가 술을 따라 시동에게 獻의 예를 행한다. 이를 '饋獻'이라 한다. 존귀한 사람에게 음식을 진상하는 것을 '饋'라고 한다. '食'는 밥이다. 〈春官 司尊彝(春-7-2)〉에서 "그 익힌 음식을 올릴 때〔饋獻〕에 2개의 壺尊(호준)을 사용하는데, 모두 술 항아리를 진설한다.〔其饋獻用兩壺尊皆有罍〕"고 하였다. 鄭玄의 注에서는 "궤헌은 익힌 음식을 올리는 때를 말하니, 이때 왕후가 饋食의 豆와 籩을 올린다. 이때 9번 술을 따르는데, 왕과

왕후가 각각 4번 따르고, 신하들이 한 번 따르니, 제사의 올바름이다.〔饋獻 謂薦孰時 后於是薦饋食之豆籩 此凡九酌王及后各四諸臣一 祭之正也〕"라고 하였다.

3) 盎齊 : 연한 남빛을 띠는 濁酒로서, 五齊 가운데 하나이다. '五齊'는 泛齊・醴齊・盎齊・醍齊・沈齊의 5가지 술로서 모두 찌꺼기를 걸러내지 않은 탁주이다. 이 가운데 泛齊가 가장 탁하고, 숙성 기간이 가장 오래된 沈齊가 상대적으로 가장 맑다. 〈天官 酒正(天-21-3)〉 鄭玄의 注에 "'盎'은 '翁(연한 남빛)'과 같으니, 숙성이 되면서 파르스름하게 연한 남빛을 띠는 것이니, 오늘날의 酇白(차백)과 같은 술이다.〔盎 猶翁也 成而翁翁然 葱白色 如今酇白矣〕"라고 하였다.

經의 〔大祭〕에서 〔如之〕까지

○釋曰 : '大祭祀'는 종묘에 제사 지내는 것을 말한다.

〔后祼〕 室 안에서 두 차례 祼禮를 행하는데, 왕후가 왕을 이어서 시동에게 관례를 행하는 것을 말한다.

'獻'은 朝踐과 饋獻을 할 때, 왕후가 玉爵으로 왕을 이어서 시동에게 희생고기를 진헌하는 것을 말한다.

〔則贊〕 이 세 가지 일을 행할 때, 內宰가 모두 왕후를 도와 진행한다. 祼禮를 행할 때는 璋瓚으로 왕후에게 건네주고, 獻을 행할 때는 玉爵으로 왕후에게 건네준다. 그러므로 "〈內宰가〉 王后를 도와 진행한다."라고 한 것이다.

〔瑤爵亦如之〕 시동이 식사를 마친 후, 왕이 시동에게 술을 올려 입가심을 하게 하고, 왕후가 왕을 이어서 시동에게 술을 올려 입가심을 하게 할 때, 內宰가 瑤爵으로 왕후에게 건네주고 왕후가 직접 盎齊를 따라서 시동에게 입가심을 하게 하는 것을 말한다. '瑤爵亦如之'라고 한 것은 〈內宰가〉 돕는다는 뜻이다.

○注'謂祭'至'爲飾' ○釋曰 : 以其天地・山川・社稷等外神, 后・夫人不與, 又天地無祼, 此云'祼', 故知經云'大祭祀'者, 據宗廟而言也. 但宗廟之祭, 四時與禘祫六享, 皆有此祼獻瑤爵之事, 故揔言宗廟也. 云'王旣祼而出迎牲, 后乃從後祼也'者, 案郊特牲云"旣灌而出迎牲", 彼據君而言, 則知王旣祼而出迎牲, 后乃從祼也. 案司尊彝注 "后亞王灌訖, 乃出迎牲"者, 以郊特牲云 "旣灌而出迎牲", 以旣灌之中, 不言無后灌, 是以鄭云'后灌後乃迎牲.' 此云'迎牲後, 后乃祼', 鄭以迎牲是王事, 欲取王事自相亞, 故退后祼於迎牲後也. 又引祭統已下者, 彼雖諸侯禮, 欲見后有從王亞祼之事, 與諸侯同也. 又云'獻謂王薦腥薦孰, 后亦從後獻也'者, 案禮記禮運云 "腥其俎, 孰其殽", 鄭云 "腥其俎謂豚解而腥之, 孰其殽謂體解而孰之", 是其薦腥薦孰也. 此二者, 是堂上朝踐饋獻之節, 室中二灌訖, 王出迎牲時, 祝延尸於戶外之西, 南面, 后薦八豆八籩, 王牽牲入, 以血毛告訖, 以此腥其俎薦於神前, 王以玉爵酌醴齊以獻尸, 后亦以玉爵酌醴齊以獻尸也. 朝踐訖, 乃孰其殽, 薦於神前, 王以玉爵酌盎齊以獻尸, 后亦玉爵酌盎齊以獻尸, 名爲饋獻. 云'瑤爵, 謂尸卒食, 王旣酳尸, 后亞獻之'者, 案儀禮鄭注云"諸侯尸十三飯, 天子尸十五飯[1)]", 尸食後, 王以玉爵酌朝踐醴齊以酳尸, 謂之朝獻. 后亦於後以瑤爵酌饋獻時盎齊以酳尸, 謂之再獻, 故云"后亞獻"也. 云'其爵以瑤爲飾'者, 鄉來所解知后以瑤爵亞酳尸者, 約明堂位云"爵用玉醆仍彫, 加以璧散·璧角[2)]", 食後稱加, 彼魯用王禮, 卽知王酳尸亦用玉醆, 后酳尸用璧角, 賓長酳尸用璧散. 彼云璧, 此云瑤, 不同者, 瑤, 玉名, 瑤玉爲璧形, 飾角口, 則曰璧角, 角受四升, 爵爲揔號, 故鄭云"其爵以瑤爲飾"也.

1) 儀禮鄭注云……天子尸十五飯 : ≪儀禮注疏≫ 〈有司徹〉 鄭玄의 注에 "士의 시동은 9飯을 하고, 大夫의 시동은 11반을 하고, 그 나머지는 13반과 15반을 하는 경우가 있다.〔士九飯 大夫十一飯 其餘有十三飯 十五飯〕"라고 하였다. 賈公彦의 疏에서는 5등급 제후의 시동은 똑같이 13반을 하고, 천자의 시동은 15반을 한다고 하였다.〔五等諸侯同十三飯 天子十五飯可知〕

2) 爵用玉醆仍彫 加以璧散璧角 : ≪禮記正義≫ 〈明堂位〉 鄭玄의 注에 "'爵'은 군주가 시동에게 올리는 술잔이다. '仍'은 따른다〔因〕는 뜻으로, 술잔〔爵〕의 형태에 따라 장식을 가한 것이다. '加'는 술잔을 올린다는 뜻이다. '散'과 '角'은 모두 그 주둥이 부분을 벽옥으로 장식한다.〔君所進於尸也 仍 因也 因爵之形爲之飾也 加 加爵也 散角 皆以璧飾其口也〕"라고 하였다. 陳澔는 '加'를 夫人이 시동에게 亞獻하는 것으로 해석하였다.〔加者 夫人亞獻於尸也〕(≪禮記集說≫ 〈明堂位〉) '散'은 술잔 이름으로, 용량은 5升이다. 璧玉으로 그 주둥이를 장식하였기 때문에 '璧散'이라 한다. '角'은 술잔 이름으로, 용량은 4升이다. 璧玉으로 그 주둥이를 장식하였기 때문에 '璧角'이라 한다.

○注의 〔謂祭〕에서 〔爲飾〕까지

○釋曰 : 天地·山川·社稷 등의 外神을 제사 지낼 때 王后·夫人은 참여하지 않으며, 또 天地의 제사에서는 祼의 예를 행하지 않는데 이곳에서 '祼'이라고 하였으므로 경문에서 '大祭祀'라고 한 것은 宗廟에 의거하여 말한 것이다. 단지 종묘의 제사로서 四時와 禘·祫의 六享에서만 모두 이 祼·獻·瑤爵의 일이 있다. 그러므로 총괄하여 '종묘'라고 한 것이다.

〔王旣祼而出迎牲 后乃從後祼也〕 살펴보건대, ≪禮記≫ 〈郊特牲〉에 "灌의 예(祼禮, 강

신)를 마친 후에 묘문 밖으로 나가서 희생을 맞이한다."고 하였는데, 그곳에서는 군주(제후)에 의거하여 말한 것이다. 그렇다면 왕이 祼의 예를 마친 후에 묘문 밖으로 나가서 희생을 맞이하면 왕후가 이에 〈왕의 뒤를〉 따라서 祼의 예를 행한다는 것을 알 수 있다. 살펴보건대, 〈春官 司尊彝(春-7-2)〉 鄭玄의 注에서 "왕후가 왕을 이어서 灌의 예를 행하여 마친 후에, 비로소 〈왕이〉 묘문 밖으로 나가서 희생을 맞이한다."고 한 것은 〈교특생〉에서 "灌의 예를 마친 후에 묘문 밖으로 나가서 희생을 맞이한다."고 하였는데 灌의 예를 마치는 중에 왕후의 灌이 없다고 말하지 않았기 때문이다. 이 때문에 정현은 "왕후가 灌의 예를 마친 후에 비로소 〈왕이〉 희생을 맞이한다."고 한 것이다. 이곳 〈天官 內宰〉 정현의 注에서 "〈왕이〉 희생을 맞이한 이후 왕후가 비로소 祼의 예를 행한다."고 한 것은, 정현은 희생을 맞이하는 것〔迎牲〕은 왕의 일이므로 왕의 일인 〈祼의 예와 迎牲이〉 서로 이어지는 것을 취하고자 했기 때문이다. 그러므로 '왕후가 祼의 예를 행하는 일〔后祼〕'을 '왕이 희생을 맞이하는 일〔迎牲〕'의 뒤로 물러나 기술한 것이다. 또 ≪禮記≫ 〈祭統〉 이하를 인용한 것은, 그곳은 비록 제후의 예이기는 하지만, 왕후가 王을 이어서 亞祼의 예를 행하는 일은 제후와 동일함을 보이고자 한 것이다.

〔獻謂王薦腥薦孰 后亦從後獻也〕 살펴보건대, ≪예기≫ 〈禮運〉에 "희생의 날고기를 희생제기〔俎〕 위에 담아서 올리며, 희생의 몸체를 익혀서 올린다."고 하였다. 정현의 주에서는 "'희생의 날고기를 희생제기〔俎〕 위에 담아서 올린다.'는 것은 돼지의 몸을 갈라서 날고기로 담는 것을 말하고, '희생의 몸체를 익혀서 올린다.'는 것은 몸체를 갈라서 익히는 것을 말한다."고 하였으니, 이것이 薦腥(희생의 피와 날고기를 올리는 것)과 薦孰(희생의 익힌 고기를 올리는 것)이다. 이 두 가지는 堂上에서 행하는 朝踐과 饋獻의 의절이다. 室 안에서 두 차례 祼의 예를 마친 후 왕이 묘문 밖으로 나가서 희생을 맞이할 때, 祝이 시동을 인도하여 戶(室의 출입문) 밖의 서쪽에서 남쪽을 향해 서면, 왕후는 八豆와 八籩의 음식을 올리고, 왕은 희생을 끌고 묘문 안으로 들어와서 희생의 피와 털로 신에게 고한 후 이 희생의 날고기를 담은 희생제기를 신 앞에 올리며, 왕이 玉爵으로 醴齊를 따라 시동에게 올리면, 왕후도 옥작으로 예제를 따라 시동에게 올린다. 朝踐을 마친 후, 이어서 희생의 익힌 고기를 담은 희생제기를 신 앞에 올리며, 왕이 옥작으로 盎齊를 따라 시동에게 올리면, 왕후도 옥작으로 앙제를 따라 시동에게 올린다. 이를 '饋獻'이라 칭한다.

〔瑤爵 謂尸卒食 王旣酳尸 后亞獻之〕 살펴보건대, ≪儀禮≫ 〈有司徹〉 鄭玄의 注에 "제후의 시동은 13飯을 하고, 천자의 시동은 15飯을 한다."고 하였다. 시동이 식사를 마친 후, 왕은 옥작으로 조천의 예제를 따라 시동에게 입가심을 하게 하는데, 이를 '朝獻'이라

한다. 왕후도 후에 요작으로 饋獻할 때 사용한 앙제를 따라 시동에게 입가심을 하게 하는데, 이를 '再獻'이라 한다. 그러므로 "왕후가 亞獻을 한다."고 한 것이다.

〔其爵以瑤爲飾〕 종래의 해석에서 왕후가 요작으로 시동에게 亞酳(두번 째 입가심)함을 알았던 것은 ≪예기≫ 〈明堂位〉에서 "군주가 시동에게 올리는 술잔〔爵〕은 형태에 따라 조각한 玉醆을 사용하고, 부인이 시동에게 올리는 술잔〔加〕은 璧散과 璧角을 사용한다."고 한 것에서 추론한 것이다. 식사를 마친 후에는 '加'라고 칭한다. 저 魯나라는 王禮를 사용하였으니, 곧 왕이 시동에게 입가심을 하게 할 때는 또한 玉醆을 사용하고, 왕후가 시동에게 입가심을 하게 할 때는 璧角을 사용하고, 賓長이 시동에게 입가심을 하게 할 때는 璧散을 사용함을 알 수 있다. 저곳 〈명당위〉에서는 '璧'이라고 하고, 이곳 〈天官 內宰〉에서는 '瑤'라고 하여 같지 않은 것은 '瑤'는 옥의 명칭이기 때문이다. 瑤玉으로 璧(둥근 모양의 玉器)의 형태를 만들고 角의 주둥이에 장식을 하면, '璧角'이라고 한다. '角'은 4升 용량의 술잔이고, '爵'은 술잔의 총명이다. 그러므로 鄭玄이 "그 술잔은 아름다운 옥〔瑤〕으로 장식을 한다.〔其爵以瑤爲飾〕"고 한 것이다.

天-45-6

正后之服位하고 而詔其禮樂之儀하며

〈內宰는〉 王后가 〈禮를 행할 때〉 입을 의복과 처할 위치를 바르게 하고, 왕후에게 禮樂의 威儀를 마땅하게 하도록 고한다.

【注】 薦徹之禮는 當與樂相應이라 位는 謂房中戶內及阼所立處라

음식을 올리고 거두는 禮는 마땅히 樂과 서로 응해야 한다. '位'는 房中·戶內 및 阼階에서 서 있는 곳을 말한다.

【疏】 '正后'至'之儀' ○釋曰：云'正后之服位'者, 服謂若內司服褘衣已下六服, 皆正之使服當其用. 位謂后助祭之位, 正之使不失其所. '而詔其禮樂之儀'者, 后之行禮之時, 皆合于樂節, 各當其威儀, 皆內宰告后, 使依於法度, 故云"詔其禮樂之儀"也.

經의 〔正后〕에서 〔之儀〕까지

○釋曰：〔正后之服位〕 '服'은 〈天官 內司服〉의 褘衣 이하 六服과 같은 것을 말하니, 모두 바르게 하여 의복으로 하여금 용도에 알맞게 하는 것이다. '位'는 王后가 제사를 도울

때의 위치를 말하니, 바르게 하여 제자리를 잃지 않게 하는 것이다.

〔而詔其禮樂之儀〕 왕후가 禮를 행할 때는 모두 樂의 節奏에 부합하여 각각 그 威儀를 마땅하게 해야 하니, 모두 內宰가 왕후에게 고하여 法度에 의거하게 한다. 그러므로 "왕후에게 禮樂의 威儀를 마땅하게 하도록 고한다."고 한 것이다.

○注'薦徹'至'立處' ○釋曰：案九嬪職云 "贊后薦徹豆籩", 是后薦徹也. 天子之禮, 薦時歌淸廟, 及徹歌雍[1), 是薦徹皆有樂節. 但內宰所詔, 唯詔禮耳. 經兼云樂者, 禮樂相應也. 云'位謂房中戶內及阼所立處'者, 但天子諸侯祭禮亡, 今云'位謂房中'者, 案儀禮特牲云 "主婦亞獻尸, 尸拜受, 主婦北面拜送[2)", 主婦北面拜者, 避內子[3). 及尸酢主婦, 主婦適房中, 南面祭酒. 及主人致爵于主婦, 亦於房中南面拜受爵. 至於少牢, 主婦入戶, 西面獻尸, 及酢, 主婦無入房之文, 即此云位謂房中戶內者, 據特牲士禮而言也. 云'及阼所立處'者, 案少牢・有司徹云 主人位于阼階上, 獻尸侑[4)訖, "主婦乃洗爵于房中, 出實爵, 尊南西面獻尸, 尸拜于筵上受, 主婦西面, 于主人席北拜送爵." 云主人席北, 即當阼階, 故云"阼所立處." 此約有司徹而言也.

1) 天子之禮……及徹歌雍：〈淸廟〉는 ≪詩經≫ 〈周頌 淸廟〉 편으로 文王의 덕을 칭송한 시이다. ≪禮記≫ 〈祭統〉에 "〈천자의 제사인〉 大嘗祭와 大禘祭에서는 당에 올라 〈淸廟〉를 부르고, 당 아래에서는 관악기로 연주하여 〈象〉을 행하는데, 붉은 방패와 큰 도끼를 들고 〈大武〉를 춤추며, 八佾로 서서 〈大夏〉를 춤춘다. 이것들은 천자의 樂이다.〔夫大嘗禘 升歌淸廟 下而管象 朱干玉戚以舞大武 八佾以舞大夏 此天子之樂也〕"라고 하였다. 〈雍〉은 ≪詩經≫ 〈周頌 臣工〉 편이다. "徹歌雍"은 천자의 禘 제사에서 예가 끝나고 기물을 거둘 때 '雍'을 연주하는 것으로, ≪論語≫ 〈八佾〉에서 "以雍徹(雍을 연주하면서 기물을 거둔다.)"이라고 한 것이다. 陳澔는 ≪禮記集說≫ 〈仲尼燕居〉에서 方愨의 말을 인용하여 "雍은 태조에게 禘제사를 지낼 때 사용하는 시이다.〔雍 禘太祖之詩也〕"라고 하였다.

2) 主婦亞獻尸……主婦北面拜送：≪儀禮≫ 〈特牲饋食禮〉의 원문은 "主婦洗爵于房 酌 亞獻尸 尸拜受 主婦北面拜送(주부가 방 안에서 술잔을 씻은 후 술을 따라 시동에게 아헌의 예를 행한다. 시동이 배례를 한 후 술잔을 받는다. 주부가 북쪽을 향하여 술잔을 보내준 후 배례를 한다.)"이다.

3) 主婦北面拜者 避內子：≪儀禮≫ 〈特牲饋食禮〉 鄭玄의 注에 "'〈主婦가〉 북쪽을 향해 배례를 한다.'는 것은 〈士의 妻가〉 內子(大夫의 妻)와 抗禮한다는 혐의를 피하기 위함이다. 大夫의 妻는 주인의 북쪽에서 서쪽을 향해 배례를 한다.〔北面拜者 辟內子也 大夫之妻拜於主人北 西面〕"고 하였다.

4) 侑 : 시동을 도와 예를 진행하는 자를 말한다. 大夫는 父祖의 제사를 마친 후 儐尸(시동을 빈객의 예로 접대하는 의절)의 예를 행하는데, 賓 가운데 賢者를 뽑아 侑로 삼는다. 侑는 시동에게 식사를 권하는 등 시동이 예를 완성하도록 돕는다.(≪三禮文化辭典≫ 109쪽 '侑' 항목 참조)

○ 注의 〔薦徹〕에서 〔立處〕까지

○ 釋曰 : 살펴보건대, 〈天官 九嬪(天-50-2)〉에서 "〈九嬪은〉 王后가 豆와 籩의 음식을 올리고 거두는 것을 돕는다."고 하였으니, 왕후가 올리고 거두는 것이다. 天子의 禮에서 음식을 올릴 때는 〈淸廟〉를 노래하고, 음식을 거둘 때에 이르러서는 〈雍〉을 노래하니, 음식을 올리고 거둘 때에 모두 樂의 節奏가 있는 것이다. 다만 內宰가 〈왕후에게〉 고하는 것은 오직 禮를 고할 뿐이다. 경문에서 '樂'을 겸하여 말한 것은 禮와 樂은 서로 응하기 때문이다.

〔位謂房中戶內及阼所立處〕 다만 천자와 제후의 祭禮는 망실되었는데, 이제 "位는 방 안〔房中〕을 말한다."고 하였다. 살펴보건대 ≪儀禮≫ 〈特牲饋食禮〉에서 "主婦는 〈방 안에서 술잔을 씻은 후 술을 따라〉 시동에게 亞獻의 예를 행한다. 시동은 배례를 한 후 술잔을 받는다. 주부는 북쪽을 향해 술잔을 보내준 후 배례를 한다."고 하였다. 主婦(士의 妻)가 북쪽을 향해 배례를 하는 것은 內子(大夫의 처)와 抗禮한다는 혐의를 피하는 것이다. 시동이 주부에게 酢의 禮를 행할 때에 이르면, 주부는 방 안으로 들어가서 남쪽을 향해 술로 고수레를 한다. 主人이 主婦에게 술잔을 보내줄 때도 〈주부는〉 방 안에서 남쪽을 향해 배례를 한 후 술잔을 받는다. ≪의례≫ 〈少牢饋食禮〉에 이르면, 주부는 戶(室의 출입문) 안으로 들어가 서쪽을 향해 〈배례를 한 후〉 시동에게 獻의 예를 행한다. 酢의 예를 행할 때에 이르러서는, 주부가 방 안으로 들어간다는 문장이 없으니, 곧 이곳 〈天官 內宰〉 鄭玄의 注에서 "位는 房中(방 안)・戶內(室의 출입문 안)를 말한다."고 한 것은 〈특생궤사례〉의 士禮에 의거하여 말한 것이다.

〔及阼所立處〕 살펴보건대, ≪의례≫의 〈소뢰궤사례〉와 〈有司徹〉에서 主人이 阼階 위쪽에 위치하여 尸와 侑에게 술을 올려 獻의 예를 행하여 마치면, "主婦는 이에 방 안에서 술잔을 씻은 후 방 안에서 나가 술잔에 술을 채우고, 술동이〔尊〕의 남쪽에서 서쪽을 향해 시동에게 獻의 예를 행한다. 시동은 자리〔筵〕 위에서 배례를 한 후 술잔을 받는다. 주부는 서쪽을 향해 주인의 자리 북쪽에서 배례를 한 후 술잔을 보내준다."고 하였다. '주인의 자리 북쪽'이라고 한 것은 곧 阼階에 해당한다. 그러므로 "阼階에서 서는 곳"이라고 한 것이다. 이는 ≪의례≫ 〈유사철〉의 내용을 요약하여 말한 것이다.

天-45-7

贊九嬪之禮事[1]하고

1) 九嬪之禮事 : 孫詒讓에 의하면, 九嬪은 祭祀를 담당하지만 특별히 禮를 행하는 일은 없으므로, '九嬪의 禮事'는 왕후를 돕는 일을 말한다.〔以九嬪職祭祀 無特行禮之事 明九嬪禮事 卽贊后之事也〕(≪周禮正義≫ 권13, 520쪽 참조)

〈內宰는〉 九嬪이 王后의 禮事를 돕는 일을 돕는다.

【注】 助九嬪贊后之事니 九嬪者는 贊后薦玉齍(자)[1]하고 薦徹豆籩이라

1) 玉齍(자) : 黍稷을 담는 禮器로, 玉敦(옥대)라고도 한다.(〈天官 九嬪〉 天-50-2 鄭玄의 注 참조)

〈內宰는〉 九嬪이 王后를 돕는 일을 돕는다. 구빈은 왕후를 도와 玉齍를 올리며 豆와 籩을 올리고 거둔다.

【疏】 注'助九'至'豆籩' ○釋曰 : 贊 助也 鄭云'助九嬪贊后之事'者, 以經云'贊九嬪之禮事', 則助九嬪, 經自明矣. 知九嬪贊后者, 卽鄭所引九嬪職'贊后', 爲后薦玉齍薦徹豆籩等, 是九嬪贊后之事, 卽是內宰助九嬪, 九嬪贊后也.

○ 注의 〔助九〕에서 〔豆籩〕까지

○ 釋曰 : '贊'은 돕는다〔助〕는 뜻이다. 鄭玄이 "〈內宰는〉 九嬪이 王后를 돕는 일을 돕는다."라고 한 것은 경문에 "〈내재는〉 구빈의 禮事를 돕는다."고 하였으니, 〈내재가〉 구빈을 돕는다는 것은 경문에서 자연히 명백한 것이다. 구빈이 왕후를 돕는다는 것을 알 수 있는 것은, 정현이 인용한 〈天官 九嬪(天-50-2)〉에서의 '贊后'는 〈구빈이〉 왕후를 위해 玉齍를 올리며 豆와 籩 등을 올리고 거둔다는 뜻으로, 이것이 구빈이 왕후를 돕는 일이기 때문이니, 곧 내재가 구빈을 돕고, 구빈이 왕후를 돕는 것이다.

天-45-8

凡賓客之祼獻瑤爵에 皆贊하고

무릇 〈王后가〉 賓客에게 祼과 獻의 예를 행하고 瑤爵으로 酬의 예를 행할 때, 모

두 〈內宰가 왕후를〉 도와 진행한다.

【注】謂王同姓及二王之後來朝覲爲賓客者라 祼之禮에 亞王而禮賓[1)]이라 獻[2)]은 謂王饗燕에 亞王獻賓也요 瑤爵은 所以亞王酬賓也라 坊記曰 陽侯殺穆[3)]侯而竊其夫人이라 故大饗[4)]에 廢夫人之禮라

1) 祼之禮 亞王而禮賓 : 이곳의 '祼'은 禮賓이다. 主人과 賓이 行禮를 마친 후, 주인이 醴酒를 따라주어 빈의 노고를 위로하는 의식절차를 '禮賓'이라 한다. 冠禮나 婚禮 등 主人이 빈에게 예주를 따라 주어 예례를 행하는 것을 '醴賓', 관례에서 빈이 관을 쓴 아들에게 예주를 따라 주어 예례를 행하는 것을 '醴子', 혼례에서 시부모가 며느리에게 예주를 따라 주어 예례를 행하는 것을 '醴婦'라고 칭한다. 또 朝覲하러 온 諸侯를 賓客으로 접대하는 것도 '禮賓'이라 한다. 〈天官 大宰(天-1-5)〉 鄭玄의 注에 "'禮賓'은 제후를 빈객으로 대우하는 것이니, 백성들에게 어진 사람을 친애하고 이웃 나라와 잘 지내는 것을 보여주기 위한 것이다.〔禮賓 賓客諸侯 所以示民親仁善鄰〕"라고 하였고, 賈公彦의 疏에서는 "천자가 조빙하러 온 빈객을 접대한다면, 아래에 있는 사람들은 모두 빈객으로 예우해야 한다.〔天子待朝聘之賓 在下皆當禮於賓客〕"라고 하였다.

2) 獻 : 主人이 먼저 賓에게 술을 올리는 것을 '獻'이라고 한다. 빈이 이에 대한 보답으로 주인에게 술을 올리는 것을 '酢'이라고 한다. 주인이 먼저 술을 마신 후 다시 빈에게 술을 따라 주어 마실 것을 권하는 것을 '酬'라고 하는데, 이때 빈은 술잔을 내려놓고 마시지 않음으로써 예가 완성되었음을 보여준다. 이처럼 主人과 賓이 '獻'-'酢'-'酬'의 과정을 한 번씩 하는 것을 '壹獻의 예'라고 한다.

3) 穆 : ≪禮記≫ 〈坊記〉에는 '穆'이 '繆'로 되어 있다.

4) 大饗 : 天子가 來朝한 諸侯에게 宴饗의 예를 베풀어주는 것을 말한다. 〈春官 大司樂(春-21-18)〉 鄭玄의 注에 "大饗은 빈객에게 饗禮를 베풀어주는 것이다.〔大饗 饗賓客也〕"라고 하였고, ≪禮記正義≫ 〈坊記〉 정현의 주에서도 "대향은 조회 온 제후에게 향례를 베풀어주는 것이다.〔大饗 饗諸侯來朝者也〕"라고 하였다.

王의 同姓 및 두 왕조(夏·商)의 후손으로서 朝覲하러 온 사람들을 빈객으로 삼는 것을 말한다. 祼의 禮에서 〈王后가〉 왕을 이어서 빈에게 예를 올리는 것이다〔禮賓〕. '獻'은 왕이 〈빈객들에게〉 饗禮와 燕禮를 베풀 때, 〈왕후가〉 왕을 이어서 賓에게 獻을 하는 것이다. '瑤爵'은 〈왕후가〉 왕을 이어서 빈에게 酬의 예를 행할 때 사용하는 술잔이다. ≪禮記≫ 〈坊記〉에 "陽侯는 穆侯를 죽이고 목후의 부인을 빼앗았다. 그러므로 大饗의 예에서 부인의 예를 폐지하였다."고 하였다.

【疏】'凡賓'至'皆贊' ○釋曰：賓客則王同姓及二王後. 以其非一, 故云'凡'以廣之. 云'祼'者, 謂行朝覲禮訖, 卽行三享[1]之禮, 享訖, 乃賓於戶牖之間[2]. 獻, 謂饗燕賓客, 后亦助王獻賓. 瑤爵, 謂王饗燕酬賓時, 后亦助王酬賓. 皆贊助于后也.

1) 三享 : 廟에 나아가 瑞玉을 바치는 朝禮를 마친 후 왕에게 馬皮 등의 예물을 진헌하는 세 차례의 享禮를 말한다. 윗사람에게 예물을 진헌하는 것을 '享'이라 하는데, '三享'은 제후가 천자를 朝見할 때의 儀節이다. 〈秋官 大行人(秋-52-6)〉에 "廟 안에서 왕에게 瑞玉을 바치고, 이후 모두 세 차례 향례를 행한다.〔諸侯廟中將幣皆三享〕"고 하였고, 鄭玄의 注에서는 "세 차례 享禮를 행하는데, 모두 束帛 위에 璧을 올려서 바친다.〔三享皆束帛加璧〕"고 하였다.

2) 戶牖之間 : '戶'는 室의 출입문이고, '牖'는 室의 창문이다. ≪爾雅≫ 〈釋宮〉에 "牖와 戶의 사이를 扆(병풍 자리)라고 한다.〔牖戶之間 謂之扆〕"고 하였다. 郭璞의 注에는 "〈扆는〉 窓의 동쪽과 戶의 서쪽에 있는 것이다.〔窓東戶西也〕"라고 하였고, 邢昺의 疏에서는 "'牖'는 戶의 서쪽에 있는 창이다. 이 牖의 동쪽과 戶의 서쪽이 '牖와 戶의 사이'이며, 그곳의 명칭이 '扆'이다.〔牖者 戶西窓也 此牖東戶西爲牖戶之間 其處名扆〕"라고 하였다. 堂 위에는 중앙에 室이 있고, 동쪽과 서쪽에 각각 東房과 西房이 있다. 房에는 남쪽에 한 개의 문(戶)이 있을 뿐이지만, 室에는 戶(출입문)와 牖(창문)가 있는데, 戶는 동쪽에 있고, 牖는 서쪽에 있다. 따라서 戶(室의 출입문)의 서쪽과 牖(室 창문)의 동쪽이 堂의 정중앙이 된다.

經의 〔凡賓〕에서 〔皆贊〕까지

○釋曰 : '賓客'은 王의 同姓 및 두 왕조(夏·商)의 후손이다. 하나가 아니므로 '凡(무릇)'이라고 말하여 넓힌 것이다.

'祼'이라고 한 것은 朝覲의 禮를 행하여 마치면, 곧바로 三享의 禮를 행하고, 享禮를 마치면, 이어서 戶(室의 출입문)와 牖(室의 창문) 사이에서 賓에게 예를 올리는 것이다.

'獻'은 빈객에게 饗禮와 燕禮를 베풀어주는 것을 말하니, 王后도 王을 도와서 빈에게 獻을 한다.

'瑤爵'은 王이 饗禮와 燕禮에서 賓에게 酬의 예를 행할 때, 왕후도 왕을 도와서 빈에게 酬의 예를 행하는 것을 말한다.

이것을 모두 〈內宰가〉 왕후를 도와서 진행한다.

○注'謂王'至'之禮' ○釋曰：鄭知賓客是王同姓及二王之後者, 見大行人云 "上公[1]之禮, 再祼而酢[2], 侯伯一祼而酢, 子男一祼不酢", 則是上公乃有再祼, 王先一祼, 次后再祼. 按孝經緯云"二王之後稱公", 則知二王之後, 有后祼也. 又案巾車云"同姓金路", 鄭云"王子母弟雖爲侯伯, 畫服[3]如上公", 則此云'王之同姓', 亦謂爲侯伯, 得與上公同再祼, 亦有后祼可知. (者)〔若〕[4]同姓爲子男者, 則與異姓同一祼, 無后祼也. 故鄭云"謂王同姓及二王之後來朝覲爲賓客者." 但祼時大宗伯代后, 至于拜送則后, 則內宰亦贊后拜送爵. 云'祼之禮, 亞王而禮賓'者, 案聘禮有以醴禮賓之言, 故鄭依而言之. 若據大行人, 則云祼也. 云'獻謂王饗燕亞王獻賓也'者, 后之祼者, 饗燕亦與焉. 案(大行人)〔掌客〕[5]云 上公三饗·三食·三燕[6], 侯伯再饗再食再燕, 子男一饗一食一燕. 無飲酒之禮, 唯有饗燕耳. 饗者, 亨大牢以飲賓. 立行禮, 在廟, 獻依命數, 爵盈而不飲. 燕禮, 其牲狗, 行一獻之禮, 四擧旅, 降, 脫屨升坐, 其爵以醉爲度. 饗燕皆有獻賓酬賓, 后亦助王獻賓酬賓之事, 內宰皆贊后也. 引坊記者, 陽國之侯來朝於穆侯, 穆侯饗陽侯之時, 穆侯夫人亦助君獻酬于賓. 其時陽侯見穆侯夫人色美, 遂殺穆侯而竊其夫人歸國, 故大饗廢夫人之禮. 引之者, 證古者諸侯夫人助君饗賓, 明天子后亦有助王饗燕賓, 故經云"后祼獻之事也."

1) 上公 : 王의 三公은 본래 八命인데, 一命을 더하여 九命이 되면 '上公'이라 칭하고, 出封하여 方伯이 된다.(〈春官 典命〉 春-11-2 經文 및 鄭玄의 注 참조)

2) 再祼而酢 : '再祼'은 빈객에게 울창주를 올려 두 차례 祼의 예를 행하는 것을 말한다. 군주가 신하에게 술을 따라 올리는 禮는 없으므로, 〈秋官 大行人〉에서는 두 차례의 祼禮 모두 大宗伯이 대행한다. 먼저 울창주를 따라 王을 대신해서 상공에게 첫 번째 祼의 예를 행하고, 다시 울창주를 따라 王后를 대신해서 상공에게 두 번째 祼의 예를 행한다. 上公은 두 차례 祼의 禮를 받은 후, 울창주를 따라 왕에게 올려 보답한다. 이것이 이른바 '酢'이다.(≪周禮譯注≫, 749쪽 참조)

3) 畫服 : 惠校本에는 '畫'가 '車'로 되어 있는데, 阮元은 오늘날의 〈春官 巾車(春-64-3)〉 鄭玄의 注에도 '畫'로 되어 있으므로 잘못이라고 비판했다. 孫詒讓도 賈公彦의 疏에 '畫服'이 7번 보이며, 上公의 畫服은 袞冕이라고 하였다.(北京大 整理本의 〈校勘記〉 참조)

4) (者)〔若〕 : 저본에는 '者'로 되어 있으나, 浦鏜의 설에 의거하여 '若'으로 바로잡았다.(北京大 整理本의 〈校勘記〉 참조)

5) (大行人)〔掌客〕 : 저본에는 '大行人'으로 되어 있으나, 浦鏜의 설에 의거하여 '掌客'으로 바로잡았다. 上公에게 三饗·三食·三燕의 예를 베풀어 준다는 내용은 〈秋官 掌客(秋-58-4)〉에 보인다.

6) 三饗……三燕 : 饗禮·食禮(사례)·燕禮는 빈을 대접하는 세 가지 의례이다. 이 가운데 향례가 가장 성대하다. '饗'은 또 '享'이라고도 한다. 褚寅亮은 이 세 가지 의례를 다음과

같이 구별한다. “빈을 대접하는 의례에는 세 가지가 있다. 饗禮・食禮・燕禮이다. 향례는 사례보다 중하고, 사례는 연례보다 중하다. 향례는 공경함을 위주로 하고, 연례는 즐거워함을 위주로 하고, 사례는 이것으로 賢者를 봉양하는 예를 밝히는 것이다. 향례에서는 희생고기와 안주를 올리지만 먹지 않고, 술잔을 가득 채우지만 마시지 않고, 안석〔几〕을 진설하지만 기대지 않으니, 엄숙함과 공경함을 다하는 것이다. 사례는 밥을 위주로 하니, 비록 술과 음료수를 진설하지만 그것으로 입가심만 하고 마시지는 않는다. 그러므로 ‘獻’의 의절이 없다. 연례는 술 마시는 것을 위주로 하니, 뼈를 잘라서 올려놓은 희생제기〔折俎〕는 진설하지만 밥은 없으며, 一獻의 禮를 행하고, 신을 벗고 堂 위로 올라가 앉아서 기쁨을 다한다. 이것이 세 가지 의례의 구별이다. 향례와 사례는 廟에서 거행하지만, 연례는 寢에서 거행하니, 그 행례 장소 또한 같지 않다. 여러 경전을 고찰해보건대, 제후는 자기의 신하에 대해서 연례는 베풀어주지만, 향례와 사례는 베풀어주는 일이 없다. 생각건대, 향례는 빈객을 접대하는 경우 이외에는 오직 耆老와 孤子에게만 베풀어주는 것인 듯하다.〔待賓之禮有三 饗也 食也 燕也 饗重於食 食重於燕 饗主於敬 燕主於歡 而食以命養賢之禮 饗則體薦而不食 爵盈而不飮 設几而不倚 致肅敬也 食以飯爲主 雖設酒漿以漱 不以飮 故無獻儀 燕以飮爲主 有折俎而無飯 行一獻之禮 脫屨升坐以盡歡 此三者之別也 饗食於廟 燕則於寢 其處亦不同矣 考之諸經 諸侯於己臣 有燕而無饗食 意者饗之禮 自待賓客外 惟施之於耆老孤子歟〕”(≪儀禮正義≫, 665~666쪽 참조)

○注의 〔謂王〕에서 〔之禮〕까지

○釋曰 : 鄭玄이 빈객이 同姓 및 두 왕조(夏・商)의 후손임을 알았던 것은, 살펴보건대 〈秋官 大行人(秋-52-6)〉에 “上公의 禮에서, 〈왕과 왕후를 대신해 大宗伯이 상공에게 울창주를 올려〉 두 차례 祼의 예를 행한 후에 〈상공이 울창주를 따라 왕에게〉 酢의 술잔을 올린다. 〈왕을 대신해 대종백이 侯・伯에게 울창주를 올려〉 한 차례 祼의 예를 행한 후에 〈후・백이 울창주를 따라 왕에게〉 酢의 술잔을 올린다. 〈왕을 대신해 대종백이 子・男에게 울창주를 따라〉 한 차례 祼의 예를 행하는데, 〈자・남은〉 酢의 술잔을 올리지 않는다.”고 하였으니, 上公에게만 두 차례 祼의 예를 행하는데, 왕이 먼저 첫 번째 祼의 예를 행하고, 이어서 王后가 두 번째 祼의 예를 행하기 때문이다. 살펴보건대, ≪孝經緯≫에 “두 왕조의 후손을 ‘公’이라 칭한다.”고 하였으니, 두 왕조의 후손에게도 왕후의 祼禮가 있음을 알 수 있다.

또 살펴보건대, 〈春官 巾車(春-64-3)〉에 “同姓을 봉할 때 金路를 하사한다.”고 하였는데, 정현은 “王子나 왕의 同母弟는 비록 侯・伯이 되더라도, 畫服은 上公과 같다.”고 하였다. 그렇다면 이곳에서 ‘왕의 同姓’이라 한 것은 또한 후・백이 된 것을 말하니, 상공과 마찬가지로 두 차례의 祼禮를 행할 수 있어서 또한 왕후의 祼禮가 있음을 알 수 있다. 만약 同姓이 子·男이 된 경우라면 異姓의 제후와 마찬가지로 한 차례 祼禮를 행하여 왕후의 祼禮가 없는 것이다. 그러므로 정현이 "왕의 同姓 및 두 왕조의 후손으로서 朝覲하러 온 사람들을 빈객으로 삼는 것을 말한다."고 한 것이다. 다만 祼禮를 행할 때는 大宗伯이 왕후를 대신하고, 빈객에게 술잔을 보내준 후 배례를 할 때 이르러서는 왕후가 직접 한다. 그렇다면 內宰는 또한 왕후가 빈객에게 술잔을 보내준 후 배례하는 것을 돕는 것이다.

〔祼之禮 亞王而禮賓〕 살펴보건대, ≪儀禮≫ 〈聘禮〉에 "醴酒를 따라주어 빈에게 예를 올린다.〔以醴禮賓〕"는 말이 있다. 그러므로 정현은 이에 의거하여 말한 것이다. 만약 〈秋官 大行人〉에 의거한다면 '祼'이라고 말한다.

〔獻謂王饗燕亞王獻賓也〕 왕후가 祼의 예를 행하는 것은 饗禮와 燕禮에서도 참여하여 행한다. 살펴보건대, 〈秋官 掌客(秋-58-4)〉에서는 상공에게는 세 차례의 饗禮·세 차례의 食禮·세 차례의 燕禮를 베풀어주고, 후·백에게는 두 차례의 향례·두 차례의 사례·두 차례의 연례를 베풀어주고, 자·남에게는 한 차례의 향례·한 차례의 사례·한 차례의 연례를 베풀어 준다고 하였다. 飮酒의 禮는 없고, 오직 향례와 연례가 있을 뿐이다. '饗'은 太牢(소·양·돼지)를 진설하여 빈에게 술을 마시게 하는 것이다. 서서 예를 행하는데 廟에서 거행하며, 獻은 命數에 의거하고, 술잔은 가득 차지만 마시지는 않는다. '燕禮'는 개〔狗〕를 희생으로 쓰며, 一獻의 禮(獻·酢·酬)를 행하고, 4번 술잔을 들어 旅酬를 행한 후, 堂에서 내려와 신발을 벗고 堂 위로 올라가 자리에 앉으니, 그 술잔은 취하는 것으로 한도를 삼는다. 향례와 연례에는 모두 빈에게 獻을 하고 빈에게 酬를 하는 의절이 있는데, 왕후 또한 왕을 도와 빈에게 獻을 하고 빈에게 酬를 하는 일을 행하는데, 內宰가 모두 왕후를 도와 진행한다.

≪禮記≫ 〈坊記〉를 인용한 것은, 陽國의 제후가 穆侯에게 조회하러 왔는데, 목후가 양후에게 饗禮를 베풀어줄 때, 목후의 夫人이 또한 군주를 도와 빈에게 獻·酬의 예를 행했다. 이때 양후가 목후의 부인의 色美을 보았고, 드디어 목후를 죽이고 그 부인을 훔쳐 귀국하였다. 그러므로 大饗에서 부인의 禮를 폐하게 되었다. 이를 인용한 것은 옛날에 제후의 부인이 군주를 도와 빈에게 향례를 베풀었음을 증명하고, 천자의 왕후도 또한 왕을 도와 빈에게 향례와 연례를 행했음을 밝힌 것이다. 그러므로 경문에 "왕후가 祼과 獻의 예를 행한다."고 한 것이다.

天-45-9

致后之賓客之禮니라

〈內宰는〉 王后가 빈객에게 보내는 예물을 대신하여 보내준다.

【注】謂諸侯來朝覲及女賓之賓客이라

朝覲하러 온 제후 및 빈객으로서 온 女賓(畿內 同姓諸侯의 夫人)을 말한다.

【疏】注'謂諸'至'賓客' ○釋曰 : '致后之賓客之禮'者, 若酒正云 "致后之賓客之禮[1]." 其掌客致夫人之禮, 彼諸侯夫人致禮于賓客法, 明后亦致牢禮於賓〔客〕[1]. 鄭注掌客 "凡夫人禮, 皆使下大夫致之", 則此內宰亦下大夫也. 云'女賓之賓客'者, 謂畿內同姓諸侯夫人, 有會見王后之法, 故亦致禮焉.

1) 致后之賓客之禮 : 이 문장은 〈天官 酒正〉의 경문이 아니라, 〈天官 酒正(天-21-5)〉 鄭玄의 注이다. 鄭玄의 注에는 "后致飮于賓客之禮(왕후가 빈객에게 음료를 보내주는 예물)"로 되어 있다.
2) 〔客〕 : 저본에는 '客'이 없으나, 惠校本에는 '賓' 아래에 '客'이 있는데 탈오된 것이라는 阮元의 교감에 의거하여 보충하였다.(阮元의 〈校勘記〉 및 北京大 整理本의 〈校勘記〉 참조)

○注의 〔謂諸〕에서 〔賓客〕까지

○釋曰 : 〔致后之賓客之禮〕 〈天官 酒正(天-21-5)〉 鄭玄의 注에서 "왕후가 빈객에게 보내주는 예물"이라고 한 것과 같음을 말한다. 掌客은 夫人의 예물을 보내주는데, 저곳(〈秋官 掌客〉)은 諸侯의 부인이 빈객에게 예물을 보내주는 법이니, 왕후 또한 빈객에게 牢禮를 보내줌을 밝힌 것이다. 〈추관 장객(秋-58-4)〉 정현의 주에 "무릇 부인의 예물은 모두 下大夫에게 보내게 한다."고 하였는데, 이곳의 內宰 또한 하대부이다.

〔女賓之賓客〕 畿內의 同姓諸侯의 부인을 말하니, 왕후를 會同하여 朝見하는 법이 있다. 그러므로 또한 그들에게 예물을 보내주는 것이다.

天-45-10

凡喪事에 佐后使治外內命婦하여 正其服位니라

무릇 喪事를 당하면, 〈內宰는〉 王后를 보좌하고 〈그 속관인 上士들을〉 시켜서 內

命婦와 外命婦를 다스려 그들이 입어야 할 喪服과 예를 행할 때의 위치를 바르게 하도록 한다.

【注】 使는 使其屬之上士[1]라 內命婦는 謂九嬪·世婦·女御라 鄭司農云 外命婦는 卿大夫之妻니 王命其夫하고 后命其婦[2]라 玄謂士妻亦爲命婦라

1) 使其屬之上士 : 內宰는 下大夫 2인이 담당하고, 그 아래 上士 4인, 中士 8인이 있다. (〈天官 序官〉 天-0-51 참조)

2) 王命其夫 后命其婦 : ≪儀禮≫ 〈喪服〉 鄭玄의 注에 "'命'이란 작위와 복식을 더해주는 것에 대한 명칭이다. 士로부터 上公에 이르기까지 모두 9등급이다. 군주가 그 남편에게 작위와 복식을 더해주면, 군주의 부인도 그 처에게 작위와 복식을 더해준다.〔命者 加爵服之名 自士至上公 凡九等 君命其夫 則后夫人亦命其妻矣〕"고 하였다.

'使'는 그 속관인 上士에게 시킨다는 뜻이다. 內命婦는 九嬪·世婦·女御를 말한다. 鄭衆은 "外命婦는 卿·大夫의 妻이니, 왕은 그 남편에게 爵命을 내려주고, 왕후는 그 부인에게 작명을 내려준다."고 하였다. 나(鄭玄)는 생각건대, 士의 처도 命婦가 된다.

【疏】 '凡喪'至'服位' ○釋曰 : '喪'言'凡', 則王及后·世子已下皆是, 以其皆有服位, 故云'凡'以廣之. 凡有喪事, 內宰皆佐后, 使其屬官治外內之命婦, 正其服之精麤, 位之前後也.

經의 〔凡喪〕에서 〔服位〕까지

○釋曰 : '喪'이라는 글자에 '凡(무릇)'이라 말했으니, 그렇다면 王 및 王后·世子 이하의 喪이 모두 포함되며, 그들에게는 모두 상복과 위치가 있으므로 '凡'이라 하여 넓힌 것이다. 무릇 喪事가 있으면, 內宰는 모두 왕후를 보좌하고, 그 屬官들로 하여금 外命婦와 內命婦를 다스려서 그 상복의 정밀하고 거친 정도와 위치의 앞과 뒤를 바르게 하도록 한다.

○注'使使'至'命婦' ○釋曰 : 以外內命婦卑, 故內宰不自治之, 故經云'使', 明使其屬之上士治之. 云'內命婦, 謂九嬪·世婦·女御'者, 以其對外命婦, 故知內命婦是九嬪已下可知也. 不言'三夫人'者, 三夫人從后, 不在治限, 故不言也. 司農云'王命其夫, 后命其婦'者, 先鄭見禮記玉藻(曰)〔云〕[1]"君命屈(궐)狄[2]", 是子男夫人, 彼是后命之, 明王朝之臣, 亦王命其夫, 后命其婦可知[3]. '玄謂士妻亦爲命婦'者, 夏·殷之禮, 爵命不及於士. 周之禮, 上士三命, 中士再命, 下士一命, 夫尊于朝, 妻榮于室, 明士妻亦爲命婦可知.

若然, 喪服命(其)[夫][4]命婦, 皆據大夫, 不含士者, 彼據降服不降服爲(識)[說][5)6)], 故唯據大夫爲命夫, 其妻爲命婦, 不及士也.

1) (曰)[云] : 저본에는 '曰'로 되어 있으나, 惠校本에 의거하여 '云'으로 바로잡았다.(北京大整理本의 〈校勘記〉 참조)

2) 屈(궐)狄 : '闕狄' 혹은 '闕翟'으로도 쓴다. 비단에 꿩 깃의 형상을 새겨 넣어 장식을 한 복식으로, 왕후의 6服 가운데 하나이다. 왕후가 왕을 따라 小祀를 제사 지낼 때 착용한다. 〈天官 內司服(天-58-1)〉 鄭玄의 注에 "'狄'은 마땅히 '翟'이 되어야 하니, 翟은 꿩의 이름이다.……王后의 복식은 비단에 새겨서 형상을 만든 후 채색으로 그림을 그리고 웃옷에 꿰매어 무늬로 삼는다. '褘衣'는 날아오르는 꿩을 그린 것이고, '揄翟'은 움직이는 꿩을 그린 것인데, '闕翟'은 형상을 새기고 그림으로 그리지는 않는다. 이 세 가지 복식은 모두 祭服으로, 왕을 따라 先王을 제사 지낼 때는 褘衣를 착용하고, 先公을 제사 지낼 때는 揄翟을 착용하고, 여러 小祀를 제사 지낼 때는 闕翟을 착용한다.[狄當爲翟 翟 雉名……王后之服 刻繒爲之形 而采畫之 綴於衣以爲文章 褘衣畫翬者揄翟畫搖者闕翟刻而不畫 此三者 皆祭服 從王祭先王則服褘衣 祭先公則服揄翟 祭群小祀則服闕翟]"고 하였다. 이에 따르면 '闕翟'은 비단에 꿩의 형상을 새기기만 하고 다시 그림으로 그리는 일을 빠뜨렸기[闕] 때문에 생겨난 명칭이다.

3) 君命屈(궐)狄……后命其婦可知 : ≪禮記≫ 〈玉藻〉에 "王后褘衣 夫人揄狄 君命屈狄 再命褘衣 一命襢衣 士褖衣(왕후는 褘衣를 착용하고, 夫人은 揄狄을 착용하고, 女君은 왕후의 명을 받으면 屈狄을 입을 수 있다. 再命은 鞠衣를 입고, 一命은 襢衣를 입고, 士는 褖衣를 입는다.)"라고 하였다. 이에 대한 鄭玄의 注에 " '夫人'은 天子의 三夫人으로, 또한 侯·伯의 부인이다. 王者의 후예인 경우는 부인도 褘衣를 입는다. '君'은 女君이다. '屈'은 ≪주례≫에는 '闕'로 되어 있는데, 비단에 꿩의 모양을 새기고 그림을 그려 넣지 않은 것을 뜻한다. 이는 子·男의 부인 및 그 경·대부·사의 처가 착용하는 命服이다. 禮에서 천자와 제후는 그 신하에게 爵命을 내리고, 왕후와 부인 또한 그 처에게 의복으로 작명을 내린다. 이른바 '남편은 조정에서 존귀하고, 처는 집에서 영예를 누린다.'는 것이다.[夫人 三夫人 亦侯伯之夫人也 王者之後 夫人亦褘衣 君 女君也 屈周禮作闕 謂刻繒爲翟 不畫也 此子男之夫人及其卿大夫士之妻命服也 禮 天子諸侯命其臣 后夫人亦命其妻以衣服 所謂夫尊於朝 妻榮於室也]"라고 하였다. 孫詒讓에 의하면, 왕후가 命婦에게 작명을 내릴 때는 女史를 시켜서 衣服을 하사하는데, 이는 王이 廟에 이르러 신하들을 策命하는 禮와 다르다.[后命命婦 蓋使女史賜以衣服 與王格廟策命諸臣禮不同](≪周禮正義≫ 권13, 524쪽 참조) ≪春秋左氏傳≫ 僖公 28년 조에 "왕은 晉侯를 策命하여 侯伯으로 삼았다.[王策命晉侯爲侯伯]"고 하였고, ≪儀禮≫ 〈玉藻〉에 "諸公이 옷이 담긴 상자를 받들고, 왕명을 적은 조서를 그 위에 올려놓는다[諸公奉篋服 加命書于其上]"고 하였다. 이에 따르면 '命'은 작위와 복식을 더해주는 것의 명칭이다.

4) (其)〔夫〕: 저본에는 '其'로 되어 있으나, 惠校本에 의거하여 '夫'로 바로잡았다.(阮元의 〈校勘記〉 및 北京大 整理本의 〈校勘記〉 참조)

5) 彼據降服不降服爲(識)〔說〕: 喪服에는 正服·義服·降服의 구분이 있다. '正服'이란 순수한 혈연관계에 따른 본래의 복을 말한다. '義服'이란 혼인이나 군신 관계 등 인위적인 관계 변화에 따라 의리상 복을 하는 것을 말한다. '降服'이란 本服(正服)보다 낮추어서 복을 하는 것을 말한다. 복을 낮추어서 하는 데에는 ① 자신의 높은 신분을 이유로 상대방에게 낮추어서 복을 하는 '尊降', ② 높은 신분의 사람에게 눌려서 상대방에게 낮추어서 복을 하는 '厭降', ③ 旁尊(방계로 尊이 되는 큰아버지, 작은아버지)을 이유로 상대방을 낮추어서 복을 하는 '旁尊降', ④ 양자로 本宗에서 나간 사람이나 출가한 딸이 본종의 사람들에 대해 낮추어서 복을 하는 '出降'의 4종류가 있다. ≪儀禮≫ 〈喪服〉 '齊衰不杖期'章에 "大夫의 아들이 큰아버지·큰어머니·작은아버지·작은어머니·아들·昆弟·곤제의 아들과 祭主가 없는 고모·손위 누이·손아래 누이·딸로서 大夫나 命婦가 된 사람들을 위해 〈齊衰不杖期로 복을 하는데〉, 오직 딸만은 갚아주지 않는다.(같은 服으로 입어주지 않는다.)〔大夫之子爲世父母 叔父母 子 昆弟 昆弟之子 姑姊妹女子子無主者 爲大夫 命婦者 唯子不報〕"고 하였다. 그 傳에서는 "'대부'란 상술한 남자 가운데 대부가 된 이들이다. '命婦'란 상술한 부인 가운데 대부의 妻가 된 이들이다.……왜 기년으로 복을 하는가? 아버지가 낮추어서 복을 하지 않는 대상에 대하여 아들도 낮추어서 복을 하지 못하기 때문이다. 대부는 왜 명부에게 낮추어서 복을 하지 못하는가? 남편은 조정에서 존귀하고, 처는 집안에서 존귀하기 때문이다.〔大夫者 其男子之爲大夫者也 命婦者 其婦人之爲大夫妻者也……何以期也 父之所不降 子亦不敢降也 大夫曷爲不降命婦也 夫尊於朝 妻貴於室矣〕"라고 하였다. 본래 經文에 기술한 12명에 대한 正服은 모두 期年인데, 대부의 아들은 아버지가 旁親에 대해서 한 등급을 낮추어서 降服을 하는 원칙에 따라서 士의 신분인 큰아버지·작은아버지·아들·곤제·곤제의 아들과 士의 妻인 큰어머니·작은어머니를 위해 모두 낮추어서 大功의 服을 해준다. 그런데 이제 이들이 대부와 명부가 되어서 존귀함이 자기의 아버지와 동등하므로 이들을 위해 期年의 服을 하여 降服을 하지 않는다. 고모·손위 누이·손아래 누이·딸은 출가를 하면 大功으로 낮추어서 服을 해주고, 士에게 시집을 갔다면 더욱 낮추어서 小功의 복을 해준다. 그런데 이제 이들이 대부의 처가 되어서 존귀함이 동등하게 되었으므로 단지 大功으로 낮추어서 복을 하는데, 또 祭主가 없으므로 불쌍하게 여겨서 한 등급을 올려 期年의 服을 하는 것이다. 妻는 남편의 작위로 작위를 삼기 때문에, 남편의 존귀함이 자기와 동등해지면 처의 존귀함도 자기와 동등해지므로 처(命婦)에 대해 降服을 하지 않는다.

6) (識)〔說〕: 저본에는 '識'으로 되어 있으나, 監本과 毛本에 의거하여 '說'로 바로잡았다.(阮元의 〈校勘記〉 및 北京大 整理本의 〈校勘記〉 참조)

○注의 〔使使〕에서 〔命婦〕까지

○釋曰：外命婦와 內命婦는 비천하므로 內宰가 직접 다스리지 않는다. 그러므로 경문에서 '使(시키다)'라고 한 것이니, 그 속관인 上士를 시켜서 다스리게 함을 밝힌 것이다. '내명부는 九嬪·世婦·女御를 말한다.'라고 한 것은 外命婦와 대비한 것이므로 내명부는 구빈 이하임을 알 수 있다. '三夫人'을 말하지 않은 것은, 삼부인은 王后를 따르니 다스림의 한도에 포함되지 않으므로 말하지 않은 것이다.

鄭衆이 "왕은 그 남편에게 爵命을 내려주고, 왕후는 그 부인에게 작명을 내려준다."고 한 것은, 정중이 ≪禮記≫ 〈玉藻〉에서 "女君은 작명을 받으면, 屈狄을 입을 수 있다."고 한 것을 보았기 때문이다. 이 여군은 子·男의 夫人으로, 〈옥조〉에서는 왕후가 작명을 내려주는데, 王朝의 신하라면 또한 왕이 그 남편에게 작명을 내려주고, 왕후가 그 부인에게 작명을 내려준다는 것을 알 수 있다.

〔玄謂士妻亦爲命婦〕 夏나라와 殷나라의 禮에서는 爵命이 士에까지 미치지는 않았다. 周나라의 禮에서는, 上士는 三命이고, 中士는 再命이고, 下士는 一命이므로, 남편은 조정에서 존귀하고, 처는 집에서 영예를 누리니, 士의 妻도 命婦가 됨을 알 수 있다. 만약 그렇다면, ≪儀禮≫ 〈喪服〉의 '命夫'와 '命婦'는 모두 大夫에 의거한 것으로, 士를 포함하지 않으니, 저 〈상복〉에서는 降服과 不降服에 의거하여 설명하였기 때문이다. 그러므로 오직 대부가 命夫가 되면 그 妻가 命婦가 되는 것에 의거하고 士에까지 미치지 않은 것이다.

天-45-11

凡建國에 **佐后立市**니 **設其次**하고 **置其敘**[1]하고 **正其肆**하고 **陳其貨賄**하고 **出其度量淳制**하고 **祭之以陰禮**니라

1) 設其次 置其敘：'次'와 '敘'는 모두 시장을 관리하는 관리가 일을 처리하는 사무소이다. 孫詒讓은 "무릇 관리가 일을 다스리는 곳을 통틀어 '次'라고 한다.……司市는 思次에 임하고, 胥師와 賈師는 介次에 임하니, 모두 시장의 관리가 일을 다스리는 곳이다. 그러므로 또한 '次'라고 한다.〔凡官吏治事處 通謂之次……司市涖思次 胥師賈師涖介次 皆市吏治事處 故亦謂之次〕"라고 하여 思次와 介次로 구분하였다. 楊天宇에 의하면, '思次'는 市官의 총괄 治所이고, '介次'는 분할 치소인데, 무릇 20개의 肆(점포 20열)에 하나의 介次(介次의 우두머리는 胥師)가 설치된다. 또 肆의 행렬마다 점포는 정해진 수가 없는데, 肆의 행렬의 맨 앞줄에는 모두 巷門이 있고, 10肆마다 司捕가 있고, 5肆마다 司稽가 있고, 2肆마다 胥가 있고, 1肆마다 長이 있다. 이 巷 앞의 일을 다스리는 곳이 이른바 '敘'이다.(≪周

禮正義≫ 권27, 1054~1055쪽 및 ≪周禮譯注≫ 274쪽 참조)

무릇 도읍을 세울 때, 〈內宰는〉 王后를 보좌하여 시장을 세운다. 思次(司市의 사무처)를 설치하고, 介次(胥師・賈師의 사무처)를 설치하고, 점포의 행렬을 정비하고, 판매 물품을 종류별로 진열하고, 길이〔度〕・용량〔量〕・베 폭의 너비와 베 한 필의 길이 규정을 제시하고, 婦人의 祭禮〔陰禮〕로 시장 안의 社(토지신)를 제사 지낸다.

【注】市朝者는 君所以建國也과 建國者는 必面朝後市니 王立朝而后立市는 陰陽相(承)〔成〕[1]之義라 次는 (司)〔思〕次[2]也요 敘는 介次[3]也라 陳은 猶處也요 度는 丈尺也요 量은 豆區[4]之屬이라 鄭司農云 佐后立市者는 始立市에 后立之也라 祭之以陰禮者는 市中之社는 先后所立社也라 故書淳爲敦이니 杜子春讀敦爲純이니 純은 謂幅廣也[5]라 制謂匹長[6]이라 玄謂純制는 天子巡守禮所云 制幣丈八尺이요 純四𥿊(지)與인저 陰禮는 婦人之祭禮라

1) (承)〔成〕: 저본에는 '承'으로 되어 있으나, 宋本・余本・嘉靖本에 의거하여 '成'으로 바로잡았다.(阮元의 〈校勘記〉 및 北京大 整理本의 〈校勘記〉 참조)

2) (司)〔思〕次 : 저본에는 '司'로 되어 있으나, 宋本・余本・嘉靖本에 의거하여 '思'로 바로잡았다.(阮元의 〈校勘記〉 및 北京大 整理本의 〈校勘記〉 참조) 思次는 司市가 市政을 관리하고 獄訟을 처리하는 곳으로, 시장 안에 설치한다.

3) 介次 : 胥師・賈師가 시장의 사무를 보거나 작은 獄訟을 처리하는 곳을 말한다.

4) 豆區 : '區'는 용량을 다는 量器의 명칭이다. ≪春秋左氏傳≫ 昭公 3년 조에 "齊나라에는 예로부터 네 가지 量器가 있었는데, 豆・區・釜・鍾이다.〔齊舊四量 豆區釜鍾〕"라고 하였는데, 杜預의 注에 "4豆가 1區이니, 區는 1斗 6升이다.〔四豆爲區 區斗六升〕"라고 하였다.

5) 純謂幅廣也 : ≪說文解字≫ 巾部에는 "幅은 베와 비단의 너비이다.〔幅 布帛廣也〕"라고 하였고, ≪淮南子≫ 〈天文訓〉에는 "幅의 너비는 2척 7촌이다.〔幅廣二尺七寸〕"라고 하였고, ≪漢書≫ 〈食貨志〉에는 "周나라의 法에서는 베와 비단은 너비 2척 2촌으로 폭을 삼았다.〔周法 布帛廣二尺二寸爲幅〕"고 하였고, ≪儀禮≫ 〈鄕射禮〉 鄭玄의 注에는 "오늘날 官布는 폭의 너비가 2척 2촌이다.〔今官布幅廣二尺二寸〕"라고 하였다. 아래 賈公彦 疏에서 인용한 ≪鄭志≫(趙商과 鄭玄의 문답)에서는 2척 4촌으로 폭을 삼는다고 하였는데, 孫詒讓에 의하면 이는 비단〔帛〕에 의거하여 말한 것이다. ≪禮記正義≫ 〈王制〉 孔穎達의 疏에는 베〔布〕의 너비는 2척 2촌이고, 비단〔帛〕의 너비는 2척 4촌이라고 하였다.(≪周禮正義≫ 권13, 526쪽 참조)

6) 制謂匹長 : ≪說文解字≫ 匚部에는 "匹은 4丈이다.〔匹 四丈也〕"라고 하였고, ≪淮南子≫

〈天文訓〉에는 "4丈으로 匹을 만들고, 1匹로 制를 만든다.〔四丈而爲匹 一匹而爲制〕"고 하였으니, '制'는 1匹의 길이이다. 杜子春과 ≪회남자≫ 〈천문훈〉의 설에 의하면, '制'는 〈地官 媒氏(地-26-9)〉에서 말하는 '兩(2端)'이다. 布帛은 매 端의 길이가 2丈이다. 옛날에는 베나 비단을 접을 때는 양 끝을 서로 향하게 하여 말았는데, 이 두 끝(端)을 합해서 1兩이 된다. 또 2兩을 합해서 匹이 된다. 따라서 1匹은 4丈이 되는 것이다. 그러나 鄭玄이 인용한 ≪天子巡守禮≫에 의하면, 制의 길이 1丈 8尺은 1端의 길이이므로 두자춘·≪회남자≫의 설과 모두 부합하지 않는다. ≪禮記≫ 〈王制〉 정현의 注에서는 "'制'는 布帛의 폭의 넓고 좁음이다.〔制 布帛幅廣狹也〕"라고 하였으니, 이 '制'는 또 폭의 너비가 된다.(≪周禮正義≫ 권13, 527쪽 참조)

시장〔市〕과 조정〔朝〕은 군주가 도읍을 세우기 위한 것이니, 도읍을 세우는 자는 반드시 조정을 앞쪽(남)에 세우고 시장을 뒤쪽(북)에 세운다. 왕은 조정을 세우고, 왕후는 시장을 세우니, 음과 양이 서로 이루어주는 의리이다. '次'는 思次이다. '敘'는 介次이다. '陳'은 處(처리하다)와 같다. '度'는 길이〔丈尺〕이다. '量'은 豆·區의 등속이다. 鄭衆은 "'王后를 보좌하여 시장을 세운다.〔佐后立市〕'는 것은, 처음 시장을 세울 때 왕후가 세운다는 뜻이다. '陰禮로 제사를 지낸다.〔祭之以陰禮〕'는 것은 시장 안의 社(토지신)를 제사 지내는 것이니, 先后가 세운 社이다."라고 하였다. 故書에 '淳'이 '敦'으로 되어 있는데, 杜子春은 "'敦'은 純의 뜻으로 읽으니, '純'은 幅의 너비를 말한다. '制'는 1匹의 길이를 말한다."라고 하였다. 나(鄭玄)는 생각건대, '純制(너비와 길이)'는 ≪天子巡守禮≫에서 "制幣(비단 1필의 길이)는 1丈 8尺이고, 純(폭의 너비)은 4炽(3척 2촌)이다."라고 말한 것인 듯하다. '陰禮'는 婦人의 祭禮를 말한다.

【疏】 '凡建'至'陰禮' ○釋曰：王者建國, 非定一所, 隨世而遷, 謂若自契(설)至湯八遷, 大(태)王遷岐, 文王遷豐, 武王遷鎬, 成王營洛, 皆是建國, 故云'凡'以該之也. 凡建國, 內宰佐后立市. '設其次', 謂司市[1]所居. '置其敘', 謂胥師[2]·賈師[3]等所居. '正其肆', 謂諸行列肆之等. '陳其貨賄', 貨賄爲有諸物, 皆陳列之也. '出其度量', 謂內宰佐后, 出度之丈尺, 量之斗斛及出淳之幅廣狹, 幷制之丈八尺. 又於市中祭之以陰禮, 謂婦人之祭禮也.

1) 司市：市官의 우두머리로, 매매·교역과 관련한 각종 政務와 禁令을 관장한다. 작위는 下大夫이다.(〈地官 司市(地-27-1)〉 참조)

2) 胥師：介次의 우두머리로, 12肆의 政令을 관장한다. 시장의 물가를 공평히 하고, 刑罰과 禁令을 공포한다. 胥師는 司市가 임명하며, 작위는 없다.(〈地官 胥師(地-30-1)〉 참조)

3) 賈師 : 介次의 화물을 관장하여 화물을 분류하고 가격을 공평하게 하는 관직이다.(〈地官 賈師(地-31-1)〉 참조)

經의 〔凡建〕에서 〔陰禮〕까지

○釋曰 : 王者가 도읍을 세우는 것은 반드시 한 곳이 아니어서 세상에 따라 옮기는 것이니, 예를 들면 契에서 湯에 이르기까지 8번 옮기고, 大王(태왕)이 岐로 옮기고, 文王이 豐으로 옮기고, 武王이 鎬로 옮기고, 成王은 洛을 조영한 것 같은 것이 모두 도읍을 세우는 것임을 말한다. 그러므로 '무릇〔凡〕'이라고 하여 포괄한 것이다.

무릇 도읍을 세울 때, 內宰는 王后를 보좌하여 시장을 세운다. "思次를 설치한다.〔設其次〕"는 것은 司市가 거주하는 곳을 말한다. "介次를 설치한다.〔置其敍〕"는 것은 胥師·賈師 등이 거주하는 곳을 말한다. "점포의 행렬을 정비한다.〔正其肆〕"는 것은 여러 줄로 점포를 나열하는 것 등을 말한다. "판매 물품을 종류별로 진열한다.〔陳其貨賄〕"는 것은 재물에는 여러 가지 물품이 있어 모두 진열하기 때문이다. "길이〔度〕·용량〔量〕의 규정을 제시한다.〔出其度量〕"는 것은 內宰가 왕후를 보좌하여 度의 丈尺·量의 斗斛 규정을 제시하고, 淳의 幅과 廣狹 그리고 制의 1丈 8尺 규정을 제시하는 것을 말한다. 또 시장 안에서 陰禮로 제사를 지낸다는 것은 婦人의 祭禮를 말한다.

○注'市朝'至'祭禮' ○釋曰 : 云'市朝者, 君所以建國也'者, 謂建國必須有市朝, 故鄭卽覆釋云 "建國者, 必面朝後市." '面朝後市', 乃冬官匠人文. 云'王立朝'者, 卽三朝[1]皆王立之也. 而后立市者, 卽此文是也. 云'陰陽相成之義'者, 朝是陽王立之, 市是陰, 后立之. 獨陽不生, 獨陰不成, 故云"陰陽相成之義"也. 云'次, 思次也'者, 地官司市云 '思次·介次', 彼注破思爲司字解之. 云'敍, 介次也'者, 亦司市文. 介, 副也, 謂若胥師·賈師等所居也. 案司市注 "次, 謂吏所治舍, 思次·介次也, 若今市亭然. 敍, 肆行列也", 與此注不同者, 鄭望文解之. 彼經無肆文, 故以敍爲行列, 幷思次·介次共爲一所解之. 此文自有肆文, 故分思次·介次別釋也. 云'陳猶處也'者, 謂處置其貨賄也. 云'度, 丈尺也'者, 律歷有分·寸·尺·丈·引五度[2], 今只言'丈尺', 略言之也. 云'量, 豆區之屬'者, 此案左氏昭公傳, 晏子云 "齊舊四量, 豆·區·釜·鍾." 又案律歷 "五量, 龠·合·升·斗·斛[3]", 此獨言'豆區'者, '之屬'中含之. 又云'祭之以陰禮者, 市中之社, 先后所立社也'者, 市乃先后所立, 故以陰禮, 爲市中之社, 亦先后所立社也. 云'故書淳爲敦, 杜子春讀敦爲純, 純謂幅廣也, 制謂匹長. 玄謂純制, 天子巡守禮所云 制丈八尺,純四猉與', 此二者竝增成子春義. 趙商問云 "天子巡守禮, 制丈八尺, 純四猉, 何." 答云 "巡守禮, 制丈八尺, 咫八寸, 四咫三尺二寸. 又大廣, 四當爲三, 三八二十四, 二尺四寸, 幅廣也. 古三四積畫, 是以三誤爲四也."

1) 三朝 : 天子는 外朝・治朝・內朝의 '三朝'와 皐門・庫門・雉門・應門・路門의 '五門'을 둔다.(鄭玄의 설) 雉門 밖을 '外朝'라 하는데, 이곳에서 獄訟을 다스린다. 雉門 안과 路門 밖 사이를 '治朝'라고 하는데, 이곳에서 천자가 매일 조회를 본다. 正朝라고도 한다. 路門 안쪽 路寢의 뜰을 '內朝(燕朝)'라 하는데, 이곳에서는 宗族에 관한 일들을 논의한다.
2) 律歷有分寸尺丈引五度 : ≪漢書≫ 〈律曆志〉에 "度라는 것은 分・寸・尺・丈・引으로, 길이를 재는 도구이다. 본래 黃鍾의 管 길이에서 유래하였는데, 秬黍 즉 중간 크기 찰기장 한 알의 너비로 이를 잰다.……기장 한 알의 너비가 1분이니, 10분이 1촌이고, 10촌이 1척이고, 10척이 1장이고, 10장이 1인이다.〔度者 分寸尺丈引也 所以度長短也 本起黃鐘之長 以子穀秬黍中者 一黍之廣度之……一爲一分 十分爲寸 十寸爲尺 十尺爲丈 十丈爲引〕"라고 하였다. 여기서 척도의 기준은 찰기장을 쌓는 累黍法에 의한 黃鍾의 길이에 두었는데, 이를 '黃鍾累黍法'이라고 한다. 黃鍾尺은 음악의 음률을 정하는 기준으로 사용하였던 척도 기준으로서, 황종누서법에 의해 90분을 황종의 길이 즉 황종 율관의 길이로 하고, 100분 즉 10촌을 황종척 1척으로 하는 것이나 시대에 따라 다소의 차이가 있었던 것으로 생각된다. 東周시대와 漢나라 때의 황종척 길이는 32.48cm였다.
3) 又案律歷 五量 籥合升斗斛 : ≪漢書≫ 〈律曆志〉에 "'量'은 龠・合・升・斗・斛이니, 많고 적음을 헤아리는 기구이다.……찰기장의 낟알 가운데 중간 크기 1,200개를 취해서 龠을 채운다.……龠 2개가 合이 되니, 10合이 1升이 되고, 10升이 1斗가 되고, 10斗가 1斛이 된다. 이렇게 5가지로 양을 헤아리면 훌륭하다. 그 법은 구리를 이용하여 제작하는데, 사방 1척으로 만들어서 그 밖을 둥글게 하고, 옆쪽에 볼록 나온 귀가 있다. 그 斛을 위로 하여 1斛을 받고, 斛의 바닥을 뒤집어서 1斗를 받는다. 왼쪽의 귀로 1升을 받고, 오른쪽의 귀 2개로 각각 1合과 1龠을 받는다. 그 모양은 爵의 술잔과 유사하며, 그것으로 관리의 녹봉을 분배할 수 있다.〔量者 龠合升斗斛也 所以量多少也……以子穀秬黍中者千有二百實其龠…… 兩龠爲合 十合爲升 十升爲斗 十斗爲斛 而五量嘉矣 其法用銅 方尺而圜其外 旁有庣焉 其上爲斛 其下爲斗 左耳爲升 右耳爲合龠 其狀似爵 以縻爵祿〕"라고 하였다.

○注의 〔市朝〕에서 〔祭禮〕까지

○釋曰 : "시장〔市〕과 조정〔朝〕은 군주가 도읍을 세우기 위한 것이다."라고 한 것은 도읍을 세울 때는 반드시 시장과 조정이 있어야 하므로 鄭玄이 곧 다시 풀이하여 "도읍을 세우는 자는 반드시 조정을 앞쪽(남)에 세우고 시장을 뒤쪽(북)에 세운다."라고 한 것이다. "조정을 앞쪽에 세우고 시장을 뒤쪽에 세운다."는 것은 곧 〈考工記 匠人(冬-28-08)〉의 문장이다.

〔王立朝〕 곧 三朝는 모두 왕이 세운다는 뜻이다. 王后가 시장을 세운다는 것은 곧 이곳의 경문이 그 근거이다.

〔陰陽相成之義〕 조정〔朝〕은 陽이니 王이 세우고, 시장〔市〕은 陰이니 王后가 세운다. 홀로 陽이면 생겨나지 않고, 홀로 陰이면 이루어지지 않는다. 그러므로 "음과 양이 서로 이루어주는 의리이다."라고 한 것이다.

〔次 思次也〕 〈地官 司市〉에서 '思次·介次'라고 하였는데, 그곳의 정현 注에서는 '思'를 부정하고 '司'字를 만들어 풀이하였다.

〔敘 介次也〕 또한 〈지관 사시〉의 문장이다. '介'는 副의 뜻이니, 胥師·賈師 등과 같이 관리가 거주하는 곳이다. 살펴보건대, 〈지관 사시(27-2)〉 정현의 주에 "'次'는 관리들이 다스리는 관사를 말하니, 思次·介次로서, 오늘날의 市亭과 같은 것이다. '敘'는 肆의 行列이다."라고 하여 이곳의 注와 같지 않은 것은 정현이 문장을 보고 풀이를 하였기 때문이다. 저곳(〈地官 司市(地-27-2)〉)의 경문에는 '肆'의 글자가 없으므로 '敘'를 行列의 뜻으로 풀이하고, 思次·介次를 아울러 모두 한곳으로 풀이하였다. 이곳의 경문에는 원래 '肆'의 글자가 있으므로 思次와 介次를 나누어 따로 풀이하였다.

〔陳猶處也〕 그 재물〔貨賄〕을 처리하여 두는 것을 말한다.

〔度 丈尺也〕 ≪漢書≫ 〈律曆志〉에는 分·寸·尺·丈·引의 다섯 가지 度(길이를 재는 도구)가 있는데, 이제 단지 丈·尺만을 말한 것은 간략히 말한 것이다.

〔量 豆區之屬〕 이는 살펴보건대, ≪春秋左氏傳≫ 昭公 3년 조의 傳에서, 晏子가 "齊나라에는 예로부터 네 가지 量器가 있었는데, 豆·區·釜·鍾입니다."라고 하였다. 또 살펴보건대, ≪한서≫ 〈율력지〉에 "五量은 龠·合·升·斗·斛이다."라고 하였다. 이곳에서 홀로 '豆區'라고만 말한 것은 '~의 등속' 안에 포함되기 때문이다.

〔祭之以陰禮者 市中之社 先后所立社也〕 시장〔市〕은 곧 先后가 세운 것이므로 陰禮로 시장 안의 社(토지신)를 제사 지내니, 또한 선후가 세운 社이다.

〔故書淳爲敦 杜子春讀敦爲純 純謂幅廣也 制謂匹長 玄謂純制 天子巡守禮所云 制丈八尺 純四䋁與〕 이 두 가지는 모두 杜子春의 해석을 더욱 완성시킨 것이다. 趙商이 〈정현에게〉 "≪天子巡守禮≫에서 '制(1필의 길이)는 1丈 8尺이고, 純(폭의 너비)은 4䋁이다.'라고 한 것은 무슨 뜻입니까?"라고 물었다. 정현이 답하기를 "≪천자순수례≫에서 '制'는 1丈 8尺이라고 하였다. 咫는 8촌이므로 4咫는 3척 2촌이다. 또한 〈純帛보다〉 큰 폭이므로 4는 마땅히 3이 되어야 하니, 3×8=24이므로 2척 4촌은 폭의 너비이다. 옛날에 3〔三〕과 4〔亖〕는 획을 쌓아 올려서 만든 글자이다. 이 때문에 '3'이 잘못 '4'가 된 것이다."라고 하였

다.('二'를 중첩하면 '亖(四)'가 되는데, '亖'와 '三'이 혼동되어 '亖'가 '三'으로 읽힘.)

天-45-12

中春에 **詔后帥外內命婦**하여 **始蠶于北郊**하여 **以爲祭服**하고

仲春에 〈內宰는〉 王后에게 고하여 外命婦와 內命婦를 거느리고 北郊에서 養蠶의 일을 시작하고, 그것으로 祭服을 만들게 한다.

【注】 蠶于北郊는 婦人以純陰爲尊이라 郊必有公桑蠶室[1]焉이라

1) 公桑蠶室 : 孫詒讓에 의하면, 公桑은 公田에 심은 뽕나무이고, 또 그곳에 養蠶의 室을 짓는데, 두 가지는 모두 北郊에 있다.(≪周禮正義≫ 권13, 530쪽 참조)

北郊에서 양잠을 하는 것은 婦人은 純陰으로 존귀함을 삼기 때문이다. 郊에는 반드시 公桑과 蠶室이 있다.

【疏】 '中春'至'祭服' ○釋曰：云'中春, 詔后帥外內命婦, 始蠶于北郊'者, 內宰以仲春二月詔告也, 告后帥領外命婦・諸臣之妻・內命婦・三夫人已下, 始蠶於北郊. 云'以爲祭服'者, 禮記祭義亦云"蠶事旣畢, 遂朱綠之, 玄黃之, 以爲祭服." 此亦當染之以爲祭服也.

經의 〔中春〕에서 〔祭服〕까지

○釋曰：〔中春 詔后帥外內命婦 始蠶于北郊〕 內宰가 仲春 2월에 고하는 것이니, 王后에게 고하여 外命婦・諸臣의 妻・內命婦・三夫人 이하를 거느리고 北郊에서 양잠을 시작하게 하는 것이다.

〔以爲祭服〕 ≪禮記≫ 〈祭義〉에서도 "누에 치는 일이 끝나면, 이어서 붉은색과 초록색으로 물을 들이고, 검은색과 누런색으로 물들여서 祭服을 만든다."고 하였으니, 이는 또한 마땅히 물을 들여서 祭服을 만들어야 하는 것이다.

○注'蠶于'至'室焉' ○釋曰：云'蠶於北郊, 婦人以純陰爲尊'者, 案禮記祭統云 "天子親耕於南郊", 鄭以諸侯爲少陽[1], 是天子以純陽爲尊, 則后蠶于北郊, 純陰爲尊也. 云'郊必有公桑蠶室焉'者, 案月令三月后妃親東鄉躬桑. 此云二月, 與彼不同者, 案馬(職)〔質〕[2]云 "禁原蠶者", 彼注"天文, 辰爲馬", 引蠶書曰 "蠶爲龍精, 月値大火, 則浴其種. 是蠶與馬同氣", 故此亦仲春始蠶. 蠶者, 亦謂浴種. 至三月臨生蠶之時, 又浴種, 乃生之, 故設文〔有〕[3]異也.

1) 鄭以諸侯爲少陽 : ≪禮記≫ 〈祭統〉 鄭玄의 注'에 "'東郊'는 少陽이니, 諸侯의 象이다.〔東郊 少陽 諸侯象也〕"라고 하였다.
2) (職)〔質〕: 저본에는 '職'으로 되어 있으나, 浦鏜의 설에 의거하여 '質'로 바로잡았다.(北京大 整理本의 〈校勘記〉 참조)
3) 〔有〕: 저본에는 '有'가 없으나, 惠校本에 의거하여 보충하였다.(北京大 整理本의 〈校勘記〉 참조)

○注의 〔蠶于〕에서 〔室焉〕까지

○釋曰 : 〔蠶於北郊 婦人以純陰爲尊〕 살펴보건대, ≪禮記≫ 〈祭統〉에 "天子는 南郊에서 몸소 籍田을 경작한다."고 하였는데, 鄭玄은 諸侯는 少陽이라고 하였으니, 이는 天子는 純陽으로 존귀함을 삼는 것이다. 그렇다면 王后가 北郊에서 양잠을 하는 것은 純陰으로 존귀함을 삼는 것이다.

〔郊必有公桑蠶室焉〕 살펴보건대, ≪禮記≫ 〈月令〉 3월 조에 后妃는 직접 동쪽을 향하여 뽕잎을 딴다고 하였다. 이곳 경문에서는 '2월'이라고 하여 저곳(〈月令〉)과 같지 않은 것은, 살펴보건대 〈夏官 馬質(夏-7-6)〉에서 "〈1년에〉 두 차례 양잠하는 것을 금한다."고 하였는데, 그곳의 鄭玄 注에 "天文에서 辰(3월)은 馬(말)가 된다."라고 하고, ≪蠶書≫에서 "蠶(누에)은 龍의 精氣이다. 月이 大火(2월)를 만나면, 그 누에씨를 씻는다. 이 蠶과 馬는 氣를 같이한다."는 문장을 인용하였다. 그러므로 이 또한 仲春(2월)에 양잠을 시작하는 것이다. '蠶(양잠)'은 또한 누에씨를 씻는 것을 말한다. 3월에 이르러 누에를 생산할 때에 임하여 또 누에씨를 씻은 후 이에 생산한다. 그러므로 글을 쓰는 데에 차이가 있는 것이다.

天-45-13

歲終에 則會內人之稍食하고 稽其功事니라

연말이 되면, 內人(女御 등)의 稍食(월봉)을 회계 결산하고, 그들의 일의 실적을 심사한다.

【注】 內人은 主謂九御라

內人은 주로 九御를 말한다.

【疏】'歲終'至'功事' ○釋曰：歲終亦謂周之季冬，內宰則會計內人女御之稍食．稍食則月(請)〔俸〕[1]是也．云'稽其功事'者，稽，計也．又當計女御絲枲二者之功事，以知多少．

1) (請)〔俸〕: 저본에는 '請'으로 되어 있으나, '月請'은 '月俸'의 잘못이라는 阮元의 설에 의거하여 바로잡았다.(阮元의 〈校勘記〉 및 北京大 整理本의 〈校勘記〉 참조)

經의 〔歲終〕에서 〔功事〕까지

○ 釋曰 : '歲終'은 또한 周나라의 季冬(12월)을 말하니, 內宰는 內人인 女御의 稍食을 회계한다. '稍食'은 月俸이 그것이다.

〔稽其功事〕 '稽'는 계산한다는 뜻이다. 또 마땅히 女御가 명주를 짜고 삼베를 짜는 두 가지의 일을 계산하여 많고 적음을 파악해야 한다.

○注'內人主謂九御' ○釋曰：知內人主是女御者，案典婦功"授嬪婦及內人女功之事齎．"嬪婦旣是九嬪世婦，明內人是九御也．

○ 注의 〔內人主謂九御〕

○ 釋曰 : 內人이 주로 女御임을 알 수 있는 것은, 살펴보건대 〈天官 典婦功(天-55-1)〉에 "〈典婦功은〉 嬪·婦 및 內人이 婦功에 종사할 때 필요한 재료를 공급해준다."고 하였는데, '嬪'과 '婦'가 이미 九嬪과 世婦이므로, 內人은 九御임이 분명하기 때문이다.

天-45-14

佐后而受獻功者하여 比其小大與其麤良하여 而賞罰之하고

〈內宰는〉 王后를 보좌하여 女御 등이 일한 결과물(布帛 등)을 바치면 이를 받아서 그 실의 굵기와 품질을 비교하여 상을 내리거나 벌을 준다.

【注】獻功者는 九御之屬이라 鄭司農云 烝而獻功[1]이라 玄謂典婦功曰 及秋獻功이라

1) 烝而獻功 : '烝'은 겨울의 종묘 제사를 말한다. ≪禮記≫ 〈王制〉에 "천자와 제후의 종묘 제사는, 봄 제사를 '礿'이라 하고, 여름 제사를 '禘'라고 하고, 가을 제사를 '嘗'이라 하고, 겨울 제사를 '烝'이라 한다.〔天子諸侯宗廟之祭 春曰礿 夏曰禘 秋曰嘗 冬曰烝〕"고 하였다. ≪國語≫ 〈魯語 下〉에 "社祭를 지낸 후에 일을 부여해주고, 烝祭를 지낸 후에 일한 결과물을 바치게 한다.〔社而賦事 烝而獻功〕"고 하였는데, 韋昭의 注에 "겨울 제사를 '烝'이

라 한다. 증제를 지낸 후에 일한 결과물인 베와 비단을 바친다.〔冬祭曰烝 烝而獻布帛之功也〕"라고 하였다. 鄭衆의 해석은 이에 의거한 것이다. 孫詒讓에 의하면 烝祭는 孟冬에 지내므로 일한 결과물을 바치는 것도 이달에 한다는 뜻이다.(≪周禮正義≫ 권13, 532쪽 참조)

'일한 결과물을 바치는 자'란 九御의 등속이다. 鄭衆은 "烝祭를 지낸 후에 일한 결과물을 바치는 것이다."라고 하였다. 나(鄭玄)는 생각건대, 〈天官 典婦功(天-55-2)〉에 "가을에 이르러 일한 결과물을 바친다."고 하였다.

【疏】'佐后'至'罰之' ○釋曰：'佐后而受獻功'者, 謂內宰佐助后, 而受女御等獻絲枲之功布帛等. 云'比其小大與其麤良'者, 布帛之等, 縷小者則細良, 縷大者則麤惡. 今言麤不云惡, 言良不云細者, 互見爲義也. 云'而賞罰之'者, 良則賞之, 麤則罰之, 以示懲勸也.

經의 〔佐后〕에서 〔罰之〕까지

○釋曰：〔佐后而受獻功〕 內宰가 왕후를 보좌하여 女御 등이 명주를 짜고 삼베를 짜는 일을 하여 바치는 布帛 등을 받는 것을 말한다.

〔比其小大與其麤良〕 布帛 등은 실 가닥〔縷〕이 가늘면 섬세하고 질이 좋으며, 실 가닥이 굵으면 거칠고 질이 나쁘다. 이제 '거칠다〔麤〕'라고 말하고 '질이 나쁘다〔惡〕'라고 말하지 않았으며, '질이 좋다〔良〕'라고 말하고 '섬세하다〔細〕'라고 말하지 않은 것은 번갈아 그 의미를 보인 것이다.

〔而賞罰之〕 품질이 좋으면 상을 내리고 실 가닥이 거칠면 처벌을 하여 징계하고 권면함을 보이는 것이다.

○注'獻功'至'秋獻功' ○釋曰：鄭知獻功是九御之屬者, 上文云 "以婦職之法敎九御", 明所受獻功, 還是九御之屬可知. 司農云'烝而獻功', 謂冬獻功. 玄引典婦功職秋獻功, 不從先鄭者, 以其內宰佐后受, 明是婦官所造, 還是典婦功・女御等秋獻功也.

○注의 〔獻功〕에서 〔秋獻功〕까지

○釋曰：鄭玄이 일한 결과물을 바치는 자가 九御의 등속임을 알았던 것은, 위의 경문(〈天官 內宰(天-45-4)〉)에서 "婦職의 法에 의거하여 九御를 가르친다."고 하였으니, 이는 〈가르친 일의〉 결과물을 〈九御가〉 바치면 이를 받는 것이 분명하므로 또한 九御의 등속임을 알 수 있기 때문이다.

鄭衆이 "烝祭를 지낸 후에 일의 실적물을 바친다."라고 한 것은 겨울에 일한 결과물을 바치는 것을 말한다. 정현이 〈天官 典婦功(天-55-2)〉의 "가을에 이르러 일한 결과물을 바친다."는 문장을 인용하여 정중의 해석을 따르지 않은 것은, 內宰가 王后를 보좌하여 받는 것은 분명 婦官이 만든 것으로 또한 典婦功·女御 등은 가을에 일한 결과물을 바치기 때문이다.

天-45-15

會內宮之財用이니라

內宮의 재물 지출을 회계 결산한다.

【注】計夫人以下所用財이라

夫人 이하가 사용한 재물을 회계 결산하는 것이다.

【疏】'會內宮之財用' ○釋曰：以其云'內宮', 是揔六宮之內所有財用皆會計之, 故鄭云"計夫人以下所用財"也.

經의 〔會內宮之財用〕

○釋曰：〈경문에서〉 '內宮'이라 하였으므로 이는 六宮 안에 있는 재물을 총괄하여 모두 회계 결산하는 것이다. 그러므로 鄭玄이 "夫人 이하가 사용한 재물을 회계 결산하는 것이다."라고 한 것이다.

天-45-16

正歲에 **均其稍食**[1]하고 **施其功事**하고 **憲禁令于王之北宮而糾其守**니라

1) 均其稍食：孫詒讓에 의하면, 그 지위의 존귀하고 비천함과 공적의 부지런하고 나태함을 살펴서 稍食의 많고 적음을 정해서 균등하게 조절하는 것을 말한다.(≪周禮正義≫ 권13, 533쪽 참조)

正歲(夏曆 정월, 周曆 11월)에 궁중에서 稍食(月俸)을 받는 사람들을 常度에 맞게 조절하고, 女御 등에게 女功의 일을 나누어 주며, 王의 北宮에 금령을 걸어두어 숙위하는 자들을 규찰한다.

【注】均은 猶調度요 施는 猶賦也라 北宮은 后之六宮[1]이니 謂之北宮者는 繫于王言之라 明用

王之禁令令之[2)]라 守는 宿衛者라

1) 北宮 后之六宮 : 孫詒讓에 의하면, 옛적에 宮은 반드시 남향을 하는데, 왕의 路寢이 앞쪽에 있기 때문에 南宮이라 한다. 왕후의 六宮은 왕의 六寢 뒤쪽에 있기 때문에 南宮에 대해 北宮이라 한다.(≪周禮正義≫ 권13, 533쪽 참조)

2) 繫于王言之 明用王之禁令令之 : 孫詒讓에 의하면 왕후는 비록 스스로 六宮을 주관하지만, 여전히 왕에게 통섭된다. 后宮에 걸어두는 금령은 小宰가 반포하는 宮刑(왕궁 안의 관리들을 처벌하는 형법(〈天官 小宰(天-2-1)〉))으로 또한 士師 五禁 가운데 하나이다.

'均'은 調度(법도에 맞게 조절하다)와 같다. '施'는 賦(나누어 주다)와 같다. '北宮'은 王后의 六宮이다. 그것을 '北宮'이라고 한 것은 王에 귀속시켜 말한 것이니, 王의 禁令으로 명을 내린다는 뜻을 밝힌 것이다. '守'는 숙위하는 자를 말한다.

【疏】'正歲'至'其守' ○釋曰 : 正歲, 謂建寅之月, 歲始, 故揔均宮中所受稍食月俸之人. 因歲始, 又施其女功絲枲之事. '憲禁令于王之北宮'者, 亦以歲始. 憲謂表縣禁令于王之北宮. 北宮則后宮. '而糾其守'者, 謂宿衛之子弟, 糾其惰慢者也.

經의 〔正歲〕에서 〔其守〕까지

○釋曰 : '正歲'는 建寅의 달(북두성의 자루가 초저녁에 寅方을 가리키는 夏曆 정월)을 말하니, 한 해의 시작이다. 그러므로 宮中에서 稍食의 月俸을 받는 사람들을 모두 고르게 한다. 한 해가 시작됨으로 인해서 또 명주를 짜고 삼베를 짜는 女功의 일을 나누어 준다.

〔憲禁令于王之北宮〕 또한 한 해가 시작되기 때문이다. '憲'은 왕의 北宮에 금령을 공표하여 걸어두는 것을 말한다. 北宮은 王后의 宮이다.

〔而糾其守〕 宿衛하는 〈宮中 관리의〉 子弟를 말하니, 그들이 태만해지는 것을 규찰하는 것이다.

○注'均猶'至'衛者' ○釋曰 : 鄭以均爲調度者, 受月(請)〔俸〕[1)]者, 尊卑各有常度. 今均之者, 謂調之使依常度. 云'謂之北宮者, 繫於王言之, 明用王之禁令令之'者, 欲見王有六寢, 后有六宮, 各自不同. 必繫王而言者, 婦人有三從之義, 后雖自有六宮, 必資王之禁令, 故繫王而言也. 云'守, 宿衛者', 謂若宮伯所掌士庶子[2)]者也.

1) (請)〔俸〕 : 저본에는 '請'으로 되어 있으나, '月請'은 '月俸'의 잘못이라는 阮元의 설에 의거하여 바로잡았다.(阮元의 〈校勘記〉)

2) 宮伯所掌士庶子 : 〈天官 宮伯(天-5-1)〉에 "宮伯은 왕궁 안의 士와 庶子를 관장한다.〔宮

伯 掌王宮之士庶子〕"고 하였고, 鄭玄의 注에는 "'王宮의 士'는 왕궁 안에서 근무하는 관리들(경・대부・사)의 適子이다. '庶子'는 관리들의 支庶이다.〔王宮之士 謂王宮中諸吏之適子也 庶子 其支庶也〕"라고 하였다. 孫詒讓에 의하면, 士와 庶子는 공・경・대・부의 자제들로서, '國子'로 통칭한다. 이미 爵命을 받아 士가 된 자를 '士'라고 하고, 아직 작명을 받지 못한 자를 '庶子'라고 한다.(≪周禮正義≫ 권7, 231쪽 참조)

○注의 〔均猶〕에서 〔衛者〕까지

○釋曰 : 鄭玄이 '均'을 調度(법도에 맞게 조절하다)로 풀이한 것은, 月俸을 받는 자는 尊卑에 따라 각각 常度가 있기 때문이다. 이제 고르게 한다는 것은 조절하여 常度에 의거하게 함을 말한다.

〔謂之北宮者 繫於王言之 明用王之禁令令之〕 왕에게 六寢이 있고, 왕후에게 六宮이 있는 것이 각각 스스로 같지 않음을 보이고자 한 것이다. 반드시 왕과 연계하여 말한 것은 婦人에게는 三從의 의리가 있으니, 왕후가 비록 스스로 六宮을 갖고 있으나 반드시 왕의 금령에 의지한다. 그러므로 왕과 연계하여 말한 것이다.

〔守 宿衛者〕 宮伯이 관장하는 士・庶子와 같은 것을 말한다.

天-45-17

上春에 詔王后帥六宮之人而生穜(종)稑(륙)之種하여 而獻之于王이니라

上春(正歲, 夏曆 정월)에, 〈內宰는〉 王后에게 고하여 六宮의 사람들을 거느리고 늦벼와 올벼의 씨앗을 잘 길러서 왕에게 바치게 한다.

【注】 六宮之人은 夫人以下分居后之六宮者라 古者使后宮藏種은 以其有傳類蕃孳之祥이라 必生而獻之는 示能育之하여 使不傷敗[1]요 且以佐王耕事하여 共禘郊也라 鄭司農云 先種後孰을 謂之穜이요 後種先孰을 謂之稑이라 王當以耕種于藉田 玄謂詩云 黍稷穜稑[1]이 是也라 夫人以下分居后之六宮者는 每宮九嬪一人 世婦三人 女御九人이요 其餘九嬪三人 世婦九人 女御二十七人은 從后唯其所燕息焉이니 從后者五日而沐浴하고 其次又上十五日而徧云이라 夫人은 如三公從容論婦禮라

1) 必生而獻之……使不傷敗 : 孫詒讓에 의하면, '生'은 썩지 않게 하는 것으로 생육하여 상하지 않게 하는 뜻을 취한 것이다.〔生者 謂不朽鬱 此亦取生育不傷之義〕(≪周禮正義≫ 권13, 534쪽)

2) 黍稷穜稑 : ≪毛詩正義≫ 〈豳風 七月〉에는 '黍稷重穋'으로 되어 있다. 毛亨의 傳에서는 "나중에 여무는 것을 '重'이라 하고, 먼저 여무는 것을 '穋'이라 한다.〔後熟曰重 先熟曰穋〕"고 하였다. 陸德明의 ≪經典釋文≫ 권6, 〈毛詩音義 中〉 '豳風 七月'에 "〈重의 음은〉 直과 容의 反切이니, 注에서도 마찬가지이다. 먼저 씨를 뿌렸는데 나중에 여무는 것을 '重'이라 한다. 또 '穜'으로도 쓰는데, 음은 같다. ≪說文解字≫에서 '禾변에 重을 쓴다.'고 한 것은 '重穋'의 글자이며, '禾변에 童을 쓴다.'고 한 것은 '穜藝'의 글자이다. 이제 사람들이 혼동한 지 이미 오래되었다. 穋의 음은 六이니, 어떤 본에는 또 '稑'으로 되어 있는데 음은 같다. ≪說文解字≫에 '稑은 혹 翏를 따르기도 한다.'고 하였다. 나중에 씨를 뿌렸는데 먼저 여무는 것을 '稑'이라 한다.〔重 直容反 注同 先種後熟曰重 又作穜 音同 說文云 禾邊作重 是重穋之字 禾邊作童 是穜藝之字 今人亂之已久 穋音六 本又作稑 音同 說文云 稑或從翏 後種先熟曰稑〕"고 하였다.

'六宮의 사람들'은 夫人 이하 王后의 6宮에 나누어서 거처하는 자들을 말한다. 옛날에 后宮으로 하여금 씨앗을 보관하게 한 것은 종족을 전하여 번성하는 상서로움이 있기 때문이다. 반드시 잘 길러서 바치는 것은 길러서 상하거나 썩지 않게 하였음을 보여주는 것이고, 또 왕의 경작하는 일을 보좌하여 禘祭와 郊祭에 공급하려는 것이다. 鄭衆은 "먼저 씨를 뿌렸는데 나중에 여무는 것을 '穜(늦벼)'이라 하고, 나중에 씨를 뿌렸는데 먼저 여무는 것을 '稑(올벼)'이라고 한다. 왕은 마땅히 그것으로 藉田에 씨를 뿌려야 한다."고 하였다. 나(鄭玄)는 생각건대, ≪詩經≫ 〈豳風 七月〉에 "기장〔黍稷〕에는 늦게 여무는 것과 일찍 여무는 것이 있으니〔黍稷穜稑〕"라고 한 것이 이것이다. 夫人 이하 王后의 6宮에 나누어서 거처하는 자들은 宮마다 九嬪 1인·世婦 3인·女御 9인이니, 그 나머지 구빈 3인·세부 9인·여어 27인은 왕후를 수종하여 오직 〈왕후가〉 휴식을 취하는 곳에 거처한다. 왕후를 수종하는 자들은 〈수종한 지〉 5일이 되면 〈물러나〉 목욕을 하고, 그다음 또 15일에 이르러서 한 순번을 돈다고 한다. 부인은 三公과 같아서 조용히 婦禮를 논한다.

【疏】'上春'至'于王' ○釋曰 : '上春'者, 亦謂正歲, 以其春事將興, 故云'上春'也. 內宰以上春建寅之月, 又詔告王后, 帥領六宮之人而生穜稑之種. '而獻之于王'者, 一則助王耕事, 二則示於宮內, 無傷敗之義也.

經의 〔上春〕에서 〔于王〕까지

○釋曰 : '上春'은 또한 正歲를 말하니, 봄 농사가 장차 일어날 것이므로 '上春'이라 한 것이다. 內宰는 上春 建寅의 달(夏曆 正月)에 또 王后에게 고하여 六宮의 사람들을 거느리고 늦벼와 올벼의 씨앗을 잘 기르게 한다.

〔而獻之于王〕 첫째는 왕의 경작하는 일을 돕는 것이고, 둘째는 궁 안에서 상하거나 썩게 함이 없도록 하는 의리를 보여주는 것이다.

○注'六宮'至'婦禮' ○釋曰：云'古者使后宮藏種, 以其有傳類蕃孳之祥'者, 王妃百二十人, 使之多爲種類. 藏種者, 亦是種類蕃孳之祥, 故使藏種也. 云'必生而獻之, 示能育之使不傷敗'者, 生此種乃獻之, 非直道此種不傷敗, 示於宮內懷孕者, 亦不傷也. 云'且以佐王耕事'者, 王親耕, 后親蠶, 皆爲祭事. 今后雖不耕, 藏種獻之者, 亦是佐王耕事. 云'共禘郊也'者, 禘謂祭廟, 郊謂祀天, 擧尊言之, 其實山川社稷等, 皆用之也. '鄭司農云, 先種後孰謂之穜, 後種先孰謂之稑'者, 今世見有此先種後孰, 後種先孰, 目驗可知也. '玄謂詩云黍稷穜稑是也', 此增成先鄭義, 亦以其先鄭直云先種後種, 不見穀名, 後鄭意黍稷皆有穜稑. 云'夫人以下分居后之六宮'者, 此已下亦是增成〔先〕[1]鄭義. 所分居者, 唯據九嬪以下, 三夫人不分居. 而云'三夫人以下', 則(餘)〔除〕[2]三夫人, 亦得爲三夫人以下也. 云'每宮'者, 后六宮, 故云'每.' 此言與下爲目也. '九嬪一人'者, 九嬪九人, 六宮各一人, 則三人在也. '世婦三人'者, 世婦二十七人, 六宮每宮三人, 則九人在也. '女御九人'者, 女御八十一人, 六宮宮各九人, 餘二十七人在也. '其餘', 謂不分者, 故云"其餘九嬪三人・世婦九人・女御二十七人"也. 云'從后唯其所燕息焉'者, 后不專居一宮, 須往卽停, 故云"唯其燕息焉." 云'從后者五日而沐浴'者, 凡侍尊者須潔淨, 故須沐髮浴身體也. '其次又上十五日而徧云'者, 鄕所分居六(官)〔宮〕[3], 九嬪以下皆三分之, 一分從后, 兩分居宮. 假令月一日, 一分從后, 至月五日, 從后者五日滿, 則右邊三宮之中舊居宮者, 來替此從后者, 從后者又來入右邊三宮, 從后者至十日又滿, 則左邊三宮者來替此從后者, 從后者來居左邊三宮, 又至十五日, 則三番摠遍, 故云"十五日而(遍)〔徧〕[4]." '云'者, 無正文, 鄭以意配之, 故言'云'以疑之. 云'夫人如三公, 從容論婦禮'者, 王后六宮, 夫人有三, 分居不遍, 因卽尊之. 三公坐與王論道, 三夫人尊卑與三公同. 三公侍王, 三夫人亦侍后, 故取竝焉者, 以證三夫人不分居宮之義也.

1) 〔先〕: 저본에는 '先'이 없으나, '鄭' 위에 '先'이 탈오된 것이라는 阮元의 교감에 의거하여 보충하였다.(阮元의 〈校勘記〉 및 北京大 整理本의 〈校勘記〉 참조)
2) (餘)〔除〕: 저본에는 '餘'로 되어 있으나, 監本・毛本・殿本에 의거하여 '除'로 바로잡았다.(上海古籍 整理本의 〈校勘記〉 참조)
3) (官)〔宮〕: 저본에는 '官'으로 되어 있으나, 北京大 整理本과 上海古籍 整理本에 의거하

여 '宮'으로 바로잡았다.

4) (遍)〔徧〕: 저본에는 '遍'으로 되어 있으나, 이 문장은 鄭玄의 注를 인용한 것이므로 '遍'은 마땅히 '徧'이 되어야 한다는 阮元의 교감에 의거하여 바로잡았다.(阮元의 〈校勘記〉 및 北京大 整理本의 〈校勘記〉 참조)

○注의 〔六宮〕에서 〔婦禮〕까지

○釋曰 : 〔古者使后宮藏種 以其有傳類蕃孳之祥〕 王의 妃는 120인이니, 그들로 하여금 종족을 많게 한다. 씨앗을 보관하는 것은 또한 종족이 번성하는 상서로움이다. 그러므로 씨앗을 보관하게 하는 것이다.

〔必生而獻之 示能育之使不傷敗〕 이 씨앗을 기른 후에 바치는 것은 단지 이 씨앗이 상하거나 썩지 않았음을 말하는 것일 뿐 아니라 궁 안에서 임신한 자들도 또한 상하지 않았음을 보이는 것이다.

〔且以佐王耕事〕 왕이 親耕을 하고, 왕후가 親蠶을 하는 것은 모두 祭祀를 위한 것이다. 이제 왕후는 비록 경작을 하지 않지만, 씨앗을 보관하고 그것을 바치는 것은 또한 왕이 경작하는 일을 보좌하는 것이다.

〔共禘郊也〕 '禘'는 종묘에 제사 지내는 것을 말하고, '郊'는 하늘에 제사 지내는 것을 말하니, 존귀한 것을 들어서 말한 것이지만 실제는 山川과 社稷 등을 제사 지낼 때도 모두 〈이 씨앗을〉 사용한다.

〔鄭司農云 先種後孰謂之穜 後種先孰謂之稑〕 오늘날에 이처럼 먼저 씨를 뿌렸는데 나중에 여물고 나중에 씨를 뿌렸는데 먼저 여무는 것을 보았기 때문이니, 눈으로 증험하여 알 수 있었던 것이다.

〔玄謂詩云黍稷穜稑是也〕 이는 鄭衆의 해석을 더욱 완성시킨 것이며, 또한 정중이 단지 '先種(먼저 씨를 뿌리다)'·'後種'(나중에 씨를 뿌리다)'이라고만 하여 곡물의 명칭을 보이지 않았기 때문에 정현은 黍稷에도 모두 늦게 여물고 일찍 여무는 것이 있다고 생각한 것이다.

〔夫人以下分居后之六宮〕 이 이하는 또한 정중의 해석을 더욱 완성시킨 것이다. 나누어서 거처하는 대상은 오직 九嬪 이하에 의거하는 것이고, 三夫人은 나누어서 거처하지 않는다. 그런데도 '三夫人 이하'라고 하였으니, 그렇다면 三夫人을 제외하면 또한 '三夫人 이하'가 될 수 있는 것이다.

〔每宮〕 왕후는 6궁이다. 그러므로 '每(마다)'라고 한 것이다. 이는 아래의 강목이 됨을 말한 것이다.

〔九嬪一人〕 九嬪은 9인이니, 6궁에서 〈궁마다〉 각각 1인씩 거처하면 3인이 남는다.

〔世婦三人〕 世婦는 27인이니, 6궁에서 궁마다 각각 3인씩 거처하면 9인이 남는다.

〔女御九人〕 女御는 81인이니, 6궁에서 궁마다 각각 9인씩 거처하면 27인이 남는다.

'그 나머지〔其餘〕'는 나누어서 거처하지 않는 자를 말한다. 그러므로 "그 나머지 구빈 3인·세부 9인·여어 27인"이라고 말한 것이다.

〔從后唯其所燕息焉〕 왕후는 오로지 한 宮에만 거처하지 않으니, 가야 할 곳으로 가서 머문다. 그러므로 "오직 〈왕후가〉 휴식을 취하는 곳에 거처한다."고 한 것이다.

〔從后者五日而沐浴〕 무릇 존귀한 사람을 모시는 자는 반드시 청결해야 한다. 그러므로 반드시 머리를 감고 몸을 씻는 것이다.

〔其次又上十五日而徧云〕 지난번 6궁에 나누어서 거처하던 사람들 가운데서, 九嬪 이하 모두 3등분을 하여 1/3은 왕후를 수종하고, 2/3는 궁에 거처한다. 가령 그달 1일에 1/3이 왕후를 수종하는데, 그달 5일에 이르러 왕후를 수종하는 자가 5일을 채우면, 오른쪽 3궁 가운데서 오랫동안 궁에 거처한 자가 와서 이 왕후를 수종하던 자와 교체를 하고, 왕후를 수종하던 자는 또 오른쪽 3궁으로 와서 들어간다. 왕후를 수종하는 자가 그달 10일에 이르러 또 〈5일을〉 채우면, 왼쪽 3궁에 거처하던 자가 와서 이 왕후를 수종하던 자와 교체를 하고, 왕후를 수종하던 자는 왼쪽 3궁으로 와서 거처한다. 또 15일에 이르면 3번 모두 순번을 돌게 된다. 그러므로 "15일마다 한 순번을 돈다."고 한 것이다. '云(~라고 한다)'이라고 한 것은 正文이 없어서 鄭玄이 자신의 생각으로 보충한 것이다. 그러므로 '云'이라 하여 의문을 둔 것이다.

〔夫人如三公 從容論婦禮〕 王后는 6궁이고 夫人은 3인이 있는데, 나누어서 거처하여 순번을 돌지 않는 것은 곧 그를 존중하는 것이다. 三公은 앉아서 王과 道를 논하니, 三夫人은 존비가 삼공과 동등하다. 삼공은 왕을 모시는데, 삼부인 또한 왕후를 모신다. 그러므로 취하여 병립시킨 것은 삼부인이 궁에 나누어서 거처하지 않는 의리를 입증한 것이다.

46. 內小臣(내소신)

天-46-1

內小臣은 **掌王后之命**하고 **正其服位**하고

內小臣은 왕후의 명령을 〈출납하는 것을〉 관장하고 왕후가 입어야 할 의복과 처해야 할 위치를 바르게 한다.

【注】命은 謂使令所爲[1)]라 或言王后하고 或言后는 通耳라

1) 命謂使令所爲 : ≪說文解字≫ 口部에 "'命'은 시킨다는 뜻이다.〔命 使也〕"라고 하였고, ≪禮記≫ 〈內則〉 鄭玄의 注에 "'命'은 심부름시키는 것을 말한다.〔命謂使令〕"고 하였으니, 왕후가 궁의 안팎에 심부름시킬 일이나 구해서 할 일이 있을 경우 모두 내소신이 그 일을 관장하는 것을 말한다.〔說文口部云 命 使也 內則注云 命謂使令 謂后於宮內外有所使令及所求爲 皆掌其事也〕(≪周禮正義≫ 권14, 538쪽)

'命'은 할 일을 심부름시키는 것을 말한다. 〈경문에서〉 '王后'라고도 하고 '后'라고도 한 것은 통용될 뿐이다.

【疏】'內小'至'服位' ○釋曰 : 敍官云 "奄上士四人." 案夏官大僕云 "掌正王之服位, 出入王之大命", 則大(태)僕掌王命及服位, 此小臣亦云 '掌王后之命, 正其服位', 則小臣侍后, 與大僕侍王同也[1)].

1) 案夏官大僕云……與大僕侍王同也 : 孫詒讓에 의하면, 大僕의 속관 중에 小臣이 있는데 왕의 小命을 관장하니, 이곳 內小臣의 職掌은 小臣에 상당한다. 왕후의 궁에는 일이 적으므로 內大僕을 설치하지 않으니, 大命이든 小命이든 모두 內小臣이 관장한다.〔大僕屬官又有小臣 掌王之小命 此內小臣職掌與小臣相當. 后宮事少 故不設內大僕 則不問大命小命 皆內小臣掌也〕(≪周禮正義≫ 권14, 538쪽)

經의 〔內小〕에서 〔服位〕까지

○釋曰 : 〈天官 序官(天-0-52)〉에서 〈內小臣은〉 "奄上士 4人이 담당한다."고 하였다. 살펴보건대, 〈夏官 大僕(夏-30-01)〉에서 "〈大僕은〉 왕이 입어야 할 의복과 처해야 할 위치를 바르게 하고, 왕의 大命을 출납하는 것을 관장한다."고 하였다. 그렇다면 태복은 왕의 명령 및 의복과 위치를 관장하는 것이고, 이곳에서 小臣 또한 "왕후의 명령을 〈출납하는 것을〉 관장하고 그 의복과 위치를 관장한다."고 하였으니, 소신이 왕후를 모시는 것은 태복이 왕을 모시는 것과 같은 것이다.

○注'命謂'至'通耳' ○釋曰 : 云'命謂使令所爲'者, 以其后無外事, 明云'命'者, 是使令所爲. 云'或言王后, 或言后, 通耳'者, 以此經及上經皆云'王后', 下文則皆云'后', 鄭恐人以爲別有義意, 故云"通耳", 無義例也.

○注의 〔命謂〕에서 〔通耳〕까지

○釋曰：〔命謂使令所爲〕 왕후는 밖의 일이 없는데 '命'이라고 분명하게 말한 것은 할 일을 심부름시키는 것이기 때문이다.

〔或言王后 或言后 通耳〕 이곳 경문 및 위의 경문에서는 모두 '王后'라고 하였고, 아래 경문에서는 모두 '后'라고 하였으니, 鄭玄은 사람들이 별도로 다른 뜻이 있는 것으로 생각할까 염려하였다. 그러므로 "통용될 뿐이다."라고 한 것이니, 특별한 義例는 없는 것이다.

天-46-2

后出入에 **則前驅**니라

왕후가 궁을 출입하면, 〈內小臣은〉 앞쪽에서 수레를 몰아 길을 인도한다.

【注】道之라

인도하는 것이다.

【疏】'后出'至'前驅' ○釋曰：此小臣是奄人, 與后導道, 是其常也

經의 〔后出〕에서 〔前驅〕까지

○釋曰：이 小臣은 奄人이니, 왕후을 도와 길을 인도하는 것이 그 常道이다.

天-46-3

若有祭祀賓客喪紀면 **則擯**[1]하고 **詔后之禮事**하고 **相九嬪之禮事**하고 **正內人之禮事**하고 **徹后之俎**니라

1) 擯：行禮에서 예의 진행을 돕는 주인 쪽 사람을 '擯者'라고 한다. ≪儀禮≫ 〈士冠禮〉 鄭玄의 注에 "'擯者'는 有司로서 예의 진행을 돕는 사람이다. 주인 쪽의 사람을 '擯'이라 하고, 빈객 쪽의 사람을 '介'라고 한다.〔擯者 有司佐禮者 在主人曰擯 在客曰介〕"고 하였다. 이곳에서는 아래 정현의 注에 따라 '辭命을 전한다.'로 번역한다.

만약 祭祀·賓客 접대·喪事가 있으면, 〈內小臣은〉 왕후를 위해 辭命을 전하고, 왕후가 행해야 할 禮事를 고하고, 九嬪이 행하는 禮事를 돕고, 內人(女御)의 禮事를 바르게 하고, 왕후의 자리에 진설한 희생제기〔俎〕를 거둔다.

【注】擯爲后傳辭하고 有所求爲[1)]라 詔・相・正者는 異尊卑也[2)]라 俎는 謂后受尸之爵하여 飮于房中之俎라

1) 擯爲后傳辭 有所求爲 : 孫詒讓에 의하면, 禮經에서 '擯'이라 한 경우 接賓(빈객 접대)이나 詔禮(예를 고함)를 가리키는데, 모두 인도하여 돕는 뜻을 취한 것이다. 이곳의 '擯'도 인도하여 돕는다는 뜻이다. 이곳에서 '有所求爲'라고 한 것은 아래 문장에서 별도로 '詔禮'라고 하였으므로, 이곳의 '擯'은 禮辭가 아님을 알 수 있다. 그러므로 傳辭(辭令을 전함)로 생각한 것이지만, 실제는 하도록 요구하는 바가 있기 때문이다.(≪周禮正義≫ 권14, 539쪽 참조)

2) 詔相正者 異尊卑也 : 孫詒讓에 의하면, 詔・相・正 세 가지는 문장이 다르지만 일은 같은 것이다.〔云詔相正者 異尊卑也者 明三者文異也〕

'擯'은 왕후를 위해 辭令을 전하는 것이니, 하도록 요구하는 바가 있기 때문이다. '詔(고하다)'・'相(돕다)'・'正(바르게 하다)'은 존비에 따라 〈문장을〉 달리한 것이다. '俎'는 왕후가 시동의 술잔을 받아서 방 안에서 마실 때 〈진설한〉 희생제기〔俎〕를 말한다.

【疏】'若有'至'之俎' ○釋曰 : 云'若有祭祀賓客喪紀則擯'者, 此三者事至無常, 故云'若', 若, 不定之辭也. '則擯'者, 此三者后皆有事, 九嬪以下, 從后往也, 三事皆與后爲擯贊也. 云'詔后之禮事, 相九嬪之禮事, 正內人之禮事'者, 詔・相・正, 皆是上擯, 但據尊卑不同, 故以詔相別之. 云'徹后之俎'者, 謂后於東房中受尸酢之俎, 內小臣徹之.

經의 〔若有〕에서 〔之俎〕까지

○釋曰 : 〔若有祭祀賓客喪紀則擯〕 이 세 가지 일은 정해진 시기가 없이 이르기 때문에 '若(만약)'이라고 한 것이니, '若'은 확정하지 않는 말이다.

〔則擯〕 이 세 가지는 왕후가 모두 일을 행할 경우 九嬪 이하가 왕후를 수종하여 가는데, 세 가지 일에 〈내소신은〉 모두 왕후를 도와 擯贊이 된다.

〔詔后之禮事 相九嬪之禮事 正內人之禮事〕 고하고〔詔〕・돕고〔相〕・바르게 하는〔正〕 것은 모두 上擯이 하는 일이다. 다만 존비의 차이에 의거하여 말했기 때문에 詔・相으로 구별하였다.

〔徹后之俎〕 왕후는 東房 안에서 시동이 〈왕후에게〉 酢의 예를 행할 때 진설했던 희생제기〔俎〕를 받으니, 內小臣이 이를 거두는 것을 말한다.

○注'擯爲'至'之俎' ○釋曰 : 言'擯爲后傳辭, 有所求爲'者, 后爲上三事須物, 則小臣擯贊而傳辭, 與諸司求物, 供所爲也. 云'詔・相・正者, 異尊卑也'者, 后尊云'詔', '詔', 告而已. 九嬪稍卑, 則言'相', '相', 佐助之言也. 女御卑, 直正之而已. 云'俎謂后受尸之爵, 飮於房中之俎'者, 天子諸侯祭禮亡, 案特牲, 薦俎, 乃受尸之酢, 次主婦酳尸, 尸酢主婦, 於東房中受尸之酢, 亦有薦俎. 后之俎, 小臣所徹, 亦約與士禮主婦之俎同也.

○注의 〔擯爲〕에서 〔之俎〕까지

○釋曰 : 〔擯爲后傳辭 有所求爲〕 왕후가 위의 세 가지 일을 할 때 물건이 필요하면, 小臣이 도와서 辭令을 전하고, 여러 담당자들과 함께 물건을 구해서 할 일에 공급한다.

〔詔相正者 異尊卑也〕 王后는 존귀하므로 '詔'라고 하였으니, '詔'는 고하는 것일 뿐이다. 九嬪은 조금 비천하여 '相'이라고 했으니, '相'은 돕는다는 뜻이다. 女御은 비천하니, 곧고 바르게 할 뿐이다.

〔俎謂后受尸之爵 飮於房中之俎〕 天子와 諸侯의 祭禮는 망실되었다. 살펴보건대 〈士의 祭禮인〉 ≪儀禮≫ 〈特牲饋食禮〉에 의하면, 희생제기〔俎〕를 올리면, 이에 〈주부는〉 시동이 행하는 酢의 예를 받고, 이어서 主婦가 〈술을 따라〉 시동에게 입가심을 하게 한다. 시동이 主婦에게 酢의 예를 행한 후 東房 안에서 시동이 酢의 예를 행했던 빈 술잔을 받을 때도 또한 희생제기를 올린다. 왕후의 희생제기는 小臣이 거두는 것이니, 또한 대략 士禮(特牲饋食禮)에서 주부의 희생제기와 같은 것이다.

天-46-4

后有好事[1]于四方에 則使往하고 有好令[2]於卿大夫에도 則亦如之니라

1) 好事 : 孫詒讓에 의하면, '好事'는 恩澤의 事로 〈天官 大宰〉의 '好用', 〈天官 內饔〉의 '好賜'와 뜻이 대략 같다.(≪周禮正義≫ 권14, 539쪽 참조)
2) 好令 : 孫詒讓에 의하면, '好令' 역시 恩澤의 令으로, 內小臣에게 명령하여 전하게 한다.(≪周禮正義≫ 권14, 539쪽 참조)

왕후가 사방 제후에게 은택을 베풀 일이 있으면, 〈內小臣을〉 파견하여 가게 하고, 경・대부에게 은택을 베풀 명령이 있으면 또한 마찬가지로 한다.

【注】后於其族親所善者에 使往問遺之라

왕후는 좋아하는 족친에 대해서 〈내소신을〉 보내어 안부를 묻고 선물을 내리게 한다.

【疏】 注'后於'至'遺之' ○釋曰：'后於其族親'者，后有族親在四方，謂畿外諸侯於王有親，謂若魯衛晉鄭之等也．'於卿大夫'，亦謂同姓族在朝廷者也．王后意行所善，(遺)〔遣〕[1]小臣往以物問遺之．四方諸侯言'事'，卿大夫言'令'者，后雖無正令施與卿大夫，時有言教至焉，故云'令'也．后於畿外全無言教所及，故以'事'言之也．

1) (遺)〔遣〕：저본에는 '遺'로 되어 있으나，浦鏜의 설에 의거하여 '遣'으로 바로잡았다．(北京大 整理本의 〈校勘記〉 참조)

○注의 〔后於〕에서 〔遺之〕까지

○釋曰：〔后於其族親〕 왕후에게는 사방에 족친이 있으니，畿外의 제후는 왕에게 친속이 있음을 말하는 것으로，魯・衛・晉・鄭 등과 같은 경우를 말한다．〈경문에서〉 '경・대부에게〔於卿大夫〕'라고 한 것은 또한 동성의 일족으로서 조정에 있는 자를 말한다．왕후가 마음으로 좋아하는 이에 대해서 小臣을 보내어 가게 해서 물건을 가지고 가서 위로하고 선물을 주는 것이다．사방의 제후에 대해서는 '事(일)'라 말하였고，경・대부에 대해서는 '令(명령)'이라고 말한 것은，왕후는 비록 경・대부에게 정식 명령으로 베풀어주는 일은 없지만，때때로 言教(말로 가르침)가 이르는 경우가 있다．그러므로 '令'이라 한 것이다．왕후는 畿外의 諸侯에 대해서는 言教가 미치는 바가 전혀 없다．그러므로 '事'로 말한 것이다．

天-46-5

掌王之陰事陰令이니라

〈內小臣은〉 王의 陰事와 陰令을 관장한다．

【注】 陰事는 群妃御見之事니 若今掖庭令晝漏不盡八刻에 白錄所記로 推當御見者[1]라 陰令은 王所求爲於北宮이라

1) 若今掖庭令晝漏不盡八刻……推當御見：≪續漢書≫ 〈百官志〉에 의하면 掖庭令은 1인으로，봉록은 600石이다．衛宏의 ≪漢舊儀≫에 "掖庭令은 낮의 시간이 8刻이 다하지 않았을 때，廬監이 茵席을 깐 수레로 婕妤 이하 後庭에 이르기까지 차례로 올리면，白錄所를 방문하여 마땅히 〈왕을〉 모실 자를 추천한다．〔掖庭令晝漏未盡八刻 廬監以茵次上婕妤以下至後庭 訪白錄所 推當御見〕"고 하였다．孫詒讓은 '訪白錄所'는 '白錄所記'가 되어야 한다고 하였다．(≪周禮正義≫ 권14，540쪽 참조)

'陰事'는 妃들이 왕을 모시는 일이니, 오늘날 掖庭令이 낮의 시간이 8刻이 다하지 않았을 때 白錄所의 기록으로 마땅히 모실 자를 추천하는 것과 같다. '陰令'은 왕이 요구하는 바를 北宮(왕후의 궁)에서 만드는 것이다.

【疏】 注'陰事'至'北宮' ○釋曰：云'陰事, 群妃御見之事'者, 謂若九嬪職後鄭所云者[1]是也. 又云'陰令, 王所求爲於北宮'者, 王於北宮求爲, 謂若縫人·女御爲王裁縫衣裳及絲枲織紝之等, 皆是王之所求索, 王之所造爲者也. 言'北宮'者, 對王六寢在南, 以后六宮在北, 故云'北宮'也.

1) 若九嬪職後鄭所云者：〈天官 九嬪(天-50-1)〉 鄭玄의 注에 "무릇 妃들이 〈왕을〉 모시는 법은, 月(달)과 后妃의 별자리가 그 象이다. 신분이 낮은 자는 마땅히 먼저 모셔야 하고, 신분이 존귀한 자는 마땅히 뒤에 모셔야 하니, 女御 81인은 9일 저녁을 담당하여 모시고, 世婦 27인은 3일 저녁을 담당하여 모시고, 九嬪 9인은 1일 저녁을 담당하여 모시고, 三夫人은 1일 저녁을 담당하여 모시고, 王后는 1일 저녁을 담당하여 모시니, 또한 15일에 한 순번을 돈다고 한다. 望日(15일) 이후에는 이와 반대로 한다.〔凡群妃御見之法 月與后妃 其象也 卑者宜先 尊者宜後 女御八十一人當九夕 世婦二十七人當三夕 九嬪九人當一夕 三夫人當一夕 后當一夕 亦十五日而徧云 自望後反之〕"고 하였다.

○注의 〔陰事〕에서 〔北宮〕까지

○釋曰：〔陰事群妃御見之事〕 〈天官 九嬪(天-50-1)〉에서 鄭玄이 말한 바 같은 것이 이것임을 말한다.

〔陰令 王所求爲於北宮〕 왕이 北宮에 요구하는 것이니, 예컨대 縫人과 女御가 왕을 위해 衣裳을 재봉하고 명주를 짜고 삼베를 짜고 비단을 짜는 것 등을 말하니, 모두 왕이 요구하는 것이고 왕이 만들게 하는 것이다. '北宮'이라고 말한 것은 왕의 六寢은 남쪽에 있고, 왕후의 六宮을 북쪽에 있으므로 '北宮'이라 한 것이다.

47. 閽人(혼인)

天-47-1

閽人은 掌守王宮之中門之禁하여

閽人은 王宮의 中門을 지키는 금령을 관장하여 〈출입하는 자들을 기찰하는데,〉

【注】中門은 於外內爲中이니 若今宮(闈)〔闕〕[1)]門이라 鄭司農云 王有五門하니 外曰皐門이요 二曰雉門이요 三曰庫門이요 四曰應門이요 五曰路門이니 路門은 一曰畢門이라 玄謂雉門은 三門也[2)]니 春秋傳曰 雉門災에 及兩觀[3)]이라하니라

1) (闈)〔闕〕: 저본에는 '闈'으로 되어 있으나 宋本·嘉靖本·毛本에 의거하여 '闕'로 바로잡았다.(阮元의 〈校勘記〉 및 北京大 整理本의 〈校勘記〉 참조)

2) 玄謂雉門 三門也 : 鄭玄은 세 번째 문인 '雉門'을 中門으로 해석하였지만, 孫詒讓은 路門이 內門이고, 皐門이 外門이며, 나머지 庫門·雉門·應門의 3문은 내문과 외문의 사이에 위치하기 때문에 통틀어 '中門'이라고 한다고 하였다. 한편 金鶚은 外門(皐門)에도 문을 지키는 사람을 배치하는데, 中門의 금령이 엄하기 때문에 특별히 '중문'만을 말한 것일 뿐 외문에 금령이 없다는 뜻은 아니라고 하였다.(≪周禮正義≫ 권14, 541쪽, 543쪽 참조)

3) 兩觀 : 천자와 제후의 宮門에는 모두 臺를 쌓는데, 臺 위로 지붕을 얹은 것을 '臺門'이라 한다. 천자의 경우, 臺門 양쪽으로 특별히 지붕을 만들어 門屋의 위로 높게 솟게 하는데, 이를 '兩觀' 혹은 '雙闕'이라 한다. 제후는 兩觀을 만들 수 없기 때문에 門臺 위의 정중앙에 특별히 지붕을 높게 하여 다른 門臺 위로 솟아나게 한다. 이를 '一觀'이라 한다. '兩觀'이나 '一觀' 모두 우뚝하게 높이 솟아 있기 때문에 모두 '巍闕'이라 통칭한다. 臺나 觀에는 모두 法典, 즉 '治象의 법전'을 걸어둘 수 있기 때문에 모두 '象魏'라고도 칭한다.(≪周禮正義≫ 권4, 122쪽 참조)

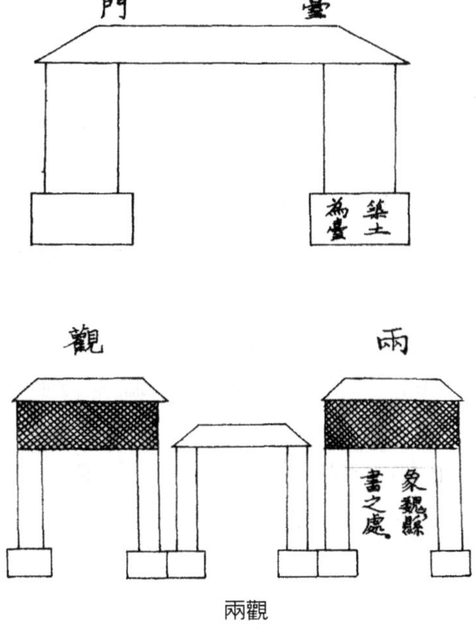

兩觀

中門은 밖과 안에서 가운데가 되니, 오늘날 宮闕門과 같은 것이다. 鄭衆은 "王은 五門이 있는데, 바깥쪽(남쪽) 문이 皐門이고, 두 번째 문이 雉門이고, 세 번째 문이 庫門이고, 네 번째 문이 應門이고, 다섯 번째 문이 路門이다. 路門은 畢門이라고도 한다."고 하였다. 나(鄭玄)는 생각건대, 雉門이 세 번째 문이다. ≪春秋公羊傳≫ 定公 2년(B.C. 508) 여름 5월 조에 "雉門에 화재가 일어나서 兩觀에까지 불길이 번졌다."고 하였다.

【疏】'閽人'至'之禁' ○釋曰 : 言'閽人'者, 墨者使守門, 閽人守王宮中門耳[1]. '中門'者, 王有五門, 雉門爲中門. 掌守雉門之禁, 譏其出入(之)[2]者也.

1) 墨者使守門 閽人守王宮中門耳 : '墨者使守門'은 〈秋官 掌戮(秋-20-6)〉의 경문이다. 〈秋官 掌戮〉에서 "墨의 형벌을 받은 사람에게 門을 지키게 하고, 劓의 형벌을 받은 사람에게 關門을 지키게 하고, 宮의 형벌을 받은 사람에게 宮內를 지키게 하고, 刖의 형벌을 받은 사람에게 苑囿를 지키게 하고, 髡의 형벌을 받은 사람에게 委積(빈객에게 보내주는 물품)을 지키게 한다.〔墨者使守門 劓者使守關 宮者使守內 刖者使守囿 髡者使守積〕"고 하였다. 孫詒讓에 의하면, 墨・劓 이하 모든 刑人은 형벌을 받은 후에 각각 職事를 맡아 일을 하게 된다. 이곳에서는 각각 그 다수를 차지하는 사람을 들어서 말할 것일 뿐으로 宮의 형벌을 받은 사람이 반드시 宮內를 지키는 것으로 기필할 필요는 없으며, 나머지 4가지의 경우도 마찬가지라고 하였다.〔此言墨劓以下刑人 旣刑之後 各任以職事 皆據其多者而言 宮者不必定守內 餘四者 當亦然也〕 즉 門을 지키는 사람들 가운데에는 墨의 형벌을 받은 사람이 다수를 차지할 뿐이지 劓의 형벌을 받은 사람이 門을 지키는 경우도 있으며, 또 關을 지키는 사람들 가운데에는 劓의 형벌을 받은 사람이 다수를 차지할 뿐이지 墨의 형벌을 받은 사람이 關을 지키는 경우도 있다는 뜻이다. 또 손이양은 '墨의 형벌을 받은 사람에게 門을 지키게 한다.'는 것은 司門의 徒로서 王城의 12門을 지키는 경우를 말한 것이며, 여러 官府와 廏庫의 門에도 墨의 형벌을 받은 사람에게 지키게 하는 경우도 있다고 하였다. 賈公彦은 閽人은 王의 中門만을 지킨다고 하였지만, 손이양은 王宮의 閽人은 곧 奄人이니, '宮者守內(궁의 형벌을 받은 사람에게 궁 내를 지키게 한다.)'에 포함되는 사람으로 墨의 형벌을 받은 사람이 아니라고 그 잘못을 비판하였다.〔賈疏謂此卽閽人掌守王中門之禁令者 非也 王宮之閽人 乃奄人 卽在後宮者守內之中 非墨者也〕(≪周禮正義≫ 권69, 2879쪽 참조)

2) (之) : 저본에는 '之'가 있으나, 孫詒讓의 설에 의거하여 衍文으로 처리하였다.(北京大 整理本 및 上海古籍 整理本의 〈校勘記〉 참조)

經의 〔閽人〕에서 〔之禁〕까지

○釋曰 : '閽人'이라고 말한 것은 墨의 형벌을 받은 사람에게 門을 지키게 하는데, 閽人은 王宮의 中門을 지킬 뿐이기 때문이다. '中門'이란 王은 五門이 있는데, 雉門이 중문이 된다. 〈혼인은〉 치문을 지키는 금령을 관장하여 출입하는 자들을 기찰한다.

○注中門至兩觀 ○釋曰 : '中門於外內爲中'者, 雉門外有皐・庫, 內有應・路, 故云"於外內爲中."也. '鄭司農云 王有五門', 庫門在雉門內, 爲中門. '路門一曰畢門'者, 取

尙書顧命云 "二人爵弁[1), 立於畢門[2)之內." 言'路門'者, 路, 大也. 人君所居皆曰路, 以大爲名. 言'畢門'者, 從外而入, 路門爲終畢. '玄謂雉門, 爲三門'者, 破先鄭雉門爲二門. 必知雉門爲中門者, 凡平諸侯三門, 有皐・應・路, 詩云 "乃立皐門, 皐門有亢. 乃立應門, 應門將將"者, 是也. 若魯三門則有庫・雉・路, 故明堂位說魯制(三)〔二〕[3)兼四, 云 "庫門, 天子皐門", 則庫門向外兼皐門矣. 又云 "雉門, 天子應門", 則雉門向內兼應門矣. 旣言庫門向外兼皐門, 雉門向內兼應門, 則天子五門, 庫門在雉門外明矣. 又引春秋傳者, 定公二年 "夏五月壬辰, 雉門及兩觀災" 公羊傳曰 "曷爲不言雉門災及兩觀. 主災者兩觀也. 主災者兩觀, 則曷爲後言之. 不以微及大也.[4)" 今鄭所引, 不與彼傳同者, 鄭勦傳, 非彼正文也. 引之者, 證魯有三門, 雉門有兩觀爲中門, 則知天子五門, 雉門亦爲中門有兩觀矣.

1) 爵弁 : 禮冠의 일종으로, 冕冠보다 한 등급 낮다. 형태는 冕과 같은데, 旒(구슬을 꿴 줄)가 없다. 적색에 옅은 검은색을 띠는 30승의 베로 만든다. '爵'은 '雀'과 통하며, 관의 색이 雀 즉 참새의 머리처럼 검붉은색이므로 '작변'이라고 한다. 이 '작변'에 纁裳(옅은 진홍색 치마)・純衣(검은색 비단 웃옷)・緇帶(검은색 비단으로 가선 장식을 한 허리띠)・韎韐(적황색 무릎가리개) 등을 배합하여 착용하는 복장을 '爵弁服'이라 하는데, 大夫가 家廟에서 제사를 지내거나, 士가 군주의 제사를 도울 때 입는 복장이다. 士冠禮에서 세 번째 관을 씌울 때, 士昏禮에서 親迎할 때에도 이 복장을 입는다.(≪三禮辭典≫, 1159쪽 참조.)

2) 畢門 : ≪尙書正義≫ 〈顧命〉 孔安國의 傳에 "路寢門은 일명 畢門이라고도 한다.〔路寢門一名畢門〕"고 하였다.

3) (三)〔二〕 : 저본에는 '三'으로 되어 있으나, 孫詒讓의 설에 의거하여 '二'로 바로잡았다.(上海古籍 整理本의 〈校勘記〉 참조)

4) 不以微及大也 : ≪春秋公羊傳譯註≫(上海古籍出版社)의 역주를 보면, ≪春秋公羊傳何休解詁≫에 雉門과 兩觀은 모두 天子의 制度인데, 門은 그 主가 되고 觀은 그 飾이 되므로 경미한 것이라고 하였다.

○注의 〔中門〕에서 〔兩觀〕까지

○釋曰 : 〔中門於外內爲中〕 雉門 바깥쪽(남쪽)에는 皐門과 庫門이 있고, 안쪽(북쪽)에는 應門과 路門이 있다. 그러므로 "〈中門은〉 밖과 안에서 가운데가 된다."고 한 것이다.

〔鄭司農云 王有五門〕 庫門은 雉門의 안쪽(북쪽)에 있으니, 中門이 된다.

〔路門一曰畢門〕 ≪尙書≫ 〈顧命〉에 "두 사람은 爵弁을 착용하고, 畢門 안에 서 있었다."고 한 것에서 취한 것이다. '路門'이라고 한 것은, '路'는 크다〔大〕는 뜻이다. 군주가 거

처하는 곳은 모두 '路'라고 하니, 크다〔大〕는 뜻으로 명칭을 삼은 것이다. '畢門'이라고 말한 것은, 밖으로부터 들어와서 路門에 이르러 끝나기〔終畢〕 때문이다.

〔玄謂雉門 爲三門〕 鄭衆이 雉門을 두 번째 문이라고 한 것을 부정한 것이다. 반드시 雉門이 中門이 됨을 알 수 있는 것은, 일반적으로 諸侯는 三門을 세우는데, 皐門·應門·路門이다. 《詩經》 〈大雅 綿〉에 "이에 皐門을 세우니, 皐門이 우뚝하네. 이에 應門을 세우니, 應門이 반듯하네."라고 한 것이 이것이다. 魯나라의 경우 三門이니, 庫門·雉門·路門이 있다. 그러므로 《禮記》 〈明堂位〉에서 魯나라의 제도는 2개의 문이 4개의 문을 겸함을 설명하면서 "庫門은 天子의 皐門처럼 세운다."고 하였으니, 庫門은 바깥쪽(남쪽)으로 향하여 皐門을 겸하는 것이다. 또 "雉門은 天子의 應門처럼 세운다."고 하였으니, 雉門은 안쪽(북쪽)으로 향하여 應門을 겸하는 것이다. 이미 庫門이 바깥쪽으로 향하여 皐門을 겸하고, 雉門이 안쪽으로 應門을 겸한다고 말하였으니, 天子의 五門에서 庫門은 雉門의 바깥쪽에 있는 것이 분명하다.

또 〈鄭玄이〉 《春秋傳》에서 인용한 것은, 定公 2년 조의 〈경문에〉 "여름 5월 壬辰日에 雉門과 兩觀에 火災가 났다."고 하였는데, 《春秋公羊傳》에서는 "어째서 '雉門에 화재가 일어나서 兩觀에까지 불길이 번졌다.'고 말하지 않은 것인가? 화재가 일어난 곳은 兩觀이기 때문이다. 화재가 일어난 곳이 兩觀이라면, 어째서 〈兩觀을〉 뒤쪽에 말한 것인가? 경미한 것(兩觀)을 가지고 중요한 것(雉門)을 언급하지 않은 것이다."라고 하였다. 이제 정현이 인용한 바가 저 《춘추공양전》과 같지 않은 것은, 정현은 《춘추공양전》의 傳文인 〈"雉門災及兩觀"을〉 따다 쓴 것이고 그곳(定公 2년 조)의 正文(經文)을 쓴 것이 아니기 때문이다. 〈정현이〉 이를 인용한 것은 魯나라에는 三門이 있는데, 雉門에 兩觀을 세워 中門이 됨을 증명한 것이다. 그렇다면 天子의 五門에서도 雉門이 또한 中門이 되어 兩觀을 세우는 것이다.

天-47-2

喪服凶器를 不入宮하고 潛服賊器를 不入宮하고 奇服怪民을 不入宮이니라

喪服을 입거나 凶器(明器)를 들고 있는 자는 궁 안에 들어가지 못하게 하고, 의복 안에 몰래 갑옷을 껴입거나 사람을 해치는 병기를 소지한 자는 궁 안에 들어가지 못하게 하고, 기이한 복장을 하거나 정신이 온전하지 못한 자는 궁 안에 들어가지 못하게 한다.

【注】喪服은 衰(최)絰[1)]也요 凶器는 明器[2)]也라 潛服은 若衷甲[3)]者요 賊器는 盜賊之任器[4)]니 兵物皆有刻識(지)이라 奇服은 衣非常이니 春秋傳曰 尨奇無常[5)]이라 怪民은 狂易(이)[6)]라

1) 衰(최)絰 : '衰'는 상복의 상의와 하의를 말하고, '絰'은 수질과 요질을 말한다. ≪儀禮≫ 〈喪服〉 鄭玄의 注에 "상복은 상의를 '衰'라 하고, 하의를 '裳'이라 한다. 麻를 머리에 두르거나 허리에 두르거나 모두 '絰'이라고 한다. '絰'이라는 글자는 진실하다는 뜻으로, 효자에게 진실한 마음이 있음을 밝히기 위해서 이 복을 제정한 것이다.〔凡服 上曰衰 下曰裳 麻在首在要皆曰絰 絰之言實也 明孝子有忠實之心 故爲制此服焉〕"라고 하였다. '絰'에는 두 가지가 있는데, 모두 麻로 만든다. 머리에 있는 것을 '首絰'이라 하고, 허리에 있는 것을 '腰絰'이라 한다. 이곳의 '絰'은 이 두 가지를 겸하여 말한 것이다.

2) 明器 : '冥器'라고도 하는데, 隨葬을 위해 제작한 기물로서 神明에게 바치는 용도로 사용된다. 食具・用具・樂器・兵器・燕器・犬畜 등이 있는데, 일반적으로 竹・木・陶土로 만든다. ≪禮記≫ 〈檀弓 下〉에 "明器라고 한 것은 神明으로 대하기 때문이다. 塗車와 芻靈은 예로부터 있었으니, 明器의 의미를 가지고 있다.〔其曰明器 神明之也 塗車芻靈 自古有之 明器之道也〕"라고 하였다.

3) 衷甲 : 겉옷 속에 금속이나 가죽으로 만든 갑옷을 입는다는 뜻이다. ≪春秋左氏傳≫ 襄公 27년(B.C. 546) 조에 "辛巳日에 宋나라 西門 밖에서 盟約하려 할 때 楚人이 속에 갑옷을 입었다.〔辛巳 將盟於宋西門之外 楚人衷甲〕"고 하였는데, 杜預의 注에 "갑옷을 겉옷 안에 입고서 會盟하는 기회를 이용해 晉軍을 襲擊하려 한 것이다.〔甲在衣中 欲因會擊晉〕"라고 하였다.

4) 任器 : 사용하는 병기를 말한다. 〈地官 牛人(地-14-7)〉에 "以載公任器(공용의 기물을 운반한다.)"고 하였는데, 鄭玄의 注에서는 "任은 用(사용한다)과 같다.〔任猶用也〕"고 하였고, 賈公彦의 疏에서는 "〈정현이〉 '任은 用과 같다.'고 말한 것은 군대에서 필요로 하는 기물이 모두 이것임을 말한 것이다.〔云任猶用也者 謂在軍所須之器物皆是也〕"라고 하였다.

5) 尨奇無常 : '尨'은 偏衣 즉 잡색의 옷을 말하고, '奇'는 기괴한 옷을 말한다. ≪春秋左氏傳≫ 閔公 2년(B.C. 660) 조 杜預의 注에 "雜色은 奇怪하니 正常의 옷이 아니다.〔雜色奇怪 非常之服〕"라고 하였고, 또 "韋弁服(붉은 가죽으로 弁을 만들고, 또 그것으로 윗옷과 치마를 만든 왕 및 제후・경대부의 兵服)이 군대의 常服이다. 尨은 偏衣이다.〔韋弁服 軍之常也 尨 偏衣〕"라고 하였다.

6) 狂易(이) : 陸德明에 의하면, '易'의 음은 '이'와 '양' 두 가지이다. ≪經典釋文≫ 권8 〈周禮音義 上 天官冢宰〉에서 "易의 음은 以와 豉의 反切이다. 徐邈은 음이 陽이라고 하였다.〔易以豉反 徐音陽〕"고 하였다. ≪後漢書≫ 〈陳忠傳〉 李賢의 注에 "狂易는 미쳐서 성품이 경솔한 것을 말한다.〔狂易謂狂而性易也〕"고 하였고, ≪漢書≫ 〈外戚傳 下 孝元馮昭

儀〉에서는 "張由는 평소 狂易病(정신착란증)을 앓았다."고 하였는데, 顏師古의 注에서는 "狂易은 미쳐서 평상시의 성품이 바뀌는 것이다.〔狂易者 狂而變易常性也〕"라고 하였다.

'喪服'은 衰(상복의 상의와 하의)와 絰(수질과 요질)을 말한다. '凶器'는 明器이다. '潛服'은 衷甲(겉옷 속에 갑옷을 입는 것)과 같은 것이다. 賊器는 도적들이 사용하는 병기이니, 兵物에는 모두 새겨 넣은 표식이 있다. '奇服'은 옷이 평범하지 않음을 말한다. ≪春秋左氏傳≫ 閔公 2년(B.C. 660) 조에 "잡색의 기괴한 옷은 正常의 服이 아니다."라고 하였다. '怪民'은 미쳐서 성품이 경솔한 사람을 말한다.

【疏】注'喪服'至'狂易'○釋曰：'鄭云 喪服, 衰絰也'者, 案下曲禮云 "苞屨[1], 扱(삽)衽[2], 厭(엽)冠[3]不入公門", 苞屨, 謂杖齊衰(자최), 扱衽, 斬衰初死服, 厭冠, 緦・小功冠. 檀弓云 "士唯公門脫齊衰", 服問〔注〕[4]云 "大功免絰", 鄭云"衰絰", 義出於彼也. 云'凶器, 明器也'者, 案士喪禮, 主人所造曰明器, 賓客所致曰就器[5]. 此經凶器, 亦應兼有就器, 而云'凶器, 明器'者, 以主人明器爲主也. 云'潛服, 若衷甲'者, 謂若襄公二十七年 "將盟于宋西門之外, 楚人衷甲"是也. 云'兵物皆有刻識'者, 案定十年, "侯犯以郈叛, 叔孫氏之甲有物"[6]是也. 云'奇服, 衣非常. 春秋傳曰尨奇無常'者, 案閔二年, 晉使大子申生伐東山皐落氏, 衣以偏衣[7], 佩之金玦(결)[8]. 罕夷曰 "尨奇無常, 金玦不復", 先丹木曰 "狂夫阻之"是也.

1) 苞屨：누런 띠풀로 엮어서 만든 신발로, 상을 당했을 때 신는다. ≪禮記≫ 〈曲禮 下〉 鄭玄의 注에 "'苞'는 藨(표)이니, 자최의 상을 당했을 때 신는 누런 띠풀로 엮어서 만든 짚신이다. '苞'는 어떤 본에는 '菲'로 되어 있다.〔苞 藨也 齊衰之菲也 苞或爲菲〕"고 하였다. 清代의 郝敬은 '藨'와 '蒯'는 모두 풀인데, '菅(억새풀)'보다 조금 세밀하다고 하였다.〔藨蒯皆草 而較細於菅〕. '藨'(물고랭이)는 '蒯'(황모)의 일종으로 물가에서 자라는데, 높이가 4척 정도이고, 줄기로 자리, 새끼, 신발 등을 만든다. '蒯'도 풀이름으로, 물가에서 자란다. (≪儀禮正義≫ 권21, 1384쪽 참조.)

2) 扱(삽)衽：상을 당했을 때 옷자락을 허리띠에 꽂는 것을 말한다. 陳澔는 "深衣의 앞 옷자락을 허리띠에 꽂는 것이다. 대체로 부모가 막 돌아가셨을 때 상주가 울부짖으며 뛰는데 〈옷자락이〉 밟혀서 방해가 되므로 〈옷자락을〉 허리띠에 꽂는 것이다.〔扱衽 以深衣前衽 扱之於帶也 蓋親初死時 孝子以號踊 履踐爲妨 故扱之也〕"라고 하였다.(≪禮記集說≫ 〈曲禮 下〉)

3) 厭(엽)冠：喪冠의 명칭이다. 吉冠에는 纚(머리를 동여매는 수건)가 있고 梁(관 테두리의 앞쪽에서부터 덮어서 관의 뒤쪽까지 이어지는 부분)이 있는데, 喪冠에는 그것이 없다. 그러므

로 그 관의 모양이 눌려서 납작하다. ≪禮記≫ 〈曲禮 下〉 鄭玄의 注에 "'厭'은 伏(엎드린다, 납작하다)'과 같다. 喪冠은 납작하게 엎드려 있는 모양이다.〔厭 猶伏也 喪冠厭伏〕"라고 하였다.

4) 〔注〕 : 저본에는 '注'가 없으나, '云' 앞에 '注'가 빠져 있는 것이라는 孫詒讓의 說에 의거하여 보충하였다.(上海古籍 整理本의 〈校勘記〉) ≪禮記≫ 〈服問〉 鄭玄의 注에 "公門에서(지팡이를 하지 않는 자최의 경우) 자최복을 벗는 것이 있다면, 대공복의 경우 首絰을 벗는 것이 있다.〔於公門有免齊衰 則大功有免絰也〕"고 하였다.

5) 士喪禮……賓客所致曰就器 : 이곳의 '士喪禮'는 오늘날의 ≪儀禮≫ 〈旣夕禮〉를 가리킨다. 今本 ≪의례≫의 〈사상례〉와 〈기석례〉는 본래 한 편이었는데, 그 편폭이 길어서 2편으로 나누고, 그 상편은 그대로 〈사상례〉라고 하였고, 하편은 〈기석례〉로 칭하였다.(丁鼎, ≪新定三禮圖≫, 586쪽 참조) ≪의례≫ 〈기석례〉에 "若就器 則坐奠于陳(만약 진기한 노리갯감이라면, 明器를 진설한 곳에 나아가 앉아서 올린다.)"이라고 하였는데, 鄭玄의 注에서는 "'就'는 '善(훌륭하다)'과 같다. 贈送하는 물건은 정해진 것이 없고, 단지 진기한 노리갯감 가운데 가지고 있는 것을 사용한다.〔就猶善也 贈無常 唯玩好所有〕"고 하였다. 〈天官 宰夫(天-3-8)〉 鄭玄의 注에 "'器'는 〈무덤에 함께 매장하기 위해〉 보내주는 明器를 가리킨다.〔器 所致明器也〕"고 하였는데, 賈公彦은 "이곳의 贈送하는 사람은 또한 빈객으로, 就器를 보내주는 것이다. 그런데 〈鄭玄이〉 '明器'라고 말한 것은 서로 보완하여 말한 것이다. 즉 ≪禮記≫ 〈檀弓 上〉에서 '대나무 그릇은 쓸 수가 없고〔不成用〕, 질그릇은 광택을 내지 않고〔不成味〕, 나무 그릇은 깎지 않고〔不成斲〕, 금슬은 벌여놓되 조율하지 않는다.'고 말한 것 등이니, 이는 주인의 明器이다. 빈객이 보내준 것은 '就器'라고 부른다. '就'는 제대로 이루어졌다〔成〕는 뜻이다. 훌륭하게 만든 것을 가리키므로 '就器'라고 명명한 것이다. 〈그러나〉 총체적으로 말하면 모두 죽은 사람을 神明으로 여기는 기물이므로 이 '就器'도 또한 '明器'라 칭한다.〔此贈與人 亦是賓客就器 而云明器者 相對言之 則檀弓云 竹不成用 瓦不成味 木不成斲 琴瑟張而不平之等 是主人之明器 賓客所致者 謂之就器 就 成也 謂善作之 名爲就器 揔而言之 皆是神明死者之器 故此就器亦名明器也〕"고 하였다.

6) 侯犯以郈叛 叔孫氏之甲有物 : ≪春秋左氏傳≫ 定公 10년(B.C. 500) 조에 "駟赤은 먼저 宿을 향해 떠나고, 侯犯은 그 뒤를 따랐는데, 하나의 門을 나올 때마다 郈人은 그 문을 닫아버렸다. 外城의 城門에 이르자, 후인이 후범을 제지하면서 '당신이 叔孫氏의 갑옷을 입고 나가니, 有司가 만약 갑옷을 잃어버렸다고 꾸짖는다면, 저희들은 죽임을 당할까 두렵습니다.'라고 하였다. 그러자 사적은 '叔孫氏의 갑옷에는 표식〔物〕이 있으니 나는 감히 이 갑옷을 입고 나가지 않겠다.'고 하였다.〔駟赤先如宿 侯犯殿 每出一門 郈人閉之 及郭門 止之曰 子以叔孫氏之甲出 有司若誅之 群臣懼死 駟赤曰 叔孫氏之甲有物 吾未敢以出〕"라고 하였다. 杜預의 注에는 "物은 표식이다.〔物 識也〕"라고 하였고, 林堯叟의 附注에는 "叔孫氏

의 갑옷에는 獨自의 표식이 있어 구별할 수 있으니, 우리는 감히 이 갑옷을 입고서 出奔하려 한 적이 없다는 말이다.〔言叔孫氏之甲 自有識別 我未嘗敢以之出奔〕"라고 하였다.

7) 偏衣 : 偏衣는 두 가지 색을 합하여 만든 옷으로, ≪春秋左氏傳≫ 閔公 2년(B.C. 660) 條의 杜預의 注에 "偏衣는 좌우의 색깔이 다른 옷으로, 그 반쪽의 색깔이 獻公의 服色과 같은 것이다.〔偏衣 左右異色 其半似公服〕"라고 하였다.

8) 金玦(결) : 고리〔環〕와 유사한데 중간이 끊겨 이어지지 않은 청동제의 패옥을 말한다. '金玦衣尨'은 군주가 그 아들을 버리는 것을 비유한다.

○注의 〔喪服〕에서 〔狂易〕까지

○釋曰 : 〔鄭云 喪服 衰絰也〕 살펴보건대 ≪禮記≫ 〈曲禮 下〉에 "누런 띠풀로 만든 신발〔苞屨〕을 신거나 深衣의 옷자락을 허리띠에 꽂거나〔扱衽〕 厭冠을 쓴 사람은 公門에 들어가지 못한다."고 하였는데, '苞屨'는 齊衰杖期(喪杖을 짚고 일 년 동안 입는 齊衰服)의 喪을 당했을 때 신는 신발이고, '扱衽'은 斬衰의 喪에서 막 돌아가셨을 때 입는 옷차림이고, '厭冠'은 緦麻나 小功의 喪을 당했을 때 쓰는 冠이다. ≪예기≫ 〈檀弓 下〉에 "士는 오직 公門에서만 齊衰의 복을 벗는다."고 하였고, ≪예기≫ 〈服問〉 鄭玄의 注에서는 "大功服의 경우 首絰을 벗는다."고 하였으니, 정현이 "〈喪服은〉 衰(상복의 상의와 하의)와 絰(수질과 요질)을 말한다."고 한 것은 뜻이 이곳에서 나온 것이다.

〔凶器 明器也〕 살펴보건대 ≪儀禮≫ 〈士喪禮〉에 의하면 主人이 만든 것을 '明器'라고 하고, 賓客이 보내온 것을 '就器'라고 한다. 이곳 경문의 '凶器'는 또한 마땅히 就器를 겸하는 것인데, 〈정현이〉 "흉기는 명기이다."라고 말한 것은, 주인의 명기를 위주로 삼았기 때문이다.

〔潛服若衷甲〕 ≪春秋左氏傳≫ 襄公 27년(B.C. 546) 조에 "宋나라 西門 밖에서 盟約하려 할 때 楚人이 속에 갑옷을 입었다."고 한 것과 같은 것이 이것임을 말한다.

〔兵物皆有刻識〕 살펴보건대 ≪춘추좌씨전≫ 定公 10년(B.C. 500) 조에 "侯犯이 郈邑 사람들을 거느리고서 반란을 일으켰는데, 叔孫氏의 갑옷에는 표식〔物〕이 있었다."고 한 것이 이것이다.

〔奇服 衣非常 春秋傳曰尨奇無常〕 살펴보건대 ≪춘추좌씨전≫ 閔公 2년(B.C. 660) 조에 의하면, 晉 獻公이 太子 申生을 보내어 東山의 皐落氏를 토벌하게 할 때 〈태자에게〉 偏衣를 입히고 金玦을 채워주었는데, 罕夷는 "잡색의 기괴한 옷은 正常의 옷이 아니고, 金玦은 돌아오지 말라는 뜻이다."라고 하였고, 朱丹木은 "이 옷은 미친 사람도 입지 않으려 할 것이다."라고 한 것이 이것이다.

天-47-3

凡內人[1)]公器賓客無帥이면 **則幾其出入**하고

1) 內人 : 鄭玄은 '內人'은 주로 九御(女御)를 지칭한다고 하였다.(〈天官 內宰(天-45-13)〉 및 〈天官 寺人(天-48-1)〉 鄭玄의 注) 그러나 孫詒讓은 ≪周禮≫의 경문에 '內人'이 모두 6번 등장하는데, 위로는 女御에서 아래로는 女酒, 女籩, 內工 등을 포괄한다고 하였다.(≪周禮正義≫ 권13, 531쪽 참조)

무릇 內人・公家의 기물을 소지한 자・인솔하는 사람이 없는 賓客의 경우 〈閽人은〉 그 출입을 기찰하며,

【注】 三者之出入에 當須使者符節이라야 乃行이라 鄭司農云 公器는 將持公家器出入者라 幾는 謂無將帥引之者면 則苛其出入이라

3가지 유형의 사람들이 출입할 경우, 마땅히 使者의 符節이 있어야 비로소 통과할 수 있다. 鄭衆은 "'公器'는 公家의 기물을 소지하고 출입하는 자를 말한다. '幾'는 인솔하는 장수가 없을 경우 그 출입을 엄격히 하는 것을 말한다."고 하였다.

【疏】 注'三者'至'出入' ○釋曰 : 云'當須使者符節'者, 道路用旌節[1)], 乃得行耳.

1) 道路用旌節 : 〈地官 掌節(地-39-4)〉 鄭玄의 注에 의하면 '道路'는 鄕遂를 가리키며, 孫詒讓의 說에 의하면 '旌節'은 대나무로 만든 장대 위에 새의 깃털이나 흰색의 牦牛 꼬리를 묶어서 만든 것이다.(≪周禮譯注≫, 295쪽 참조) 〈地官 掌節(地-39-4)〉에 "國都의 城門이나 關門을 출입할 때는 符節을 사용하고, 화물을 운송할 때는 璽節을 사용하고, 道路를 통행할 때는 旌節을 사용한다.〔門關用符節 貨賄用璽節 道路用旌節〕"고 하였다. '符節'은 대나무로 만드는데, 그 위쪽에 글자를 써서 둘로 나누어 각각 하나씩을 취하고, 그것을 합해서 符信으로 삼는다. 司門이나 司關이 발급하는 것으로, 이를 휴대하여 통행증으로 삼는다.

○注의 〔三者〕에서 〔出入〕까지

○釋曰 : 〔當須使者符節〕 도로를 통행할 경우 旌節을 사용해야 비로소 통과할 수 있다.

天-47-4

以時啓閉니라

시간에 맞추어 宮門을 열거나 닫는다.

【注】時는 漏盡[1]이라

1) 漏盡 : 古代에는 漏壺(물시계)로 시간을 쟀다. '漏盡'은 刻漏(물시계)의 물이 다 없어진다는 뜻으로 깊은 밤이나 동틀 무렵을 가리킨다. 蔡邕의 ≪獨斷≫ 卷下에 "夜漏(밤의 물시계)의 물이 다 없어져 〈아침이 되어〉 북이 울리면 일어나고, 晝漏(낮의 물시계)의 물이 다 없어져 〈밤이 되어〉 종이 울리면 휴식을 취한다.〔夜漏盡 鼓鳴則起 晝漏盡 鍾鳴則息也〕"고 하였다. 여기서는 夜漏의 물이 다 없어지면 宮門을 열고, 晝漏의 물이 다 없어지면 궁문을 닫는다는 뜻이다.

'時'는 물시계의 물이 다 없어진다는 뜻이다.

【疏】'時漏盡' ○釋曰 : 漏盡者, 謂若夏至, 晝則日見之漏六十刻, 夜則四十刻. 冬至, 晝則日見漏四十刻, 夜則六十刻. 就時之間, 大判九日(挍)〔校〕[1]一刻[2].

1) (挍)〔校〕: 저본에는 '挍'로 되어 있으나, 北京大 整理本과 上海古籍 整理本에 의거하여 '校'로 바로잡았다.

2) 一刻 : '刻'은 漏壺로 시간을 계산하던 고대의 시간을 재는 단위로, 하루 晝夜를 100刻으로 나누었다. 漢나라 哀帝 시기에 20刻을 더해 하루를 120刻으로 나누었다. 梁나라 武帝 天監 연간에는 8刻을 1辰으로 하여 하루를 12辰 즉 96刻으로 나누었는데, 오늘날로 치면 1刻은 15분이 된다. '漏壺'는 작은 구멍이 뚫린 壺 안에 눈금을 새긴 漏箭을 설치하고 물이 줄어드는 양을 살펴서 시간을 헤아렸다.

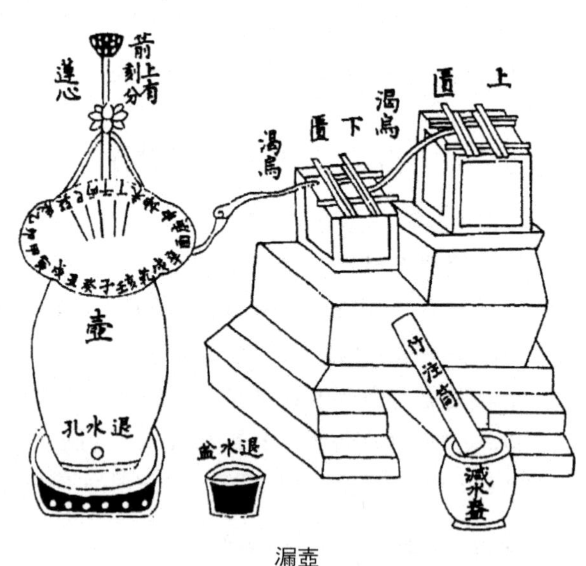

漏壺

經의 〔時漏盡〕

○釋曰 : '漏盡'은 夏至의 경우 낮에는 해가 나타날 때의 시간은 60刻이고 밤에는 40刻이며, 冬至의 경우 낮에는 해가 나타날 때의 시간은 40각이고 밤에는 60각이 되는 것 같은 것을 말한다. 시간이 지나가는 사이에 대략 9일에 1刻씩 〈차이 나는 것〉을 바로잡는다.

天-47-5

凡外內命夫命婦[1]**出入**에 **則爲之闢**(벽)하고

1) 外內命夫命婦 : '命夫'는 爵命을 받은 남자를 말하고, '命婦'는 작명을 받은 婦女를 말한다. '外命夫'는 卿·大夫를 말하는데, 그 처는 外命婦가 된다. '內命夫'는 卿·大夫·士로서 宮中에 있는 자들을 말하는데, 그 처는 內命婦가 된다.(≪周禮譯注≫, 150쪽)

무릇 外命夫·內命夫 및 外命婦·內命婦가 宮門을 출입할 경우, 〈閽人은〉 이들을 위해 행인들을 물리쳐 통행을 금지시킨다.

【注】辟行人하여 使無(千)〔干〕[1]也라 內命夫는 卿大夫士之在宮中者라

1) (千)〔干〕: 저본에는 '千'으로 되어 있으나, 北京大 整理本과 上海古籍 整理本에 의거하여 '干'으로 바로잡았다.

行人들을 물리쳐 끼어들지 못하게 하는 것이다. '內命夫'는 卿·大夫·士로서 宮中에 있는 자들이다.

【疏】注'辟行'至'中者' ○釋曰 : '內命夫, 卿大夫士之在宮中者', 謂若宮正所掌者也[1], 對在朝卿大夫士爲外命夫. 鄭雖不解外內命婦, 其外命婦, 則揔外內命夫之妻, 內命婦, 卽三夫人已下也.

1) 謂若宮正所掌者也 : 宮正은 宮中官의 우두머리로서, 王宮의 禁令을 관장하여 왕궁 안의 官府나 次舍(숙위 초소와 숙사)에 거처하는 관리들의 인원수를 점검한다.(〈天官 宮正〉 참조)

○注의 〔辟行〕에서 〔中者〕까지

○釋曰 : 〔內命夫 卿大夫士之在宮中者〕 宮正이 관장하는 자 같은 경우를 말하니, 조정에 있는 卿·大夫·士가 外命夫가 되는 것과 대비된다. 鄭玄이 비록 外命婦와 內命婦를 풀이하지 않았지만, 그 外命婦는 外命夫와 內命夫의 妻를 모두 포함하며, 內命婦는 곧 三夫人 이하를 말한다.

天-47-6

掌埽門庭이니라

〈閽人은〉 宮門 앞의 뜰 청소를 관장한다.

【注】門庭은 門相當之地라

'門庭'은 宮門이 서로 마주하는 곳이다.

【疏】注'門庭'至'之地' ○釋曰：閽人掌中門，則門相當之地，唯中門外之地，謂之門庭也．若餘門庭，則各有守門者掃之也．

○注의 〔門庭〕에서 〔之地〕까지

○釋曰：閽人은 〈王宮의〉 中門을 관장한다. 그렇다면 그에게 宮門이 서로 마주하는 곳은 오직 中門 밖의 뜰뿐이니, 그것을 '門庭'이라 한다. 나머지 문 앞의 뜰〔門庭〕의 경우는 각각 문을 지키는 자들이 청소를 한다.

天-47-7

大祭祀喪紀之事에 設門燎하고 蹕宮門廟門하고

大祭祀나 大喪事 등의 일이 있을 경우, 〈閽人은〉 門燎(궁문 밖의 지면에 설치한 횃불)를 설치하고 宮門과 廟門의 통행을 금지시킨다.

【注】燎는 地燭也[1]요 蹕은 止行者라 廟在中門之外라

1) 燎 地燭也：≪儀禮≫〈士喪禮〉鄭玄의 注에 "불을 지면에 두면 '燎(화톳불)'라 하고, 손에 잡으면 '燭(횃불)'이라 한다.〔火在地曰燎 執之曰燭〕"고 하였다.

'燎'는 〈궁문 밖의〉 지면에 설치한 커다란 횃불이다. '蹕'은 통행하는 자를 금지시키는 것이다. 廟는 中門의 밖에 있다.

【疏】'大祭'至'廟門' ○釋曰：喪紀，設門燎，蹕宮門廟門者，大喪以下，朝廟及出葬之時，宮中及廟門皆設門燎，蹕止行人也．

經의 〔大祭〕에서 〔廟門〕까지

○釋曰：喪事가 있을 때 門燎를 설치하고 宮門과 廟門의 통행을 금지시킨다는 것은, 大喪 이하의 喪에서 朝廟(상여가 祖廟를 알현하는 의식) 및 出葬(장지로 나아감)의 예를 행할 때 宮中의 門 및 廟門에 모두 門燎를 설치하고 행인들의 통행을 금지시키는 것이다.

○注'燎地'至'之外' ○釋曰：'燎, 地燭也'者, 燭在地曰燎, 謂若天子百, 公五十, 侯伯子男皆三十. 所作之狀, 蓋百根葦皆以布纏之, 以蜜塗其上, 若今蠟燭矣. 對人手(爇)〔執〕[1]者爲手燭, 故云'地燭'也. 又云'廟在中門之外'者, 謂若小宗伯云"左宗廟, 右社稷."

1) (爇)〔執〕：저본에는 '爇'로 되어 있으나, 上海古籍 整理本에 의거하여 '執'으로 바로잡았다.

○注의 〔燎地〕에서 〔之外〕까지

○釋曰：〔燎 地燭也〕 횃불〔燭〕이 지면에 있는 것을 화톳불〔燎〕이라 하니, 천자는 〈갈대〉 100뿌리, 公은 50뿌리, 侯·伯과 子·男은 모두 30뿌리를 사용하는 것과 같음을 말한다. 만드는 형상은 대체로 100뿌리의 갈대를 모두 베로 얽어 묶고, 꿀로 그 위를 바르는 것이니, 오늘날의 蠟燭과 같은 것이다. 사람이 손으로 잡고 있는 것이 '手燭'이 되는 것과 대비되므로 '地燭'이라고 한 것이다.

〔廟在中門之外〕〈春官 小宗伯(春-2-1)〉에 "종묘를 왼쪽에 세우고, 社稷을 오른쪽에 세운다."고 한 것과 같은 것을 말한다.

天-47-8

凡賓客에 亦如之니라

무릇 빈객을 접대할 때도 또한 이와 마찬가지로 한다.

【疏】'凡賓'至'如之' ○釋曰：賓客在宮中廟〔中〕[1], 謂若饗食(사)在廟, 燕在寢[2], 皆爲設門燎及蹕止行人.

1)〔中〕：저본에는 '中'이 없으나 上海古籍 整理本에 의거하여 보충하였다.

2) 饗食(사)在廟 燕在寢：饗禮와 食禮 및 燕禮는 모두 빈객을 접대하는 의례이다. 이 세 가지 가운데 饗禮가 가장 성대하다. 향례는 공경함을 위주로 하고, 사례는 이것으로 현자를 봉양하는 예를 밝히고, 연례는 즐거워함을 위주로 한다. 향례에서는 희생고기와 안주를 올리지만 먹지 않고, 술잔을 가득 채우지만 마시지 않고, 안석〔几〕을 진설하지만 기대지 않으니, 엄숙함과 공경함을 다한다. 사례는 밥을 위주로 하니, 비록 술과 음료수를 진설하지만 그것으로 입가심만 하고 마시지는 않는다. 따라서 獻의 예가 없다. 연례는 술 마시는 것을 위주로 하니, 뼈를 잘라서 올려놓은 희생제기〔折俎〕는 진설하지만 밥이 없으며, 一獻의 禮를 행한 후 신을 벗고 堂 위로 올라가 앉아서 기쁨을 다한다. 향례와 사례는 廟에서 거행하는데, 연례는 寢에서 거행한다.

經의 〔凡賓〕에서 〔如之〕까지

○釋曰 : 賓客이 宮 안이나 廟 안에 있을 때이니, 饗禮와 食禮는 廟에서 거행하고, 燕禮는 寢에서 거행하는데 모두 門燎를 설치하고 행인들의 통행을 금지시키는 것과 같은 것을 말한다.

48. 寺人(시인)

天-48-1

寺(시)人은 **掌王之內人及女宮之戒令**하여 **相道其出入之事而糾之**니라

寺人은 王의 內人 및 女宮과 관련한 戒令을 관장하여 그들이 궁중을 출입하는 일을 도와서 인도하고 아울러 규찰을 한다.

【注】 內人은 女御也요 女宮은 刑女之在宮中者라 糾[1)]는 猶割察也라

1) 糾 : 〈秋官 大司寇(秋-1-5)〉 鄭玄의 注에서 "'糾'는 살펴서 수상하게 여긴다는 뜻과 같다.〔糾猶察異之〕"고 하였다. 또 孫詒讓은 〈地官 司諫(地-23-1)〉에서 "만민의 덕을 규찰하는 일을 관장한다.〔掌糾萬民之德〕"고 한 것을 근거로 '살핀다〔糾〕'는 것은 선악을 겸한 말이지만 大司寇가 형벌을 관장하는 관직임을 염두에 둔다면 '살핀다'는 것은 악을 살피는 데에 중점을 두는 것이라고 하였다.(≪周禮正義≫ 권66, 2741쪽 참조)

'內人'은 女御이다. '女宮'은 刑女로서 宮中에 있는 자이다. '糾'는 '割察(자세히 구별하여 관찰하다)'과 같다.

【疏】 注'內人'至'察也' ○釋曰 : '女宮, 刑女之在宮中者', 謂男女沒入(斯宮)〔縣官〕爲(嬪)〔奴〕者也[1)]

1) 男女沒入(斯宮)〔縣官〕爲(嬪)〔奴〕者也 : 저본에는 '男女沒入斯宮爲嬪者也'로 되어 있으나, 惠校本에 의거하여 '男女沒入縣官爲奴者也'로 바로잡았다.(阮元의 〈校勘記〉 및 北京大 整理本의 〈校勘記〉 참조)

○注의 〔內人〕에서 〔察也〕까지

○釋曰 : 〔女宮 刑女之在宮中者〕 縣官(관부)에 몰수되어 宮奴(노예)가 된 남녀를 말한다.

天-48-2

若有喪紀・賓客・祭祀之事면 則帥女宮而致於有司하고

만약 喪事・빈객 접대・제사 등의 일이 있으면, 〈寺人은〉 女宮을 이끌고 가서 담당 관리〔有司〕에게 보내어 일을 시키게 한다.

【注】有司는 謂宮卿世婦[1)]라

1) 宮卿世婦 : 世婦는 두 가지가 있는데, 왕의 후궁인 27명의 세부와 宮卿인 세부(春官의 속관)이다. 왕의 후궁인 27명의 세부는 〈天官 世婦(天-51-1)〉에 "세부는 제사를 지내고 빈객을 맞이하고 상사를 치를 때 女宮들을 이끌고 가서 禮器를 씻고 닦으며 제사에 바칠 곡물을 세밀히 가려내는 일을 관장한다."고 하였다. 궁경인 세부는 다음과 같다. 宮卿은 황후의 궁에서 황후의 뜻을 전하고 궁중의 일을 관리하여 담당하는 관직이다. 漢나라 때의 大長秋로서, 주로 환관이 임명되었는데, 唐나라 이후 폐지되었다.(≪漢書≫ 〈百官公卿表上〉 참조) 이곳의 '宮卿世婦'는 왕후의 궁에서 궁경을 담당한 세부를 가리킨다. 〈春官 世婦(春-15-1)〉에서는 "세부는 女宮에게 제사 전에 재계할 것을 거듭 알리는 일〔宿戒〕과 제삿날이 되면 제사에 쓸 기물들을 차례대로 갖추어 놓는 일을 관장한다."고 하였는데, 鄭玄은 〈天官 酒正(天-22-1)〉의 注에서 "세부는 궁경의 官을 가리키니, 女宮에게 제사 전에 재계할 것을 거듭 알리는 일〔宿戒〕과 제삿날이 되면 제사에 쓸 기물들을 차례대로 갖추어 놓는 일을 관장한다."고 하였다. 이에 대해 賈公彦은 疏에서 "〈春官 序官〉에서 '宮마다 卿 1인이 담당한다.'고 한 것이다. 그러므로 '세부는 궁경의 官을 가리킨다.'고 한 것이다."라고 하였다. 따라서 정현은 이곳에서 寺人이 보내온 女宮을 부리는 '有司'는 이 궁경을 담당한 세부라고 본 것이다. 한편, 孫詒讓은 이곳의 '有司'는 단지 궁경만을 가리켜 말한 것이 아니므로 정현의 해석이 타당하지 않다고 보았다.(≪周禮正義≫ 권14, 548~549쪽 참조) 그러나 가공언의 소에 따르면 이곳의 有司는 〈춘관 세부〉에 보이는 궁경을 담당한 세부인데, 寺人이 이 有司에게 보내는 女宮은, 본래 世婦가 통솔하는 女宮이 아니라 남자 관직인 궁경이 관장하는 女宮을 궁경인 세부에게 보낸 것이라고 설명한다.

'有司'는 宮卿인 世婦를 말한다.

【疏】注'有司'至'世婦' ○釋曰 : 知有司是宮卿世婦者, 案春官宮卿世婦云 "掌(樂)〔女〕[1)]宮之宿戒, 及祭祀, 比其具." 此旣言'致於有司', 明是男子官宮卿所掌女宮也, 非是下文世婦之帥女宮者也.

1) (樂)〔女〕 : 저본에는 '樂'으로 되어 있으나, 〈春官 世婦(春-15-1)〉의 경문과 阮元의 교감

에 의거하여 '女'로 바로잡았다.(阮元의 〈校勘記〉 및 北京大 整理本의 〈校勘記〉 참조)

○ 注의 〔有司〕에서 〔世婦〕까지

○ 釋曰 : 有司가 宮卿인 世婦임을 알 수 있는 것은, 살펴보건대 궁경인 〈春官 世婦(春-15-1)〉에서 "〈세부는 제사 3일 전에〉 女宮에게 재계할 것을 거듭 알리는 일〔宿戒〕과 제삿날이 되면 제사에 쓸 기물들을 차례대로 갖추어놓는 일을 관장한다."고 하였기 때문이다. 이곳 경문에서 이미 "〈녀궁을 이끌고 가서〉 有司에게 보내어 일을 시키게 한다."고 말하였으므로, 이는 남자 관직인 궁경이 관장하는 여궁이지 아래 경문의 세부가 통솔하는 여궁이 아님이 분명하다.

天-48-3

佐世婦治禮事하며

〈寺人은〉 世婦를 보좌하여 禮에 관한 일을 처리한다.

【注】 世婦는 二十七世婦라

世婦는 〈왕의 후궁인〉 27명의 世婦이다.

【疏】 注'世婦'至'世婦' ○釋曰 : 上云有司是宮卿世婦, 恐此亦是彼世婦, 故鄭云"二十七世婦." 以寺人是奄者, 故得佐世婦治(喪)〔禮〕[1]事. 禮事, 卽世婦所掌祭祀賓客喪紀之事, 是也.

1) (喪)〔禮〕 : 저본에는 '喪'으로 되어 있으나, 이곳 경문과 惠校本에 '禮'로 되어 있는 것에 의거하여 바로잡았다.(阮元의 〈校勘記〉 및 北京大 整理本의 〈校勘記〉 참조)

○ 注의 〔世婦〕에서 〔世婦〕까지

○ 釋曰 : 위에서 '有司'는 宮卿인 世婦라고 하였으므로, 이곳의 〈세부도〉 또한 저 〈궁경인〉 세부일 것으로 생각할까 염려하였다. 그러므로 鄭玄은 "〈王의 後宮인〉 27명의 세부이다."라고 한 것이다. 寺人은 奄人이므로 세부를 보좌하여 禮에 관한 일을 처리할 수 있다. '禮事'는 곧 세부가 관장하는 제사·빈객 접대·喪事 등의 일이 이것이다.

天-48-4

掌內人之禁令이니 **凡內人弔臨于外**면 **則帥而往**하여 **立于其前而詔相之**[1]니라

1) 詔相之 : '詔相'은 大禮를 행할 때의 言辭와 禮節을 가르쳐서 인도하는 것을 말한다. 〈春官 卜師(春-42-4)〉 鄭玄의 注에 "'詔相'은 그 言辭와 威儀를 고하는 것이다.〔詔相 告以其辭及威儀〕"라고 하였다.

〈寺人은〉 內人(女御)에 관한 禁令을 관장한다. 무릇 내인들이 궁 밖에서 조문을 할 경우, 그들을 이끌고 나아가 그들 앞에 서서 言辭와 威儀를 갖추도록 고하여 예를 돕는다.

【注】從世婦所弔, 若哭其族親이라 立其前者는 賤也니 賤而必詔相之者는 出入於王宮에 未可以闕於禮라

〈內人은〉 世婦가 조문을 하는 곳을 수종하여 마치 〈王后의〉 친족에게 곡을 하는 것을 말한다. 〈寺人이〉 그들(內人) 앞에 서는 것은 〈그들의〉 신분이 낮기 때문이다. 신분이 낮은데도 言辭와 威儀를 갖추도록 고하여 예를 돕는 것은 〈왕후의〉 왕궁을 출입할 때 예에 빠짐이 없게 하기 위한 것이다.

【疏】注'從世'至'於禮' ○釋曰 : 鄭知從世婦, 不自弔臨者, 此直言'凡內人弔臨于外', 不指斥其事, 故知不自弔臨. 案世婦職云 "掌弔臨于卿大夫之喪", 故內人得從之也. 云'若哭族親'者, 世婦所掌弔, 唯云弔卿大夫. 云'哭族親', 據理而言, 王后有哭族親之法, 則內人女御, 亦往哭之.

○注의 〔從世〕에서 〔於禮〕까지

○釋曰 : 鄭玄이 〈內人이〉 世婦를 수종하고 스스로 조문하지 않음을 알았던 것은, 이곳 경문에서 단지 "무릇 내인들이 궁 밖에서 조문을 한다."고 말하고 〈내인이 조문하는〉 일을 指斥하지 않았기 때문이다. 그러므로 〈내인은〉 스스로 조문하지 않음을 안 것이다.

살펴보건대, 〈天官 世婦(天-51-3)〉에 "〈세부는〉 卿·大夫의 喪에 조문하는 일을 관장한다."고 하였으므로 내인은 〈세부를〉 수종할 수 있는 것이다.

〔若哭族親〕 세부가 관장하는 것은 조문이므로, 〈〈天官 世婦(天-51-3)〉에서는〉 단지 "卿·大夫〈의 喪에〉 조문을 한다."고 하였다. 〈이곳 鄭玄의 注에서〉 "친족에게 곡을 한다." 고 한 것은 이치에 의거하여 말한 것이다. 王后에게 친족에게 곡을 하는 법이 있으니, 그렇다면 內人과 女御도 또한 가서 곡을 하는 것이다.

49. 內豎(내수)

天-49-1

內豎는 **掌內外之通令**이니 **凡小事**라

內豎는 궁 안과 밖에 왕의 명령을 전달하는 일을 관장하니, 무릇 사소한 일을 심부름하는 것이다.

【注】 內는 后六宮이요 外는 卿大夫也라 使童豎[1]通王內外之命給小事者는 以其無與爲禮요 出入便疾이니 內外以大事聞王이면 則俟朝而自復이라

1) 童豎 : 〈天官 序官(天-0-55)〉 鄭玄의 注에 "豎는 아직 관례를 치르지 않은 자의 관명이다.〔豎 未冠者之官名〕"라고 하였다. 그러므로 '童豎'라고 한 것이다.

'內'는 王后의 六宮을 가리키고, '外'는 卿·大夫를 가리킨다. 童豎(미성년의 환관)로 하여금 왕의 명령을 내외에 전달하게 하여 사소한 심부름을 시키는 것은 그가 함께 예의를 갖추어야 할 사람이 없어서 출입이 편리하고 빠르기 때문이다. 內(王后의 六宮)와 外(卿·大夫)가 왕에게 중대한 일을 아뢸 경우는 조회를 기다려 〈內와 外가〉 스스로 아뢴다.

【疏】 注'內后'至'自復' ○釋曰 : 鄭知豎是童子者, 謂若春秋左氏, 叔孫穆子於庚宗婦人生牛, 牛能奉雉, 使爲豎也[1]. 又知童子無與爲禮者, 案禮記玉藻(去)〔云〕[2] "童子無事, 則立於主人之南, 北面[3]." 云'內外以大事聞王, 則俟朝而自復'者, 經云'凡', 通小事. 復, 白也, 明大事待朝自復, 不使內豎也.

1) 牛能奉雉 使爲豎也 : ≪春秋左氏傳≫ 昭公 4년 조 杜預의 注에 의하면 이때 豎牛의 나이는 5, 6세였다.〔豎牛五六歲〕

2) (去)〔云〕: 저본에는 '去'로 되어 있으나, 北京大 整理本과 上海古籍 整理本에 의거하여 '云'으로 바로잡았다.

3) 童子無事……北面 : ≪禮記≫ 〈玉藻〉에 "동자는 갖옷과 비단옷을 입지 않고, 신발의 코에 장식을 하지 않고, 緦麻服을 하지 않고, 〈주인의〉 일을 돕지만 麻帶와 首絰을 하지 않는다. 도울 일이 없으면 주인의 북쪽에서 남쪽을 향해 선다.〔童子不裘不帛 不屨絇 無緦服 聽事不麻 無事則立主人之北 南面〕"고 하였다. 신발의 코에 장식을 하지 않는 것은 동자는 행동할 때 조심해야 한다는 것을 아직 아직 배우지 않았기 때문이고, 시마복을 하지 않는 것은 아

버지가 살아 계실 때 친족이 시마의 상을 당하더라도 동자는 복을 하지 않고 단지 상을 당한 사람의 집에 가서 주인이 시키는 일을 수행할 뿐이라는 뜻이다. 鄭玄은 이렇게 하는 것은 동자는 아직 어려서 예를 갖추지 않는 것이라고 하였다.〔皆爲幼少 不備禮也〕(≪예기≫ 〈옥조〉 정현의 注) ≪예기≫ 〈옥조〉에서는 '立主人之北 南面'이라 하였는데, 이곳 賈公彦 疏에서 이를 인용하면서 '立於主人之南 北面'이라고 한 것에 대해서, 浦鏜은 '南'과 '北'의 글자가 도치된 것이라고 하였지만, 王石臞는 〈옥조〉의 본래 문장 '主人之南 北面'이 되어야 하므로 가공언의 소는 잘못이 아니라고 하였다.(北京大 整理本의 〈校勘記〉 참조)

○注의 〔內后〕에서 〔自復〕까지

○釋曰 : 鄭玄이 '豎'가 童子(미성년)임을 안 것은, ≪春秋左氏傳≫ 昭公 4년(B.C. 538)조에 의하면 叔孫穆子는 庚宗 땅의 婦人과 동침을 하여 牛를 낳았는데, 牛가 꿩을 奉獻할 수 있을 나이가 되자 豎(小臣)로 삼았던 것과 같은 것을 말한다.

또 童子가 함께 예의를 갖추어야 할 사람이 없음을 알 수 있었던 것은, 살펴보건대 ≪禮記≫ 〈玉藻〉에 "동자는 〈주인을〉 도울 일이 없으면 주인의 남쪽에서 북쪽을 향해 선다."고 했기 때문이다.

〔內外以大事聞王 則俟朝而自復〕 경문에서 '凡(무릇)'이라고 한 것은 〈內豎가〉 小事를 전달한다는 뜻이다. '復'은 아뢴다〔白〕는 뜻이니, 大事는 조회를 기다려 〈內와 外가〉 스스로 아뢰고 內豎에게 시키지 않음을 밝힌 것이다.

天-49-2

若有祭祀·賓客·喪紀之事면 則爲內人蹕하고

〈內豎는〉 만약 제사·빈객 접대·喪事 등의 일이 있으면, 〈世婦를 수종하는〉 內人을 위해 행인들의 통행을 금지시킨다.

【注】 內人은 從世婦有事於廟者[1)]라 內豎爲六宮[2)]蹕者는 以其掌內小事라

1) 內人 從世婦有事於廟者 : 아래 〈天官 女御(天-52-3)〉에 "무릇 제사를 지낼 때, 〈女御는〉 世婦를 돕는다.〔凡祭祀贊世婦〕"라고 하였다.
2) 六宮 : '六宮'은 3夫人·9嬪·27世婦·81御妻(女御)를 말하는데, 이곳에서는 御妻(女御), 즉 內人을 가리킨다.

'內人'은 世婦를 수종하여 廟에서 제사 지내는 일을 돕는 자이다. 內豎가 六宮의 사람들을 위해 행인의 통행을 금지시키는 것은 그는 궁 안의 작은 일을 관장하기 때문이다.

【疏】'若有'至'人蹕' ○釋曰：此豎爲祭祀・賓客・喪紀三事, 爲內人蹕者, 皆謂在廟時. 若然, 祭祀在廟, 謂禘祫四時之祭祀也. 賓客在廟, 謂饗食時也. 喪紀在廟, 謂喪朝廟, 爲祖奠[1]・遣奠[2]時也. 皆爲內人蹕止行人也.

1) 祖奠：祖는 '처음〔始〕'의 뜻이다. 살아 있을 때도 길을 떠날 일이 있으면 술을 마시고 전별하는 예가 있는데 이를 '祖'라고 한다. 그 때문에 死者가 길을 떠나려고 할 때 奠을 진설하는 것 또한 '祖'라고 한다. 즉 '祖奠'은 柩車가 葬地로 향해 출발할 때 올리는 奠을 말한다. 祖廟의 뜰에서 행한다.

2) 遣奠：祖奠을 올린 이튿날 아침에 祖奠을 치우고 遣奠을 진설한다. 장례를 거행하는 날에 진설하므로 '葬奠'이라고도 한다.

經의 〔若有〕에서 〔人蹕〕까지

○釋曰：이곳의 內豎가 제사・빈객 접대・喪事의 세 가지 일을 거행할 때 內人을 위해 행인의 통행을 금지시키는 것은 모두 廟에 있을 때를 말한다. 그렇다면 제사를 지낼 때 廟에 있는 것은 禘祫과 四時의 종묘 제사를 말한다. 賓客을 접대할 때 廟에 있는 것은 饗禮와 食禮를 베풀어줄 때를 말한다. 喪事를 치를 때 廟에 있는 것은 상여가 祖廟를 알현하여 祖奠과 遣奠을 올릴 때를 말한다. 모두 내인을 위해 행인들의 통행을 금지시키는 것이다.

○注'內人'至'小事' ○釋曰：鄭知內人從世婦者, 內人卑, 不專行事. 案下世婦職云 掌祭祀已下三事[1], 與此經三事同, 明此內人從世婦而濯摡及爲粢盛也. 云'內豎爲六宮蹕者, 以其掌內小事'者, 以其蹕止行人[2], (人)[3]旣是小事, 故還使內豎掌小事者蹕也.

1) 案下世婦職云 掌祭祀已下三事：〈天官 世婦(天-51-1)〉에 "世婦는 祭祀・賓客 접대・喪事 등의 일을 관장한다."고 하였다.

2) 以其蹕止行人：제왕이 출입할 때 거쳐 지나가는 길에 侍衛들이 주위를 경계시키고, 통행을 금지시켜 길을 깨끗이 하는 것을 '警蹕'이라고 한다. '警'은 경계시키는 것이고, '蹕'은 통행을 금지하는 것을 말한다. 崔豹의 ≪古今注≫ 〈輿服〉에 "'警蹕'은 길 가는 무리들을 경계시키는 것이다. 周나라의 禮制에서는 통행을 금지시키지만 경계시키지는 않았다. 秦나라의 제도에서는 나아갈 때 경계시키고, 들어올 때 통행을 금지시켰으니, 군대를 출병시킬 때에는 모두 경계를 시키고, 귀국할 때는 모두 통행을 금지시켰음을 말한다. 그러므로 '出警入蹕(나아갈 때 경계시키고, 들어올 때 통행을 금지시키는 것)'이라 한 것이다. 〈漢나라 이래로 천자가 나아갈 때 '통행금지요!'라고 칭했는데〉, 漢나라 梁孝王 때

에 이르러 왕이 나아갈 때 '경계하시오!'라고 칭하고, 들어올 때 '통행금지요!'라고 칭하여 천자보다 한 등급 낮추었다. 일설에 '蹕은 길〔路〕의 뜻이다.'라고 하였는데, 길을 가는 자가 모두 도로에서 경계하는 것을 말한다.〔警蹕 所以戒行徒也 周禮蹕而不警 秦制出警入蹕 謂出軍者皆警戒 入國者皆蹕止也 故云出警入蹕也 至漢朝梁孝王 王出稱警 入稱蹕 降天子一等焉 一曰 蹕 路也 謂行者皆警於塗路也〕"라고 하였다.

3) (人) : 저본에는 '人'이 있으나, 阮元의 교감에 의거하여 衍文으로 처리하였다.(阮元의 〈校勘記〉 및 北京大 整理本의 〈校勘記〉 참조)

○注의 〔內人〕에서 〔小事〕까지

○釋曰 : 鄭玄이 內人은 世婦를 수종하는 자임을 안 것은, 內人은 신분이 낮아서 일을 단독으로 행할 수 없기 때문이다. 살펴보건대, 아래 〈天官 世婦(天-51-1)〉에서 〈세부는〉 제사 이하 3가지 일을 관장한다고 한 것은 이곳 경문의 3가지 일과 동일하니, 여기 內人이 世婦를 수종하여 祭器를 깨끗이 씻거나 제사에 쓰일 곡물을 세밀히 가려내는 일을 하는 것임을 밝힌 것이다.

〔內豎爲六宮蹕者 以其掌內小事〕 행인의 통행을 금지시키는 것은 이미 작은 일이므로 또한 內豎로 하여금 작은 일인 통행의 금지를 관장하게 하는 것이다.

天-49-3

王后之喪遷于宮中[1)]이면 則前蹕하고 及葬에 執褻(설)器[2)]以從遣車[3)]니라

1) 喪遷于宮中 : '喪'은 棺柩(관과 널)를 말한다. '宮'은 廟를 말한다. 장지로 떠나기 전에 먼저 棺柩를 祖廟로 옮겨서 조상을 알현하는 예를 행하는데, 이를 '朝廟'라고 한다.
2) 褻器 : 槃(물받이 그릇)·匜(물 주전자)·布巾(베로 만든 수건) 등 손을 씻을 때 사용하는 도구를 말하는데, 副葬品으로 쓰인다. '槃'은 주전자 모양의 匜에 담긴 물을 조금씩 부어 손을 씻을 때 떨어지는 물을 받는 그릇이다. '匜'는 손을 씻을 때 물을 따르는 주전자이다.

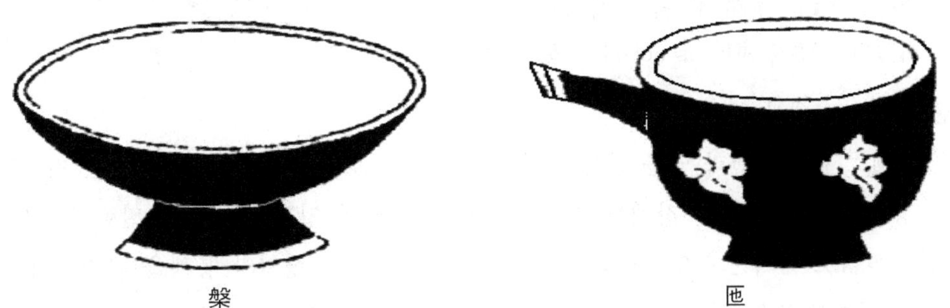

槃 匜

3) 遣車 : 葬祭를 행할 때 진설할 희생의 몸체를 싣고 장지로 호송하는 수레를 말한다.

王后의 관과 널을 실은 상여를 祖廟 안으로 옮겨 朝廟의 예를 행할 때, 〈內豎는〉 상여 앞쪽에서 사람들의 통행을 금지시킨다. 장지로 출발할 때에 이르면, 〈내수는〉 褻器를 잡고서 遣車의 뒤를 따른다.

【注】 喪遷者는 將葬에 朝于廟라 褻器는 振飾頮(회)沐之器라

'喪遷'은 장차 장례를 거행하고자 할 때 祖廟에서 행하는 朝廟의 예이다. '褻器'는 정돈하고 꾸미거나 얼굴을 씻고 머리를 감을 때 사용하는 기물이다.

【疏】'王后'至'遣車' ○釋曰：后喪遷於宮中，謂七月而葬，將葬而朝七廟，則亦使內豎在車前，蹕止行人也．云'及葬，執褻器以從遣車'者，謂朝七廟訖，且將行，在大祖廟中爲大遣奠，苞牲取下體．天子大牢苞九箇，遣車九乘[1]，后亦同．使人持之，往如墓，則此內豎執褻器從遣車之後．以其遣車載牲體，鬼神依之，故使執褻器從之，若生時亦執褻器從也．

1) 天子大牢苞九箇 遣車九乘 : '苞(희생고기 싸개)'는 3尺 길이의 갈대를 엮어서 만드는데, 遣奠을 올릴 때 이것으로 희생 고기를 싼다. 大夫 이상은 모두 太牢(소·양·돼지)의 희생을 사용하는데, 천자의 경우에는 9개의 苞를 진설하고, 제후는 7개의 포를 진설하고, 대부는 5개의 포를 진설한다. ≪禮記≫ 〈雜記 上〉에 "遣車는 遣奠으로 올린 희생의 수에 맞추어 갖춘다."고 하였다. 賈公彦은 王의 遣車는 9乘이니, 革車·廣車·闕車·苹車·輕車의 5승 이외에 金路·玉路·象路·木路 4승을 더하여 9승이 된다고 하였다."(〈春官 車僕(春-66-04)〉 賈公彦의 疏)

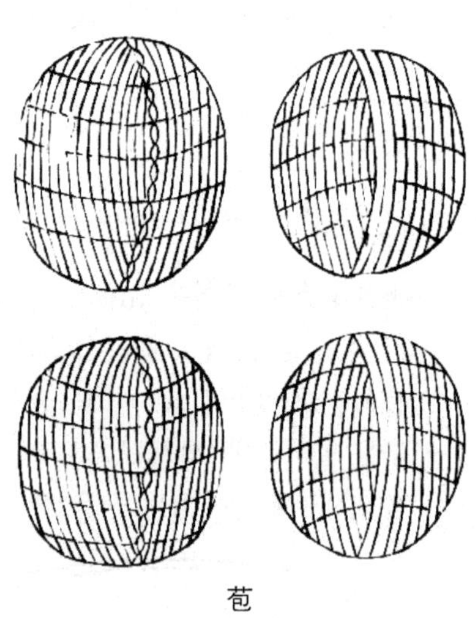
苞

經의 〔王后〕에서 〔遣車〕까지

○釋曰 : '王后의 관과 널을 실은 상여를 祖廟 안으로 옮긴다.'는 것은 〈죽은 지〉 7개월 만에 장례를 거행하는데, 장례를 거행하기 전에 七廟를 알현하는 것을 말한다. 〈왕후의 상여를 朝廟로 옮기는 동안〉 또한 內豎에게 수레 앞에서 행인의 통행을 금지하게 한다.

〔及葬 執褻器以從遣車〕 七廟를 알현하는 예를 마치고, 또 〈장지로〉 떠나려고 할 때 太

祖廟 안에 大遣奠을 진설하는데, 희생의 하체를 취하여 苞로 싸서 진설하는 것을 말한다. 天子의 太牢 경우 9개의 苞(희생고기 싸개)를 진설하고 遣車는 九乘을 갖추는데, 王后 또한 마찬가지로 한다. 사람을 시켜서 苞를 들고 墓地로 가게 하는데, 이 內竪는 褻器(얼굴을 씻고 머리를 감을 때 사용하는 기물)를 잡고서 遣車의 뒤를 따른다. 遣車에는 희생의 몸체를 실으니, 鬼神이 이에 의지한다. 그러므로 〈내수에게〉 褻器를 잡고서 뒤를 따르게 하는 것이니, 살아 있을 때 褻器(변기)를 잡고서 따르는 것과 같은 것이다.

◯注'喪遷'至'之器' ◯釋曰：鄭知喪遷是將葬朝於廟者, 以其喪柩遷在宮中, 唯有朝廟時, 故禮記檀弓云 "周朝而遂葬", 是也. 云'褻器, 振飾頮沐之器'者, 以其從遣車, 若生時從后. 后之私褻小器, 唯有振飾頮沐之器, 故爲此解也. 若然, 玉府云 "凡褻器", 鄭注以爲淸器虎子, 不爲振飾頮沐器者, 彼據生時, 故與牀笫等連文. 但死者器物, 雖皆不用, 仍法其威儀者, 故此注褻器爲振飾頮沐之器, 不爲淸器虎子也. 知其振飾頮沐器者, 案特牲爲尸而有槃匜, 幷有簞巾[1], 巾爲振飾, 槃匜爲盥手, 明其頮面沐髮亦有之, 故旣夕禮用器之中有槃匜[2], 是送葬之時有褻器也.

1) 案特牲爲尸而有槃匜 幷有簞巾：≪儀禮≫ 〈特牲饋食禮〉에 "시동이 손 씻을 물 주전자〔匜〕의 물을 물받이 그릇〔槃〕 안에 부어 담아서 수건〔巾〕을 넣어둔 둥근 대광주리〔簞〕와 함께 廟門 안의 오른쪽에 진설한다.〔尸盥匜水 實于槃中 簞巾 在門內之右〕"고 하였다.

2) 旣夕禮用器之中有槃匜：≪儀禮≫ 〈旣夕禮〉에 "죽은 이가 생전에 늘 쓰던 기물을 진설하는데, 활과 화살〔弓矢〕·쟁기와 보습〔耒耜〕·2개의 밥그릇〔敦〕·2개의 국그릇〔杅〕·물받이 그릇〔槃〕·물 주전자〔匜〕 등이다. 물 주전자는 물받이 그릇 속에 담는데 주둥이〔流〕가 남쪽을 향하도록 한다.〔用器 弓矢耒耜兩敦兩杅槃匜 匜 實于槃中 南流〕"고 하였다.

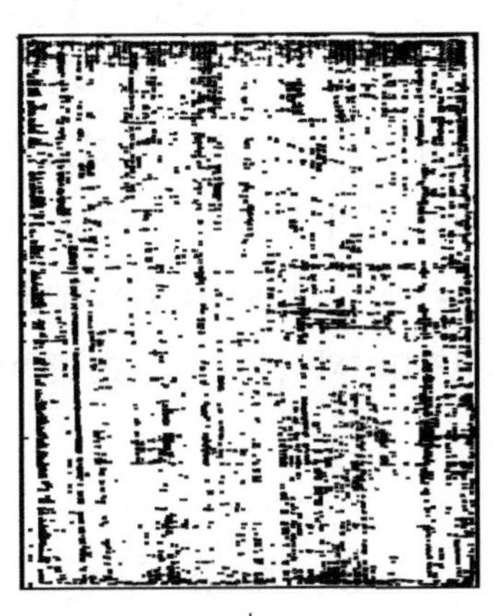
巾

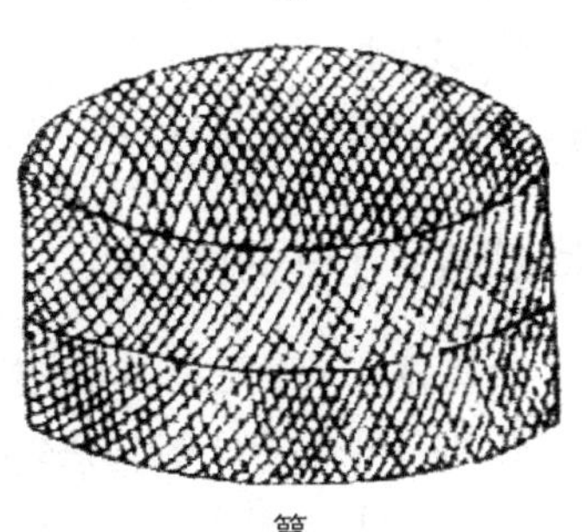
簞

◯注의 〔喪遷〕에서 〔之器〕까지

◯釋曰：鄭玄이 '喪遷'이 장례를 거행하고자 할 때 祖廟를 알현하는 朝廟의 예임을 알았던 것은 喪柩(상여)를 廟 안으로 옮기는 것은 오직 朝廟의 예를 행할 때뿐이기

때문이다. 그러므로 ≪禮記≫ 〈檀弓 下〉에 "周나라는 朝廟의 예를 행한 후 이어서 장례를 거행하였다."고 한 것이 이것이다.

〔褻器 振飾頮沐之器〕〈內豎에게 褻器를 잡고서〉 遣車의 뒤를 따르게 하는 것은 살아 있을 때 〈內豎에게 褻器를 잡고서〉 왕후의 뒤를 따르게 하는 것과 같기 때문이다. 왕후의 사적이고 설만한 작은 기물로는 단지 정돈하고 꾸미거나 얼굴을 씻고 머리를 감을 때 사용하는 기물이 있을 뿐이다. 그러므로 이렇게 풀이한 것이다. 그렇다면 〈天官 玉府(天-35-5)〉에 "무릇 褻器"라고 하였는데, 鄭玄의 注에서는 淸器(변기)나 虎子(호랑이의 형상을 본떠 만든 변기)라고 하여 정돈하고 꾸미거나 얼굴을 씻고 머리를 감을 때 사용하는 기물이라고 하지 않은 것은, 저곳 〈천관 옥부〉의 〈褻器는〉 살아 있을 때에 의거한 것이기 때문이다. 그러므로 牀笫(침상) 등과 이어서 쓴 것이다. 다만 죽은 이의 기물은 비록 모두 사용하지는 않지만 여전히 그 威儀를 법으로 삼는 것이다. 그러므로 이곳의 정현 주에서 褻器를 정돈하고 꾸미거나 얼굴을 씻고 머리를 감을 때 사용하는 기물〔振飾頮沐之器〕로 풀이하고, 변기〔淸器〕나 호랑이의 형상을 본떠 만든 변기〔虎子〕로 풀이하지 않은 것이다. 〈이곳 경문의 褻器가〉 정돈하고 꾸미거나 얼굴을 씻고 머리를 감을 때 사용하는 기물임을 알 수 있는 것은, 살펴보건대 ≪儀禮≫ 〈特牲饋食禮〉에 의하면 시동〔尸〕을 위해 물 주전자〔匜〕와 물받이 그릇〔槃〕을 진설하고, 아울러 수건을 넣어둔 둥근 대광주리〔簞巾〕를 진설한다고 하였는데, 수건은 정돈하고 꾸미기 위한 것이고, 물 주전자와 물받이 그릇은 손을 씻기 위한 것이니, 얼굴을 씻고 머리를 감을 때 사용하는 기물도 있음이 분명하다. 그러므로 ≪의례≫ 〈旣夕禮〉에 의하면 죽은 이가 사용하던 기물을 진설하는데 그 가운데에 물 주전자〔匜〕와 물받이 그릇〔槃〕이 있으니, 이는 送葬의 때에 褻器가 있는 것이다.

50. 九嬪(구빈)

天-50-1

九嬪[1)]은 掌婦學之灋하여 以敎九御[2)]婦德婦言婦容婦功하고 各帥其屬而以時御敘[3)]于王所[4)]니라

1) 九嬪 : ≪釋名≫ 〈釋親屬〉에 "천자의 첩으로 嬪이 있다. 嬪은 賓(손님)의 뜻이니, 첩들 가운데서 손님처럼 공경함을 받는 대상이다.〔天子妾有嬪 嬪 賓也 諸妾之中見賓敬也〕"라고 하였다. ≪禮記≫ 〈曲禮 下〉 鄭玄의 注에는 "嬪은 婦人 가운데 법도를 갖춘 자에 대한

칭호이다.〔嬪 婦人有法度者之稱也〕"라고 하였다.

2) 九御 : 宮中의 女官인 女御로서, 女工 및 侍御의 일을 관장한다. 모두 81人인데, 9개의 조를 편성하여 돌아가면서 왕을 모신다. 그래서 '九御'라고 칭한 것이다.(〈天官 內宰(天-45-4)〉 鄭玄의 注 참조)

3) 御敘 : 時日과 尊卑에 따라 왕을 모시고 잠자리에 드는 것을 말한다.

4) 王所 : '王所'는 王의 燕寢을 가리킨다. 〈天官 女御(天—52-1)〉에 "女御는 尊卑에 따라 왕의 연침에서 모시는 일을 관장한다.〔女御掌御敘于王之燕寢〕"고 하였다.(≪周禮正義≫ 권14, 553쪽)

九嬪은 婦學(婦人에 관한 학습)의 法을 관장하여 九御(女御)에게 婦德・婦言・婦容・婦功을 가르치고, 각자 그 소속된 九御들을 이끌고 가서 때에 맞추어 尊卑에 따라서 왕의 燕寢에서 모시게 한다.

【注】婦德은 謂貞順이요 婦言은 謂辭令이요 婦容은 謂婉娩(완만)[1]이요 婦功은 謂絲枲라 自九嬪以下는 九九而御於王所라 九嬪者는 既習於四事요 又備於從人之道라 是以教女御也라 教各帥其屬者는 使亦九九相與從於王所息之燕寢이라 御는 猶進也요 勸也니 進勸王息[2]에 亦相次敘라 凡群妃御見(현)之法은 月與后妃其象也[3]니 卑者宜先이요 尊者宜後라 女御八十一人은 當九夕하고 世婦二十七人은 當三夕하고 九嬪九人當一夕하고 三夫人當一夕 后當一夕하여 亦十五日而徧云이니 自望後反之[4]라 孔子云 日者는 天之明이요 月者는 地之理니 陰契制라 故月上屬爲天使[5]하고 婦從夫放月紀[6]라

1) 婉娩(완만) : ≪禮記≫ 〈內則〉 鄭玄의 注에 "'婉'은 언사를 가리킨다. '娩'이라는 글자는 아름답다〔媚〕는 뜻이니, '아름답다'는 것은 용모를 가리킨다.〔婉謂言語也 娩之言媚也 媚謂容貌也〕"고 하였다.

2) 御猶進也……進勸王息 : 孫詒讓은 저녁에 왕에게 나아가 만나 보고, 왕에게 편히 쉬도록 권하는 뜻이라고 하였다.〔言以夕進接於王 勸王燕息也〕(≪周禮正義≫ 권14, 553쪽 참조)

3) 凡群妃御見(현)之法 月與后妃其象也 : 后妃들이 왕을 모시는 법은 보름 단위로 순서에 따라 담당하여 모시고, 한 달이 되면 처음부터 다시 시작하는데, 이는 달과 后妃의 별자리를 본뜬 것이라는 뜻이다. ≪禮記≫ 〈檀弓 下〉 鄭玄의 注에 "帝嚳 때에 4명의 妃를 두었으니, 后妃의 四星을 본뜬 것이다. 그 가운데 가장 밝은 별이 正妃가 되고, 나머지 3개의 작은 별이 次妃가 된다.〔帝嚳時立四妃 象后妃四星 其一明者爲正妃 其餘三小者爲次妃〕"고 하였다.

4) 自望後反之 : 보름 전에는 신분이 낮은 자가 먼저 모시고 신분이 존귀한 자가 나중에 모

시므로 女御, 世婦, 九嬪, 三夫人, 王后의 순으로 모시고, 보름 이후에는 이와 반대의 순서로 모시는데, 이는 모두 달이 차고 이지러지는 뜻을 본뜬 것이다.(≪周禮正義≫ 권14, 554쪽 참조)

5) 日者……故月上屬爲天使 : '契制'의 뜻은 분명하지 않지만, ≪通典≫ 〈吉禮〉에 "日者陽精 屬天 月者陰精 屬地 陰道挈制於陽 故月屬天而從於陽(해는 양의 정기이니 하늘에 속하고, 달은 음의 정기이니 땅에 속한다. 음의 도는 양에 제어당한다. 그러므로 달은 하늘에 예속되어 양을 따른다.)"이라 하였다. 이 문장은 대체로 ≪孝經緯≫ 〈援神契〉에 의거한 것인데, '契制'를 '挈制'로 바꾸었으니, '契'를 '挈(이끌다)'의 뜻으로 읽은 것으로, 同聲의 假借字이다.(≪周禮正義≫ 권14, 554쪽 참조)

6) 孔子云……婦從夫放月紀 : 이는 ≪孝經緯≫ 〈援神契〉의 문장이다. 羅泌(南宋)의 ≪路史≫, 孫瑴(明末淸初)의 ≪古微書≫ 등 후대의 문헌에도 인용되어 있는데, 문장에 異同이 있다. 또 ≪禮記正義≫ 〈曲禮 下〉 孔穎達의 疏에 이곳 鄭玄의 注를 인용하면서 "月紀는 별자리이다.〔月紀是星也〕"라고 하였다. 공영달이 '月紀'를 '별자리〔星〕'라고 한 것은 아마도 后妃의 별자리를 가리키는 듯하지만, '月紀'의 뜻은 분명하지 않다.(≪周禮正義≫ 권14, 554쪽 참조)

'婦德'은 곧고 온순한 것〔貞順〕을 가리키고, '婦言'은 응대하는 언사〔辭令〕를 가리키고, 婦容은 자태가 아름다운 것〔婉娩〕을 가리키고, '婦功'은 명주와 삼베 짜는 일〔絲枲〕을 가리킨다. 九嬪 이하 9명씩 왕의 연침에서 〈왕을〉 모신다. 구빈은 이미 4가지의 일을 익혔고, 또 사람을 따르는 도리를 갖추었다. 이 때문에 女御를 가르치는 것이다. 가르친 후 각자 그 소속된 자들을 이끌고 가서 또한 9명씩 함께 王이 휴식을 취하는 燕寢에서 따르게 한다. '御'는 進(나아간다)과 같으며, 勸(권한다)과 같으니, 왕에게 나아가 편히 쉬도록 권할 때도 또한 서로 순서에 따라서 한다. 무릇 妃들이 〈왕을〉 모시는 법은 달〔月〕과 后妃의 별자리가 그 象이다. 신분이 낮은 자는 마땅히 먼저 모셔야 하고, 신분이 존귀한 자는 마땅히 뒤에 모셔야 하니, 女御 81인은 9일 저녁을 담당하여 모시고, 世婦 27인은 3일 저녁을 담당하여 모시고, 九嬪 9인은 1일 저녁을 담당하여 모시고, 三夫人은 1일 저녁을 담당하여 모시고, 王后는 1일 저녁을 담당하여 모시니, 또한 15일에 한 순번을 돈다고 한다. 望日(15일) 이후에는 이와 반대로 한다. 孔子는 "해〔日〕는 하늘의 밝음이고, 달〔月〕은 땅의 이치이니, 陰은 제어당하는 것이다. 그러므로 달은 위로 예속되어 하늘의 부림을 받는 것이니, 부인이 남편을 따르는 것은 月紀를 본뜬 것이다."라고 하였다.

【疏】'九嬪'至'王所' ○釋曰 : 云'掌婦學之灋'者, 謂婦人所學之法, 卽婦德已下, 是也. 言

'以時御敍于王所'者, 謂月初卑者爲始, 望後尊者爲先, 是也.

經의 〔九嬪〕에서 〔王所〕까지

◯ 釋曰 : 〔掌婦學之灋〕 婦人이 배우는 법은 곧 婦德 이하가 이것임을 가리킨다. 〔以時御敍于王所〕 매달 초에는 신분이 낮은 자가 시작을 하고, 보름 이후에는 신분이 존귀한 자가 먼저 하는 것이 이것임을 가리킨다.

◯注'婦德'至'月紀' ◯釋曰 : 鄭知'婦德謂貞順'已下, 義如此者, 但此經雖有四事之言, 無事別目. 案內則云 "姆[1]教婉娩聽從, 執麻枲, 治絲繭, 織紝組訓." 故鄭此注'婦德謂貞順', 當彼聽從, 此云'婦容謂婉娩', 還當彼婉娩也, 此云'婦功謂絲枲', 還當彼執麻枲已下. 惟婦言注與彼少異. 此注以婦言謂辭令, 彼內則注以婉爲言語, 娩之言媚也, 謂容貌也. 不同者, 以彼經無四事之言, 故分婉娩爲二事, 以充四德, 此有四事之言, 故并婉娩爲容貌, 別以辭令解婦言. 然彼以婉娩亦兼婦言者, 以其言語婉順亦得爲容貌故也. 云'自九嬪以下, 九九而御於王所'者, 欲見三夫人及后各當一夕, 不爲九御也. 言此者, 釋經稱女御爲九御之意. 云'九嬪者, 旣習於四事, 又備於從人之道, 是以教女御也'者, 釋經使九嬪教女御之意. 云'旣習於四事', 卽經婦德之等, 是也. 云'又備於從人之道', 謂御序之事, 卽經'各帥其屬, 以時御 敍於王所', 是也. 云'各帥其屬者, 使亦九九相與從於王所息之燕寢'者, 此釋經'以時御敍于王所'之事. 云'亦九九相與從王'者, 亦上居宮及以作二事[2], 皆九人相配, 故以亦之也. 云'御猶進也, 勸也, 進勸王息'者, 案左傳云 "君子晝以訪問, 夜以安身. 女者定男於夜, 節宣其氣", 故云"勸王息"也. 云'亦相次敍'者, 亦上居宮有次敍也. 云'凡群妃御見'已下, 無正文, 鄭以意消息. 婦人者, 陰象月紀, 故月與后妃其象也. 云'卑者宜先, 尊者宜後'者, 案禮運云 "三五而盈, 三五而闕", 后以下法之, 故從微嚮著, 卑者宜先, 從著嚮微, 卑者宜後也. 云'亦十五日而徧云'者, 言'亦'者, 亦上居宮, 言'云'者, 亦無正文, 故以'云'疑之也. 云'孔子云'(巳)〔已〕[3]下者, 孝經援神契文. 但彼是孔子所作, 故言'孔子云'也. 云'日者, 天之明'者, 本合在天. 云'月者, 地之理'者, 本合在地. 今以陽尊而陰卑, 月乃爲天契制所使, 故云"陰契制." 上屬爲天使, 是以月上屬於天, 隨日而行. 云'婦從夫放月紀'者, 解后已下就王燕寢而御之意.

1) 姆 : 女師, 즉 보모를 가리킨다. 여자가 아직 시집을 가지 않았을 때, 덕을 갖춘 老婦를 스승으로 삼아서 婦道를 가르치게 하는데, 이를 '姆'라고 칭한다. ≪儀禮≫ 〈士昏禮〉 鄭玄의 注에 "'보모〔姆〕'는 부인이 나이가 50이 되어서도 자식이 없어 쫓겨나 다시 시집을

갈 수는 없지만 婦道로써 남을 가르칠 수 있는 자이다. 오늘날의 乳母와 같은 경우이다.〔姆 婦人五十無子 出而不復嫁 能以婦道教人者 若今時乳母矣〕"라고 하였다. ≪禮記≫ 〈內則〉 정현의 주에서는 "'姆'는 여자 스승이다.〔姆 女師也〕"라고 하였다.(≪周禮正義≫ 권14, 553쪽)

2) 以作二事 : 〈天官 內宰(天-45-4)〉에 "〈內宰는〉 婦職의 法에 의거하여 九御를 가르치고, 〈9인씩 짝을 이루어〉 각각 九嬪에 분속시켜 두 가지 일〔二事〕에 종사하게 한다.〔以婦職之灋 教九御 使各有屬 以作二事〕"고 하였다. 정현의 주에 "'두 가지 일'은 명주를 짜고 삼베를 짜는 일을 말한다.〔二事謂絲枲之事〕"고 하였다

3) (巳)〔已〕 : 저본에는 '巳'로 되어 있으나, 北京大 整理本과 上海古籍 整理本에 의거하여 '已'로 바로잡았다.

○ 注의 〔婦德〕에서 〔月紀〕까지

○ 釋曰 : 鄭玄이 "婦德은 貞順(곧고 온순함)을 가리키고" 이하를 알았던 것은 의리가 이와 같은 것이기 때문이다. 다만 이곳 경문에서는 비록 4가지의 일에 대한 문장은 있지만, 일에 대한 별도의 조목은 없다. 살펴보건대, ≪禮記≫ 〈內則〉에 "보모〔姆〕는 〈10세가 된 여자에게〉 말을 순하게 하는 법〔婉〕·자태를 아름답게 하는 법〔娩〕·받아들여 따르는 법〔聽從〕·생사와 삼실을 뽑고 누에고치를 켜서 실을 뽑아 紝·組·紃 등의 끈을 짜는 법을 가르친다."라고 하였다. 그러므로 정현이 이곳 〈天官 九嬪(天-50-1)〉의 注에서 "婦德은 貞順(곧고 온순함)을 가리킨다."고 한 것은 저곳 〈내칙〉의 '聽從'에 해당하고, 이곳의 注에서 "婦容은 婉娩(자태가 아름다운 것)을 가리킨다."고 한 것은 또한 저곳 〈내칙〉의 '婉娩'에 해당하고, 이곳의 注에서 "婦功은 絲枲(명주와 삼베 짜는 일)를 가리킨다."고 한 것은 또한 저곳 〈내칙〉의 '麻枲(생사와 삼실을 뽑는 일)' 이하에 해당한다. 다만 '婦言'에 대해서는 이곳 〈天官 九嬪(天-50-1)〉 정현의 注와 저곳 〈내칙〉 정현의 注가 조금 다르다. 이곳의 注에서는 "婦言은 辭令(응대하는 언사)을 가리킨다."고 하였는데, 저곳 〈내칙〉의 注에서는 "'婉'은 언사를 가리킨다. '娩'이라는 글자는 아름답다〔媚〕는 뜻이니, 용모를 가리킨다."고 하였다. 같지 않은 것은, 저곳 〈내칙〉의 경문에는 4가지의 일에 관한 문장이 없으므로 '婉'과 '娩'을 두 가지의 일로 만들어서 四德을 채운 것이고, 이곳 〈天官 九嬪〉에는 4가지의 일에 관한 문장이 있으므로 '婉'과 '娩'을 합하여 容貌를 가리켜 말한 것으로 해석하고, 별도로 '婦言'을 辭令으로 풀이한 것이다. 그러나 저곳 〈내칙〉에서 '婉娩'으로 또한 '婦言'을 겸한 것은 그 언사가 아름답고 온순한 것은 또한 용모가 될 수 있기 때문이다.

〔自九嬪以下 九九而御於王所〕 三夫人 및 王后는 각자 1일 저녁을 담당하여 모시고, 9명씩 짝을 이루어 모시지 않음을 보이고자 한 것이다. 이를 말한 것은 경문에서 '女御'를 '九

御'라고 칭한 뜻을 풀이한 것이다.

〔九嬪者 旣習於四事 又備於從人之道 是以敎女御也〕 경문에서 九嬪으로 하여금 女御를 가르치게 한다고 한 뜻을 풀이한 것이다. "〈九嬪은〉 이미 4가지의 일을 익혔다.〔旣習於四事〕"고 한 것은 곧 경문의 '婦德' 등이 이것이다. "또 사람을 따르는 도리를 갖추었다.〔又備於從人之道〕"고 한 것은 순서에 따라 모시는 일을 말한 것이니, 곧 경문에서 "각자 그 소속된 九御들을 이끌고 가서 때에 맞추어 尊卑에 따라서 王의 燕寢에서 모시게 한다."고 한 것이 이것이다.

〔各帥其屬者 使亦九九相與從於王所息之燕寢〕 이는 경문에서 "때에 맞추어 尊卑에 따라서 王의 燕寢에서 모시게 한다."고 한 일을 풀이한 것이다. "또한 9명씩 함께 〈王이 휴식을 취하는 燕寢에서〉 따르게 한다."고 한 것은 또한 위(〈天官 內宰(天-45-4)〉)의 궁에 거처할 때 및 명주와 삼베 짜는 두 가지 일에 종사할 때도 모두 9명씩 서로 짝을 이룬다는 뜻이다. 그러므로 '또한〔亦〕'이라 말한 것이다.

〔御猶進也 勸也 進勸王息〕 살펴보건대 ≪春秋左氏傳≫ 昭公 원년(B.C. 541) 條에 "군자는 낮에는 諮問을 구하고, 밤에는 몸을 편히 쉰다. 여자는 밤에 남자를 안정시키니, 그 기운을 절제시키기도 하고 발산시키기도 한다."고 하였다. 그러므로 "왕에게 편히 쉬도록 권한다."고 한 것이다.

〔亦相次敘〕 또한 위의 궁에 거처할 때도 차례와 순서가 있다는 뜻이다.

〔凡群妃御見〕 이하는 正文이 없기 때문에 정현이 자신의 뜻으로 보충한 것이다. 婦人은 陰으로서 月紀를 상징한다. 그러므로 달〔月〕과 后妃의 별자리가 그 象인 것이다.

〔卑者宜先 尊者宜後〕 살펴보건대 ≪예기≫ 〈禮運〉에 "〈달은〉 15일 만에 가득 차고 15일 만에 완전히 이지러진다."고 하였으니, 王后 이하 이를 본받는 것이다. 그러므로 희미함에서 밝음으로 향할 때는 신분이 낮은 자가 마땅히 먼저 해야 하고, 밝음에서 희미함으로 향할 때는 신분이 낮은 자가 마땅히 뒤에 해야 하는 것이다.

〔亦十五日而徧云〕 '亦(또한)'이라고 말한 것은 또한 위의 궁에 거처할 때도 마찬가지라는 뜻이고, '云'이라고 말한 것은 또한 正文이 없으므로 '云'이라고 하여 의심을 둔 것이다. '孔子云' 이하는 ≪孝經緯≫ 〈援神契〉의 문장이다. 다만 이 책은 孔子가 지은 것이므로 '孔子云'이라고 한 것이다.

〔日者 天之明〕 〈해는〉 본래 하늘에 있어야 하기 때문이다.

〔月者 地之理〕 〈달은〉 본래 땅에 있어야 하기 때문이다. 이제 陽은 존귀하고 陰은 비천하니, 달은 이에 하늘에 제어되어 부림을 받는 것이다. 그러므로 "陰은 〈陽에〉 제어당한

다.〔陰契制〕"라고 한 것이다. 위로 예속되어 하늘의 부림을 받는다. 이 때문에 달은 위로 하늘에 예속되어 해를 따라서 운행하는 것이다.

〔婦從夫放月紀〕 왕후 이하가 왕의 燕寢에 나아가서 모시는 뜻을 풀이한 것이다.

天-50-2

凡祭祀에 贊玉齍(자)하고 贊后薦徹豆籩하고

무릇 제사를 지낼 때, 〈九嬪은〉 왕후가 기장밥을 담은 옥으로 장식한 밥그릇〔玉齍〕을 진헌하는 것을 돕고, 왕후가 나무제기〔豆〕와 대나무제기〔籩〕를 진헌하고 거두는 것을 돕는다.

【注】玉齍는 玉敦(대)[1]니 受黍稷器니 后進之而不徹이라 故書玉爲王이니 杜子春讀爲玉이라

1) 玉敦(대) : '敦'는 찰기장밥〔黍〕·메기장밥〔稷〕·쌀밥〔稻〕·수수밥〔粱〕 등을 담아두는 그릇이다. 모두 뚜껑이 있어 밥을 따뜻하게 할 수 있다. 춘추전국시대에 유행한 그릇으로, 일반적으로 세 개의 짧은 다리가 있고, 배는 원형이고, 양쪽에 고리가 달려 있다. 뚜껑이 있고, 뚜껑 위에는 들 수 있도록 자루가 달려 있다. 陸德明의 ≪經典釋文≫ 권8 〈周禮音義 上 天官冢宰〉에 "敦의 음은 對이다.〔敦音對〕"라고 하였다.

敦

'玉齍'는 玉敦로 기장밥을 담는 그릇이니, 왕후는 그것을 진헌하지만 거두지는 않는다. 故書에 '玉'은 '王'으로 되어 있다. 杜子春는 玉의 뜻으로 읽었다.

【疏】'凡祭'至'豆籩' ○釋曰 : 言'凡祭祀'者, 后無外事, 唯有宗廟禘祫與四時月祭等, 故云"凡祭祀." '贊玉齍'者, 但祭祀之時, 男子進俎, 婦人設豆籩(齍)〔簠〕簋[1]. 贊, 助也, 助后薦玉齍也. 云'贊后薦徹豆籩'者, 豆籩之薦與徹, 皆助后也.

1) (齍)〔簠〕簋 : 저본에는 '齍'로 되어 있으나, 監本·毛本·殿本에 의거하여 '簠'로 바로잡았다.(上海古籍 整理本의 〈校勘記〉 참조) '簠'는 기장밥을 담는 네모진 밥그릇이다. 바깥쪽은 네모지고 안쪽은 둥글며, 다리 높이는 2촌이고, 네 모서리를 각지게 꺾고 그 속은 붉

은색으로 칠을 한다. '簋'는 기장밥을 담는 둥근 밥그릇이다. 바깥쪽은 둥글고 안쪽은 네모지며, 뚜껑이 있고, 4개의 짧은 다리가 있으며, 용량은 1斗 2升이다. 제사나 연회를 할 때 항상 짝수로 진설한다. 周나라의 제도에서 천자의 제사에는 8개를 진설하였다.

經의 〔凡祭〕에서 〔豆籩〕까지

○釋曰:〔凡祭祀〕 왕후는 外事가 없고 단지 禘祫의 宗廟 祭祀와 四時의 月祭 등만 있다. 그러므로 "무릇 제사를 지낸다.〔凡祭祀〕"라고 한 것이다.

〔贊玉齍〕 다만 제사를 지낼 때 男子는 희생제기〔俎〕를 올리고, 婦人은 나무제기〔豆〕·대나무제기〔籩〕·네모진 밥그릇〔簠〕·둥근 밥그릇〔簋〕을 진설한다. '贊'은 돕는다〔助〕는 뜻이니, 王后가 玉齍(玉敦)를 올리는 것을 돕는 것이다.

〔贊后薦徹豆籩〕 나무제기와 대나무제기를 올리고 거둘 때 모두 왕후를 돕는다.

○注'玉齍'至'爲玉' ○釋曰:云'玉齍, 玉敦受黍稷器'者, 案明堂位云 "有虞氏之兩敦, 周之八簋", 則周用簋. 特牲少牢大夫士用敦. 今周天子用玉敦者, 明堂位(盟)〔賜〕[1]魯得兼用四代之器, 用敦, 明天子亦兼用可知. 云'玉敦'者, 謂以玉飾敦, 謂若玉府云 "珠盤玉敦[2]." 但彼以珠槃盛牛耳, 玉敦盛血, 此玉敦盛黍稷爲異耳. 云'后進之而不徹', 知者豆籩云贊薦徹, 玉齍直贊, 不云薦徹, 明直贊進之而已. 案禮器云 "管仲鏤簋", 注云 "天子飾以玉." 此直云玉敦, 則簋亦飾以玉. 而不云者, 但玉敦后親執而設之, 故特言之, 其簋, 則九嬪執而授后, 后設之. 若少牢主婦親受韭菹醓醢, 其餘婦贊者授主婦, 主婦設之[3], 故不言也.

1) (盟)〔賜〕: 저본에는 '盟'으로 되어 있으나, 監本·毛本에 의거하여 '賜'로 바로잡았다. 다만 孫詒讓의 校本에는 '盟'은 '明'의 잘못이라고 하였다.(阮元의 〈校勘記〉 및 北京大 整理本의 〈校勘記〉 참조)

2) 珠盤玉敦: 구슬로 장식한 盤과 옥으로 장식한 敦(대)를 말한다. '盤(물받이그릇)'은 '槃'으로도 쓰는데, 물을 받는 기물로, 일반적으로 '匜(물주전자)'와 짝을 이루어 사용된다. 다만 이곳에서는 희생의 피를 담는 기물을 말한다. 〈天官 玉府(天-35-6)〉 鄭玄의 注에 "옛날에 槃으로 희생의 피를 담았고, 敦로 밥을 담았다.〔古者以槃盛血 以敦盛食〕"라고 하였다.

3) 若少牢主婦親受韭菹醓醢……主婦設之: ≪儀禮≫ 〈少牢饋食禮〉에 "主婦는 머리에 가발장식을 하고, 소매 폭이 넓은 綃衣(비단 옷깃을 한 검은색 웃옷)를 입고서 東房에서 음식을 가져와 室 안에 진설하는데, 부추절임〔韭菹〕과 고기젓갈〔醓醢〕을 담은 2개의 나무제기〔豆〕를 앉아서 자리 앞에 놓는다. 主婦의 贊者 한 사람이 마찬가지로 머리에 가발장

식을 하고 소매 폭이 넓은 초의를 입고서 아욱절임〔葵菹〕과 달팽이 젓갈〔蠃醢〕을 담은 2개의 나무제기〔豆〕를 집어 들고 室 안으로 들어와 주부에게 건네준다. 주부는 일어나지 않은 채로 그대로 받아서 부추절임과 고기젓갈을 담은 2개의 나무제기의 동쪽에 두 줄이 되도록 이어서 진설한다.〔主婦被錫 衣移袂 薦自東房 韭菹醓醢 坐奠于筵前 主婦贊者一人亦被錫 衣移袂 執葵菹蠃醢以授主婦 主婦不興 遂受 陪設于東〕"라고 하였다.

○ 注의 〔玉齍〕에서 〔爲玉〕까지

○ 釋曰：〔玉齍 玉敦受黍稷器〕 살펴보건대, ≪禮記≫ 〈明堂位〉에 "有虞氏는 2개의 敦(기장을 담는 밥그릇)를 진설하고, 周나라는 8개의 簠(둥근 밥그릇)를 진설하였다."라고 하였다. 그렇다면 주나라에서는 簠를 사용한 것이다. ≪儀禮≫의 〈特牲饋食禮〉와 〈少牢饋食禮〉에 의하면 大夫와 士는 敦를 사용하였다. 이제 주나라의 천자가 玉敦를 사용했다는 것은, 〈明堂位〉에 의하면 魯나라에 은총을 내려 四代의 기물을 겸하여 사용할 수 있게 해주어 敦를 사용했으니, 天子도 〈四代의 기물을〉 겸하여 사용하였음을 분명히 알 수 있기 때문이다. '玉敦'는 옥으로 장식한 敦를 말하니, 예를 들면 〈天官 玉府(天-35-6)〉에서 '珠盤・玉敦'라고 한 것과 같은 것을 말한다. 다만 저곳에서는 珠槃으로 희생 소의 귀를 담고, 玉敦로 희생 소의 피를 담는데, 이곳의 玉敦는 기장밥을 담는 것이 다를 뿐이다.

〔后進之而不徹〕 이를 알 수 있는 것은 豆・籩에 대해서는 "〈王后가 나무제기와 대나무제기를〉 진헌하고 거두는 것을 돕는다.〔贊薦徹〕"라고 하였는데, 玉齍에 대해서는 단지 "돕는다〔贊〕"라고만 말하고 "진헌하고 거둔다.〔薦徹〕"라고 말하지 않았기 때문이니, 단지 〈왕후가〉 진헌하는 것을 도울 뿐임이 분명하다. 살펴보건대, ≪禮記≫ 〈禮器〉에 "管仲은 簠에 문양을 새겨 넣었다.〔管仲鏤簠〕"고 하였는데, 鄭玄의 注에 "천자는 옥으로 장식을 한다."고 하였다. 이곳 〈天官 九嬪〉 鄭玄의 注에서는 단지 '玉敦'라고 하였으니, 그렇다면 簠 또한 玉으로 장식을 하는 것이다. 그런데 이를 말하지 않은 것은 다만 玉敦는 왕후가 직접 잡고서 진설하므로 특별히 말한 것이고, 그 簠는 九嬪이 잡고서 왕후에게 건네주면 왕후가 진설하는 것으로, ≪의례≫ 〈소뢰궤사례〉에서 主婦는 부추절임〔韭菹〕과 고기젓갈〔醓醢〕은 직접 받지만 그 나머지는 주부의 贊者가 주부에게 건네주면 주부가 이를 받아서 진설하는 것과 같으므로 말하지 않은 것이다.

天-50-3

若有賓客이면 則從后하고

만약 賓客에게 饗禮와 燕禮를 베풀어주는 경우, 〈九嬪은〉 왕후를 수종하여 일을 돕는다.

【注】當贊后事라

마땅히 왕후의 일을 도와야 하기 때문이다.

【疏】注'當贊后事' ○釋曰：后之有事於賓客者, 唯有諸侯來朝, 王親饗燕, 后當助王饗燕, 時九嬪從后往也.

○注의 〔當贊后事〕

○釋曰 : 왕후가 賓客에게 일이 있는 것은 오직 諸侯들이 조회하러 왔을 때뿐이니, 왕이 직접 〈제후들에게〉 饗禮와 燕禮를 베풀어주면 왕후는 마땅히 왕의 향례와 연례를 도와주어야 하는데, 이때 九嬪은 왕후를 수종하여 가서 돕는다.

天-50-4

大喪에 帥(솔)敘哭者에도 亦如之니라

大喪(왕의 상)을 당하여 왕후가 〈內・外命婦를〉 이끌고 존비의 차서에 따라 哭位에 배열하여 곡을 할 때도 〈九嬪은〉 또한 마찬가지로 왕후를 수종하여 돕는다.

【注】亦從后니 帥은 猶道也라 后哭에 衆之次敘者乃哭이라

또한 왕후를 수종하여 돕는 것이다. '帥'은 道(인도하다)와 같다. 왕후가 곡을 하면, 순서대로 哭位에 배열한 무리들이 이어서 곡을 한다.

【疏】'大喪'至'如之' ○釋曰 : '大喪', 謂王喪. '帥敘哭'者, 謂若外內命婦哭時, 皆依尊卑命數, 在后後, 爲前後列位哭之, 故須帥導使有次敘也.

經의 〔大喪〕에서 〔如之〕까지

○釋曰 : '大喪'은 왕의 喪을 말한다.

〔帥敘哭〕 外・內命婦가 곡을 할 때는 모두 尊卑의 命數에 의거하여 왕후의 뒤쪽에서 앞뒤로 哭位에 배열하여 곡을 하는 것 같은 것을 말한다. 그러므로 반드시 인도하여 차례가 있게 하는 것이다.

附 錄

1. ≪周禮注疏 3≫ 參考書目

◇ 底本

- ≪周禮注疏≫, 阮元(淸) 校刻, 十三經注疏(淸 嘉慶刊本), 中華書局, 2009.

◇ 底本의 주요 참고도서

- ≪周禮注疏≫, 十三經注疏整理委員會, 北京大學出版社, 2000.
- ≪周禮注疏≫, 十三經注疏整理本編纂委員會, 上海古籍出版社, 2010.
- ≪十三經注疏校記≫, 孫詒讓全集編纂工作機構, 中華書局, 2009.

◇ 十三經注疏

- ≪周易正義≫, 阮元(淸) 校刻, 十三經注疏(淸 嘉慶刊本), 中華書局, 2009.
- ≪尙書正義≫, 阮元(淸) 校刻, 十三經注疏(淸 嘉慶刊本), 中華書局, 2009.
- ≪周禮注疏≫, 阮元(淸) 校刻, 十三經注疏(淸 嘉慶刊本), 中華書局, 2009.
- ≪儀禮注疏≫, 阮元(淸) 校刻, 十三經注疏(淸 嘉慶刊本), 中華書局, 2009.
- ≪禮記正義≫, 阮元(淸) 校刻, 十三經注疏(淸 嘉慶刊本), 中華書局, 2009.
- ≪春秋左傳正義≫, 阮元(淸) 校刻, 十三經注疏(淸 嘉慶刊本), 中華書局, 2009.
- ≪春秋穀梁傳注疏≫, 阮元(淸) 校刻, 十三經注疏(淸 嘉慶刊本), 中華書局, 2009.
- ≪春秋公羊傳注疏≫, 阮元(淸) 校刻, 十三經注疏(淸 嘉慶刊本), 中華書局, 2009.
- ≪論語注疏≫, 阮元(淸) 校刻, 十三經注疏(淸 嘉慶刊本), 中華書局, 2009.
- ≪爾雅注疏≫, 阮元(淸) 校刻, 十三經注疏(淸 嘉慶刊本), 中華書局, 2009.
- ≪孟子注疏≫, 阮元(淸) 校刻, 十三經注疏(淸 嘉慶刊本), 中華書局, 2009.
- ≪孝經注疏≫, 阮元(淸) 校刻, 十三經注疏(淸 嘉慶刊本), 中華書局, 2009.

◇ 原典 및 字典類

- ≪經典釋文≫, 陸德明(唐), 文淵閣四庫全書 182, 商務印書館, 1983.
- ≪古今注校箋≫, 牟華林 校箋, 線裝書局, 2015.
- ≪古書虛詞通解≫, 解惠全·崔永琳·鄭天一, 中華書局, 2008.
- ≪管子校注≫, 黎翔鳳(淸), 中華書局, 2008.
- ≪大戴禮記集注≫, 黃懷信, 三秦出版社, 2004.

- ≪四庫全書總目提要≫, 紀昀(淸) 總纂, 孟蓬生 外 點校, 河北人民出版社, 2000.
- ≪四庫提要辨證≫, 余嘉錫, 雲南人民出版社, 2004.
- ≪三禮文化辭典≫, 白玉林・遲鐸, 商務印書館, 2019.
- ≪三禮辭典≫, 錢玄, 江蘇古籍出版社, 1998.
- ≪尙書今古文注疏≫, 孫星衍(淸), 中華書局, 1986.
- ≪釋名≫, 劉熙(後漢), 中華書局, 2016.
- ≪說文解字≫, 許愼(後漢), 文淵閣四庫全書 223, 商務印書館, 1983.
- ≪說文解字注≫, 段玉裁(淸), 上海古籍出版社, 2011.
- ≪水經注≫, 酈道元(北魏), 文淵閣四庫全書 573, 商務印書館, 1983.
- ≪詩經世本古義≫, 何楷(明), 鴻寶竺, 1893.
- ≪詩經通義≫, 朱鶴齡(淸), 文淵閣四庫全書 85, 商務印書館, 1983.
- ≪詩三家義集疏≫, 王先謙(淸), 續修四庫全書 77, 上海古籍出版社, 1995.
- ≪十三經注疏校記≫, 孫詒讓(淸), 中華書局, 2009.
- ≪呂氏春秋≫, 畢沅(淸) 校, 上海古籍出版社, 2014.
- ≪禮記集說≫, 陳澔(元), 鳳凰出版社, 2010.
- ≪禮記集解≫, 孫希旦(淸), 中華書局, 1989.
- ≪玉函山房輯佚書≫, 馬國翰(淸), 廣陵書社, 2006.
- ≪王力古漢語字典≫, 王力, 中華書局, 2005.
- ≪類篇≫, 司馬光(宋), 中華書局, 1984.
- ≪儀禮正義≫, 胡培翬(淸), 江蘇古籍出版社, 1993.
- ≪前漢書≫, 班固(後漢), 文淵閣四庫全書 249~250, 商務印書館, 1983.
- ≪鄭玄辭典≫, 唐文, 語文出版社, 2004.
- ≪周官祿田考≫, 沈彤(淸), 文淵閣四庫全書 100, 商務印書館, 1983.
- ≪周官集傳≫, 毛應龍(元), 文淵閣四庫全書 95, 商務印書館, 1983.
- ≪周官集注≫, 方苞(淸), 文淵閣四庫全書 100, 商務印書館, 1983.
- ≪周禮句解≫, 朱申(宋), 文淵閣四庫全書 89, 商務印書館, 1983.
- ≪周禮復古編≫, 兪庭椿(宋), 文淵閣四庫全書 92, 商務印書館, 1983.
- ≪周禮詳解≫, 王昭禹(宋), 文淵閣四庫全書 91, 商務印書館, 1983.
- ≪周禮述注≫, 李光坡(淸), 文淵閣四庫全書 100, 商務印書館, 1983.
- ≪周禮疑義擧要≫, 江永(淸), 文淵閣四庫全書 100~101, 商務印書館, 1983.
- ≪周禮翼傳≫, 王應電(明), 文淵閣四庫全書 92, 商務印書館, 1983.
- ≪周禮傳≫, 王應電(明), 文淵閣四庫全書 92, 商務印書館, 1983.
- ≪周禮全經釋原≫, 柯尙遷(明), 文淵閣四庫全書 96, 商務印書館, 1983.
- ≪周禮正義≫, 孫詒讓(淸), 中華書局, 2016.
- ≪周禮正義点校考訂≫, 顔春峰・汪少華, 中華書局, 2017.

- ≪周禮注疏刪翼≫, 王志長(明), 文淵閣四庫全書 97, 商務印書館, 1983.
- ≪周禮集說≫, 未詳(宋), 文淵閣四庫全書 95, 商務印書館, 1983.
- ≪周禮纂訓≫, 李鍾倫(淸), 文淵閣四庫全書 100, 商務印書館, 1983.
- ≪周禮漢讀考≫, 段玉裁(淸), 續修四庫全書 80, 上海古籍出版社, 1995.
- ≪中國官制大辭典≫, 兪鹿年, 黑龍江人民出版社, 1998.
- ≪中國古代服飾辭典≫, 孫震陽・張珂 編著, 中華書局, 2018.
- ≪中國歷史紀年表≫, 方時銘, 上海人民出版社, 2007.
- ≪中國歷史大事典≫, 張海鵬 主編, 山東大學出版部, 2000.
- ≪中國歷代人名大辭典≫, 張撝之外 主編, 上海古籍出版社, 1999.
- ≪証類本草≫, 唐愼微(宋),中國医藥科技出版社, 2011.
- ≪春秋傳服氏注≫, 服虔(後漢), 續修四庫全書 117, 上海古籍出版社, 1995.
- ≪通典≫, 杜佑(唐), 中華書局, 1988.
- ≪漢官六種≫, 孫星衍(淸), 中華書局, 2008.
- ≪漢舊儀≫, 衛宏(後漢), 文淵閣四庫全書 646, 商務印書館, 1983.
- ≪漢書補注≫, 王先謙(淸), 上海古籍出版社, 2008.
- ≪漢書藝文志講疏≫, 顧實, 上海古籍出版社, 1987.
- ≪韓醫學用語大辭典≫, 永林社編輯室, 永林社, 2015.
- ≪漢制考≫, 王應麟(宋), 商務印書館, 1977.

◇ 單行本類

- 耿天勤, ≪鄭玄志≫, 山東人民出版社, 2009.
- 郭偉川, ≪周禮制度淵源與成書年代新考≫, 國家圖書館出版社, 2016.
- 鄧瑞全, ≪中國緯書綜考≫, 黃山書社, 1998.
- 聞人軍, ≪〈考工記〉導讀圖譯≫, 明文書局, 1990.
- 聶崇義 撰・丁鼎 點校解說, ≪新定三禮圖≫, 淸華大學出版社, 2005.
- 顔春峰, ≪周禮正義點校考訂≫, 中華書局, 2017.
- 楊天宇, ≪鄭玄三禮注硏究≫, 天津人民出版社, 2007.
- 王力, ≪古代漢語≫, 中華書局, 2004.
- 王鍔, ≪三禮硏究論著提要≫, 甘肅教育出版社, 2007.
- 劉善澤, ≪三禮注漢制疏證≫, 嶽麓書社, 1997.
- 劉興均, ≪周禮名物詞語硏究≫, 巴蜀書社, 2001.
- 李學勤, ≪古文字學初階≫, 中華書局, 2006.
- 錢玄, ≪三禮名物通釋≫, 江蘇古籍出版社, 1987.
- ____, ≪三禮通論≫, 南京師範大學出版社, 1996.
- 陳大庚, ≪周禮序官考≫, 中華書局, 1991.
- 皮錫瑞(淸), ≪經學歷史≫, 河洛圖書出版社, 1974.

- 賀業鉅, ≪考工記營國制度研究≫, 中國建築工業出版社, 1985.
- 夏傳才, ≪詩經研究史概要≫, 清華大學出版社, 2007.
- 侯家駒, ≪周禮研究≫, 聯經出版事業公司, 1987.

◇ 研究論著 및 飜譯書

〔韓國〕
- 김용천, ≪전한후기 예제담론≫, 선인, 2007.
- 김용천·박례경·이봉규·이원택·장동우, ≪의례 역주≫ 1~9, 세창출판사, 2012~2016.
- 渡邊義浩 지음·김용천 옮김, ≪후한유교국가의 성립≫, 동과서, 2011.
- 박준호, 〈中國 古代 木簡의 署名 방식 연구〉, ≪古文書硏究≫ 41, 2012.
- 신동준, ≪관자≫ 상·하, 인간사랑, 2021.
- 윤재석, ≪수호지진묘죽간 역주≫, 소명출판, 2010.
- 이석명, ≪회남자≫ 1·2, 소명출판, 2012.
- 이충구 외, ≪이아주소≫ 1~6, 소명출판, 2004.
- 정하현, ≪여씨춘추≫, 소명출판, 2013.
- 최인영, 〈『周易』互體의 錯綜關〉, ≪동방문화와 사상≫ 4, 2018.
- 최재영, 〈周禮 考工記의 도시계획원리와 隋唐長安城의 구조〉, ≪역사문화연구≫ 35, 2010.
- 허호구·윤재환·정동화, ≪역주 춘추번로의증≫, 소명출판, 2016.

〔日本〕
- 金藤行雄, 〈 ≪周禮≫の命について〉, ≪待兼山論叢≫ 18, 1985.
- 南昌宏, 〈〈日本における≪周禮≫硏究論考〉略述〉, ≪中國研究集刊≫ 10, 1991.
- 間嶋潤一, 〈鄭玄の祭天思想に就いて : ≪周禮≫國家における圜丘祀天と郊天〉, ≪中國文化≫ 45, 1987.
- ________, 〈鄭玄に至る「周禮」解釋の變遷について〉, ≪中國文化≫ 38, 1980.
- ________, ≪鄭玄と≪周禮≫ : 周の太平國家の構想≫, 明治書院, 2010
- 本田二郎, ≪周禮通釋≫, 秀英出版, 1977.
- 井上了, 〈≪周禮≫の構成とその外族觀〉, ≪中國研究集刊≫ 30, 2002.
- 池田秀三, 〈周禮疏序譯注〉, ≪東方學報≫ 53, 1981.
- 林巳奈夫, 〈≪周禮≫の六尊六彝と考古學遺物〉, ≪東方學報≫ 52, 1980.
- 興膳宏·川合康三, ≪隋書經籍志詳攷≫, 汲古書院, 1996.

〔中國〕
- 郭璐·武廷海, 〈辨方正位體國經野〉, ≪清華大學學報(哲學社會科學版)≫ 32, 2017.
- 聞人軍, ≪考工記譯注≫, 上海古籍出版社, 2008.

- 承載 譯注, ≪春秋穀梁傳譯注≫, 上海古籍出版社, 2016.
- 楊伯峻, ≪春秋左傳注≫, 中華書局, 2016.
- 楊天宇, ≪禮記譯注≫, 上海古籍出版社, 2004.
- ______, ≪儀禮譯注≫, 上海古籍出版社, 1994.
- ______, ≪周禮譯注≫, 上海古籍出版社, 2016.
- 呂友仁, 〈≪周禮≫概說〉, ≪河南師範大學學報(哲學社會科學版)≫28卷 1期, 2001.
- 呂友仁・李正輝・孫新梅 注譯, ≪周禮≫, 中州古籍出版社, 2018.
- 王維堤・唐書文 譯注, ≪春秋公羊傳譯注≫, 上海古籍出版社, 2016.
- 劉豊, 〈百年來≪周禮≫研究的回顧〉, ≪湖南科技學院學報≫ 27-2, 2016.
- 李玉平, 〈試析鄭玄〈周禮注〉中的"古文"與"故書"〉, ≪古籍整理研究學刊≫ 5期, 2005.
- 張榮明, 〈≪周禮≫國野・鄕遂組織模式探原〉, ≪史學月刊≫ 3期, 1998.
- 丁進・楊化坤, 〈≪周禮≫學的奠基 : 杜子春的≪周禮≫學管窺〉, ≪阜陽師範大學學報(社會科學版)≫ 177期, 2017.
- 朱紅林, 〈〈周禮〉大宰八法研究〉, ≪中國古代法律文獻研究≫ 10輯, 2016.
- 湯可敬, ≪說文解字今釋≫ 上・下, 岳鹿書社, 2002.
- 黃永堂, ≪國語全譯≫, 貴州人民出版社, 1995.

〔英美〕

- Benjamin A. Elman, ed., *Statecraft and classical learning : the Rituals of Zhou in East Asian history,* Brill, 2010.
- Bol, Peter K, "Wang Anshi And The Zhouli", *Statecraft and classical learning,* Brill, 2010.
- Kang, Seo-Yeon, "The Principle of Capital Construction and the Location of the Palace Discovered through the Annotation of Zhouli(周禮)", ARCHITECTURAL RESEARCH, 2018, Vol.20(2).
- Kern, Martin, "Offices of writing and reading in the Rituals of Zhou", *Statecraft and classical learning,* Brill, 2010.
- McMullen, David, "The Role Of The Zhouli In Seventh- And Eighth-Century Civil Administrative Traditions", *Statecraft and classical learning,* Brill, 2010.
- Plaks, Andrew H, "Zheng Xuan's commentary on the Zhouli", *Statecraft and classical learning,* Brill, 2010.
- Puett, Michael, "Centering the realm : Wang Mang, the Zhouli, and early Chinese statecraft", *Statecraft and classical learning,* Brill, 2010.
- Schaberg, David, "The Zhouli As Constitutional Text", *Statecraft and classical learning,* Brill, 2010.
- Wagner, Rudolf G, "The Zhouli As The Late Qing Path To The Future",

Statecraft and classical learning, Brill, 2010.

◇ 도판 자료

• 高宗(淸) 御纂, ≪欽定禮記義疏≫, 文淵閣四庫全書 124~126, 商務印書館, 1983.
• ＿＿＿＿＿＿, ≪欽定儀禮義疏≫, 文淵閣四庫全書 106~107, 商務印書館, 1983.
• 박준호, 〈중국 고대목간의 서명방식 연구〉, ≪고문서연구≫ 41, 고문서학회, 2012.
• 聶崇義(宋), ≪新定三禮圖≫, 康熙 12년(1673) 通知堂刊本.
• 楊甲(南宋) 撰, ≪六經圖≫, 文淵閣四庫全書 183, 商務印書館, 1983.
• 楊復(南宋), ≪儀禮旁通圖≫, 文淵閣四庫全書 104, 商務印書館, 1983.
• 永瑢(淸), ≪欽定周官義疏≫, 文淵閣四庫全書 98~99, 商務印書館, 1983.
• 王應電(明), ≪周禮圖說≫, 文淵閣四庫全書 96, 商務印書館, 1983.
• 朱熹(南宋), ≪釋奠儀≫, 文淵閣四庫全書 648, 商務印書館, 1983.
• 陳祥道(北宋), ≪禮書≫, 文淵閣四庫全書 130, 商務印書館, 1983.
• 黃以周(淸), ≪禮書通考≫, 中華書局, 2007.

◇ 電子文獻 및 Web DB

• 동양고전종합DB (http://db.cyberseodang.or.kr)
• 상우천고 (http://www.s-sangwoo.kr)
• 이체자정보검색 (http://db.itkc.or.kr/DCH/)
• 電子版 文淵閣四庫全書, 上海古籍出版社.
• 中國基本古籍庫, 黃山書社.
• 한국고전종합DB (http://db.itkc.or.kr)

2. ≪周禮注疏 3≫ 參考圖版 目錄 및 出處

3. ≪周禮注疏≫ 總目次

• QR코드를 스캔하면 ≪周禮注疏≫ 總目次를 볼 수 있습니다.

4. ≪周禮注疏≫ 解題

• QR코드를 스캔하면 ≪周禮注疏≫ 解題를 볼 수 있습니다.

譯註者 略歷

金容天

京畿 光明 출생
東國大學校 史學科 卒業 同 大學院 博士
瑞巖 金熙鎭 선생과 靑溟 任昌淳 선생에게 修學
泰東古典硏究所 卒業
大眞大學校 역사문화콘텐츠학과 교수(現)

論文 및 譯書

論文 〈〈石渠禮論〉의 分析과 前漢시대 禮治理念〉, 〈≪荀子≫·≪禮記≫ 〈王制〉의 禮治構想〉, 〈兩晉시대 '爲人後者'의 服制 담론〉, 〈北魏 孝文帝 '三年喪'의 실체와 그 성격〉, 〈전국시대 禪讓論의 전개와 立賢共治〉, 〈'祔'의 해명을 위한 경학적 접근〉, 〈旣葬 '受服'의 규정과 예학적 논쟁〉, 〈前漢 元帝期 韋玄成의 宗廟制論〉 등 多數
著書 ≪전한후기 예제담론≫, ≪중국고대 상복의 제도와 이념≫
譯書 ≪중국 전근대 사상의 굴절과 전개≫, ≪유교와 예≫, ≪후한 유교국가의 성립≫, ≪삼국지의 정치와 사상≫, ≪과거와 관료제≫
共譯 ≪의례 역주≫, ≪譯註 中國 正史 禮樂志≫, ≪천지서상지-당 제국의 제사와 의례≫, ≪중국의 공과 사≫, ≪중국의 예치시스템≫, ≪중국사상문화사전≫

朴禮慶

서울 출생
延世大學校 哲學科 卒業 同 大學院 博士
涵齋 金在弘 선생에게 修學
民族文化推進會 國譯硏修院 修了
서울대학교 奎章閣 한국학연구원 책임연구원
延世大學校, 韓國航空大學校 강사
延世大學校 國學硏究院 동아시아고전연구소 전문연구원(現)

論文 및 譯書

論文 〈유교 祭儀에 담긴 禮의 정신〉, 〈'禘'해석의 근거 읽기〉, 〈조선시대 國葬에서 朝祖儀 설행 논의와 결과〉, 〈조선시대 國家禮典에서 社稷祭 儀禮의 분류별 변화와 儀註의 특징〉, 〈규범의 근거로서 친친(親親) 존존(尊尊)의 정당화 문제〉, 〈≪朱子家禮≫ 속의 인간과 사회〉 〈德治의 상징체계로서 유교국가의 卽位儀禮〉, 〈남녀유별(男女有別)의 해석〉, 〈鄭玄 禮學의 이론 구성적 성격〉 등
共著 ≪동양철학의 세계≫, ≪왕실의 천지제사≫, ≪왕실의 혼례식 풍경≫, ≪조선시대 왕실문화 도해 사전≫ 등
共譯 ≪의례 역주≫

懸　吐

吳圭根

江原 平昌 大化 出生
南山 鄭鑽 先生, 祖父 鳳西 先生, 家親 硏靑 先生에게 受學
民族文化推進會 國譯硏修院 卒業
　　　　　　　國譯硏修院 講師 歷任
傳統文化硏究會 古典硏修院 講師 歷任
　　　　　　　理事(現)

譯書 및 校勘標點

譯書　朝鮮王朝實錄 ≪宣祖實錄≫, ≪光海君日記≫, ≪中宗實錄≫
　　≪白湖全書≫, ≪順菴集≫, ≪承政院日記≫(高宗祖) 등
校勘標點 ≪韓國文集叢刊≫

十三經注疏
譯註 周禮注疏 3　　30,000원

2022년 12월 30일 초판 발행
2023년 02월 28일 초판 2쇄

企劃編輯　東洋古典飜譯編輯委員會
飜譯研究管理　南賢熙
注　鄭玄　疏　賈公彦
譯　註　金容天 朴禮慶
懸　吐　吳圭根
潤　文　朴勝珠
校　訂　李孝宰
出　版　白俊哲 李承俊
裝　幀　김진디자인

發行人　金 炫
發行處　社團法人 傳統文化研究會
서울 종로구 삼봉로 81 두산위브파빌리온 1332호
전화 : (02)762-8401　전송 : (02)747-0083
전자우편 : juntong@juntong.or.kr
사이버書堂 : cyberseodang.or.kr
온라인서점 : book.cyberseodang.or.kr
등록 : 1989. 7. 3. 제1-936호
총판 : 한국출판협동조합(070-7119-1750)

ISBN 979-11-5794-552-8 94140
978-89-91720-93-0(세트)

※이 책은 2022년도 교육부 고전문헌 국역지원사업 지원비에 의해 초판(비매품) 간행.

전통문화연구회 도서목록

범례 : 毛詩正義 1~8〔全15〕- 전체 15책 계획, 현재 1~8책만 간행된 경우.
별도 표시 없는 경우는 완간.

新編 基礎漢文教材

新編 四字小學·推句	고전교육연구실 編譯	11,000원
新編 啓蒙篇·童蒙先習	고전교육연구실 編譯	11,000원
新編 明心寶鑑	李祉坤·元周用 譯註	15,000원
新編 擊蒙要訣	咸賢贊 譯註	12,000원
新編 註解千字文	李忠九 譯註	12,000원
新編 原文으로 읽는 故事成語	元周用 編譯	15,000원
新編 唐音註解選	權卿相 譯註	22,000원

漢文讀解捷徑시리즈

(개정판) 漢文독해기본패턴	고전교육연구실 著	20,000원
논어독해 첫걸음	고전교육연구실 著	17,000원
맹자독해 첫걸음		근간
한문독해첩경 -文學篇	朴相水·李和春 외 著	17,000원
한문독해첩경 -史學篇	朴相水·李和春 외 著	17,000원
한문독해첩경 -哲學篇	朴相水·李和春 외 著	17,000원

五書五經讀本

論語集註 上·下	鄭太鉉 譯註	合 49,000원
孟子集註 上·下	田炳秀 外 譯註	合 60,000원
大學·中庸集註	李光虎 外 譯註	15,000원
小學集註 上·下	李忠九 外 譯註	合 50,000원
詩經集傳 上·中·下	朴小東 譯註	合 90,000원
書經集傳 上·中·下	金東柱 譯註	合 90,000원
周易傳義 元·亨·利·貞	崔英辰 外 譯註	合 120,000원
詳說 古文眞寶大全後集 上·下	李相夏 外 譯註	合 64,000원
春秋左氏傳 上·中·下	許鎬九 外 譯註	合 109,000원
禮記 上·中·下	成百曉 外 譯註	合 90,000원

東洋古典國譯叢書

大學·中庸集註 -개정증보판	成百曉 譯註	12,000원
論語集註 -개정증보판	成百曉 譯註	30,000원
孟子集註 -개정증보판	成百曉 譯註	30,000원
詩經集傳 上·下	成百曉 譯註	合 70,000원
書經集傳 上·下	成百曉 譯註	合 66,000원
周易傳義 上·下	成百曉 譯註	合 80,000원
小學集註	成百曉 譯註	30,000원
古文眞寶 後集	成百曉 譯註	32,000원

東洋古典譯註叢書

〈經部〉

〔十三經注疏〕

周易正義 1~4	成百曉 外 譯註	合 147,000원
尙書正義 1~7	金東柱 譯註	合 241,000원
毛詩正義 1~8〔全15〕	朴小東 外 譯註	合 288,000원
禮記正義 1~3, 中庸·大學	李光虎 外 譯註	合 117,000원
論語注疏 1~3	鄭太鉉 外 譯註	合 117,000원
孟子注疏 1~4〔全5〕	崔彩基 外 譯註	合 124,000원
孝經注疏	鄭太鉉 外 譯註	35,000원
周禮注疏 1~4〔全15〕	金容天 外 譯註	合 129,000원
春秋左傳正義 1~2〔全18〕	許鎬九 外 譯註	合 59,000원
春秋公羊傳注疏 1〔全7〕	宋基采 外 譯註	合 37,000원

春秋左氏傳 1~8	鄭太鉉 譯註	合 255,000원
禮記集說大全 1~6〔全10〕	辛承云 外 譯註	合 206,000원
東萊博議 1~5	鄭太鉉 外 譯註	合 172,000원
韓詩外傳 1~2	許敬震 外 譯註	合 65,000원
說文解字注 1~5〔全20〕	李忠九 外 譯註	合 172,000원

〈史部〉

思政殿訓義 資治通鑑綱目 1~23〔全39〕	辛承云 外 譯註	合 710,000원
通鑑節要 1~9	成百曉 譯註	合 316,000원
唐陸宣公奏議 1~2	沈慶昊 外 譯註	合 88,000원
貞觀政要集論 1~4	李忠九 外 譯註	合 109,000원
列女傳補注 1~2	崔秉準 外 譯註	合 68,000원
歷代君鑑 1~4	洪起殷 外 譯註	合 140,000원

〈子部〉

孔子家語 1~2	許敬震 外 譯註	合 79,000원
管子 1~4〔全5〕	李錫明 外 譯註	合 130,000원
近思錄集解 1~3	成百曉 譯註	合 106,000원
老子道德經注	金是天 譯註	30,000원
大學衍義 1~5〔全7〕	辛承云 外 譯註	合 148,000원
墨子閒詁 1~7	李相夏 外 譯註	合 267,000원
說苑 1~2	許鎬九 譯註	合 50,000원
世說新語補 1~5	金鎭玉 外 譯註	合 181,000원
荀子集解 1~7	宋基采 譯註	合 238,000원
心經附註	成百曉 譯註	38,000원
顔氏家訓 1~2	鄭在書 外 譯註	合 59,000원
揚子法言 1〔全2〕	朴勝珠 譯註	24,000원

列子鬳齋口義	崔秉準·孔勤植·權憲俊 共譯	40,000원
二程全書 1~7 〔全8〕	崔錫起·外 譯註	合 251,000원
莊子 1~4	安炳周·田好根 共譯	合 143,000원
政經·牧民心鑑	洪起殷·全百燦 譯註	27,000원
韓非子集解 1~5	許鎬九 外 譯註	合 202,000원

〔武經七書直解〕

孫武子直解·吳子直解	成百曉 外 譯註	45,000원
六韜直解·三略直解	成百曉 外 譯註	26,000원
尉繚子直解·李衛公問對直解	成百曉 外 譯註	26,000원
司馬法直解	成百曉 外 譯註	26,000원

〈集部〉

古文眞寶 前集	成百曉 譯註	30,000원
唐詩三百首 1~3	宋載卲 外 譯註	合 127,000원

〔唐宋八大家文抄〕

韓愈 1~3	鄭太鉉 譯註	合 78,000원
柳宗元 1~2	宋基采 譯註	合 44,000원
歐陽脩 1~7	李相夏 譯註	合 220,000원
王安石 1~2	申用浩 外 共譯	合 45,000원
曾鞏	宋基采 譯註	25,000원
蘇洵	李章佑 外 譯註	25,000원
蘇軾 1~5	成百曉 譯註	合 110,000원
蘇轍 1~3	金東柱 譯註	合 64,000원

〔明淸八大家文鈔〕

1 歸有光·方苞	李相夏 外 譯註	35,000원
2 劉大櫆·姚鼐	李相夏 外 譯註	35,000원
3 梅曾亮·曾國藩	李相夏 外 譯註	38,000원
4 張裕釗·吳汝綸	李相夏 外 譯註	50,000원

東洋古典新譯

당시선	송재소·최경렬·김영죽 편역	24,000원
손자병법	성백효 역주	14,000원
장자	안병주·전호근·김형석 역주	13,000원
고문진보 후집	신용호 번역	28,000원
노자도덕경	김시천 역주	15,000원
고문진보 전집 上·下	신용호 번역	各 22,000원
신식 비문척독	박상수 번역	25,000원
쉽게 배우는 안씨가훈	김창진 편역	23,000원

동양문화총서

동양사상 해설과 원전	정규훈 外 저	22,000원
화합의 길 《중용》 읽기	금장태 저	20,000원
호설과 시장	신용호 저	20,000원
어느 노학자의 젊은 시절	심재기 저	22,000원

문화문고

경전으로 본 세계종교 그리스도교	이정배 편저	10,000원
〃 도교	이강수 편역	13,000원
〃 천도교	윤석산 외 편저	10,000원
〃 힌두교	길희성 편역	10,000원
〃 유교	이기동 편저	10,000원
〃 불교	김용표 편저	22,000원
〃 이슬람	김영경 편역	13,000원
논어·대학·중용	조수익·박승주 공역	13,000원
맹자	조수익·박승주 공역	10,000원
소학	박승주·조수익 공역	10,000원
십구사략 1~2	정광호 저	合 24,000원
무경칠서 손자병법·오자병법	성백효 역	13,000원
〃 육도·삼략	성백효 역	10,000원
〃 사마법·울료자·이위공문대	성백효 역	10,000원
당시선	송재소·최경렬·김영죽 편역	10,000원
한문문법	이상진 저	20,000원
한자한문전통교재	조수익·이성민 공역	13,000원
士小節 선비 집안의 작은 예절	이동희 편역	13,000원
儒學이란 무엇인가	이동희 저	18,000원
동아시아의 유교와 전통문화	이동희 저	13,000원
현대인, 동양고전에서 길을 찾다	이동희 저	10,000원
100자에 담긴 한자문화 이야기	김경수 저	12,000원
우리 설화 1~2	김동주 편역	合 20,000원
대한민국 국무총리	이재원 저	10,000원
백운거사 이규보의 문학인생	신용호 저	14,000원

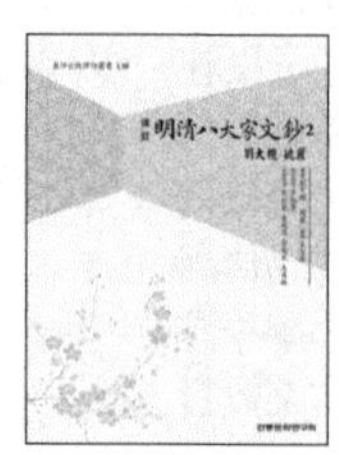